제6판

모든 경제 활동이 국제화되며 외환이 경제에서 차지하는 비중이 커지고 있다. 다른 경제분야를 이해하기 위해서도 외환을 아는 것은 필요하다. 하지만 서점에 나와 있는 외환 서적들을 열어보면 정성스레 쓰여지기는 했지만 실무적이기보다는 학습 자체를 위한 내용들이 많았고 외환을 어렵게 느껴지게 하는 부분이 많았다. 저자는 30년 가까이 외환시장에서 알게 된 지식과 경험을 가능한 쉽게 전하고 있다. 표현도 전문적인 용어보다는 금융 초보자들도 쉽게 이해할 수 있도록 일상적인 단어들을 많이 사용하였고 전문용어들에 대해서는 각주로써 설명을 하여 쉽게 읽을 수 있도록 배려하였다. 꼼꼼히 메모하며 읽기보다는 이야기책을 읽듯이 가벼운 마음으로 읽다 보면 자연스레 외환시장이 멀리 있지 않음을 느끼게 된다.

외환시장, 아는 만큼 보인다

민경섭 저

한국금융연수원
KOREA BANKING INSTITUTE

• 발 간 사 •

환율전쟁이란 신조어가 이제는 우리에게 익숙합니다. 2012년 말부터 일본의 엔화 절하를 시발점으로 환율전쟁이 본격화되었고 세계 곳곳에서 환율 때문에 희비가 교차하는 일이 다반사로 일어나고 있습니다. 그 전쟁의 접점, 즉 금융시장의 현장에서 일하는 많은 분들은 환율과의 치열한 전쟁을 치르고 있으리라 생각합니다.

이제는 한 국가 경제가 자국 내에서만 머물지 않고 국가간 거래를 통한 국제금융시장의 틀 안에서 운영되고 있어 모든 경제활동이 외환과 연관되어 움직일 수밖에 없습니다. 특히 우리나라처럼 대부분의 원자재를 수입해야 하고 수출을 통해 국가 수익을 창출해야 하는 나라는 외환시장과 환율이 가지는 의미가 더욱 크다고 할 수 있습니다. 자본시장 개방에 따른 외국 자본의 국내 유입과 국내 기업들의 해외 투자 역시 그 규모가 계속 확대되고 있어서 환율전쟁이라는 말을 피부로 실감하게 됩니다.

그동안 우리 원에서는 외환시장의 중요성을 파악하여 외환과 관련한 여러 교육과정을 개설, 운영하여왔고 다양한 외환 관련 금융전문도서를 발간해왔습니다. 그러나 대부분의 교육과정이 환리스크관리와 수출입 관련 외국환 실무 업무에 전문화되어 있었습니다. 전체 경제활동에서 외환 분야가 차지하는 비중을 감안한다면 다양한 경제분야에서 외환시장과 환율을 이해하고 이에 대한 위험을 파악하여 실무적 대응능력을 향상시킬 필요가 매우 크다고 할 수 있습니다. 이러한 필요성에 따라 일반인들도 보다 쉽게 외환시장과 환율을 이해하도록 하기 위해 우리 원에서는

외환시장, 아는 만큼 보인다

『외환시장, 아는 만큼 보인다』를 새로이 발간하게 되었습니다.

또한 우리 원은 본서를 활용하여 통신연수「외환입문」과정을 신설하여 이제 막 금융회사에 입사하여 외환업무를 시작하게 된 현업담당자들과 처음으로 외환을 알고자 하는 대학생 등 일반인들에게 외환 관련 지식을 보다 알기 쉽게 전달하고자 합니다. 이에 따라 본서는 외환시장과 환율에 관한 가장 기초적인 개념부터 접근하고 있습니다. 다양한 사례와 도표를 활용하여 독자들의 이해를 쉽게 하였고, 투자로서의 외환과 외환시장의 생생한 이슈들도 담고 있습니다. 비교적 쉽게 서술되어 있지만, 주제에 따라서 전문적인 내용들도 포함되어 있어 책을 다 읽은 독자는 외환 분야에 있어 상당한 수준의 지식을 갖출 수 있을 것으로 생각됩니다.

끝으로 바쁜 업무와 다양한 대내외 활동에도 불구하고 열정과 성의로써 집필에 심혈을 기울여 주신 민경섭 이사님께 다시 한 번 깊은 감사를 드리며 본서가 외환에 대한 폭넓은 지식을 갈구하는 독자들의 욕구를 충분히 충족시키기를 기대합니다.

2014년 4월

한국금융연수원 원장 이 장 영

• 추천의 글 •

4월, 포근해진 날씨에 사람들은 겨울을 잊고 봄을 반깁니다. 사람들뿐만 아니라 아침 출근길에 보이는 봄꽃들도 꽃망울을 터뜨리고 만개하여 보는 이들을 웃음 짓게 합니다. 계절이 바뀌고 그에 따라 변하는 초목은 만고의 진리인 자연의 법칙을 따라 돌고 돕니다. 그렇지만 꽃이 핀 후에도 봄이 제자리를 잡기까지는 몇 번의 고된 꽃샘추위를 겪었음도 자명한 사실입니다.

현재 금융시장에도 다소 차가운 바람이 몰아치고 있습니다. 우리 기업들은 새로운 먹거리를 찾아 열심히 동분서주하고 있지만, 연초부터 불거진 우크라이나 사태, 미국의 테이퍼링과 기준금리 인상 이슈, 그리고 중국의 경제 부진과 회사채 연속 부도 등으로 금융시장은 위축되어 잔뜩 몸을 사리고 있습니다.

그러나 우리나라는 과거 IMF 외환위기와 2008년 세계 금융위기를 온 국민이 합심하여 잘 극복한 저력이 있습니다. 두 번의 위기를 빠르게 벗어날 수 있었던 큰 원동력은 우리 국민이 함께 어려움을 이겨내려는 마음이었다고 생각하고, 지금의 어려움 역시 슬기롭게 벗어날 날이 곧 오리라고 확신합니다.

위기를 벗어나 경제가 꽃을 피울 때 의미 있는 결실을 맺기 위해선 미리 준비를 해야 합니다. 에디슨의 말처럼 성공은 노력하며 기다리는 사람의 것입니다. 어두운 터널을 걷는 동안 꾸준히 연구하고 지혜를 쌓은 사람만이 마침내 빛을 만났을 때 그 빛에 눈 멀지 않고 그 빛을 즐길 수가 있습니다.

열강의 각축장인 세계 금융시장에서 살아남기 위해서는 세계를 바라보는 안목은 선택이 아닌 필수 요건입니다. 이번 민경섭 이사님의『외환시장, 아는 만큼 보인다』는 그 필수 요건에 쉽게 접근할 수 있도록 친절한 안내자가 되어주리라 생각합니다.

갈수록 변수도 많아지고, 예측하기 어려워지는 금융시장에서『외환시장, 아는 만큼 보인다』는 혼돈의 바다에 호기심을 품고 항해를 꿈꾸는 학생들이나, 이미 항해를 시작한 금융 새내기들에게 큼직한 나침반이 되어줄 것을 믿어 의심치 않습니다. 그리고 무엇보다 국제금융시장의 기본적인 개념인 외환에 대해 쉽게 이해할 수 있도록 도와주어 세계 시장을 보는 안목을 키울 수 있도록 도와줄 것입니다

필자인 민경섭 이사님은 국내 외환시장의 역사와 함께한 산 증인이자, 외환에서 한 우물을 판 장인과도 같은 분입니다. 진위 여부를 판단하기 힘든 온갖 이야기가 사실처럼 회자되는 요즘, 민경섭 이사님이 쌓아온 28년간의 실무 경험과 다년간의 강의를 통해 축적된 지식은 독자들의 지적 호기심에 명쾌한 해답을 줌과 동시에 또 다른 호기심을 유발하며 외환의 세계로 깊이 초대해 주리라 기대합니다.

『외환시장, 아는 만큼 보인다』는 자본시장의 진정한 봄날을 고대하며 준비하는 이들에게 반가운 길동무가 되어줄 것입니다.

2014년 4월

KB증권 대표이사 윤 경 은

• 머리말 •

어떤 한 분야에서 오랫동안 종사한 사람을 흔히들 '전문가' 또는 '프로'라고 말한다. 필자 역시 30년 가까운 세월을 외환과 함께하였기에 외환 전문가라고 불리고 있다. 하지만 그렇게 오랫동안 외환을 다루어왔음에도 불구하고 필자는 지금도 익숙하지 않은 많은 부분들이 있어서 끊임없이 외환시장을 기웃거리고 있다. 그것은 외환시장이 살아 움직이는 생물처럼 꾸준히 진화해왔고 이 순간에도 변하고 있기 때문일 것이다. 그러기에 지금도 외환시장을 보고 있노라면 처음 시작하던 시절처럼 흥미진진함을 느낀다.

얼마 전 주식시장에서 제법 오래 일한 동료가 외환시장은 이해하기에 너무 어려운 것 같다고 털어놓으며 외환시장에 대해 업무와 관련된 설명을 요청했다. 내용을 이야기해주니 그는 금세 이해를 했다. 평소 잘 알지 못했던 분야이긴 하지만 조금만 관심을 가지고 설명을 듣다 보니 앞뒤 내용을 잘 이해하게 된 것이다. 그 순간, 외환시장을 알고 싶어 하는 사람들에게 조금은 더 쉽게 외환시장을 알려주고 싶다는 욕심이 생겼다.

서점에는 외환과 외환시장에 관한 책들이 많이 출판되어 있다. 하지만 읽다 보면 외환시장이 어렵게 느껴지는 책들이 많았다. 대부분의 책은 정성스럽게 쓰이긴 했으나 실무적 이해보다는 학습을 위해 쓰인 것들이었다. 만약 대학에 다니는 내 아이가 그런 책들을 읽는다면 외환에 관심을 가질 수 있을까? 이제 막 대학 문을 나선 금융새내기들은 자신이 몸담게 될 금융시장의 문을 열어보기에 조금이라도 주저하지는 않을까? 그런 어줍지 않은 필자만의 걱정이 『외환시장, 아는 만큼 보인다』를 시작하게 하였다. 본 책이 외환을 배우려는 사람이나 업무를 위해 외환을 알아야 하는 입문자들에게 도움이 되길 바란다. 물론 체계적 정리 없이 외환 업무를 시작한 경험자들에게도 외환에 대해서 다시 생각해볼 수 있는 기회가 될 수 있기를 희망한다.

이 책에는 외환시장의 심오한 이론이나 논리는 없다. 그저 책을 펼쳐 오래전 필자가 처음 외환시장에 대해서 가졌던 호기심과 관심이 어떤 것이었고 무엇을 알게 되었는지를 함께 읽어주기 바란다. 이미 우리 생활 깊숙이 들어와 있는 외환이 어려운 것만은 아니라는 것을 공감할 수 있으면 좋겠다는 것이 이 책을 쓰는 동기이자 집필의 변辯이다.

본 책은 수험서로 쓰인 것이 아니라서 몇 장, 몇 절과 같은 세세한 숫자 매김을 하지 않고 주제와 그에 관한 설명을 하는 단순한 구성을 취했다. 그래서 일부 독자들에겐 산만하게 느껴질지도 모르겠지만, 이야기책 읽듯이 읽다 보면 외환에 대한 개념이 자연스레 자리 잡도록 노력하였다. 필자가 시장에서 실무적으로 배운 외환이기에 이론보다는 실무적 관점에서 접근하였음도 미리 알려둔다. 또한 필자의 부족한 부분을 메워주는 다른 분들의 지식을 일부분 인용하기도 하였다. 아울러 수년간 한국금융연수원 등에서 해왔던 강의안을 중심으로 집필되었음을 말해둔다. 각 단원 뒤에는 주요 내용과 간단한 연습문제를 실어 혼자서도 복습할 수 있도록 하였다.

처음 책을 쓰도록 용기를 주신 한국금융연수원의 정춘복 부장님과 책 발간을 허락해주신 신준수 부장님, 김정석 부장님 이하 도서출판부 여러 직원들께 감사를 드린다. 내용을 감수해주신 김재호 고문님, 오탈자와 문맥을 보아준 김용각 차장, 자료 수집과 도표 발췌를 도와준 한지윤 대리에게도 고마운 마음을 전한다. 또한 필자가 몸담고 있는 현대증권의 윤경은 사장님과 동료들의 응원도 힘이 되었음을 밝힌다. 무엇보다도 주니어 외환딜러 시절부터 지금까지 때론 뉴욕시장 보느라, 때론 고객 접대를 하느라 툭하면 새벽녘에 들어오는 남편에게 싫은 소리 없이 잘 참고 살아준 사랑하는 아내 윤경과 아들 지홍이에게 이 졸저를 바친다.

2014년 4월
저자 민 경 섭

Contents

외환시장,

아는 만큼 보인다

들어가는 글

내 직업은 딜사랍니다!

필자의 주니어 딜러 시절 함께 근무하던 또래 동료들이 여럿 있었다. 필자는 오랜 연애로 남보다 일찍 결혼하여 당시 이미 기혼자였지만, 다른 동료들은 부지런히 짝 찾기에 나서 개별 또는 단체로 소개모임에 참석하곤 했는데 모임에 다녀오면 매번 무용담을 들려주었다. 처음 만나는 자리라 으레 호구조사에 나서기 마련인데 상대방이 어떤 일을 하느냐고 물어보면 이 친구들은 웃으며 "제 직업은 딜사랍니다"라고 대답한다는 것이다. 그때나 지금이나 배우자의 인기 있는 직업은, 한자는 달라도 뒤에 '사'자가 붙은 직업이었다. 그래서 동료들은 '딜러'에 '사'를 붙여 '딜사'라는 새로운 직업을 만들어냈는데, 이는 어떻게 하면 상대방의 관심을 조금이라도 더 끌어볼까 하는 마음에서 비롯되었던 것이다. 물론 그런 농담은 상대방의 호기심을 이끌어내기에 충분했고, 외환딜러라는 직업에 대해 말할 수 있는 충분한 기회가 되었던 듯하다.

또 필자가 외환딜러가 되고 처음 맞은 설날에 세배를 가게 되었는데, 집안 어른께서 '어떤 일을 하느냐'고 물으셔서 '외환딜러'를 한다고 말씀 드렸다. 그랬더니 '그럼

광장동에 있는 호텔에서 일하느냐'고 재차 물으셨다. 처음에는 무슨 말씀인지 이해를 못 했지만, 바로 그분이 아는 '딜러'는 호텔 카지노에서 일하는 딜러임을 깨닫고 그와 다름을 설명 드렸던 기억도 난다.

앞의 에피소드에서 보았듯이 필자가 외환시장에서 일하기 시작했던 1980년대 후반에는 '외환'이란 업무가 일반 사람들에게는 자신과 전혀 상관없는 분야라고 인식되었다. 실제 직원 수가 많지도 않았던 같은 은행의 다른 부서 직원들조차 우리가 어떤 일을 하는지 제대로 알지 못했으니 일반 대중이야 말할 필요도 없을 것이다. 당시만 하더라도 해외여행이 쉽지 않았고(우리나라에서 자유로운 해외여행이 허용된 것은 올림픽이 있었던 1988년에 이르러서다) 자녀들의 조기유학도 극히 일부 부유층에서만 가능했다. 그래서 환전이나 송금의 필요성이 없어 외환이나 환율에 대한 일반인의 관심은 거의 없었다. 또한 수출입을 하는 회사의 수가 많지 않았고 영세한 편이어서 은행과 외환거래를 하는 기업 역시 손에 꼽을 정도였으니, 외환업무란 대부분 기업 담당자들에게조차 다른 나라 일처럼 들렸을 것이다.

하지만 지금은 어떠한가? 필자가 외환 관련 일을 하고 있는 것을 아는 대부분의 친구나 지인들은 만나면 첫인사로 요즘 환율부터 물어본다. 그 사람들이 하고 있는 일이 외환과 직접 관련된 업무가 아님에도 우리 삶에서 통화의 가치 변화가 가져다주는 영향이 커졌음을 알 수 있게 해주는 대목이다. 해외로 자녀나 가족을 떠나 보낸 주변의 많은 기러기아빠들뿐만 아니라, 일 년에 한두 번씩 떠나는 해외여행을 위한 환전 목적으로도 환율에 대한 일반인의 관심은 지대해졌다. 양국의 정서적 이유도 있겠지만 엔화에 대한 원화의 강세는 명동 골목을 꽉 채우던 일본 관광객들의 발걸음을 줄이게 했다. 더불어 그에 따른 상인들의 환율에 대한 원망과 마음의 시름은 커졌을 것이다. 반면, 엔화 대출을 받았던 기업이나 일본 여행을 가려는 사람들에게는 엔화의 절하가 기쁜 소식이 되었을 것이다. 이렇듯 환율이 변화함에 따라 주변 사람들이 일희일비하는 모습을 보며 이제는 외환이 남의 일이 아닌 삶을 변화시키는 하나의 요소가 되고 있음을 실감하게 된다.

좀 더 크게 바라보면, 경제 규모가 커지면서 자본의 이동이 국내에만 국한되지 않고 국경을 넘나들며 해외투자가 빈번해지고 있다. 연기금이나 보험회사 등 국내 대규모 투자자들의 자금이 해외로 나가고, 해외의 투자자들은 불안한 다른 신흥국들과 차별화된 국내 자본시장에 대한 기대로 많은 투자자금을 국내로 반입하기도 한다. 이때 자본이 국경을 넘나들면 반드시 발생하는 거래가 바로 외환거래이다. 자연히 외환거래의 규모는 시간이 지날수록 점점 커지고, 그에 따른 환위험의 크기와 헤지거래 규모 역시 크게 확대되고 있음은 말할 필요도 없다. 그러한 자본의 흐름이 가져오는 환율의 변동은 또 다른 외환거래를 유발하고, 금융산업의 각 분야에 미치는 영향 또한 커진다. 이제는 주식 전문가도 채권 전문가도 환율의 변동에 매우 민감해졌고, 애널리스트들 역시 자신들의 담당 분야가 환율로부터 어떤 영향을 받는지 열심히 분석하고 있다. 통화들끼리의 독특한 움직임을 힌트로 하여 파생상품을 만들어 팔고, 그런 변화에 투자하는 투자자들도 늘어나고 있다.

과거에는 별 관심이 없던 외환이 이제는 금융과 경제를 이해하기 위해서는 꼭 먼저 알아야 하는 분야로 바뀌었다. 외환을 이해하지 않고서는 다른 경제현상을 논하기가 어려워졌다. 이제 일반인들도 우리 통화인 '원'이 단순히 상품 구매력을 가진 통화에서 그 가치가 수시로 바뀌는 살아 움직이는 상품 그 자체임을 서서히 깨닫고 있다. 우리가 참여하고 있는 경제 생활과 삶을 이해하기 위해서, 지금도 발전하고 있는 외환시장, 그 거래 가격인 환율에 대해서 처음부터 하나씩 알아보도록 하자.

제 1 편
외환과 외환시장

외환시장, 아는 만큼 보인다

제1편

학습개요

외환시장 본론에 들어가기 앞서 외환의 개념을 먼저 확립한다. 두 통화의 교환이라는 기본 명제하에서 외환이 실수요적 요인으로 발생하였지만 투기적 거래로 이어지며 시장이 형성되었음을 살펴본다.

24시간 이어지는 외환시장의 특성을 살펴보고 어떤 참여자들이 어떤 목적으로 외환시장에 참여하는지 두루 알아본다. 대부분의 거래가 장외시장거래이지만 장내시장이 가지는 필요성도 짚어보고, 세계결제은행의 외환시장 통계로 전 세계 외환시장을 조망해본다.

학습목표

- 큰 의미의 외환과 작은 의미의 외환을 이해한다. 따라서 어떤 경제적 요인이 외환을 발생시키는지 정리하고 이를 설명할 수 있다.
- 24시간 거래되는 외환시장의 특성과 각 지역시장의 특징을 파악함으로써 세계시장의 흐름을 이해할 수 있다.
- 외환시장에 어떤 참여자들이 어떤 목적을 가지고 참여하는지 알아보고 그들이 어떤 외화거래를 하는지도 살펴보고 이를 설명할 수 있다.
- 장외시장과 장내시장으로 나누어 각 시장의 주 참여자와 고객들에 대해 숙지하고 각 시장에서 어떤 외환상품을 누가 거래하는지도 알아본다. 아울러 장내시장이 장외시장에 비해 규모는 작지만 왜 꼭 필요한 시장인지 살펴보고 이를 이해하고 설명할 수 있다.
- 국내 시장에 많은 영향을 주는 역외선물환시장의 거래구조와 만기 정산방법을 습득한다. 아울러 이를 정리할 수 있다.
- 세계결제은행의 통계를 통해 외환시장 구조를 이해할 수 있다.

1. 외환, 두 통화의 교환

필자가 새내기 딜러일 때 개인적으로 은행업무를 볼 일이 있어 건물 1층에 있던 한 국내은행에서 차례를 기다리고 있었는데, 필자가 서 있던 곳 바로 옆에 '외환계'라고 표지판이 걸려 있었다. 당시 외환이라면 통화를 팔고 사는 외환딜링만 알았던, 다소 무지했던 필자로선 국내은행에는 각 지점마다 딜링룸dealing room이 있는 것으로 생각했다. 그런데 외환계에 앉아 일을 보는 직원들의 근무하는 모습이 필자가 근무하는 딜링룸의 모습과 많이 달랐다. 그래서 사무실로 돌아온 후 선배 딜러에게 물어보았고 그 결과로 필자가 얼마나 무지한지를 확인하게 되었다. 필자가 알고 있던 외환은 큰 의미의 외환에서 볼 때 일부 업무에 지나지 않았던 것이다.

큰 의미의 외환을 설명하기 위해서는 그보다 큰 개념인 환換을 이해해야 한다. 환업무란 채무 · 채권 관계가 있고, 떨어진 지역에 있는 두 당사자가 금융기관을 통해서 결제하는 것을 말한다. 계약에 의한 채권 · 채무가 아니더라도 단순히 한 당사자가 다른 당사자에게 돈을 보내는 송금업무 역시 환업무에 속한다.

환업무를 할 때 두 당사자가 모두 국내에 있으면 내국환內國換, 두 당사자 중 하나가 외국에 있으면 외국환外國換이라고 한다. 내국환업무에는 우리가 잘 알고 있는 국내 송금이나 추심업무 등이 있다. 외국환은 줄여서 외환이라고도 하는데, 앞서 언급한 큰 의미의 외환이 바로 이 외국환이다. 보통 은행이 행하는 외국환업무에는 외화표시 어음이나 수표의 매수 또는 매도, 해외 송금, 환전, 무역과 관련한 신용장, 무역환, 대출 등의 여러 업무가 있다. 앞서 필자가 보았던 은행의 '외환계'는 바로 이 외국환 업무, 즉 그 지점에서 기업이나 개인고객을 상대로 해외 송금, 환전, 수출입업무를 담당하는 부서였다. 그러니 필자의 담당 업무인 외국통화매매 및 외화/원화 자금업무를 하는 딜링룸과는 전혀 다를 수밖에 없었던 것이다.

또 외국환은 외국환 관련 법령에서 '대외지급수단과 같은 유형의 물체뿐만 아니라 무형의 권리'까지 포함하는 의미를 가지고 있고, 우리가 말하려는 외환시장에서는 한 나라 통화를 다른 나라 통화로 바꾸는 행위 또는 외국 돈通貨을 의미한다. 외환을 영어로 Foreign Exchange라고 하는데 '외국foreign 통화를 교환exchange하는 것'으로 해석한다면 크게 벗어나지 않는 의미가 될 것이다. Foreign Exchange는 줄여서 보통 FX라는 약어로 많이 사용한다. 앞으로 자주 등장하는 약어이니 꼭 알아두자.

본 책에서는 여러 의미의 외환 중에서 가장 작은 의미의 외환을 말하려고 한다. 즉, '두 나라의 통화를 환율이라는 가격으로 팔고 사는 거래'에 국한하고자 한다. 다시 말하면 외환이란 한 통화를 대가로 다른 통화를 사거나 파는 거래행위를 말한다. 따라서 거래의 대상이 되는 통화의 가치가 변하면, 대가로 지불하는 통화의 양이 달라지기도 하는데 이것이 바로 환율의 변동이고, 해당 통화의 절상 또는 절하로 표현된다. 본 책에서는 '두 통화의 교환'이라는 개념이 지속 반복하여 사용되며 외환시장의 여러 현상을 설명하게 되므로 꼭 기억해주기를 바란다.

2. 국경을 넘나드는 경제활동에서 발생하는 외환

우리나라 돈인 원화를 국내에서만 사용한다면 외환거래는 발생하지 않을 것이다. 하지만 우리나라를 벗어나 미국이나 일본 등에서 물건을 사고자 한다면 미국 달러나 일본 엔이 있어야 하므로 원을 달러나 엔으로 교환해야만 한다. 마찬가지로 유럽의 투자자가 국내 채권을 매입하기 위해서는 유로를 팔고 원을 사야만 한다. 즉, 자본이 국경을 넘어 자기 나라가 아닌 외국에서 사용되려면 외환이란 관문을 통과해야 한다. 이렇게 외환거래를 발생시키는 자본의 국가간 이동에는 어떤 경우들이 있는지 살펴보기로 한다.

국가간의 투자거래

국가간의 투자거래는 외환거래를 동반한다. 국내 주식시장에서 외국투자자들이 차지하는 비중은 시가총액의 30% 내외이다. 국내 주식시장의 전망이 밝을 때 외국인들은 하루에 몇 천억 원씩, 때로는 조 단위로 매수를 하고, 이익실현이나 손절매를 할 때에도 작게는 몇 백억 원 단위로, 크게는 몇 조 원씩 주식을 매도하기도 한다. 국내 주식을 신규 매수할 때는 해외에서 외화를 가져다 국내에서 원화로 바꿔 투자하게 되는데, 이 경우 달러/원 환율이 1,000원이고 1억 달러를 투자한다면 '1억 달러 매도/1천억 원 매수'라는 큰 외환거래가 발생한다. 이와 반대로 외화표시 해외자산에 투자할 경우 '외화 매수/원화 매도'의 현물환 거래가 발생한다. 그리고 투자된 자산에 대한 환위험 헤지를 위하여 '외화 매도/원화 매수'의 선물환이나 통화선물의 외환파생상품거래가 발생하게 된다. 또한 국민연금을 비롯한 국내 연기금 및 투자기관들의 운용기금 규모가 커지면서 해외투자가 급격하게 늘고 있고, 개인투자자들의 해외 주식 또는 채권 투자가 급증하면서 내국인의 해외투자로 인한 외환거래 규모도 엄청나게 확대되고 있다.

이와 같이 국가간에 자본이 이동하는 것을 국제자본거래라고 하는데 수익률을 높이고 투자위험을 줄이기 위한 간접투자와 각종 규제 회피, 새로운 시장 확보 및 우회진출로 수익을 얻고자 하는 직접투자가 이 범주에 포함된다. 다양한 경제활동으로 국제자본의 이동이 빈번해지면서 국가간의 투자로 발생하는 외환거래의 빈도와 규모는 점점 더 확대되고 있다.

우리나라의 국제자본거래는 1980년대부터 추진되기 시작하여 1992년 초 주식시장 부분 개방, 1996년 OECD 가입, 1997년 외환위기를 거치며 개방속도가 빨라졌다. 그리고 1999년 4월에는 「외국환거래법」의 시행으로 자유화의 기틀을 마련하였다. 특히 2006년 1월 1일부터는 자본거래 허가제 적용시한이 만료되면서 허가사항이 신고사항으로 전환되는 등 꾸준히 자유화되어왔다. 이러한 자본거래의 자유화로 아직은 규모가 작은 국내 자본시장이 때로는 해외의 투기세력으로부터 위협받는 일도 발생한다. 그렇지만 이는 경제발전 및 금융시장의 성숙도에 따른 자연스러운 단계라고 볼 수 있다.

무역거래 및 무역외거래

국내에 있는 거주자resident와 해외에 있는 비거주자non-resident 사이에 재화나 용역을 사거나 팔게 될 경우를 생각해보자. 예를 들어 수출을 했을 때는 물건이나 서비스의 대가로 받는 외화를 국내 통화로 교환해야만 상거래가 종료된다. 반대로 수입을 했을 경우에는 비거주자에게 대금을 지불하기 위해서 자국통화로 비거주자의 통화를 매입해야 하므로 외환거래가 수반된다. 이러한 범주에는 재화를 수출입하는 무역거래와 용역의 수출입, 투자수익이나 이자를 주고받는 무역외거래가 포함된다. 다만 이 경우 외환거래가 발생하는 시점은 환위험에 대한 인지 시점과 대응 전략에 따라 현물환거래가 될 수도 있고 외환파생상품이 거래될 수도 있다.

이전거래

국가간의 이전거래에서도 외환거래가 발생한다. 이전거래란 반대급부 없이 일방적으로 지급, 수취하는 거래를 말하는데 증여, 원조, 송금 등이 있다. 필자의 주변에 자녀를 해외로 유학 보낸 부모들이 제법 있어, 환율이 크게 움직일 때마다 조언을 요청하고는 한다. 필자의 조언이 도움이 되었을지 모르겠지만, 그들이 외환거래를 하는 시점은 매입하고자 하는 통화의 가치가 싸다고 느껴질 때일 것이다. 또 가끔 쓰나미나 지진 등의 자연재해 때문에 심각한 피해를 입은 국가에 각국이 무상원조를 하는데, 이때 원조되는 통화는 대부분 자국통화가 아닌 쓰임새가 많은 미국 달러인 경우가 많으므로 자연스레 외환거래가 발생한다.

두 번째와 세 번째로 설명한 무역거래, 무역외거래 및 이전거래를 묶어서 경상거래라고 한다. 우리나라 「외국환거래법」상 경상거래에 의한 외환거래에는 별도의 규제가 없어 자유롭게 거래하고 결제할 수 있다. 그러나 상계, 기간초과 지급 또는 제3자 지급 같은 특수한 지급형태는 외국환은행의 장이나 한국은행 총재 등에 신고해야 한다.

투기적 거래

앞서 설명한 외환의 발생 원인으로 거래되는 외환거래에서는 실제 두 통화의 교환이 발생한다. 다시 말해 두 통화가 국경을 넘어 이동하며 만기에 대부분 인수도引受渡가 이루어진다. 하지만 환투자거래 또는 투기적 환거래speculative FX transactions로 불리는 외환거래는 국경을 넘지 않는 역내(국내)에서도 이루어지고 만기에 원금을 교환하기보다는 환율의 차익을 추구한다.

실제 미국 달러의 가치 변동으로부터 수익을 취하려는 많은 개인 투자자들이 한국거래소에 상장되어 있는 달러선물을 거래하고 있다. 이들의 거래 목적은 거래차익이지 달러를 인수도하는 것이 아니다. 더구나 거래소 시스템을 통해서 투자자들과 반대되는 거래를 한 상대방은 대부분 국내 거주자여서 해외로 나가지 않고도 외환거래가 발생한다.

물론 대규모의 투기적 거래는 런던이나 뉴욕 등 해외 큰 외환시장의 거래자들과 이루어지기도 하고, 투기적 목적으로 국내에서 거래하기 어려운 유로/달러 같은 통화쌍currency pair은 해외 외환시장에서 거래를 하기도 한다. 즉, 투기적 외환거래는 국내외 구분 없이 거래차익만을 노리고 이루어지는 거래이며 전체 외환거래량의 거의 대부분을 차지한다.

3. 통화가 거래되는 외환시장

저녁 뉴스시간 환율 소식을 전하는 TV 화면에는, 수많은 모니터 앞에서 전화기를 양손에 들고 소리를 질러대는 외환딜러의 모습이 등장하고는 한다. 그 모습을 보며 많은 사람들은 외환시장을 다 그렇게 복잡하고 정신 없는 장소로만 생각하기 쉽다. 물론 그런 딜링룸이 대표적 외환시장의 모습이기는 하다. 하지만 정보통신이 발전되어 손안의 작은 스마트폰 하나면 전 세계 어느 상품이든 손가락 하나로 팔고 살 수 있다. 이런 시대에 살고 있는 우리에겐 이젠 더 이상 딜링룸만이 외환시장이 아니다. 예컨대 TV에서 어느 아랍국가가 전쟁을 일으켰다는 뉴스를 보다가 불현듯이 달러를 사야겠다는 판단이 서면 바로 스마트폰의 MTSMobile Trading System[1)]를 통해 '달러 매수/원 매도' 거래를 할 수도 있을 것이다. 바로 그때 뉴스를 보던 거실 역시 외환시장이 되는 것이고, 우리는 주머니 속에 외환시장을 가지고 다니는 셈이다.

우리가 시장이라는 장소에서 물건을 사고팔듯이 통화를 다른 통화로 사고파는 시장이 외환시장이다. 단, 일반 상품은 정해진 절대가치의 변화에 따라 대가로 지불되는 통화의 양量이 늘어나기도 하고 줄어들기도 하지만, 외환은 두 통화의 상대적 가치변동으로 교환비율(환율)이 바뀐다. 일반적으로 말하는 외환

1) 스마트폰에서 직접 주식이나 외환 등의 거래를 가능하게 하는 앱Application

시장은 단순한 외환거래가 이루어지는 장소적 의미뿐만 아니라 앞서 말한 거실에서의 외환거래처럼 통화의 가격이 호가되고, 거래가 체결되며, 자금이 결제되는 총체적인 거래 메커니즘을 일컫는다.

좀 더 큰 의미의 외환시장foreign exchange market에는 다른 나라의 통화를 빌려주거나 빌려오는 외화자금시장foreign currency money market도 포함된다. 외환파생상품으로 분류되는 통화스왑이나 외환스왑의 형태는 외환거래이지만 속성은 두 통화의 금리를 가격으로 하여 빌려주거나 빌려오는 자금거래로 볼 수 있어 외화자금시장의 범주에 포함된다. 따라서 그 속성이 금리를 매개로 거래되는 자금거래라 하더라도 두 통화가 교환되는 외환거래의 형식을 가지게 되는 파생상품거래들 역시 외환시장에서 이뤄진다. 이와 관련된 자세한 설명은 제5편과 제6편의 스왑 부분에서 확인하기로 한다.

4. 외환시장, 전 세계가 하나의 시장인 Global Market

외환은 은행이나 환전소의 창구에서 일어나는 환전처럼 직접 통화를 주고받는 거래도 있지만, 대부분의 외환거래는 전화와 같은 통신시스템이나 컴퓨터와 연결된 딜링시스템dealing system을 통해 현금이 아닌 숫자로 거래된다. 따라서 거래상대방으로부터 거래를 할 수 있다는 인정만 받으면(이런 경우를 '거래한도를 부여받는다'고 말한다) 그러한 통신 방법을 통해 전 세계 누구와도 외환거래를 할 수 있다. 이러한 외환거래는 거래 관습과 공통으로 지키는 규칙만으로 자유롭게 이루어지지만, 각 거래당사자는 자신이 속한 국가의 법과 규제에 따라 정해진 범위 안에서 거래를 해야 한다.

때론 그러한 법과 규정 때문에 특정 상대방과는 거래를 할 수 없는 경우도 있다. 특히 매매차익을 목적으로 하는 거래가 아닌, 거래대금을 서로 주고받는 자금 인수도를 전제로 거래하는 경우 국경을 넘어가는 자금이체에 관해서는 각국이 엄격하게 관리하고 있으므로 각별한 주의가 필요하다. 정리하면, 외환은 전 세계 누구와도 자유롭게 거래할 수 있으나, 허용되는 거래의 범위는 거래자가 속한 개별 국가의 통제를 받는다는 것이다. 특히 국제통화가 아닌 원화의 경우 국내에서는 얼마든지 인수도가 가능하지만, 해외에서는 인수도를 전제로 거래를 할 수 없다.

흔히 서머타임summer time이라고 불리는 일광절약시간제日光節約時間制/daylight saving time가 적용될 때는 우리 시각 오후 4시(그렇지 않을 때는 오후 5시)가 되면 런던외환시장이 문을 연다. 물론 아침 8시인 런던에서는 더 일찍 출근해서 아시아시장과 외환거래를 하는 딜러들도 있지만 대부분의 딜러는 8시부터 거래를 시작한다. 물론 그 시간에 우리나라와 동일한 시간대에 있는 도쿄외환시장에서도 아직 딜러들이 거래를 하고 있다.

바로 그때, 고객이 달러/엔 가격을 요청해와서 딜링시스템을 통해 도쿄지점과 런던지점에 동시에 가격을 물어보았다면 어느 지점의 가격이 좋을까? 혹자는 달러/엔의 가격을 물어보는 것이니 엔의 본고장인 도쿄시장의 가격이 좋으리라 이야기할 것이고 또 다른 사람은 아무래도 세계에서 가장 큰 외환시장인 런던시장의 가격이 더 좋을 것이라 말할 것이다. 사실은 어떨까? 실제로는 두 시장의 가격이 똑같다. 아주 작은 차이는 있을지 모르지만 같은 시간대의 환율은 전 세계 어디서나 다 똑같다. 왜냐하면 런던과 도쿄의 딜러들이 가격제시 기준으로 삼는 외환브로커의 가격이 동일하기 때문이다.

글로벌 네트워크를 구축하고 외환을 중개하는 브로커의 화면이 이미 전 세계 주요 딜러들의 책상 앞에 위치하고 있어 전혀 다른 가격을 제시하기는 어렵다. 만약에 지금 시장에서 거래되고 있는, 즉 브로커가 보여주고 있는 가격과 동떨어진 가격을 제시하였다가 그 거래를 커버하는 과정에서 자칫 손해가 발생하거나, 원치 않는 외환거래를 할 수 있기 때문에 거의 예외 없이 같은 시간대의 환율은 전 세계가 동일하다고 보면 된다. 이런 현상은 정보통신기술의 발달과 거래 시스템 및 거래기법의 발전으로 전 세계 외환시장이 동조화同調化/synchronization 되어 가능해진 것이다. 빛의 속도로 움직이는 정보로 인해 전 세계가 하나의 시장이 되었다.

지구의 하루는 태평양 한가운데 있는 날짜변경선international date line으로부터 시작한다. 외환시장의 하루도 지구의 하루와 똑같다. 뉴질랜드에서 시작한 외환시장은 아시아, 유럽을 거쳐 미국의 외환시장이 마감되어야 하루가 끝난다. 예컨대, 서울의 어느 한 딜링룸에서 야간근무를 하고 있는 딜러가 1월 7일 새벽 1시에 뉴욕지점과 외환거래를 하였다면 그 외환거래는 1월 7일이 아닌 6일에 거래가 체결된 것으로 기록한다. 왜냐하면 거래가 체결된 시점이 비록 서울은 7일 새벽일지라도 뉴욕은 6일 오전 11시이기에 아직 외환시장은 1월 6일에 머무르고 있기 때문이다.

이렇듯이 외환은 지구가 자전하면서 24시간 내내 거래가 되기 때문에 큰 은행들은 각 지역별로 지점을 두어 쉬지 않고 외환거래를 이어간다. 만약 도쿄의 한 은행에서 도쿄 시간대에 체결되지 않은 주문들이 있다면 런던에 있는 자기 지점이나 거래은행에 거래위탁을 하고, 런던에서도 체결되지 않을 경우 다시 뉴욕으로 주문을 넘기게 된다. 뉴욕에서도 체결되지 않은 주문들은 원래 주문자인 도쿄의 해당 은행으로 돌아오게 된다. 즉, 효력이 계속 유효한 주문들의 경우 지구의 자전을 따라 24시간 동안 돌다가 원하는 환율 수준에 도달하면 해당 시간대에 있는 은행에서 주문을 체결시키고, 원래 주문자와 거래체결을 확인한다.

시간대별로 외환시장을 살펴보면 다음과 같다.

뉴질랜드와 시드니외환시장

날짜변경선에서 가장 가까이에 있어 외환시장의 하루를 여는 시장이다. 뉴욕과 아시아 외환시장을 이어주는 역할을 하므로 전일 체결되지 않은 주문들이 잠시 머물며 체결 대기를 하기도 한다. 원래 규모가 크지 않은 시장이어서 유동성이 떨어지지만, 외환시장이 열리지 않는 토요일이나 일요일에 발생하는 여러 뉴스나 이슈 때문에 월요일 아침에는 거래규모가 커지기도 한다.

〈표 I –1〉 일 평균 외환거래량

(단위: 십억 달러)

순위	국 가	금 액	%
1	영국	3,396	39.0%
2	미국	1,712	19.7%
3	싱가포르	843	9.7%
4	홍콩	669	7.7%
5	일본	348	4.0%
6	스위스	284	3.3%
7	프랑스	170	1.9%
8	캐나다	162	1.9%
9	중국	149	1.7%
10	호주	139	1.6%
11	독일	137	1.6%
12	네덜란드	68	0.8%
13	UAE	65	0.7%
14	**한국**	**65**	**0.7%**
	기타	497	7.2%
	합계	**8,704**	**100.0%**

자료: 국제결제은행(BIS; Bank for International Settlements), 2022년 9월

도쿄 · 서울외환시장

2024년 기준 세계 4위의 경제규모인 일본의 도쿄 외환시장은 다섯 번째 큰 외환거래 규모를 유지하고 있다. 시간적으로 런던이나 뉴욕과 거의 겹치지 않아 도쿄–런던–뉴욕으로 이어지는 주문 연결고리의 역할을 하고 있다. 도쿄시장에서는 달러/엔, 유로/엔, 호주 달러/엔 등 엔 거래가 70% 정도 거래된다. 도쿄와 같은 시

간대의 서울외환시장은 달러/엔, 유로/달러 등 이종통화거래보다는 달러/원 거래가 많다. 서울외환시장에서는 달러/원 외에 위안/원도 직거래로 거래된다. 원화는 국제통화가 아니어서 거래 참여자가 제한적이고 전 세계 외환거래에서 차지하는 비중 또한 아직 크지 않다.

싱가포르 · 홍콩외환시장

시간상 도쿄나 서울보다 1시간 뒤에 위치하고 있지만 주요 은행들은 도쿄시장에 맞추어 거래를 시작한다. 싱가포르와 홍콩은 두 곳 다 금융산업을 주요 산업으로 육성하고 있는 도시여서 외환거래 규모 또한 세계 3위, 4위를 차지하고 있다. 중국이 위안의 국제화 전 단계로 홍콩에서는 자유롭게 위안을 거래할 수 있도록 하고 있어 위안화 예금 등 다양한 형태의 위안화 거래가 활발하다. 싱가포르시장 역시 교통과 물류의 중심지로 많은 외환거래가 일어나고 있다. 향후 위안이 국제화되어 자유롭게 거래된다면 싱가포르와 홍콩외환시장의 규모도 확대될 것이다.

런던외환시장

〈표 I-1〉에서 보듯이 명실공히 세계 1위의 외환시장이다. 제2차 세계대전이 끝난 뒤 전후 복구 사업을 위한 금융이 런던에 집중되면서 유로금융과 자본시장이 발달하였고 자연스레 외환시장도 함께 발전하였다. 영국은 금융산업을 적극 육성하기 위하여 역내시장뿐만 아니라 규제 밖의 역외시장도 런던 내에 함께 존재하게 함으로써 대형 금융기관들을 런던으로 끌어들였다.

뉴욕외환시장

흔히들 미국이 세계 1위의 경제대국이기에 뉴욕외환시장이 제일 큰 외환시장일 거라고 생각한다. 하지만 전 세계의 기축통화인 미국 달러는 국제 상거래에서 자국통화인 달러로 거래하기에 굳이 다른 통화와 교환행위를 할 필요가 없었다. 그보다는 오히려 환위험을 헤지하는 대상 통화로 존재해왔다. 그런 이유로 미국의 외환시장은 뒤늦게 발달하게 되었다. 하지만 미국이 세계 경제에서 차지하는 비중이 워낙 크고, 모든 금융이 국제화되면서 미국 경제 수도인 뉴욕의 외환시장도 그 규모가 확대되었다. 그래서 지금은 런던에 이어 확고한 위치를 차지하게 되었다. 또한 아시아에서부터 시작된 외환 주문의 연결이 종료되는 시장이고 외환시장의 하루가 끝나는 시장이다.

Tip

역내시장 vs. 역외시장

역내域內/onshore와 역외域外/offshore를 구분 짓는 기준은 적용되는 규제나 세금제도이다. 즉, 한 나라 또는 특정 지역 내에서 공통으로 적용되는 원칙이나 규제에서 벗어나, 다른 나라나 다른 지역에서 자유롭게 금융이 이루어지는 시장을 역외시장이라고 한다. 그 반대되는 개념이 역내시장이다.

예를 들어 달러/원이 국내가 아닌 다른 나라에서 거래될 때 이 시장을 바로 역외시장이라 한다. 역외 달러/원 시장에서는 국내의 규정에 저촉됨이 없이 자유롭게 거래된다. 그러나 역외시장이 반드시 영토 밖에서만 형성되는 것이 아니고 같은 영토 내에서도 별도로 역내와 역외로 구분하여 거래할 수도 있다. 대표적으로 같은 지역 내에서 역내와 역외시장이 공존하는 곳이 런던시장이다. 국내에는 별도 역외시장이 설정되어 있지 않으므로 역외거래를 하고자 하는 거래자는 해외 시장에서 거래해야 한다.

여러 형태의 역외시장이 있는데, 세금을 적게 내거나 전혀 과세하지 않는 조세회피지역tax heaven area 역시 역외시장의 하나이다.

5. 투기적 거래가 있어 외환시장은 존재한다

앞서 외환거래가 발생하는 경우에 대해서 설명했다. 이를 다른 관점, 즉 시장 참여자들이 어떤 목적으로 외환시장에 참여하는지를 살펴보자. 외환거래의 목적은 두 가지로 나눠볼 수 있다. 하나는 실제 외화를 팔거나 살 필요가 있어 시장에 참여하는 실수요 거래이고, 또 다른 목적은 통화가치의 변화로부터 매매 차익을 노리는 투기적 거래이다. 다시 실수요 거래는 환전과 환위험 헤지거래로 나눠볼 수 있고, 투기적 거래는 순수 투기거래인 방향성 매매와 위험을 줄인 차익거래로 나눠볼 수 있다.

환전

환전이라 함은 그야말로 돈을 바꾸는 것인데, 현금 또는 예금 형태로 보유하고 있는 하나의 통화를 다른 통화로 교환하는 것이다. 우리가 외국으로 여행을 갈 때 은행에서 해당 국가의 통화를 매입하는 것도 환전이고, 수출기업이 수출대금으로 받아 외화당좌계좌에 입금되어 있는 달러를 원화로 바꾸는 것도 환전이다. 이런 수출기업의 환전을 외환시장에서는 '수출 네고물량이 시장에 출회되었다'라고 표현하기도 한다. 반대로 수입기업이 수입대금을 지급하기 위하여 시장에서 원화를 외화로 환전하는 것을 '수입 결제물량이 시장에 유입되었다'라고도 한다. 환전은 그 속성상 즉시 인수도가 발생한다. 즉 환전을 통해 보유 통화를 다른 통화로 즉시 교환하고, 보유한다. 그렇기에 환전은 가장 원초적 외환거래라고 할 수 있다.

환위험 헤지거래

기업이 수출입 등으로 받거나 주어야 할 외화가 있을 때, 그 외화를 매수하기 위한 원화 또는 외화를 매도하여 받게 될 원화의 금액은 환율이 변동할 때마다 달라진다. 즉 환율의 변화로 기업이 지급하거나 받게 될 원화의 금액이 달라지는 것이고, 결국 기업의 손익에 영향을 주게 된다. 이런 경우를 환위험이라고 하는데, 이러한 환위험을 회피하기 위해 현재 시점의 환율로 고정하여 원화 금액을 확정 짓는 거래를 환위험 헤지거래라고 한다. 이 역시 참여자의 필요에 의해서 거래되는 실수요 거래인데, 환전과 다른 점은 외환거래의 이행을 현재 시점이 아닌 미래의 특정 시점에 하기로 하는 것이다. 즉 환전과 환위험 헤지거래는 거래자의 필요에 의해 보유 통화를 다른 통화로 바꾼다는 점에서 동일하나, 거래대금의 인수도 시점이 현재인지 아니면 미래 시점인지가 다르다.

방향성 매매

방향성 매매란 환율의 흐름을 예측하여 그 흐름의 방향으로 미리 매수하거나 매도함으로써 매매차익을 취하려는 투기적 거래이다. 예컨대 미국의 경제가 좋아질 것으로 전망된다면 '달러 매수/엔 매도'의 외환거래를 한다. 만약 기대한 것처럼 달러/엔 환율이 상승하면 '달러 매도/엔 매수'거래를 하여 이익을 실현할 수 있을 것이다. 그러나 거래자의 예측이 틀리면 이익 대신 손실이 발생한다.

이런 투기적 거래자들은 거래 형태에 따라 스캘퍼scalper, 데이트레이더day trader와 포지션트레이더position trader로 나눠볼 수 있다.

스캘퍼란 빠르면 분 단위, 심지어 초 단위로 거래하는 초단타매매超短打賣買를 하는 거래자를 말한다. 다량의 거래를 하되 순간적인 이익을 취하기 때문에 1회의 매매에서 적은 이익만을 취하지만, 예측이 틀리더라도 손실 역시 크지 않다는 장점이 있다. scalp는 사람의 피부 중 가장 얇은 피부인 머리 가죽頭皮을 말하는데, 스캘퍼들이 그렇게 적은 이익, 즉 박리薄利를 추구하기 때문에 붙여진 이름이다. 스캘퍼들은 장기적 흐름trend에는 관심이 없고 오직 단기적 가격변동과 수급에만 관심이 있으므로 거래가 활발한 통화만이 거래대상이 될 수 있다. 스캘퍼들이 거래하는 초단타매매를 스캘핑scalping이라고 한다. 컴퓨터와 거래기법이 발달한 최근에는 스캘핑이 거래 패턴을 분석하여 시스템이 알아서 매매 시점을 알려주고 체결시키는 시스템트레이딩system trading의 수준까지 발전하였다.

데이트레이더는 하루에도 수회에 걸쳐 매매를 하고 그날 중으로 거래를 마무리하고 손익을 확정 짓는 거래자를 말한다. 엄밀히 말하면 스캘퍼도 하루 중 거래를 마무리한다는 측면에서 데이트레이더 중 하나이지만 통상 구분하여 말한다. 포지션트레이더는 환율의 흐름을 긴 숨으로 길게 예측하여 거래하는 참여자를 말한다. 보통 짧게는 며칠, 길면 한 달 이상도 거래를 마무리하지 않고 지켜보는 거래자다. 환율이 목표수준에 도달할 때까지 기다렸다가 매매를 종료하는

데, 때론 예측이 틀려 환율이 원치 않는 방향으로 움직일 경우 큰 손실을 보기도 한다. 스캘퍼와는 반대로 거래 빈도는 낮으나 손익이 큰 거래를 하는 거래자가 포지션트레이더이다. 전문투자자가 아닌 거래자는 시장을 항시 볼 수 없으므로 원하는 환율에 주문을 미리 내놓는 포지션트레이더가 대부분이다.

차익거래

매매차익을 추구한다는 점에서 투기적 거래의 한 갈래이다. 단지 한 방향의 투기적 거래가 아니라 일정한 상관관계가 있는 상품을 서로 다른 방향으로 거래함으로써 두 상품 간 가격 차이의 변화를 이용하여 매매수익을 올리는 거래이다. 두 상품의 가격괴리 변동성이 거래의 대상이므로 온전히 한 방향으로 거래하는 방향성 매매보다는 거래위험이 낮은 것이 장점이다.

예를 들어 통화선물시장에서 현물환과 통화선물의 가격은 일정한 가격 차이를 가지고 움직이다가 최종거래일의 마지막 거래에서는 가격이 동일해진다. 만기 이전에 통화선물은 시장상황에 따라 선물이론가(두 통화의 이자율차이와 만기까지의 기간으로 산출되는 이론가격)보다 높게 거래될 때도 있고, 낮게 거래될 때도 있다. 하지만 통화선물과 현물환은 결국 가격이 같아질 것이기에 선물이론가보다 높을 때는 '선물 매도/현물환 매수'(〈그림 I-1〉의 ①번 거래), 낮을 때는 '선물 매수/현물환 매도'(〈그림 I-1〉의 ②번 거래)를 함으로써 실제 거래가격과 이론가격 간의 가격괴리를 이용한 차익거래를 할 수 있다. 차익거래자는 ①번 거래와 ②번 거래의 차이를 이익으로 취할 수 있다. ①번 거래에서 같은 금액의 통화를 선물로 매도하고 현물환으로 매수하므로 방향성 위험은 없다. 즉, 정상적인 시장에서는 환율이 상승하거나 하락하더라도 그 방향 때문에 손실이나 이익이 발생하지 않는다. 사례에서 보듯 차익거래에서 손실 위험은 최소한으로 줄이는 대신 확실한 이익을 챙길 수 있어 대부분의 딜러가 즐겨 거래하는 투기적 거래이다.

〈그림 I–1〉 통화선물/현물환 차익거래

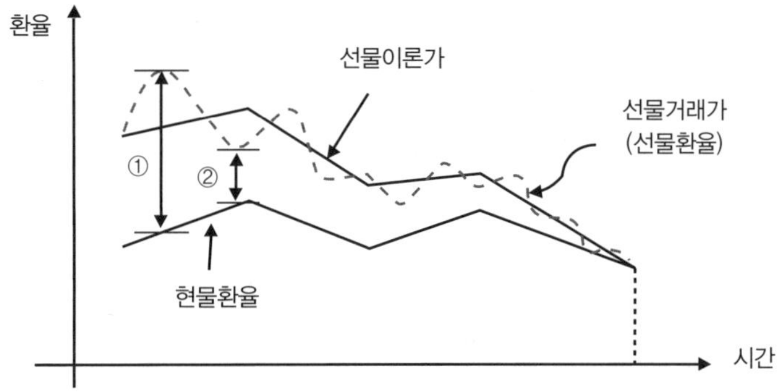

투기speculation란 말엔 부정적 의미가 내포되어 있다. 반면 똑같이 매매차익을 목적으로 하는 투자investment란 말은 왠지 건전해 보인다. 많은 사람이 자신이 하면 투자이고 남이 하면 투기라고 부르곤 한다. 투기와 투자에 관한 여러 사람의 정의가 있지만 어느 누구도 정확하고 명쾌하게 설명해주진 못한다. 결국 투기든 투자든 자신의 의도와 마음속에서만 구분이 되는 것은 아닐까 생각된다.

본 책에서도 어떤 부분에선 투기적 거래라고 하고 어떤 부분에선 환투자라고 달리 표현했다. 이는 거래하는 상황에 따라 그때그때 시장에서 부르는 호칭을 따랐을 뿐이다. 필자는 원칙적으로 그 본질적 내용을 다르다고 보지 않기 때문에 어떤 단어를 사용하든 특별한 의미를 두지 않았음을 밝혀둔다.

앞서 외환거래에 참여하는 목적에 대해서 실수요 거래와 투기적 거래로 나누어 설명했다. 실제 외환거래에서 실수요 거래와 투기적 거래가 차지하는 비중은 어느 정도일까? 외환거래의 대부분은 점두거래(거래당사자끼리 직접거래하는 형태)로 체결되기에 정확한 통계를 내기는 어렵지만, 시장 참여자들은 전체 외환거래에서 투기적 거래가 차지하는 비중이 최소한 90% 이상이라고 말한다. 심지어 어떤 이는 98% 이상의 외환거래가 투기적 거래라고도 한다. 어떤 숫자가 되었든 거래량으로 볼 때 거의 대부분의 외환거래가 투기적 목적으로 행해지고 있음은 사실이다. 투기적 거래의 비중을 알게 된 많은 사람들은 외환시장에 일반 투자자들이 진입했다가 손실만 보게 되리라는 선입견을 가지기 쉽다. 또 실수요 목적으로 외환시장에 참여하는 거래자들도 그런 투기적 거래 때문에 실수요로 거래하는 참여자들이 피해를 본다는 근거 없는 피해의식을 가지기도 한다.

그런데 외환시장을 일부 세력이 좌지우지하는 하찮은 시장으로 본다면 엄청난 오해다. 앞서 〈표 I-1〉을 보면 세계 외환시장에서는 하루에 8조 7천억 달러가 거래된다. 어느 참여자가 그렇게 큰 시장을 좌지우지할 수 있겠는가? 우리나라만 보더라도 은행간 현물환시장에서 2024년 한 해 하루 평균 256.7억 달러가 거래되었다. 그런 규모에서 방향을 바꾸거나 급격한 움직임을 조장하려 한다면 수십억 달러의 방향성 매매를 해야 한다. 그런데 실제 수요 없이 순수 방향성 매매만으로 시장에 참여했다가는 자칫 그 당사자만 큰 손실을 보게 될 것이다. 물론 투기적 거래로 시장의 변동성은 커질 수 있고 커진 변동성 때문에 실수요 거래자들이 환위험관리에 어려움은 있을 수 있다. 하지만 그렇다고 투기성 매매가 방향 자체를 바꾸는 것이 아니므로 원칙에 입각한 환위험관리를 이행한다면 큰 문제는 없을 것이다.

필자가 투기적 매매를 옹호하려는 의도를 가지고 있는 것은 아니다. 다만 상황을 가능한 한 있는 그대로 말해주고 싶을 뿐이다. 반대로 만약에 투기적 거래가 없다면, 그래서 실수요 거래자들만으로 시장을 구성한다면 거래가 편안하고 쉽게 잘 이루어질까? 변동성도 크지 않고 시장도 안정될까? 실제 그런 시장이 없었기에 단언할 수는 없지만, 그럴 경우 시장은 큰 물량을 가진 참여자가 지배하는 곳이 될 것이다. 예를 들어 큰 규모의 달러 매도자가 달러를 보유한 상태에서 시장에 달러 공급을 하지 않는다면, 수입결제 목적으로 시장에서 달러를 매수하려는 거래자는 곤경에 처할 것이고, 결국 결제 시한에 쫓겨서 정상 가격보다 높은 가격을 주고 달러를 매입하게 될 것이다. 즉, 참여자가 줄어듦으로써 소수의 대량 거래자에 의해 지배되는 환경이 되어, 비정상적 가격으로 거래되는 불안정한 시장이 된다.

하지만 현실에선 수많은 투기적 거래가 시장에서 사고파는 호가呼價를 간격 없이 충분한 물량으로 촘촘히 채우고 있어서, 실수요 거래자가 언제든지 원하는 금액만큼 즉시 시장에서 정상 가격으로 매매할 수 있다. 즉, 사람들이 부정적 눈초리로 바라보는 투기적 거래는 시장에 유동성을 공급하는 결정적 역할을 담당하고 있는 것이다. 물론 미꾸라지 몇 마리가 맑은 개울물을 흙탕물로 만들듯, 일부 과격한 투기자들이 때로는 시장을 교란할 때도 있다. 그렇지만 대부분의 경우 투기적 매매는 시장에 유동성을 제공하여 원활한 거래를 할 수 있도록 만드는 순기능을 함으로써 외환시장이 존재하게 한다는 것을 이해해야 한다.

〈표 I-2〉 2024년 중 외국환은행의 현물환[1] 거래규모

(단위: 일 평균, 억 달러, %)

		2021	2022	2023 (A)	2024 (B)	1/4	2/4	3/4	4/4	B-A(증감률)
전체		**227.1**	**231.3**	**258.1**	**256.7**	**261.2**	**246.2**	**262.9**	**256.5**	**-1.3 (-0.5)**
통화별	KRW/USD	170.6	173.2	185.1	194.6	188.9	189.3	205.1	194.9	9.5 (+5.1)
	KRW/기타통화	27.6	25.0	40.9	31.3	41.4	24.8	25.7	33.2	-9.6 (-23.4)
	KRW/CNY[2]	20.0	18.2	34.6	24.0	34.2	17.6	18.5	25.7	-10.6 (-30.6)
	JPY/USD	4.4	6.3	5.8	7.4	7.5	7.2	8.8	6.1	1.6 (+27.0)
	USD/EUR	11.6	13.4	12.1	10.9	9.8	11.6	10.8	11.2	-1.2 (-9.9)
	기타	12.9	13.5	14.2	12.6	13.6	13.3	12.5	11.0	-1.6 (-11.3)
은행별	국내은행	121.2	122.7	147.1	139.4	140.3	128.8	140.3	148.1	-7.7 (-5.2)
	외은지점	105.9	108.7	111.0	117.3	120.9	117.4	122.5	108.4	6.3 (+5.7)
거래 상대방 별	외국환은행간[3]	100.5	102.5	134.2	127.2	138.5	119.6	126.1	124.4	-7.0 (-5.2)
	국내고객[4]	70.2	76.5	72.4	75.5	69.2	73.5	80.4	78.7	3.0 (+4.2)
	비거주자[5]	56.4	52.3	51.5	54.1	53.5	53.1	56.4	53.3	2.6 (+5.1)

주: 1) 계약일로부터 2영업일 이내에 외환의 인수도(결제)가 이루어지는 거래
2) 역외 위안화(CNH)를 포함(2015년부터 집계)
3) 외국환은행 간의 거래, "(매수 + 매도) / 2" 기준
4) 외국환은행과 국내 비은행금융기관, 기업, 개인 등 국내고객 간 거래
5) 외국환은행과 해외금융기관 및 해외고객 간 거래

자료: 2024년 중 외국환은행의 외환거래 동향, 한국은행, 2025.01.22

6. 누구나 거래할 수 있는 외환시장

외환시장에는 일반 시장의 상인들처럼 거래 주체가 되어 능동적으로 거래에 참여하는 참여자가 있고, 그 거래를 중개해주는 브로커도 있으며, 건전하고 질서 있는 거래를 위한 큰손도 존재한다. 물론 시장이므로 고객이 있어야 함은 말할 필요도 없다. 이렇듯 서로 입장이 다른 참여자들을 하나씩 살펴보기로 하자.

우선 외환시장에는 장場이라고 불리는 거래소에서 거래되는 장내場內 외환시장과 거래당사자끼리 거래하는 점두거래店頭去來인 장외場外 외환시장이 있다. 흔히 장외거래를 영어로 OTCOver-The-Counter거래라고도 말한다.

외국환은행

외환시장의 가장 중요한 참여자는 외국환은행이다. 외국환은행이란 외국환관리법과 특별법에 의해서 외국환업무를 취급할 수 있는 은행을 말하는데 시중은행, 지방은행, 특수은행과 외국은행 국내 지점 등이 여기에 해당한다. 과거에는 외국의 외국환은행과 직접 외국환거래를 하며 모든 외국환업무를 취급하는 갑류

외국환은행甲類外國換銀行과 국내에서 제한된 외국환업무만을 취급했던 을류외국환은행乙類外國換銀行으로 구분되어 있었다. 하지만 지금은 별도 구분 없이 모두 외국환은행으로 분류한다.

외국환은행은 자기 자산으로 방향성 매매 또는 차익거래 등 투기적 거래를 하여 투자 수익을 취하거나, 고객과의 거래로 발생한 외환 포지션을 외환시장에서 반대매매함으로써 환위험을 없애기도 한다. 이런 반대매매 거래를 통해 포지션을 청산하는 것을 커버링covering이라고 표현한다.

외국환은행은 아니지만, 외환거래와 관련해서 외국환은행과 거의 동일한 업무를 수행할 수 있는 종합금융사(종금사)와 외환 장외파생인가를 받은 증권사들 역시 은행간 외환시장interbank market에 참여한다. 특히 2014년부터 허용된 증권사 간 외환거래 허용으로 증권사들의 외환시장 내 역할도 확대될 것으로 기대하고 있다.

외국환은행은 전체 외환시장의 거래량에서 차지하는 비중이 절대적으로 크고, 다른 시장 참여자들의 외환거래 후 결제 또한 외국환은행의 계좌를 통해서 이체되므로 외환시장에서 가장 중요한 역할을 담당하고 있다.

중앙은행

중앙은행은 외환시장에 자주 참여하지는 않지만 민감한 환율 부근에서 조용히 등장하고는 한다. 중앙은행이 외환시장에 참여하는 것을 개입intervention이라고 한다. 외화가 초과공급되었다고 판단되면 시장에서 외화를 매수하고, 초과수요가 발생하면 외환준비금으로 또는 외국 중앙은행으로부터 차입하여 외화를 시장에서 매도함으로써 공급한다. 최근에는 초과공급, 초과수요보다는 환율이 급격하게 움직이면서 경제의 변화가 환율의 움직임을 쫓아가지 못할 경우 변동성을 축소하기 위해서 개입을 단행하는 경우가 많다. 과거에는 개입이란 용어를 일반적으로 사용했다. 그런데 최근에는 개입이 급격한 외환시장의 속도조절을 주 목적으로 하고 있어 개입이라는 단어보다는 미세조정 또는 스무딩 오퍼레이션이라는 말로 자주 표현된다. 다른 참여자들이 수익창출 또는 환위험관리를 위해서 시장에 참여한다면, 중앙은행은 국가의 거시경제목표를 위해서 외환시장에서의 조정이 필요하다고 판단될 때 참여한다.

외국환중개회사

외국환중개회사로 장외시장의 외환거래를 중개하는 외환중개사FX broker와 장내시장의 외환거래를 중개하는 증권사 및 선물회사가 있다. 장외 외환거래를 중개하는 외환중개사들은 직접 매매를 통해 수익을 창출하지 않고, 외환거래를 하려는 참여자들을 연결시키고 거래를 체결시켜줌으로써 중개수수료 수익을 취득한다. 외국환중개회사들은 외환거래자들 사이에서 시장정보를 제공하고 거래를 활성화시킴으로써 외환시장의 유동성을 높여준다.

국내에는 2025년 2월 현재 10개 외환중개사가 선물환, NDF, 외환스왑, 통화스왑 등 장외 외환파생상품들을 중개하고 있다. 그중에서 현물환중개는 서울외국환중개와 한국자금중개 등 2개사만이 담당하고 있다. 외환중개사는 보이스박스voice box와 전자중개시스템Electronic Brokerage System(EBS)을 통해 외환거래를 중개한다. 장외 외환중개사는 기획재정부장관으로부터 인가를 받지만, 이들에 대한 감독권한은 한국은행총재에게 위탁하고 있다. 따라서 중대한 규정 위반 등을 할 경우 한국은행총재가 기획재정부장관에게 인가취소를 건의할 수 있다.

〈그림 I-2〉 외환중개사의 보이스박스

거래소에 상장된 장내 외환상품인 통화선물 및 통화옵션 중개업무는 증권사와 선물회사가 담당한다. 모든 증권사가 통화선물을 중개할 수 있는 것은 아니고 장내파생상품 인가를 받은 증권사 중에서 시스템을 갖추고 대고객 영업을 하는 증권사들만 중개업무를 하고 있다. 특히 해외선물 인가를 취득하고 해당 영업을 하고 있는 증권사는 일부 중대형 증권사뿐이다. 선물회사先物會社는 1999년 선물거래소 개장 시 12개사가 있었다. 그런데 2009년 2월 자본시장법 시행으로 증권사로 전환하거나 증권사와 합병 또는 청산된 선물회사들이 있어 2025년 2월 현재 3개사만 남아 있다.

앞서 설명한 외국환은행, 중앙은행 및 장외 외환중개사 등이 주로 은행간 거래의 범주에 포함되는 외환시장 참여자 그룹이었다면 대고객 외환시장 참여자 그룹은 다음과 같다.

기타 금융기관

보험사 같은 비은행 금융기관, 연기금이나 뮤추얼펀드 같은 기관투자자, 자산운용사나 헤지펀드, 거래전문회사 그리고 국부펀드 등 공공기관 등이 포함되는 기타 금융기관도 외환시장에 참여한다. 세계 각국이 자본시장을 개방하고 국가간 장벽을 없애면서 해외투자가 활발해지고 있다. 전 세계 외환거래에 있어서 기타 금융기관들의 거래량은 2010년 이전에 이미 외국환은행들의 거래량을 넘어섰다. 이들은 해외투자를 위한 환전이나 환위험관리를 위한 거래도 하지만 직접 환율에 투자하는 거래를 더 많이 한다. 최근 국내외 자산운용사들을 통해 통화에 투자하는 상품들이 많이 개발되어 은행이나 증권사를 통해 판매되고 있다. 각국의 통화완화정책으로 인한 국제자본의 이동 증가로 외환거래 규모도 커지고 있어 앞으로 기타 금융기관들의 외환시장 참여 비중은 더 늘어날 것이다.

수출입기업

수출기업은 수출대금을 매도하고, 수입기업은 수입결제금을 매수하기 위해 외환시장에 참여한다. 기업들은 입금되었거나 송금해야 할 외화를 바로 현물환으로 환전하는 경우도 있고, 미래에 발생할 외화현금흐름에서 비롯된 환위험을 회피하거나 제거하기 위해서 선물환이나 다른 외환파생상품을 거래하기도 한다. 원자재가 없다시피 한 우리나라의 대부분 기업은 외국과의 무역 또는 무역외거래를 통해서 기업활동을 할 수밖에 없다. 따라서 아주 작은 기업들도 환위험에 노출되어 있는 경우가 많다. 수출입기업이 아니더라도 외화표시 부채나 자산을 가지고 있는 기업들도 이 범주에 속한다. 외화를 대출받아 생산기계나 공장을 구입하였다면 원화를 사용하기 위해서 한 번, 만기에 상환하기 위해서 다시 한 번 외환거래를 해야 한다. 즉, 기업들은 환전과 환위험관리의 목적으로 외환시장에 참여한다. 기업들이 환율의 변동과 크게 상관없이 지속적인 기업활동을 영위할 수 있게 한다는 점은 외환시장이 가지는 매우 중요한 기능이기도 하다.

기업들이 반드시 환전이나 환위험관리와 같은 실수요 거래만 하지는 않는다. 1980년대 후반 선물환거래가 활성화되면서 대기업들은 앞다투어 선물환거래에 열중하였다. 마치 선물환거래를 하지 않는 기업은 기업경영 수준이 한 단계 낮은 것처럼 인식되기도 했다. 선물환거래가 실수요 목적으로 사용되었다면 그런 인식은 틀림없는 사실이었겠지만, 불행하게도 많은 대기업이 선물환거래를 이익 창출 목적의 투기적 거래로 사용하였기에 문제가 많았다. 금융위기 때 많은 기업을 위기에 빠뜨렸던 KIKO거래를 생각해보면 그 상황을 쉽게 이해할 수 있을 것이다.

우리가 알고 있는 내로라하는 우리나라 대표기업들이 거의 예외 없이 선물환거래를 통한 환투기에 나섰는데, 결과는 모두 좋지 않았다. KIKO 때처럼 일부 회사는 환손실로 문을 닫아야 하는 상황에 이르기도 하였다. 여기서 필자가 환투자가 아닌 환투기라고 표현한 이유는, 당시 기업의 거래자들이 선물환거래를 돈이 나오는 도깨비방망이로 생각하고 아무 생각 없이 마구 휘둘렀기 때문이다. 거래를 위한 논리나 시장분석 능력이 부족한 상황에서, 익숙하지도 않고 잘 알지도 못하는 달러/엔이나 달러/마르크(당시엔 유로가 없었다) 등 이종통화異種通貨거래를 한 것이다. 이는 외환시장이라는 불 속으로 뛰어드는 불나방과 다를 바가 없었기에 좋은 성과를 낼 수 없었다.

그뿐 아니라 외환거래의 절차가 없었거나 무시되어 여기저기서 외환 사고가 발생했고, 일부 기업에선 실무거래자가 외환거래를 통해 개인적으로 치부(致富, enter the loan)를 하는 등 부조리도 있었다. 그러한 사고들로 인해 선물환거래에 대한 이미지가 나빠졌다. 일부 기업의 경영자는 선물환거래를 엄청난 환투기 거래로 인식하고, 자기 기업이 선물환거래를 하지 못하도록 하기도 했다. 이러한 잘못된 인식이 아직까지도 몇몇 대기업에서조차 유지되고 있어 안타까운 마음이다.

현재는 대기업들의 리스크관리가 철저해져서 환투기를 위한 선물환거래 등은 거의 사라졌다. 그럼에도 KIKO사태에서 보듯이 리스크관리에 허점을 가진 중소 또는 중견기업들의 수가 아직도 제법 있음을 알 수 있다. 환위험헤지를 잘해보자는 취지는 좋으나 때로 지나치면 환위험관리보다는 환투기 쪽으로 흘러갈 수도 있음을 잊어서는 안 될 것이다.

중공업이나 조선사들이 해외에서 큰 규모의 수주를 할 경우 외환시장에서 매도 헤지거래를 함으로써 영향을 준다. 반대로 낮은 금리의 장기 자금 조달을 위해 공기업들이 해외에서 발행한 외화표시 채권들에 대한 매수 헤지거래 또한 시장에 영향을 주고 있다. 외환시장에서 외국환은행은 중요한 참여자이다. 그렇지만 경제가 국제화되고 산업이 발달하면서 규모가 커진 기업들의 실수요 거래가 환율의 흐름 자체를 변화시키기도 하므로 기업들 역시 무시할 수 없는 참여자이다.

개인

이제는 개인도 엄연한 외환시장 참여자 중 하나이다. 그렇지만 1999년 통화선물이 상장되기 전까지 개인이 참여할 수 있었던 외환거래는 환전과 송금이 거의 전부였다. 일부 개인이 선물회사를 통해 해외 통화선물을 거래하기도 하였으나 극소수에 불과했다. 외환거래가 자유화된 지금은 개인이 자유롭게 외화를 사거나 팔 수 있고 신고만 한다면 해외로 가지고 나가 투자도 할 수 있다. 목적 불문하고 거액의 외화예금계좌도 유지할 수 있으며, 거래소에 상장되어 있는 달러선물 등을 매매함으로써 환투자거래도 자유롭게 할 수 있다.

〈그림 I-3〉은 2024년 달러선물 대고객 거래에서 투자자별 거래 비중을 보여 주는 것인데 개인이 차지하는 비중이 작지 않음을 알 수 있다. 한국거래소 통계에 따르면 2024년 개인이 달러선물을 하루 평균 약 6억 달러 거래하였는데, 전체 시장거래량을 감안할 때 개인의 외환거래 비중은 더 늘어날 것으로 예상된다. 이웃나라인 일본에서는 '와타나베부인'이 대표적인 개인 환투자자라고 볼 수 있는데, 선진국에서는 이미 개인 환투자거래가 일반화되어 있다. 향후 우리나라에서도 환투자 인구는 점차 늘어날 것으로 예상된다.

〈그림 I-3〉 달러선물 투자자별 비중
(2024년 대고객 거래 기준)

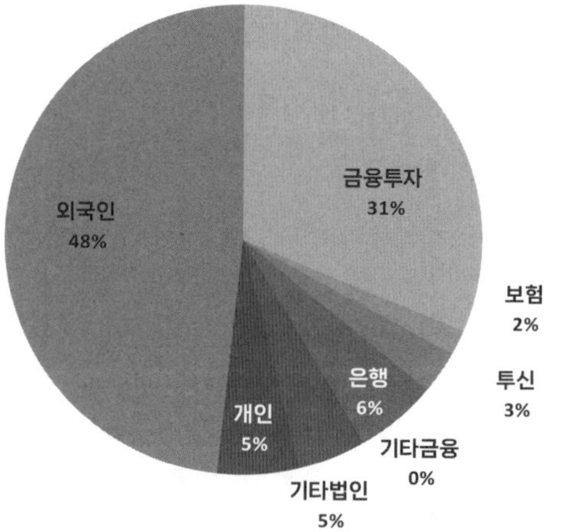

자료: 한국거래소

환전영업자

환전영업자는 외국통화의 매입 및 매도 또는 외국에서 발행한 여행자수표의 매입을 업으로 영위하는 자를 말한다. 환전영업자는 통상 외환매입만 가능하고 외환매도는 금지되어 있으나 카지노 등 일부 경우에 한해 매도가 허용되고 있다. 원래 환전영업은 인가제로 운영되었으나 1999년 4월부터 등록제로 완화되었다. 환전영업자로는 농수협(단위지부), 호텔업자, 판매업자, 카지노업자, 여행사 및 흔히 환전상換錢商이라고 불리는 일반 환전영업자 등이 있다.

Tip

캐리트레이드carry trade

금리가 낮고 가치가 하락할 것으로 예상되는 통화를 금리가 높은 통화로 교환하여 채권이나 금융상품에 투자함으로써 금리차익과 환차익을 동시에 취하려는 거래를 말한다.

금융위기 전 일본의 외환투자자(와타나베부인)들이 금리 0%대인 엔을 팔아 금리가 높은 호주나 브라질의 채권에 투자하여 환과 금리에서 높은 수익을 올린 것이 대표적인 캐리트레이드이다. 물론 이어 발생한 금융위기 때 엔의 절상으로 환 손실을 본 와타나베부인들이 캐리트레이드시장에서 발을 빼기도 했지만, 엔의 금리가 낮고 가치 하락이 이어지면 언제든 다시 시장에 등장하는 것이 엔 캐리트레이드이다.

캐리트레이드 자금이 유입된 지역에서는 채권, 주식, 부동산 시장의 가격이 상승하는 효과가 있다. 그렇지만 캐리트레이드가 장기투자보다는 단기로 투자되는 핫머니 성격을 가지고 있어 자금 회수 시 투자했던 상품의 가격이 급락하는 등 해당 국가의 경제에 혼란이 야기될 수도 있고 투자자들 역시 손실을 볼 수도 있다.

엔뿐만 아니라 미국이 기준금리를 0%대로 낮추고 양적완화Quantative Easing(QE) 정책을 시행하면서 달러 캐리트레이드가 거래되기도 했고, 유로 역시 경기부양을 위한 저금리 · 통화완화정책을 시행하면서 유로 캐리트레이드도 발생했다. 와타나베부인에 빗대어 달러 캐리트레이드 거래자를 스미스부인, 유로 캐리트레이드 거래자를 소피아부인으로 부르기도 한다.

Tip

와타나베부인渡邊夫人

우리나라에 김씨, 이씨가 많듯이 일본에는 '와타나베'란 성姓이 많다고 한다. 한국에서 보통 아주머니를 김여사라고 부르듯이 일본의 중산층 주부를 통칭해서 부르는 이름이다. 이 와타나베부인이란 명칭이 유명해진 것은 2000년 무렵으로, 당시 엔의 저금리 상황이 지속되자 해외 고금리 통화에 투자하는 주부들이 많아지면서 이런 이름이 등장했다. 특히 엔이 절하되던 2005~07년에는 금리와 환차익 둘 다 챙기려는 캐리트레이드에 나서면서 한때 도쿄외환시장 거래의 30%를 차지할 정도로 엄청나게 거래를 많이 했다.

이들이 참여했던 외환시장은 주로 FX마진시장으로, 유명한 와타나베부인 몇 명은 외환거래에 관한 책도 쓰고 강연에도 나서는 등 일본의 외환투자자라는 확실한 인식을 심어주었다. 2008년 금융위기에 엔이 초강세로 전환되면서 환차손을 보고 잠시 모습을 감추었다가 2012년 말 엔저가 시작되면서 다시 세상에 모습을 드러냈다.

7. 오늘 서울 외환시장에서는...

외환거래 필요성이 있어 거래를 하려고 한다. 금융기관에 근무하는 지인에게 물어보니 여러 종류의 외환시장이 있다고 한다. 어떤 외환시장에 참여해서 누구와 거래를 해야 할까? 우리나라에서 참여할 수 있는 외환시장을 정리해보면 다음과 같다.

〈표 I-3〉 외환시장의 구분

<table>
<tr><th colspan="3">구 분</th><th>참여자</th><th>거래 상품</th><th>거래 목적</th><th>중개기관</th></tr>
<tr><td rowspan="3">장외시장</td><td colspan="2">은행간 외환시장
(interbank market)</td><td>외국환은행,
종금, 증권</td><td>현물환, 선물환,
통화스왑, 옵션</td><td>방향성 매매,
차익거래, 커버링</td><td>직접거래,
외환중개사</td></tr>
<tr><td colspan="2">대고객 외환시장
(customer market)</td><td>기관, 기업,
개인 등
실수요자</td><td>현물환, 선물환,
통화스왑, 옵션</td><td>실수요 거래(환전/
환위험 헤지거래),
투기적 거래</td><td>외국환은행</td></tr>
<tr><td colspan="2">역외선물환시장
(NDF market)</td><td>외국환은행</td><td>차액결제선물환
NDF</td><td>투기적 거래,
커버링</td><td>외환중개사</td></tr>
<tr><td rowspan="3">장내시장</td><td rowspan="2">통화선물
옵션시장</td><td>국내시장</td><td rowspan="2">누구나 가능</td><td>미국 달러, 엔,
유로</td><td rowspan="2">환위험 헤지거래,
투기적 거래</td><td rowspan="3">증권사,
선물회사
(FCM/FDM)</td></tr>
<tr><td>해외시장</td><td>주요 통화</td></tr>
<tr><td colspan="2">FX마진 외환시장</td><td>누구나 가능</td><td>차액결제현물환
(FX margin환)</td><td>투기적 거래</td></tr>
</table>

필자가 처음 외환을 배울 때만 하더라도 외환시장이라고 하면 '은행간 외환시장'과 '대고객 외환시장'의 2개 시장만 존재했다. 그래서 아직도 많은 외환 관련 서적에서는 외환시장을 설명할 때 2개 시장만 언급하고 있다. 하지만 외환시장은 꾸준히 변해가고 있고, 우리나라의 외환시장도 많은 발전을 해서 예전보다 다양한 범주의 외환시장이 존재하게 되었다. 특히, 장내시장의 개설로 누구나 외환시장에 참여할 수 있게 되어 작은 기업이나 개인들도 쉽게 환위험 헤지거래나 환투자거래를 할 수 있게 되었다.

은행간 외환시장

환율이 드라마틱하게 움직인 날이면 저녁 뉴스시간에 어김없이 '오늘 외환시장에서는 환율이 어쩌고저쩌고…' 하는 방송이 전파를 타곤 한다. 바로 그때 앵커가 언급한 '외환시장'은 어떤 외환시장을 말하는 것일까? 뉴스에서 말한 외환시장은 '은행간 외환시장interbank market' 중 현물환시장이다. 은행간 외환시장은 외국환은행, 증권사 및 종금사의 외환딜러들만 참여하는 시장으로 가장 대표적 외환시장이며 거래규모 역시 압도적으로 많다. 환율의 흐름이 결정되는 시장이고, 이 시장에서 거래되는 환율이 대고객 외환시장 거래의 매매기준율이 된다.

은행간 외환시장에서는 현물환, 선물환, 외환스왑, 통화스왑, 통화옵션 및 외환파생결합상품 등 모든 외환상품이 거래된다. 거래방식으로는 외환중개사를 통한 간접거래와 전화 또는 딜링시스템을 통한 다른 외국환은행과의 직접거래가 있는데, 해외 외환시장과 비교해볼 때 우리나라에서는 상대적으로 직접거래의 비중이 낮은 편이다.

2025년 2월 기준 은행간 현물환시장에는 국내은행, 외국은행 국내지점 및 증권사 등 약 60개 기관이 참여하고 있다. 이들 금융기관의 거래는 서울외국환중개와 한국자금중개가 중개업무를 담당한다. 양사는 거래은행들에게 EBS Electronic Brokerage System라는 전자중개시스템을 제공하여 딜러들이 직접 매매주문을 입력하여 체결되게 하고 있다. 전자중개시스템은 과거 전화주문으로 야기되던 착오매매나 주문 폭주 시 체결지연 등의 문제점을 해결하였다.

현물환시장이 종료되면 서울외국환중개와 한국자금중개는 상호 거래량과 거래환율 정보를 교환한 후 가중평균하여 시장평균환율인 MARMarket Average Rate을 산출한다. 그리고 이를 서로 확인한 다음 익일 오전 8시 30분에 고시한다. MAR은 각 은행이 매일 최초 고시하는 매매기준 환율이고, 고시 다음 날이 만기일인 달러/원 역외 차액결제선물환NDF의 차액정산용 지정환율fixing rate로 사용된다.

어느 나라나 외환거래에 관한 큰 틀은 정부가 제정한 법에 의해 규정되지만–예를 들어 우리나라의「외국환거래법」과 같은–시장 거래 관행과 원칙은 참여자들로 구성된 자율기구인 외환시장협의회에서 정하고 시행한다. 우리나라에도 건전한 외환시장을 육성하고 시장 활성화를 위해 서울외환시장협의회가 1989년 12월 1일 발족되었다. 동 협의회는 외환거래와 관련하여 시장 참여자들의 의견을 조정하고 지침을 제정하며, 시장 정보교환 및 자율규제 등의 역할을 수행하고 있다. 시중은행, 특수은행, 지방은행, 외은 지점, 종금사, 중개회사(현물환 중개 2개사) 및 외환당국(한국은행, 외국환평형기금) 등 30여 회원으로 구성되어 있다. 또 협의회는 외환거래의 효율성, 투명성, 올바른 거래질서, 사고예방 및 분쟁의 해결 등을 규정한 '서울외환시장 행동규범The Seoul Code of Conduct(2001년 12월)'을 제정하여 준수하고 있다.

2013년 11월 25일 서울외환시장협의회는 '외환시장 선진화를 위한 제도 및 관행 개선안'을 발표하였다. 개선안에는 거래단위를 종전 50만 달러에서 100만 달러로 상향조정하고(2014.1.2 적용) 중국 위안화 표시를 본토의 CNY와 홍콩의 CNH를 병행고시하기로(2014.3.3 적용) 하였다. 또한 현재 21개 통화를 대상으로 고시하고 있는 재정환율(달러를 제외한 다른 통화와 원화와의 환율)을 43개 통화로 확대하는 등 총 6개 안의 개선안과 관행을 이행하기로 하였다.

또 협의회는 수능일처럼 특별한 날의 거래시간을 조정하거나 연말 휴장일을 정하여 공지하기도 한다. 협의회가 정하고 있는 외환시장의 거래 관행은 다음 표와 같다.

〈표 I-4〉 은행간 거래의 주요 명세

구 분	달러/원 거래	위안/원 거래
거래종류	현물환, 선물환, 외환스왑 거래	
거래단위	최소 100만 달러, 100만 달러 단위	최소 100만 위안, 100만 위안 단위
호가방법	1달러에 대해 원화 10전 단위 호가	1위안에 대해 원화 1전 단위 호가
거래체결	전화 및 전자주문방식에 의한 매매주문을 전산으로 자동체결	
거래시간	09:00~02:00(익일)	
결제일	2영업일 후(익익일물, value spot), 해당 통화 휴일과 겹치면 익일로 순연	

우리나라의 은행간 외환시장의 거래시간은 다음과 같이 변경되어왔다.

〈표 I-5〉 서울 은행간 외환시장의 거래시간 변경 내용

기 간	거래시간
2004.1.2 이전	09:30 ~ 16:30
2004.1.2 ~ 2005.2.28	09:00 ~ 16:00
2005.3.2 ~ 2016.7.31	09:00 ~ 15:00, 12월 마지막 영업일 휴장
2016.8.1 ~ 2024.6.30	09:00 ~ 15:30, 12월 마지막 영업일 휴장
2024.7.1 ~ 현재	09:00 ~ 익일 02:00, 12월 마지막 영업일 휴장

은행간 시장의 거래시간은 상기와 같이 정하여 시행하고 있지만 중개회사를 통한 간접거래에 적용되는 시간이고 은행간 직접거래나 대고객 외환거래의 경우는 특별히 제한된 거래시간을 가지고 있지 않아 두 거래당사자가 합의만 되면 24시간 거래가 가능하다. 2024년 하반기 이후 거래시간이 다음 날 새벽 2시까지 확대되었지만, 대부분 대고객 거래가 서울 주간시간에 거래됨에 따라 오후 3시 30분에 주간장(정규장) 거래 마감을 하고, 다음 날 기준환율을 주간장 거래로 계산하여 고시한다. 물론 3시 30분에 중간 마감을 하지만 그 이후 시간에도 달러원 시장은 계속 이어진다.

대고객 외환시장

은행간 외환시장을 외환시장의 도매시장이라고 본다면 대고객 외환시장은 소매시장의 성격을 가지고 있다. 예컨대 은행 지점의 직원이 고객에게 달러를 매도할 때 본점 딜링룸에서 시스템을 통해 제공하는 환율로 거래하게 되는데, 그 거래환율은 은행 딜러가 은행간 시장에서 거래하는 시장가격에 은행의 마진(수익)을 감안한 환율이다.

〈그림 I-4〉 은행간 외환시장과 대고객 외환시장

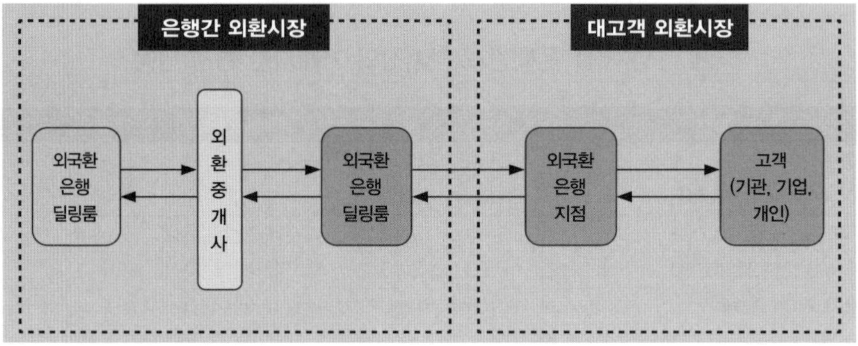

외환거래의 필요성이 있는 기관, 기업 그리고 개인들은 직접 은행 창구를 방문하거나 컴퓨터를 이용한 홈뱅킹시스템으로 외환거래를 할 수 있다. 환위험 헤지거래의 경우엔 전화를 통해 거래가 가능하며, 그럴 경우 거래에 관련한 서류작업은 미리 해두어야 한다.

8. 해외에서 거래되는 달러/원, NDF

외환이란 두 개의 통화를 일정한 교환비율(환율)로 교환하는 것이라고 앞서 말했다. 그러므로 두 개의 통화 중 하나라도 그 가치가 변하면 교환의 기준이 되는 환율이 바뀌게 된다. 통화의 가치를 변하게 하는 요인은 해당 통화를 사용하는 국가의 거의 모든 경제적 이슈와 뉴스들이 해당된다. 경제란 살아 숨쉬는 생명체 같아서 한순간도 쉬지 않고 뭔가 얘깃거리를 만들어내기 마련이고, 그 의미는 통화의 가치가 한순간도 가만히 머무르지 않고 계속 변화한다는 뜻이다. 물론 정도의 차이는 있어서 어떤 순간엔 환율이 멈춘 듯이 보일 때도 있고, 어떤 뉴스엔 일정 시간 지속적으로 그 통화의 가치를 변화시키기도 한다. 그런 변화는 상대 통화의 경우도 마찬가지다.

예를 들어 서울 시간으로 경제활동이 활발한 낮시간에는 원화의 가치가 비교적 활발히 변하고, 서울의 밤시간은 미국이 주간 활동시간이어서 달러의 가치가 계속 변하게 된다. 그러므로 달러/원 환율은 24시간 계속 오르내리며 움직인다.

서울의 은행간 외환시장은 오전 9시에 열리고 다음 날 오전 2시에 닫힌다. 물론 직접거래와 대고객 거래는 시간에 상관없이 아무 때나 가능하다. 그렇다면 오전 2시 이후 고객이 외환거래를 하려고 할 때 어떤 환율을 적용할 수 있을까? 은행간 거래는 이미 종료되었으니 결국 본점 딜링룸의 딜러는 자신이 생각하는 적절한 환율을 고객에게 제시할 것이다. 하지만 그 거래규모가 크다면 딜러는 환위험을 노출시킨 채 하루를 마감하기엔 부담스럽고 내부 리스크관리 규정도 신경 써야 할 것이다. 그럴 때 딜러가 환위험을 커버cover하기 위해서 참여하는 시장이 역외 외환시장이다. 비록 서울의 은행간 외환시장은 종료되었지만 고객 거래로 발생한 환위험을 역외시장에서 커버할 수 있으므로 환위험이 노출된 상태로 하루를 마감하지 않아도 되는 것이다.

해외에서 이체가 자유로운 엔이나 유로 같은 국제통화들은 역외 외환시장에서 체결된 선물환의 경우 만기일에 양 통화 모두 인수도 결제가 이행되는 일반 선물환거래이다. 하지만 원화는 국제화된 통화가 아니어서 해외에서 자금 이체가 자유롭지 않다. 그렇기 때문에 역외에서 거래되는 달러/원 선물환은 만기에 계약환율과 지정환율fixing rate의 차액만을 주고받는 '차액결제선물환Non-Deliverable Forward(NDF)'으로 거래된다. 역외선물환과 차액결제선물환인 NDF는 엄연히 그 의미가 다르지만 달러/원의 역외선물환은 모두 NDF로만 거래되기 때문에 달러/원 거래에서 역외선물환은 NDF와 같은 의미로 사용한다.

역외 외환시장에서 현물환은 결제일자의 촉박함으로 거래되지 않고 거래일로부터 3영업일 이후의 선물환거래가 이루어진다. 그중에서도 제일 활발한 거래는 1개월 만기 선물환거래이다.

NDF는 차액만 결제하기 때문에 결제위험settlement risk이 작고, 별도의 증거금이 필요하지 않기 때문에 거래한도만 있다면 쉽게 거래할 수 있다. NDF거래의 대상이 되는 통화는 우리나라 원화처럼 국제통화가 아니거나 국제통화라 하더라도 유동성이 낮은 통화들이다. 만약 남미의 어떤 나라에 투자한 우리 기업이 해당 통화의 환위험을 헤지하려고 그 국가의 은행에 선물환가격을 요청한다 하더라도 우리 기업에 대한 신용평가가 불가능하다는 이유로 헤지거래는 거절당할 것이다. 그럴 경우 국내은행을 통해서 해당 통화의 NDF거래를 한다면 그 통화를 교환하지 않고 미국 달러로 차액만을 결제하므로 자유롭게 해당 통화의 환위험을 헤지할 수 있다.

달러/원 NDF거래는 1990년대 중반 홍콩과 싱가포르에서 비거주자 사이에 거래되기 시작하였다. 초기에는 비거주자만 참석하는 시장이었기 때문에 국내 외환시장과 괴리가 발생하기도 했고 거래량도 많지 않았다. 하지만 1999년 4월 외환자유화 조치로 국내은행들도 역외선물환시장인 NDF시장에 참여할 수 있게 되면서 거래량도 급증하고, 국내 외환시장과의 연관성도 매우 높아졌다. 서울외환시장이 종료되면 홍콩과 싱가포르에서 계속 달러/원이 거래되고, 이어서 런던과 뉴욕의 NDF시장이 연결되어 결국 달러/원은 24시간 거래가 가능해졌다. 특히 뉴욕 NDF 종가는 다음 날 서울외환시장의 개장 환율에 영향을 준다. 따라서 외환거래를 하는 사람들이라면 반드시 확인하는 환율이 전일 뉴욕 NDF시장 최종호가다.

아시아 NDF시장에서는 달러/원뿐만 아니라 타이완 달러, 인도 루피, 말레이시아 링깃 및 필리핀 페소 등이 거래되고 있는데 달러/원이 거래규모가 가장 크고 서울외환시장과의 연관성도 높다. 또한 서울외환시장이 열려 있는 시간에도 역외거래는 활발하게 이루어져, 오히려 역외거래자들이 서울외환시장의 움직임을 좌지우지하는 경우도 있다. 흔히 이런 경우를 두고 시장에서는 '꼬리가 몸통을 흔든다'라고 표현하기도 한다.

역외의 비거주자들이 국내 외국환은행과 NDF거래를 할 때, 순매입 또는 순매도가 발생하면 그 영향이 국내 시장에 미칠 수밖에 없다. 비거주자의 NDF 순매입 또는 순매도는 후행적後行的으로 국내 외환시장 환율에 영향을 주므로 외환당국이나 시장참가자들은 비거주자의 NDF 순매입 정도를 고려하게 된다.

국내은행이나 외은 지점들은 역내외 시장간의 일시적인 가격괴리로부터 수익을 취하는 차익거래 목적으로 NDF시장에 참여하기도 하고, 자신의 거래 상황을 국내은행들에게 노출시키고 싶지 않을 때 국내가 아닌 해외에서 투기적 매매를 함으로써 눈을 피할 수도 있다. 또 은행간 시장의 유동성이 부족하거나 앞서 예로 들었던 것처럼 장 종료 후 요청된 고객 거래를 커버하기 위하여 NDF 시장에 참여한다.

비거주자들은 NDF시장에서 거래 통화 국가의 금융기관과 거래하지 않음으로써 해당 국가의 국가위험sovereign risk과 신용위험을 회피할 수 있다. 예를 들어 우리나라 외환위기 시기에 국가위험과 우리 은행들의 신용위험이 매우 높았으므로, 달러/원 NDF를 우리나라 은행이 아닌 다른 나라의 은행과 거래함으로써 국가위험과 신용위험을 줄일 수 있었다. 또 비거주자가 국내 원화가치에 투자하고 싶을 때 정상적인 투자절차를 따르게 되면 국내 규정에 따라 복잡한 절차를 거쳐야 한다. 그렇지만 NDF로 거래하면 번거로운 절차를 피할 수 있어 한결 용이하게 원화가치에 투자할 수 있다. 또한 국내에 채권이나 주식에 투자한 비거주자들이 환위험을 헤지할 때 서울외환시장의 유동성이 낮을 경우 NDF시장에서 헤지거래를 할 수 있다.

다음은 연합인포맥스가 제공하는 NDF가격이다. 보통 선물환거래의 경우 현물환가격과 스왑포인트(스왑포인트에 관한 설명은 뒤에 충분히 볼 수 있으니 지금은 일단 그냥 들어만 두자)를 별도 고시하여 더해서 가격을 추산하는데, NDF는 현물환가격에 스왑포인트가 더해진 일반선물환outright forward으로 바로 가격이 고시되는 것이 다르다.

〈그림 I-5〉 연합인포맥스의 NDF 가격고시

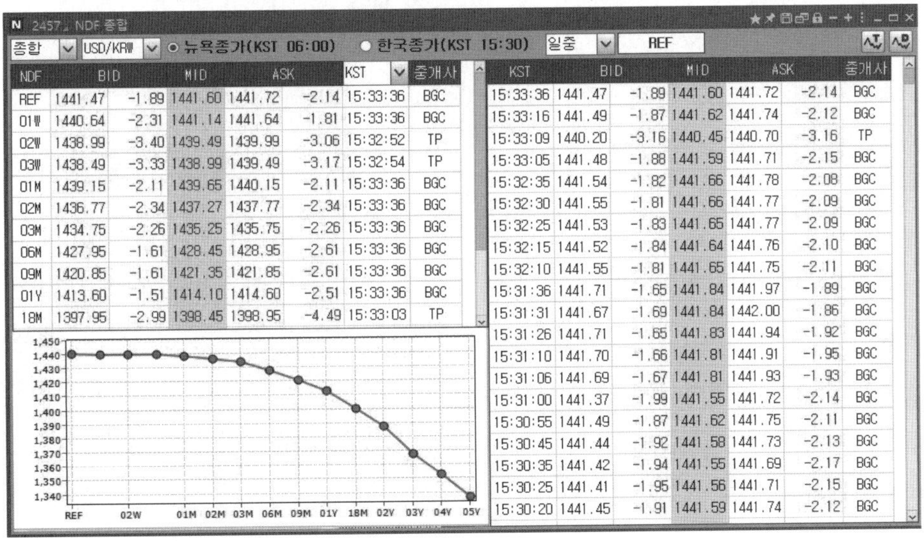

NDF	BID		MID	ASK		KST	중개사
REF	1441.47	-1.89	1441.60	1441.72	-2.14	15:33:36	BGC
01W	1440.64	-2.31	1441.14	1441.64	-1.81	15:33:36	BGC
02W	1438.99	-3.40	1439.49	1439.99	-3.06	15:32:52	TP
03W	1438.49	-3.33	1438.99	1439.49	-3.17	15:32:54	TP
01M	1439.15	-2.11	1439.65	1440.15	-2.11	15:33:36	BGC
02M	1436.77	-2.34	1437.27	1437.77	-2.34	15:33:36	BGC
03M	1434.75	-2.26	1435.25	1435.75	-2.26	15:33:36	BGC
06M	1427.95	-1.61	1428.45	1428.95	-2.61	15:33:36	BGC
09M	1420.85	-1.61	1421.35	1421.85	-2.61	15:33:36	BGC
01Y	1413.60	-1.51	1414.10	1414.60	-2.51	15:33:36	BGC
18M	1397.95	-2.99	1398.45	1398.95	-4.49	15:33:03	TP

KST	BID		MID	ASK		중개사
15:33:36	1441.47	-1.89	1441.60	1441.72	-2.14	BGC
15:33:16	1441.49	-1.87	1441.62	1441.74	-2.12	BGC
15:33:09	1440.20	-3.16	1440.45	1440.70	-3.16	TP
15:33:05	1441.48	-1.88	1441.59	1441.71	-2.15	BGC
15:32:35	1441.54	-1.82	1441.66	1441.78	-2.08	BGC
15:32:30	1441.55	-1.81	1441.66	1441.77	-2.09	BGC
15:32:25	1441.53	-1.83	1441.65	1441.77	-2.09	BGC
15:32:15	1441.52	-1.84	1441.64	1441.76	-2.10	BGC
15:32:10	1441.55	-1.81	1441.65	1441.75	-2.11	BGC
15:31:36	1441.71	-1.65	1441.84	1441.97	-1.89	BGC
15:31:31	1441.67	-1.69	1441.84	1442.00	-1.86	BGC
15:31:26	1441.71	-1.65	1441.83	1441.94	-1.92	BGC
15:31:10	1441.70	-1.66	1441.81	1441.91	-1.95	BGC
15:31:06	1441.69	-1.67	1441.81	1441.93	-1.93	BGC
15:31:00	1441.37	-1.99	1441.55	1441.72	-2.14	BGC
15:30:55	1441.49	-1.87	1441.62	1441.75	-2.11	BGC
15:30:45	1441.44	-1.92	1441.58	1441.73	-2.13	BGC
15:30:35	1441.42	-1.94	1441.55	1441.69	-2.17	BGC
15:30:25	1441.41	-1.95	1441.56	1441.71	-2.15	BGC
15:30:20	1441.45	-1.91	1441.59	1441.74	-2.12	BGC

자료: 연합인포맥스(2025.2.17)

NDF는 차액만 결제하는 선물환이므로 만기에 차액결제가 어떻게 발생하는지 사례를 통해서 알아보기로 하자.

사례

국내의 대한은행이 7월 9일(수요일) 홍콩 NDF시장에서 A은행과 1개월 만기(만기일 8월 11일, 월요일)의 달러/원 NDF 1,000만 달러를 1,100원에 매도하기로 하는 계약을 하였다. 지정환율은 만기일의 2영업일 전일前日 오전 서울외환시장에서 고시되는 매매기준율MAR로 하기로 하였다.

1개월 후 환율이 상승한 경우

8월 7일(목요일, 만기일 2영업일 전일) MAR이 1,200원으로 고시되었다면 대한은행은 8월 11일, 계약환율인 1,100원과 지정환율인 1,200원의 차액인 833,333.33달러를 A은행에게 지급하여야 한다.

10,000,000 x (1,100 – 1,200) / 1,200 = –833,333.33(달러)

1개월 후 환율이 하락한 경우

8월 7일(목요일, 만기일 2영업일 전일) MAR이 1,000원으로 고시되었다면 대한은행은 8월 11일, 계약환율인 1,100원과 지정환율인 1,000원의 차액인 1,000,000.00달러를 A은행으로부터 받는다.

10,000,000 x (1,100 – 1,000) / 1,000 = 1,000,000.00(달러)

NDF거래에서 지정환율은 두 거래당사자 간 논의에 의해 정하면 된다. 일반적으로 달러/원 NDF의 경우 만기일 2영업일 전일 오전 첫 고시되는 시장평균환율MAR을 지정환율로 사용한다. 지정환율을 fixing rate라 하고 지정환율이 고시되는 날을 fixing date라고 한다. 물론 차액은 미국 달러로 정산하여 지급된다.

9. 규모는 작지만 꼭 필요한 장내 외환시장

장내 외환시장이라 함은 거래소에 상장되어 거래되는 통화선물과 통화옵션시장을 말한다. 통화선물이 외환상품으로 거래되기 전부터 있었던 외환거래는 선물환이라고 불리는 통화선도거래인데, 선물환은 원칙적으로 신용을 근거로 체결되는 거래이다. 신용이 좋은 대기업이나 기관들은 거래은행으로부터 거래한도를 부여받아 필요한 선물환을 거래하지만, 신용이 다소 낮은 중소기업이나 환투자를 원하는 개인들은 은행들과 선물환을 거래할 수 없다. 은행과 거래할 수 있는 거래한도를 주지 않기 때문이다.

우리나라의 경제규모가 커지면서 작은 기업이라 하더라도 환위험에 노출되어 있는 경우가 많기 때문에 기업의 리스크관리 차원에서도 외환거래는 꼭 필요하게 되었다. 그러나 정작 은행은 작은 기업과의 거래에서 환전이나 송금업무 등은 취급하더라도 환위험 헤지를 위한 선물환거래에는 난색을 표하거나 거래에 필요한 담보를 요구하는 경우가 많다. 이는 은행들이 외환위기와 금융위기를 거치면서 부실기업과의 거래에서 많은 어려움을 겪으면서 기업심사기준이 한층 강화되었기 때문이다. 또 자본이 많은 개인이라 하더라도 아직 개인에게 선물환 한도를 부여해주는 은행은 보지 못했다. 신용문제보다는 개인의 선물환거래는 환위험 헤지 차원이 아닌 투기적 거래이기에 은행이 개인고객의 투기

거래를 조장할 수 없다는 기본 방침에서 개인에게 선물환거래를 허용하지 않는 것으로 보인다.

전통적인 외환시장의 주체인 은행과 선물환거래를 할 수 없는 신용이 낮은 중소기업과 개인들이 참여할 수 있는 시장이 필요했고, 그 필요성에 의해 생겨난 것이 통화선물시장이다. 통화선물은 어느 한 금융기관이 기업이나 개인을 대상으로 외환거래를 하는 것이 아니라 주식처럼 거래소에 외환상품을 상장함으로써 누구나 거래할 수 있게 만든 것이다. 따라서 은행이 요구하는 일정한 신용 대신 증거금이라는 일종의 담보금을 예치함으로써 환위험 헤지거래와 환투자거래를 할 수 있게 되었다. 누구든지 거래 원금의 4.17%(2025년 2월 현재)에 해당하는 증거금만 납입하면 거래금액에 상관없이 미국달러선물을 사거나 팔 수 있다. 필자가 알던 어떤 개인고객은 한 번에 1천만 달러를 매매했는데 이를 현물환으로 거래한다면 환율이 1,400원일 경우 140억 원이 있어야 거래가 가능하다. 그러나 통화선물로는 5억 8,380만 원의 증거금만 납입하고 1천만 달러를 팔기도 하고 사기도 한다. 통화선물이 없었다면 개인이 그런 큰 금액의 외환거래를 한다는 사실은 꿈도 꿀 수 없었을 것이다. 물론 기업들의 소규모 환위험 헤지거래 역시 통화선물을 통해서 자유롭게 할 수 있다.

통화선물시장에는 작은 기업과 개인들만이 참여하는 것은 아니다. 외환시장의 큰손인 은행 역시 차익거래 등의 이유로 참여하고 있고 외국인 투자자들 역시 투기적 거래와 환위험 헤지거래를 목적으로 참여하고 있다. 거래 비중으로 볼 때 외국인이 제일 높은 48%, 다음은 금융투자(증권/선물사)가 31%, 이어 은행과 기업, 개인이 5~6% 비중을 차지하고 있다(2024년 기준, 〈그림 I-3〉 참조).

은행간 시장의 외환거래는 거래상대방을 알고 있는 상태에서 체결되고 두 은행간에 자금이체가 이루어진다. 하지만 통화선물시장에서 체결되는 거래에서는 상대방이 거래소다. 엄밀히 말하면 거래소 내의 청산결제본부가 거래상대다. 혹자는 통화선물의 거래상대방은 불특정 다수라고 말하기도 하는데 이는 잘못 알고 있는 것이다. 장외거래와 달리 통화선물거래를 확인할 때 거래상대방은 표시되지 않는다. 특정 거래상대방이 지정되지 않기 때문이고, 거래에 대한 모든 책임을 거래소가 지기 때문이다. 따라서 통화선물이 거래소 시스템에서 체결되었을 때는 누구와 체결되었는지 알 수도 없고, 알 필요도 없다.

〈표 I-6〉 국내 외환시장의 외환상품별 일 평균 거래량

(단위: 억 달러)

구 분		2019	2020	2021	2022	2023	2024
장외시장	현물환	198.3 35.6%	203.2 32.7%	227.1 38.9%	231.3 37.1%	258.1 39.1%	256.8 37.2%
	선물환	119.9 21.5%	99.2 15.9%	112.4 19.3%	120.0 19.2%	125.9 19.1%	134.2 19.5%
	외환스왑	226.2 40.6%	213.4 34.3%	229.3 39.3%	258.3 41.4%	263 39.9%	284.4 41.2%
	통화스왑	11.1 2.0%	104 16.7%	12.2 2.1%	12.4 2.0%	11.5 1.7%	12.9 1.9%
	통화옵션	2.3 0.4%	2.3 0.4%	2.2 0.4%	1.8 0.3%	1.0 0.2%	1.3 0.2%
장외 거래량 합계		557.8 100.0%	622.1 100.0%	583.2 100.0%	623.8 100.0%	659.5 100.0%	689.6 100.0%
장내시장[1)]	통화선물[2)]	69.6	85.1	79.9	102.7	88.2	108.0

1) 미국달러옵션은 거래량이 미미하여 통계에서 제외
2) 한국거래소 통계 기준 미국 달러선물 일 평균 거래량
자료: 한국은행, 한국거래소

〈표 I-6〉은 외환상품별 일 평균 거래량이다. 표에서 보듯이 장내 외환시장의 거래량은 점차 늘어나고 있다. 앞서도 설명한 것처럼 통화선물시장이 중소기업과 같은 소규모 실수요 거래자와 개인들이 참여할 수 있는 유일한 외환파생상품

시장이라는 사실을 감안할 때 중소기업이나 개인들의 시장 참여가 늘어나고 있음을 알 수 있다. 통화선물은 거래규모가 작아도 꼭 필요한 외환시장인 것이다.

거래소에 상장되어 있는 외환상품으로 통화선물 외에 미국달러옵션이 있다. 1999년 4월 선물거래소가 개장할 때 옵션상품으로 상장되었다. 초기에는 시장조성market making 목적의 거래가 있었으나 유동성이 부족하여 유명무실한 상태로 거래가 거의 되지 않았다. 이의 활성화를 위하여 2013년 9월 30일부터 결제방식을 실물인수도에서 현금결제방식으로 바꾸고, 기본예탁금도 1,500만 원에서 50만 원으로 낮추는 개선안 시행에 들어갔다.

국내 통화선물과 미국달러옵션이 한국거래소에 상장되어 있듯이, 각 나라의 주요 거래소에는 자국통화로 거래하는 통화선물들이 상장되어 있다. 가장 대표적인 통화선물은 미국 시카고상업거래소Chicago Mercantile Exchange(CME)에 상장되어 있는 통화선물이다. 우리나라에서는 달러나 엔, 유로에 대한 가격이 원화로 표시되어 거래되지만 CME에 상장된 통화선물은 다른 통화에 대해 미국 달러로 가격표시를 한다. 우리나라에서도 증권사나 선물회사를 통해 CME에 상장되어 있는 통화선물을 실시간으로 거래할 수 있다. 역시 모든 증권사가 중개업무를 할 수 있는 것은 아니고 해외선물 인가를 취득하고 필요한 시스템을 갖춘 증권사만이 중개업무가 가능하다.

FX마진시장

마지막 외환시장으로 FX마진시장이 있다. 2005년 1월 27일 시행된 선물거래법 시행령에서는 FX마진을 '해외 장외마진 현물환'으로 명칭을 공식화하였다. '해외 장외마진 현물환'은 첫째, 해외란 말에서 알 수 있듯이 국내가 아닌 해외에서 거래되는 외환거래이고 둘째, 거래소가 아닌 장외시장 외환거래이며 셋째, 증거금margin을 납입하고 거래하는 현물환거래란 뜻이다. 정리하면 FX마진은 해외 장외시장의 현물환거래FX를 증거금을 납입하고 거래하는 외환상품이다.

FX마진은 미국에서 1990년대 중반 외환중개회사로부터 시작된 거래인데 2000년 12월 발효된 상품선물현대화법령Commodity Futures Modernization Act of 2000(CFMA)에 의해 선물회사의 사업영역에 포함되었다. 그리고 미국 선물업 감독기관인 상품선물거래위원회Commodity Futures Trading Commission(CFTC)의 감독을 받고 미국선물협회National Futures Association(NFA)에 등록하여 영업활동을 하도록 규정되었다. 이후 국내에서도 비록 장외거래이지만 거래방식이 선물과 유사하다 하여 '유사선물類似先物'로 분류되며 증권사 및 선물회사의 거래상품이 되었다.

다른 외환시장에서는 투기적 거래와 함께 환위험 헤지거래가 공존하지만 FX마진시장은 기본적으로 투기적 거래를 위해서 만들어진 시장이다. 주 참여자는 개인, 투자전문회사 또는 투자그룹 등과 같은 환투자를 목적으로 하는 거래자들이다. 현물환거래를 하되 기본적으로 매매차익만을 위한 거래이므로 만기결제 없이 차액만 정산하는 형태로 거래가 이루어진다. 즉, 거래대상은 차액결제현물환이다. 이에 대한 보다 자세한 설명은 제8편 환투자에서 하기로 한다.

국내에서는 2005년부터 거래가 허용되었으나 중개기관의 부추김과 개인 투자자들의 극단적 투기거래로 대부분의 투자자들이 손실을 보게 되자 감독기관이 증거금률을 높이는 등 제재를 가해 거래가 위축되었다. 특히 국내에서의 증거금률이 2회에 걸쳐 2%에서 10%로 상향 조정되면서 레버리지leverage 효과가 최대 50배에서 10배로 줄어들며 거래가 많이 줄었다. 일부 국내 거래자들은 불법임에도 불구하고 아직 50배의 레버리지를 제공하는 해외 중개인과 직접거래를 하고 있어 당국의 골칫거리가 되었다. 2013년 초에는 모 게임업체 대표가 FX마진을 통해 '달러 매수/엔 매도'거래에 나서 1천억 원대의 수익을 올렸다는 보도에 외환투자자들 사이에서 FX마진이 주목을 받기도 했다.

FX마진시장은 투기성이 강한 외환상품이기에 말도 많고 탈도 많은 시장이다. 해외 시장의 경우처럼 건전하게 발전시켜나간다면 투자자들이 선택할 수 있는 좋은 상품이 될 수 있으므로 건전한 투자환경 조성과 적절한 투자자 교육이 선행되어야 할 것이다.

10. 숫자로 보는 외환시장

외환시장 거래량의 거의 대부분은 장외시장거래이다. 국가마다 중앙은행에서 관리하는 기준이 있어 외환거래량을 취합하긴 하지만, 점두거래 형태의 외환거래가 많아서 보고나 취합 과정에서 누락된 수치도 있을 것이고 기관이나 당국자마다 분류 기준이 달라서 일치되지 않는 내용도 있을 수 있다. 하지만 일부 숫자가 작게 잡히거나 커졌다고 해서 개괄적으로 살펴보기에 어려운 것은 아니다. 발표되는 통계마다 조금씩의 차이는 있을지라도 그 숫자들로 외환시장의 흐름과 구성에 대해서 살펴보기엔 부족함이 없을 것이다.

국제결제은행BIS에서는 세계 중앙은행들으로부터 자료를 제출받아 3년에 한 번씩 외환 관련 보고서인 Triennial Survey를 발표한다. 직전 보고서는 2022년 4월을 기준으로 작성된 보고서로 2022년 9월에 발표되었다. 2022년 보고서를 기준으로 전 세계 외환시장의 변화와 흐름을 살펴보기로 한다.

〈표 Ⅰ-7〉 상품별/거래 주체별 일 평균 외환거래량

(단위: 십억 달러)

구 분	2007	2010	2013	2016	2019	2022
장외 외환시장 합계	4,282	4,545	6,686	6,514	8,279	9,842
현물환	1,305	1,831	2,460	2,054	2,366	2,691
선물환	434	59	814	830	1,180	1,444
외환스왑	2,250	2,352	2,947	3,209	4,227	5,160
통화스왑	40	57	68	106	144	163
옵션 등 기타[1)]	253	246	397	315	362	384
거래 주체별 거래량						
외국환은행	1,392 41.9%	1,545 38.9%	2,072 38.7%	2,120 41.8%	2,523 38.3%	3,460 46.1%
기타 금융기관	1,339 40.3%	1,896 47.7%	2,812 52.5%	2,564 50.6%	3,599 54.6%	3,622 48.2%
비금융기관 고객	593 17.8%	532 13.4%	472 8.8%	382 7.5%	474 7.2%	428 5.7%

1) 옵션 및 외환파생경합상품 등 포함
자료: 국제결제은행, 2022.09

상기 표를 통해 몇 가지 사실을 알 수 있다.

첫째, 각국의 경제활동이 국제화되면서 경제성장률보다 외환시장의 확대속도가 더 빠르다는 사실이다. 특히, 2007년 서브프라임 사태 이후 2022년까지 외환거래량은 2배 이상 늘었다. 특히 환위험 헤지거래로 인식되는 선물환 및 통화스왑 거래량이 3배 내외 증가함으로써 금융위기 이후 시장이 환위험 관리에 신경을 더 많이 쓰고 있음을 알 수 있다.

〈그림 I-6〉 거래 주체별 일 평균 외환거래량

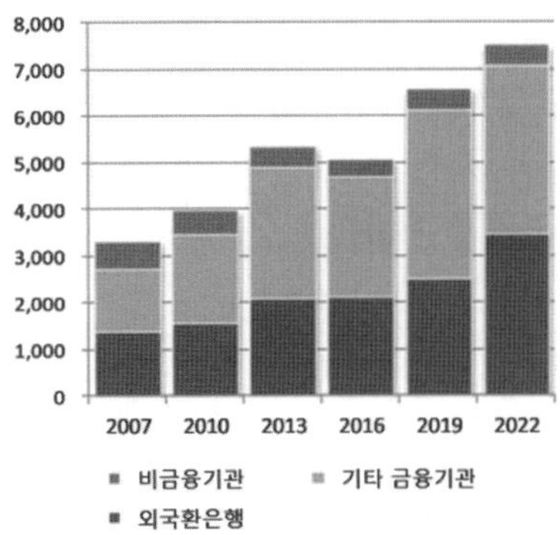

〈그림 I-7〉 2022년 거래량 주체별 비중

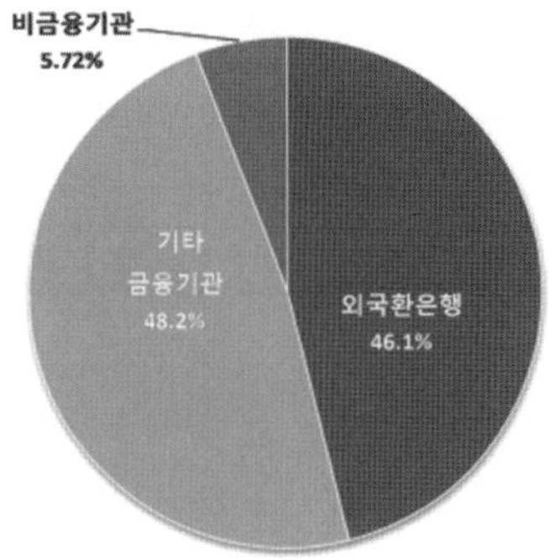

둘째, 기타 금융기관의 약진이 두드러진다. 적절한 번역인지 모르겠으나 BIS가 reporting dealers로 표현한 주체를 외국환은행으로, other financial institutions은 기타 금융기관으로 번역하였다. 전통적인 외환시장을 은행간 시장과 대고객 시장으로 분류할 때, 직접 은행간 시장에 참여하지 않는 기타 금융기관은 대고객 시장에 포함될 것이고 대고객 시장은 기타 금융기관과 비금융기관 고객(기업, 개인 등)으로 나누어볼 수 있다. 그러나 금융위기 이후 거래 주체로서의 기타 금융기관들은 그 거래량이 전통적인 외국환은행의 거래량을 뛰어넘고 있다.

이러한 기타 금융기관들에는 증권사들을 포함한 기타 은행들, 연기금이나 뮤추얼펀드 같은 기관투자자, 헤지펀드, 초단타매매high frequency trading(HFT) 회사, 중앙은행이나 국부펀드 같은 공공기관들이 포함된다. 기타 금융기관의 약진과 그 범주에 속하는 그룹들의 거래 비중을 살펴보면 〈그림 I-8〉과 같다.

〈그림 I-8〉 2022년 기타 금융기관 비중

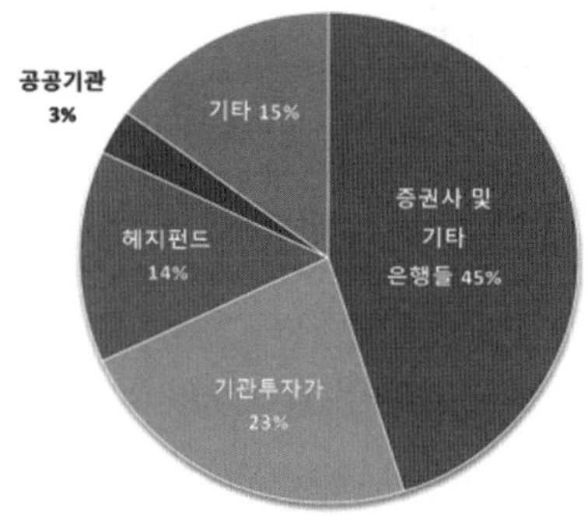

3년 전과 비교해볼 때 또 하나의 특징은 미국 달러가 여전히 지배적인 기축통화임을 확인하게 되었다는 것이다. 외환이 두 통화의 거래이므로 통화별로 거래 비중을 모두 더하면 200%가 되는데 미국 달러가 차지하는 비중은 88.5%이다. 즉, 전 세계 외환거래 중 88.5%의 거래에서 두 통화 중 하나가 미국 달러라는 뜻이다. 3년 전인 2019년의 88.3%보다 비중이 더 늘었다. 같은 기간 동안 유로와 엔의 비중은 줄었다.

〈표 I-8〉 통화별과 통화쌍별 거래 비중[1]

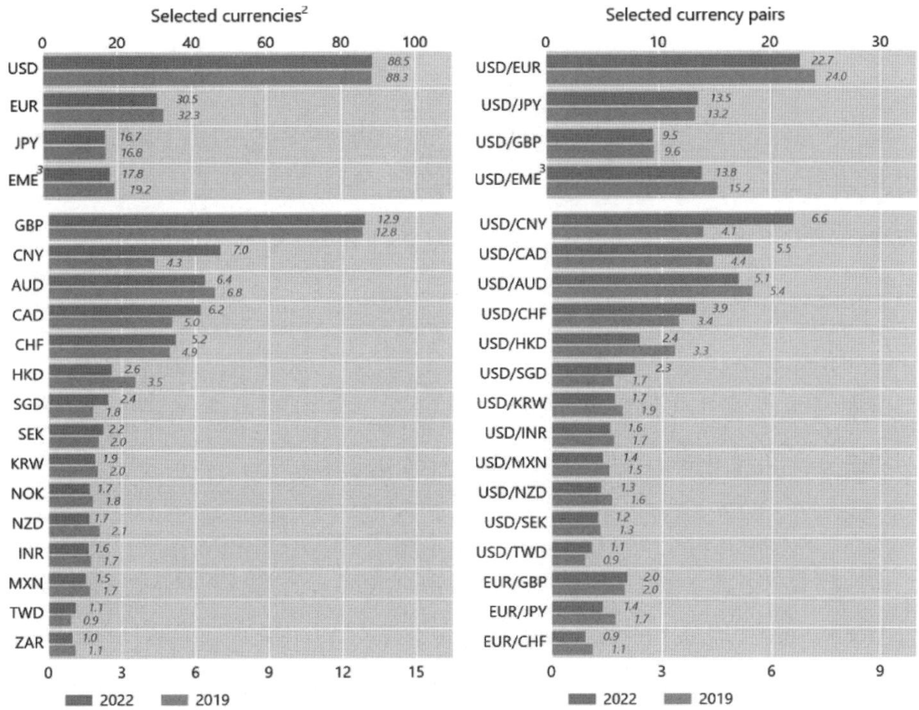

[1] Adjusted for local and cross-border inter-dealer double-counting, ie "net-net" basis. [2] As two currencies are involved in each transaction, the sum of shares in individual currencies will total 200%. [3] Emerging market economy currencies excluding the Chinese renminbi and Russian rouble: AED, ARS, BGN, BHD, BRL, CLP, COP, CZK, HKD, HUF, IDR, ILS, INR, KRW, MXN, MYR, PEN, PHP, PLN, RON, SAR, SGD, THB, TRY, TWD and ZAR.

자료: 국제결제은행(BIS; Bank of International Settlements)

통화별 거래 비중에서 또 하나의 특징은 중국 위안의 지속적 약진이다. 중국의 경제 규모가 커지면서 위안 CNY(여기 표에서는 역외 위안인 CNH의 거래량도 합해서 역내 위안인 CNY로 표시되었다)의 거래 비중이 2019년의 4.3%에서 7.0%로 크게 늘었다. 중국 당국의 위안화 국제화 노력의 결과로 보여지며 같은 기간 동안 상대적으로 홍콩 달러의 거래량은 줄어들었다.

우리나라 원화는 그동안 거래량 비중이 늘어오다가 이번에는 2.0%에서 1.9%로 소폭 줄어들었다.

또 하나의 특징은 2019년부터 2022년 사이 신흥국들의 외환거래가 축소되었다는 점이다. 이는 아마도 코로나 팬더믹으로 인해 신흥국 경제가 위축되면서 발생한 현상으로 보인다. 〈표 I-8〉에서 보듯이 신흥국들(EME)의 거래량 비중이 19.2%에서 17.8%로 줄었다.

세계 경제가 전반적으로 축소되어 나타난 결과라 향후 세계 경제가 회복되면 신흥국들의 거래량은 다시 늘어날 것으로 예상된다.

다시 얘기하지만 외환거래는 두 개의 통화가 쌍을 이루어 거래된다. 이를 '통화쌍currency pairs'이라고 하는데, 수많은 통화쌍 중에서 가장 으뜸 통화쌍은 EUR/USD이다. 환율의 표시에 관한 설명은 바로 다음 이야기에서 진행되니 일단 여기서는 통화표시를 〈표 I-8〉에 있는 것처럼 한다는 사실만 알아두자. 투기적 거래가 유동성과 변동성이 좋은 상위 몇 개 통화쌍에 집중되므로 주요 통화쌍의 거래 비중이 높을 수밖에 없다.

또 하나 두드러진 특징이 있다면 외환거래가 대형 금융센터로 집중되고 있다는 사실이다. 영국, 미국, 싱가포르, 홍콩과 일본 등 상위 5개 지역에서 거래되는 외환거래 비중이 과거 70% 이하에서 꾸준히 늘어나 여전히 주요 센터로 외환거래가 집중되고 있음을 알 수 있다.

비록 2019년 대비 2022년에는 비중이 소폭 줄긴 했지만 거래량은 대폭 늘었음을 볼 수 있다. 우리나라의 외환거래량 비중은 0.7%에 머물렀지만 역시 거래량은 꾸준히 늘고 있다.(〈표 I-9〉 참조)

이 외에도 몇 가지 더 언급할 만한 내용이 BIS의 보고서에 포함되어 있으나 이어지는 설명 속에서 풀어내기로 한다. 좀 더 자세한 내용을 알고 싶은 독자는 국제결제은행의 홈페이지(http://www.bis.org)를 방문하면 볼 수 있다.

〈표 I-9〉 지역별 일 평균 외환거래량과 비중

(단위: 십억 달러, %)

Country	2007		2010		2013		2016		2019		2022	
	금액	%	금액	%	금액	%	금액	%	금액	%	금액	%
United Kingdom	1,483	34.6	1,854	36.7	2,726	40.8	2,406	36.9	3,576	43.1	3,755	38.4
United States	745	17.4	904	17.9	1,263	18.9	1,272	19.5	1,370	16.5	1,912	19.5
Singapore	242	5.6	266	5.3	383	5.7	517	7.9	640	7.7	929	9.5
Hong Kong SAR	181	4.2	238	4.7	275	4.1	437	6.7	632	7.6	694	7.1
Japan	250	5.8	312	6.2	374	5.6	399	6.1	376	4.5	432	4.4
Top 5 countries	2,901	67.6	3,574	70.8	5,021	75.1	5,031	77.1	6,594	79.4	7,722	78.9
Switzerland	254	5.9	249	4.9	216	3.2	156	2.4	276	3.3	348	3.6
France	127	3.0	152	3.0	190	2.8	181	2.8	167	2.0	214	2.2
Germany	101	2.4	109	2.2	111	1.7	116	1.8	124	1.5	184	1.9
Canada	64	1.5	62	1.2	65	1.0	86	1.3	109	1.3	172	1.8
China	9	0.2	20	0.4	44	0.7	73	1.1	136	1.6	153	1.6
Australia	176	4.1	192	3.8	182	2.7	121	1.9	119	1.4	150	1.5
Luxembourg	44	1.0	33	0.7	51	0.8	37	0.6	58	0.7	92	0.9
Denmark	88	2.1	120	2.4	117	1.8	101	1.5	63	0.8	83	0.8
Netherlands	25	0.6	18	0.4	112	1.7	85	1.3	64	0.8	74	0.8
Korea	35	0.8	44	0.9	48	0.7	48	0.7	55	0.7	68	0.7
United Arab Emirates		-		-		-		-	46	0.6	66	0.7
India	38	0.9	27	0.5	31	0.5	34	0.5	40	0.5	53	0.5
Sweden	44	1.0	45	0.9	44	0.7	42	0.6	37	0.4	42	0.4
Spain	17	0.4	29	0.6	43	0.6	33	0.5	41	0.5	39	0.4
Chinese Taipei	16	0.4	18	0.4	26	0.4	27	0.4	30	0.4	33	0.3
Belgium	50	1.2	33	0.6	22	0.3	23	0.4	36	0.4	32	0.3
Norway	32	0.7	22	0.4	21	0.3	40	0.6	30	0.4	24	0.2
Brazil	6	0.1	14	0.3	17	0.3	20	0.3	19	0.2	21	0.2
Italy	38	0.9	29	0.6	24	0.4	18	0.3	17	0.2	19	0.2
Mexico	15	0.4	17	0.3	32	0.5	20	0.3	20	0.2	19	0.2
Türkiye	4	0.1	17	0.3	27	0.4	22	0.3	19	0.2	18	0.2
Austria	19	0.4	20	0.4	15	0.2	19	0.3	16	0.2	17	0.2
Malaysia	3	0.1	7	0.1	11	0.2	8	0.1	10	0.1	16	0.2
South Africa	14	0.3	14	0.3	21	0.3	21	0.3	20	0.2	16	0.2
Thailand	6	0.1	7	0.1	13	0.2	11	0.2	14	0.2	15	0.2
Poland	9	0.2	8	0.2	8	0.1	9	0.1	9	0.1	13	0.1
New Zealand	13	0.3	9	0.2	12	0.2	10	0.2	9	0.1	11	0.1
Chile	4	0.1	6	0.1	12	0.2	7	0.1	8	0.1	9	0.1
Israel	8	0.2	10	0.2	8	0.1	8	0.1	7	0.1	8	0.1
Finland	8	0.2	31	0.6	15	0.2	14	0.2	7	0.1	8	0.1
Hungary	7	0.2	4	0.1	4	0.1	3	0.1	4	0.0	6	0.1
Czechia	5	0.1	5	0.1	5	0.1	4	0.1	7	0.1	6	0.1
Saudi Arabia	4	0.1	8	0.1	7	0.1	8	0.1	6	0.1	6	0.1
Indonesia	3	0.1	3	0.1	5	0.1	5	0.1	7	0.1	5	0.1
Colombia	2	0.0	3	0.1	3	0.0	4	0.1	4	0.0	5	0.1
Romania	3	0.1	3	0.1	3	0.1	3	0.0	2	0.0	3	0.0
Philippines	2	0.1	5	0.1	4	0.1	3	0.0	4	0.0	3	0.0
Bulgaria	1	0.0	1	0.0	2	0.0	2	0.0	2	0.0	2	0.0
Peru	1	0.0	1	0.0	2	0.0	1	0.0	2	0.0	2	0.0
Bahrain	3	0.1	5	0.1	9	0.1	6	0.1	2	0.0	2	0.0
Portugal	4	0.1	4	0.1	4	0.1	2	0.0	2	0.0	1	0.0
Argentina	1	0.0	2	0.0	1	0.0	1	0.0	2	0.0	1	0.0
Greece	5	0.1	5	0.1	3	0.0	1	0.0	1	0.0	1	0.0
Total	4,281	100.0	5,045	100.0	6,686	100.0	6,514	100.0	8,301	100.0	9,788	100.0

주요 내용

- 외환이란 '두 나라의 통화를 환율이라는 가격으로 팔고 사는 거래'로 정의한다.
- 외환이 발생하는 요인으로 첫째 국가간의 투자, 둘째 무역 등 국가간의 상거래, 셋째 국가간의 이전거래, 마지막으로 투기적 목적의 거래를 들 수 있다.
- 외환시장이란 물리적 장소가 아니라 외환거래가 호가되고, 체결되며 결제되는 총체적 거래 메커니즘을 말한다.
- 전자통신의 발달로 이제 전 세계 외환시장은 똑같은 정보단말기를 보며 똑같은 가격으로 거래하는 하나의 시장이다. 24시간 지구의 자전과 함께 외환시장은 끊임없이 이어진다.
- 시장 거래자들은 환전, 환위험 헤지거래, 방향성 매매와 차익거래 같은 목적으로 참여한다. 시장은 실제 거래수요도 중요하지만 투기적 거래로 유동성이 주어지기에 누구든 원할 때에 거래할 수 있다.
- 외환시장의 주요 참여자는 외국환은행, 중앙은행, 외국환중개사, 비은행 금융기관, 수출입기업, 개인 및 환전상 등이 있다.
- 외환시장은 장외시장과 장내시장으로 나누어볼 수 있는데 장외시장에는 은행간 시장, 대고객 시장과 역외선물환시장이 있고 전체 거래량의 절대 다수를 차지한다. 장내시장에는 국내통화선물시장, 해외통화선물시장과 FX 마진시장이 있다.
- 역외선물환시장은 서울외환시장이 문을 닫는 시간에도 계속 거래되므로 다음 날 국내 시장에 직접 영향을 준다.
- 선물환시장에 참여할 수 없는 영세 중소기업과 개인들은 거래규모는 작아도 통화선물시장에서 헤지거래와 환투자거래를 할 수 있다.

연 / 습 / 문 / 제

1. 다음 중 외환거래가 아닌 것은?

① 수출업체가 수출대금을 은행에 팔았다.
② 여행을 가기 위해 원화를 주고 달러를 샀다.
③ 엔화를 빌려서 일본으로부터 기계설비를 샀다.
④ 아들 유학비용 목적으로 달러를 사서 외화계좌에 입금해두었다.

2. 다음 외환거래를 유발하는 요인들에 대한 설명으로 사실과 다른 것은?

① 다양한 경제활동으로 국제자본의 이동이 빈번해지면서 외환거래의 빈도와 규모가 확대되고 있다.
② 무역업체가 행하는 주된 외환거래는 선물환 등 외환파생거래이다.
③ 국가간의 무상원조로도 외환거래는 발생한다.
④ 투기적 외환거래는 거래차익만을 노리는 거래이고 전체 외환거래량의 대부분을 차지한다.

3. 다음 중 외환시장에 관한 설명으로 옳은 것은?

① 지역별로 볼 때 제일 큰 외환시장은 뉴욕이고 다음 런던, 도쿄 순이다.
② 거래를 시작해서 종료하는 시간의 주기로 볼 때 제일 빠른 거래자는 스캘퍼이고 다음은 포지션트레이더이고 제일 늦은 거래자는 데이트레이더이다.
③ 중앙은행은 시장조정기능, 정책 목표 달성을 위한 목적과 외환보유액의 수익률을 제고하기 위해 개입을 단행한다.
④ 개인도 자유롭게 대량의 외화를 사서 보유할 수 있고, 거액의 환투자도 아무런 제재 없이 할 수 있다.

4. 다음 중 장내외환시장은 어느 것인가?

① 은행간 외환시장　　② 대고객 외환시장
③ 역외선물환시장　　④ 통화선물시장

5. 대한은행은 역외선물환시장에서 A은행에 1개월 만기 달러/원 NDF를 1,100원에 1천만 달러 매도하였다. 만기일 2영업일 전날의 MAR환율은 1,000원이었고, 만기일의 MAR은 1,050원이었다. 만기 차액결제는 어떻게 될까?

① 대한은행이 A은행에게 476,190.48달러를 지급한다.
② A은행이 대한은행에게 476,190.48달러를 지급한다.
③ A은행이 대한은행에게 500,000.00달러를 지급한다.
④ A은행이 대한은행에게 1,000,000.00달러를 지급한다.

정 / 답 / 및 / 해 / 설

1. 정답 ③

빌린 엔으로 일본 기계를 산 거래는 1개 통화만 개입된 자금거래이다. 외환거래는 반드시 2개의 통화가 동시에 팔고 사는 거래여야 한다.

2. 정답 ②

수출입기업 등 무역업체는 헤지거래를 위해서는 선물환 등 외환파생상품을 거래하지만 실제 수출대금 매도나 수입대금 매수는 현물환으로 거래하는 경우가 많다.

3. 정답 ④

① 세계 외환시장의 지역별 규모는 런던, 뉴욕, 도쿄시장 순이다.
② 매매주기가 빠른 거래자 순서는 스캘퍼, 데이트레이더, 포지션트레이더 순이다.
③ 중앙은행의 개입은 공적인 목적으로 행해지는 것이므로 외환보유액의 수익률과는 아무 상관이 없다.

4. 정답 ④

통화선물시장이 장내외환시장이다.

5. 정답 ④

NDF의 정산은 계약환율과 지정환율의 차액으로 정산하는데 달러/원의 지정환율은 만기일 2영업일 전날 MAR을 적용한다.

$10,000,000 × (1,100 − 1,000) / 1,000 = 1,000,000

제2편
환율

외환시장, 아는 만큼 보인다

제2편

학습개요

과거 환율은 단순히 교환가치의 표시였지만 이제는 미래가치의 반영이라는 의미로서 더 중요하다. 환율의 표시, 환율의 종류를 통해 금융시장에서 환율의 쓰임새를 살펴본다. 환율의 움직임은 두 통화의 가치가 변동하는 것이므로 각각의 상관관계도 정리해본다. 환율 제시의 방법과 스프레드가 가지는 의미도 살펴본다. 마지막으로 우리나라 환율제도가 변해온 과정을 살펴본다.

학습목표

- 명목환율과 구매력평가환율로 보여지는 GDP 수치를 이해하고 실제 생활에서 환율이 가지는 의미를 이해하고 설명할 수 있다.

- 환율의 표시방법과 ISO 통화코드를 숙지함으로써 실제 활용할 수 있도록 하고, bid & offer와 스프레드의 관계를 이해함으로써 활용도를 높인다. 또한 대고객환율, 교차환율 및 재정환율 등의 차이점을 이해하고 설명할 수 있다.

- 환율의 변동과 통화의 가치 변화 관계를 이해함으로써 환율에 관하여 말할 때 헷갈리지 않게 표현할 수 있다.

- 우리 환율제도의 지나온 길을 돌아보고 현재 환율제도의 배경을 이해하고 설명할 수 있다.

1. 평화주의자의 환율전쟁 이야기

세계 경제가 어려워지면 국가간의 경쟁이 치열해지면서 '환율전쟁'이라는 제목이 어김없이 뉴스나 신문의 첫머리를 장식하고는 한다. 예로부터 수많은 이민족의 침략전쟁과 동족간의 전쟁으로 시달려온 우리에게 '전쟁'이라는 용어가 주는 느낌은 좋을 리가 없다. 더구나 우리 사회 안에서도 '범죄와의 전쟁'이라든가 '부정부패와의 전쟁' 등 부정적 이미지에 덧붙여 사용하는 단어가 전쟁이라서 '환율전쟁'이라고 하니 인상부터 찌푸리게 된다.

사회에서 사용하는 '전쟁'이란, 사전적 의미로 '극심한 경쟁, 혼란 또는 문제에 대해 적극적으로 대응하는 것'을 말한다. 그러므로 환율전쟁이란 국가간의 경제회복 또는 국가이익을 위해서 경쟁적으로 통화의 가치를 낮춤으로써 자국 상품을 더 많이 팔려는 상황을 말한다. 경제가 어려울 때 상점들이 앞다투어 물건값을 인하하여 조금이라도 더 팔아보려 하는 노력과 유사하다고 볼 수 있다. 우리가 겪고 있는 환율전쟁의 소용돌이 속에서는 전쟁의 대상이 되는 환율을 잘 알아야 살아남을 수 있다. 그러므로 누구보다도 더 평화를 사랑한다고 믿는 필자로서는 이 책을 접한 모든 이에게 환율을 해부하여 알려줌으로써 여러 독자들이 이 전쟁터에서 승자가 되도록 해주고 싶다. 자, 전쟁 이야기를 시작해보자.

물물교환은 원시적 외환거래

아주 오래전, 화폐가 생겨나기 전 사람들은 물물교환으로 서로 필요한 것을 나누어 가졌다. 만약 산에서 토끼를 잡아 생선과 바꾸어 먹는다고 할 때 보통은 생선 두 마리와 토끼 한 마리를 교환한다고 가정해보자. 토끼의 인기가 올라가면 어떤 이는 생선 세 마리를 주고 토끼 한 마리를 교환하는 사람도 생길 것이고, 나아가 생선 네 마리를 주는 사람도 나타날 것이다. 그러면 토끼의 가치는 생선 두 마리에서 네 마리로 올라가게 된다. 산에 사는 사람들은 토끼를 찾는 바닷가 사람들이 많아지자 토끼를 열심히 잡아서 더 많은 생선과 바꾸려고 할 것이다. 그래서 잡은 토끼의 수가 평소의 두 배가 되었다면 바닷가 사람들은 많아진 토끼를 생선으로 교환할 때 네 마리를 주지 않고 세 마리로 줄이거나, 경쟁이 더 없어지면 두 마리만 주고도 토끼와 교환할 수 있게 될 것이다.

그렇다고 각자가 가지고 있는 토끼가 더 크거나 작아지지도 않고, 생선의 크기도 마찬가지일 것이다. 토끼의 인기가 올라갔을 때 구워 먹은 토끼가 더 맛있었다면 그것은 희귀성에 의한 심리적 결과이지 절대적인 맛이 바뀌어서 그런 건 아닐 것이다. 토끼는 있던 그대로인데 바닷가로 간 토끼는 그 가치가 올랐다 내렸다 한다. 즉, 절대적 가치가 아니라 상대적 가치가 바뀐 것이다. 다른 말로 하자면, 교환되는 비율이 바뀐 것이다. 산마을과 바닷가 마을을 지금의 나라라고 생각한다면 그들이 바꾸었던 토끼와 생선은 통화가 될 것이고, 그 교환비율이 지금의 환율인 것이다. 토끼와 생선은 각각 산마을과 바닷가 마을 사람들에게 있는 그대로의 절대적 가치, 예를 들어 사람 둘이 나눠 먹을 수 있는 음식 분량의 절대적 가치만을 지녔다. 그렇지만 다른 지역으로 교환되어 감으로써 때로는 네 사람이 먹을 수 있는 생선의 가치가 되기도 하고 한 사람만 겨우 먹을 수 있는 생선 한 마리의 가치로 전락하기도 한다.

수요와 공급이 결정짓는 환율

토끼와 생선의 환율은 토끼의 인기가 올라가 수요가 늘어 두 마리에서 네 마리로 올라가고, 토끼를 많이 잡은 탓에 공급이 늘어 다시 네 마리에서 두 마리로 떨어졌다. 이렇듯 환율은 수요와 공급에 의해 결정되기 마련인데, 수요와 공급에 영향을 주는 요인은 아주 다양하다. 예를 들어 다른 산마을 사람들이 노루를 바닷가 마을로 가져와 생선과 바꾸기 시작한다고 해보자. 그러면 토끼 고기에 식상했던 사람들이 새로운 노루 고기 맛을 보려 할 것이기에 토끼의 가치는 폭락을 할 것이다. 또는 거들먹거리는 산마을 사람들이 보기 싫었던 바닷가 마을 추장이 토끼와의 교환거래를 금지하자, 토끼를 뒷거래로밖에 구할 수 없어 토끼의 가치가 폭등할 수도 있다. 또 천기를 보는 산마을의 주술사가 폭풍우가 몰려오리라고 예언을 하여 힘이 센 산마을 추장이 아주 많은 생선을 미리 바꿔놓는 바람에, 다른 사람들 사이에서 바꿀 수 있는 생선의 양이 줄어들게 되어 생선의 가치가 올라가고 토끼의 가치가 떨어질 수도 있다. 산사태로 많은 산마을 사람이 죽었다면 토끼를 잡는 사람이 없어 토끼의 가치가 천정부지가 될 수도 있겠다. 이래저래 사람이 살면서 겪는 수많은 일이 '토끼와 생선의 환율'을 변화시킨다.

성경 속의 환전상

사람들의 욕구가 다양해지면서 물건끼리의 교환이 복잡해지고, 그의 해결을 위해 원시적인 화폐제도가 도입되었다. 조개의 개수로 물건을 사거나 팔기도 하고 잡아 먹은 동물의 뼈를 화폐로 사용하기도 했다. 그런데 각 마을이 사용하는 원시화폐의 종류가 달라서 다른 마을에 가서 물건을 사려면 그 마을의 원시화폐로 바꾸어야 했다. 그러자 원시화폐의 교환을 통해서 수익을 챙기는 환전상들도 생기기 시작했다. 세월이 흘러 예수 시대를 전후해서는 국가간 교역도 발달하고 지역 간 인적 이동도 다양해져서 성경에도 환전상이 등장한다. 디아스포라diaspora(이스라엘을 떠나 사는 해외의 유대인들)들이 유대인의 종교관습을 지키기 위해 이스라엘의 성전을 방문하는데, 각자 살던 나라의 화폐를 가지고 와서 성전의 환전상들에게서 환전한 돈을 제단에 바치곤 했던 모습이 성경에 나온다(그 환전상들은 성전을 더럽힌다는 이유로 예수에 의해 성전에서 쫓겨난 이후엔 성경에 다시 등장하지는 않는다).

미래를 품은 환율

이제 시공을 뛰어 넘어 현대로 돌아와 보자. 지금의 환율이란 두 통화를 교환하는 비율이고 통화를 팔고 사는 가격이다. 물론 토끼나 생선처럼 상대적 가치를 표현한다는 점은 똑같다. 하지만 현대의 환율이 가지는 의미는 훨씬 더 다양하다. 현재 환율을 움직이는 가장 큰 요인은 미래의 가치다. 미국 달러가 강해진다면 미국의 경기 회복 기미가 보이기 때문이고, 일본이 경기진작을 위해서 통화공급을 더 늘릴 것이라는 예상이 되면 엔의 가치는 하락한다. 즉, 당장은 미국의 경제가 활황이 아님에도 앞으로 그렇게 되리라는 기대 때문에 달러가 강세가 되고, 엔이 현재는 적당한 통화량으로 가치를 유지하지만 곧 통화량이 늘어나 가치하락이 될 것이기에 엔화 가치가 떨어진다. 통화 자체는 현재의 구매력을 갖고 있지만, 다른 통화와의 교환을 통해 미래의 가치로 바뀌는 것이다. 그러므로 환율은 미래를 품고 있다고 할 수 있다.

또 하나의 쇼핑호스트, 환율

이십 년 전만 하더라도 해외에 출장이나 교육을 가면 국내에선 볼 수 없는 물건들이 꽤 많았다. 잠시 시간적 여유가 생기면 특이한 기념품이라도 사려고 백화점을 기웃거리던 기억이 있다. 하지만 지금은 우리나라에도 웬만한 물건들은 다 있다. 특히 한동안 유행하던 유명 패딩점퍼는 전 세계에서 동시에 같은 스타일의 아이템을 판매함으로써 어느 나라에서 사는 게 더 싼지 화제가 되었다. 소비자들은 환율을 감안하여 우리 원화로 표시한 각국의 패딩점퍼 가격을 비교하기도 하고 그에 따라 운송료나 세금을 더한 실제 구매가격이 저렴할 경우 해외 통신주문을 하기도 하였다.

그러다 보니 국내에서 비싸게 팔던 패딩점퍼의 가격도 내려갈 수밖에 없어 다른 나라와의 가격 차이가 크지 않게 되었다. 기다리지 않고 현장에서 구매할 수 있다는 편의성, A/S에 대한 잠재적 비용 정도로 생각한다면 국내에서 약간 더 비싸게 주고 구입하는 것은 참을 만한 정도일 것이다. 환율을 이해함으로써 보다 효율적인 구매도 가능하고, 그러한 구매행위로 국가간의 물가가 조절되는 효과도 가져온다.

2. 스타벅스 카페라떼로 알아보는 환율

환율은 두 통화의 상대적 가치이다. 단순하게 다른 통화와의 교환가치로 표시되는 환율을 명목환율nominal exchange rate이라고 한다. 우리가 알고 있고, 일반적으로 환율이라고 말하는 것이 바로 명목환율이다. 그야말로 시장환율이며 외환거래나 상거래에서 적용하는 환율이다.

구매력평가환율(PPP환율)

만약 환율이 두 통화의 가치를 완벽하게 반영한다면, 똑같은 물건이 두 나라에서 똑같은 가격으로 판매될 것이다. 예컨대 한국에서 스타벅스 카페라떼가 4,600원이고 달러/원 환율이 1,185.50원이라면 미국에서는 같은 커피의 가격이 3.88달러일 것이다. 이렇듯 다른 조건들이 동일할 때 한 물건의 가격이 어느 나라에서나 같은 가격을 가질 것이라는 가설을 일물일가법칙一物一價法則이라고 한다. 물론 수송비나 관세 등은 무시될 정도로 작은 금액이라고 전제할 경우이다. 하지만 실제로 환율이 1,185.50원이었던 날(2019년 9월 17일), 미국에서는 같은 커피가 3.88달러가 아닌 4.30달러에 판매되고 있었다. 환율이 정확하게 두 통화의 가치를 반영하고 있지 못한 것이다.

물론 커피 가격 하나로 환율이 두 통화의 가치를 올바르게 반영한다, 못 한다 할 수는 없을 것이다. 그래서 OECD, UN, 세계은행 그리고 IMF 등은 각 국가의 소비재 및 서비스가격, 자본재가격, 정부서비스 가격 등 3,000여 개의 상품 및 서비스에 대한 가격을 조사하여 각국의 상품별 가격비를 구하고 이를 토대로 그 통화의 구매력을 보여주는 환율을 구한다. 이를 구매력평가환율Purchasing Power Parity(PPP)이라고 한다. PPP환율은 각 통화의 구매력을 비교하는 환율이고, 미화 1달러로 각 나라에서 살 수 있는 물건의 양을 해당 통화로 표시한다.

〈표 II-1〉은 경제협력개발기구OECD가 발표한 PPP환율이다. 2022년의 우리나라 PPP환율은 815.56원이고 이는 미국에서 1달러로 살 수 있은 물건의 양과 한국에서 815.56원으로 살 수 있는 물건의 양이 같다는 뜻이다. 반면에 명목환율 1,291.45원은 미국 달러 1달러로 교환할 수 있는 원화의 양이므로 미국에서 1달러로 살 수 있는 물건의 양과 원화 1,291.45원으로 살 수 있는 물건의 양이 같다는 뜻이다. 즉, PPP환율은 각 통화가 자국 내에서 가지는 구매력이고, 명목환율은 외국(미국)에서의 구매력을 나타내는 것이다.

〈표 II-1〉 국가별 PPP환율과 명목환율

국가명	2019		2020		2021		2022	
	PPP	명목환율	PPP	명목환율	PPP	명목환율	PPP	명목환율
호주	1.4799	1.4385	1.4540	1.4531	1.4476	1.3312	1.4463	1.4417
브라질	2.2797	3.9445	2.3683	5.1552	2.5261	5.3944	2.5301	5.1640
캐나다	1.2347	1.3268	1.2311	1.3412	1.2382	1.2539	1.2538	1.3016
중국	4.2083	6.9084	4.1787	6.9008	4.1873	6.4490	4.0219	6.7372
프랑스	0.7163	0.8933	0.7104	0.8755	0.7187	0.8455	0.6928	0.9496
독일	0.7282	0.8933	0.7250	0.8755	0.7363	0.8455	0.7199	0.9496
그리스	0.5489	0.8933	0.5441	0.8755	0.5455	0.8455	0.5285	0.9496
인도	21.0732	70.4203	21.9885	74.0996	23.2153	73.9180	24.0595	78.6045

국가명	2019		2020		2021		2022	
	PPP	명목환율	PPP	명목환율	PPP	명목환율	PPP	명목환율
인도네시아	4,752.31	14,147.67	4,675.22	14,582.20	4,758.70	14,308.14	4,934.26	14,849.85
이태리	0.6568	0.8933	0.6477	0.8755	0.6475	0.8455	0.6174	0.9496
일본	104.2259	109.0097	102.4277	106.7746	102.0501	109.7543	95.2143	131.4981
대한민국	856.4262	1,165.36	837.6728	1,180.27	854.0961	1,143.95	815.5625	1,291.45
멕시코	9.6633	19.2636	10.0398	21.4856	10.4018	20.2724	10.5762	20.1274
네덜란드	0.7786	0.8933	0.7634	0.8755	0.7700	0.8455	0.7492	0.9496
뉴질랜드	1.4167	1.5179	1.4136	1.5421	1.4591	1.4138	1.4423	1.5772
노르웨이	9.6199	8.8000	9.8799	9.4158	9.5122	5.5900	10.7397	9.6142
폴란드	1.7234	0.8933	1.7466	0.8755	1.8228	0.8455	1.8663	0.9496
러시아	24.8383	64.7377	24.4919	72.1049	27.2459	73.6544	28.8041	–
스페인	0.6130	0.8933	0.6213	0.8755	0.6259	0.8455	0.5962	0.9496
스위스	1.1504	0.9937	1.1357	0.9390	1.1064	0.9138	1.0659	0.9548
튀르키예	1.8640	5.6738	2.1642	7.0086	2.8079	8.8504	5.0354	–
영국	0.6795	0.7834	0.6856	0.7800	0.6767	0.7271	0.6636	0.8113
미국	1.0000	1.0000	1.0000	1.0000	1.0000	1.0000	1.0000	1.0000

– 명목환율은 당해 연도 평균환율, PPP는 GDP 비교 산출
– 미국 달러를 가변통화로 표시하는 호주, 유로 존 국가, 영국, 뉴질랜드 등 환율은 PPP환율과 비교하기 위해 미국 달러를 기준통화로 표시하는 유럽식 표기법으로 명목환율을 표기하였음
자료: OECE(stats.oecd.org)

2022년의 PPP환율과 명목환율을 고려해볼 때 1,000원으로 미국보다 국내에서 살 수 있는 물건의 양이 많았다는 의미가 된다. 마찬가지로 1달러를 가지고 있는 미국인 역시 미국보다는 우리나라에서 살 수 있는 물건의 양이 많았다. 즉, 우리나라 물가가 미국의 물가보다 낮았다는 뜻이다. 상대적으로 경제가 덜 발달한 나라의 물가는 선진국에 비해서 싸다. 우리나라와 동남아시아 국가를 비교해도 금방 이해할 수 있을 것이다. 〈표 II-1〉의 그리스나 스페인의 PPP환율은 같은 유로화를 쓰는 프랑스나 독일의 PPP환율에 비해 10% 이상 낮은데, 이 역시 마찬가지 이유다. PPP환율은 같은 금액으로 프랑스보다 스페인에서 물건을 더 많이 살 수 있음을 보여준다. 표에서 음영으로 표시된 나라들은 미국보다 물가가 높은 나라들이고 상대적으로 다른 나라들보다 생활수준이 안정된

나라들임을 알 수 있다.

1인당 GDP는 그 나라 국민의 생활수준을 절대적 숫자로 보여주는 수치이다. 하지만 나라마다 물가수준이 다르기 때문에 그 국민의 생활수준이 달러로 표시되는 그 숫자와 동일하다고 볼 수 없다. 앞서 살펴본 바와 같이 경제가 덜 발달한 국가일수록 PPP환율이 시장환율보다 낮다. 물가가 싸므로 국민 각자가 벌어들인 소득으로 자국 내에서 소비할 수 있는 양은 명목환율로 계산된 달러 표시 소득보다 더 많다. 숫자로 표현된 것보다 실제 삶은 더 낫다는 의미다. 이처럼 명목환율에 의한 달러로 표시된 1인당 GDP가 실제 그 나라 국민의 생활수준을 보여주지 못하므로 세계은행이나 국제통화기금IMF 등에서는 PPP환율로 전환된 소득도 함께 발표한다.

〈표 II-2〉는 2025년 1월 발표된 IMF의 World Economic Outlook 보고서에 실린 내용이다. 주요 국가들의 1인당 GDP를 명목환율과 PPP환율로 표시한 것이다. 대부분의 국가들이 구매력을 반영한 PPP환율로 표시된 GDP가 명목환율로 표시된 것과는 많이 다른 것을 발견할 수 있다. 물가가 미국보다 낮은 나라들의 PPP환율 GDP는 명목환율 GDP보다 소득이 높다. 반면 미국보다 물가가 높은 스위스나 노르웨이의 경우 명목환율 GDP가 PPP환율 GDP보다 더 높다. 또 물가가 달라서 순위가 바뀐 경우도 있다. 예를 들어 2024년 스위스의 명목환율 GDP는 106,097.64달러로 1위였지만, PPP환율로는 95,836.64달러에 불과해 148,185.78달러를 기록한 싱가포르에게 1위 자리를 내주고 말았다. 이는 스위스의 물가가 싱가포르의 물가보다 비싸기 때문에 일어난 현상이다. 마찬가지로 우리나라의 명목환율 GDP는 캐나다, 영국, 이탈리아에 뒤지지만 PPP환율로는 우리가 더 높은 순위에 위치하였다.

PPP환율은 각 기관마다 계산에 적용하는 품목이나 기준이 다를 수 있고 나라마다 해당 품목의 선호도가 달라서 발생하는 물건 가격의 차이가 있을 수 있다. 따라서 정확한 구매력을 보여준다고 할 수는 없다. 하지만 PPP환율이 자국 내에서의 주요 품목들에 대한 구매력을 보여주는 것이므로 국민의 삶의 질을 추정해 보는 데는 많은 도움이 된다.

〈표 Ⅱ-2〉 국가별 1인당 GDP의 명목환율 대 PPP환율 비교

(단위: 미국 달러)

국가	2021		2022		2023		2024	
	1인당 GDP (명목환율)	1인당 GDP (PPP환율)	1인당 GDP (명목환율)	1인당 GDP (PPP환율)	1인당 GDP (명목환율)	1인당 GDP (PPP환율)	1인당 GDP (명목환율)	1인당 GDP (PPP환율)
싱가포르	79,601.39	131,864.09	88,428.72	141,913.16	84,734.28	141,553.68	89,369.72	148,185.78
아일랜드	103,775.44	116,027.72	104,728.50	131,949.74	103,465.94	126,991.82	103,500.39	127,750.16
노르웨이	92,955.21	89,096.34	108,438.55	97,238.46	87,702.85	100,153.71	90,433.67	103,446.04
스위스	93,966.49	82,057.32	94,798.83	89,933.41	101,510.02	93,054.78	106,097.64	95,836.64
미국	71,257.96	71,257.96	77,979.86	77,979.86	82,715.10	82,715.10	86,601.28	86,601.28
네덜란드	60,380.43	69,551.93	59,540.88	77,728.83	64,829.34	79,586.25	67,984.29	81,494.63
대만	33,070.70	64,374.93	32,609.60	70,875.33	32,404.32	74,408.88	33,233.80	79,031.08
홍콩	49,848.57	65,988.20	47,999.50	67,440.89	50,586.78	71,627.00	53,164.78	75,406.84
스웨덴	60,961.25	62,904.07	55,115.02	67,922.27	55,433.14	70,046.95	57,212.54	71,730.79
독일	52,300.61	62,950.31	49,725.34	67,869.33	53,565.04	69,531.55	55,521.35	70,930.36
호주	64,352.01	60,422.56	65,513.82	65,873.49	64,546.87	67,900.53	65,965.62	69,475.41
프랑스	45,315.56	55,824.59	42,581.01	61,168.64	46,305.16	63,880.89	48,011.83	65,940.41
핀란드	53,203.80	57,425.71	50,549.71	62,249.36	53,130.69	63,558.66	54,773.99	64,657.34
대한민국	37,518.47	51,880.38	34,822.41	57,202.24	35,563.08	60,046.35	36,131.85	62,960.47
캐나다	52,520.51	55,806.85	55,612.90	61,040.88	53,607.40	62,266.07	53,834.48	62,765.57
영국	46,731.48	52,673.09	46,103.23	58,712.39	49,647.56	60,735.43	52,423.29	62,573.61
이탈리아	36,812.91	50,377.31	35,653.83	56,682.06	39,012.08	59,164.52	40,286.84	60,992.86
스페인	30,893.22	44,169.79	30,402.92	49,944.64	33,895.59	52,907.92	35,788.73	55,089.21
일본	40,161.18	44,663.48	34,158.34	48,567.97	33,898.99	51,399.03	32,859.11	53,059.36
뉴질랜드	48,856.67	47,434.23	47,327.94	51,870.76	47,423.08	52,856.07	47,072.43	52,983.05
러시아	12,519.74	38,938.47	15,471.59	41,335.87	13,738.70	44,512.05	14,952.90	47,298.71
튀르키예	9,540.54	31,438.51	10,621.49	35,293.46	13,235.88	38,390.95	15,665.94	40,283.31
중국	12,572.07	20,333.06	12,642.85	22,438.86	12,597.31	24,502.81	12,968.57	26,309.99
태국	7,237.50	20,759.40	7,072.42	22,756.56	7,335.64	23,981.21	7,527.38	25,211.77
멕시코	10,180.18	20,758.73	11,259.75	22,885.65	13,641.03	24,248.72	13,971.90	24,971.32
브라질	7,951.55	18,028.10	9,256.48	19,824.37	10,267.93	21,052.02	10,296.41	22,122.71
인도	2,250.18	8,087.99	2,366.31	9,207.16	2,497.19	10,233.45	2,697.56	11,111.71

자료: World Economic Outlook Database, January 2025

다시 처음으로 돌아가자. 스타벅스의 카페라떼 톨tall사이즈가 미국에서 4.30달러이기 때문에 시장환율인 1,185.50원을 적용한다면 원화로는 5,098원이다. 국내 스타벅스에서 파는 카페라떼 한 잔의 가격은 4,600원이었으므로 원자재 수입비용이나 기타 비용을 감안해볼 때 국내 가격이 그다지 비싸 보이지 않는다. 그러나 상대적 구매력을 감안한 PPP환율을 적용하면 상황은 크게 달라진다. 〈표 II-1〉의 OECD 2019년 원화의 PPP환율인 856.43원으로 미국의 카페라떼 한 잔 가격인 4.30달러를 원화로 계산하면 약 3,683원으로 계산된다. 즉, 스타벅스가 미국보다 국내에서 커피를 비싸게 팔고 있다는 것을 알 수 있다. 이렇듯이 PPP환율은 삶의 질을 추정하거나 특정 물건의 가격이 얼마나 비싼지 알아보는 데 도움이 된다.

스타벅스는 자사의 카페라떼 톨사이즈를 기준으로 각 나라에서 팔고 있는 가격을 지수화하여 관리한다. 이를 스타벅스지수 또는 라떼지수 등으로 부르는데 미국에서의 판매가격을 1로 하여 각국에서 판매되는 커피라떼 가격을 상대적으로 표시하는 것이다. 그렇게 하면 어느 나라에서 비싸게 또는 싸게 팔리는지 구분이 되므로 몇 년에 한 번씩 가격조정의 기준으로 삼고 있다고 한다. 하지만 이때 적용 환율은 PPP환율이 아니고 명목환율이다. 그러니 명목환율보다 낮은 PPP환율을 가진 우리로서는 카페라떼를 비싸게 사먹을 수밖에 없어 안타까울 뿐이다.

스타벅스지수처럼 맥도날드의 빅맥을 지수화해서 각국의 물가를 비교해보는 빅맥지수도 있다. 또 라면 생산업체인 농심에서 세계 70여 개국에 수출하는 신라면을 지수화한 신라면지수(2009년 1월 발표)도 있으며 그 이전 발표된 삼성전자의 애니콜지수도 있었다. 이러한 물가지수들은 각 나라에서의 구매력과 밀접한 관계를 가지고 있어 PPP환율을 구성하는 요소가 된다.

〈그림 II-1〉 스타벅스 라떼지수

Ranking		Country	City	Price in USD
1		Denmark	Copenhagen	$6.05
2		Switzerland	Aarau	$5.94
3		Finland	Vantaa	$5.40
4		Macau	Macau	$5.21
5		Luxembourg	Luxembourg	$5.18
6		Norway	Oslo	$5.14
7		Hong Kong	Hong Kong	$4.60
8		Singapore	Singapore	$4.50
9		Germany	Munich	$4.39
10		Russia*	Moscow	$4.35
11		Belgium	Leuven	$4.35
11		Monaco	Monaco	$4.35
13		Sweden	Stockholm	$4.34
14		Curacao	Willemstad	$4.34
15		Lebanon	Mount Lebanon	$4.31
16		United States	New York	$4.30
17		France	Paris	$4.30
18		United Arab Emirates	Dubai	$4.29
19		Kuwait	Al Jahra	$4.27
20		Bahrain	Manama	$4.20
21		The Bahamas	Nassau	$4.20
22		Austria	Vienna	$4.13
23		Qatar	Doha	$4.12
24		Oman	Muscat	$4.11
25		Jordan	Amman	$4.09
26		China	Shanghai	$4.08
27		Netherlands	Eindhoven	$4.07
28		Cyprus	Nicosia	$4.02
29		Panama	Panama City	$3.95
30		Chile	Santiago	$3.91
31		Ireland	Dublin	$3.91
32		South Korea	Seoul	$3.88
33		Greece	Athens	$3.85
34		Taiwan	Hscinchu City	$3.85
35		Uruguay	Montevideo	$3.84
36		Japan	Tokyo	$3.79

자료: Finder International Research, 2019.09

〈그림 II-2〉 **빅맥지수**[1)]

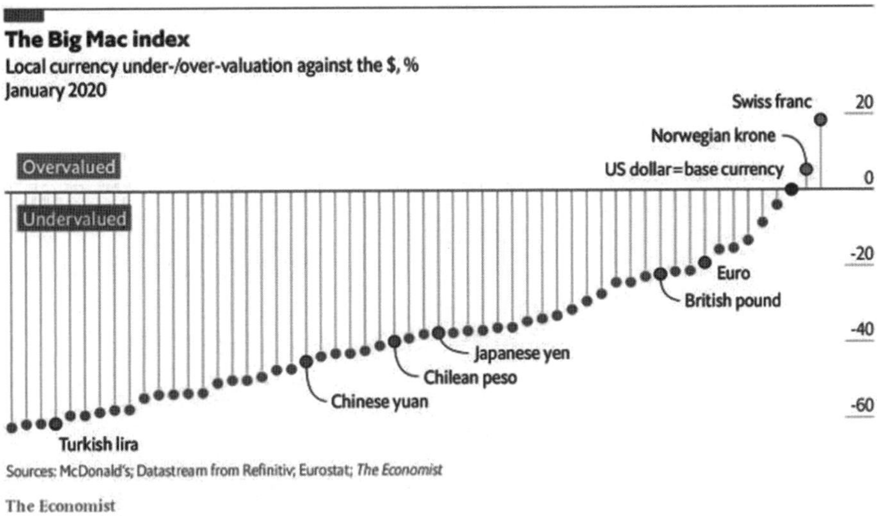

자료: The Economist, 2020.01.15

실질실효환율

우리나라 무역거래에서 사용하는 통화는 대부분 미국 달러이다(〈그림 II-3〉, 〈그림 II-4〉 참조). 따라서 환율 하면 달러/원 환율을 떠올리게 된다. 일본과 교역을 할 경우, 두 통화의 가치를 따지는 엔/원으로 거래를 해야 하겠지만, 실제로는 달러로 거래하는 경우가 많고 엔/원 환율 계산에서도 미국 달러를 매개로 하여 산출한다. 하지만 정확한 원화의 가치는 미국 달러와의 교환비율로만 계산되기보다는 각 나라와의 교역 비중에 따라 복합적으로 산출되어야 할 것이다. 원화의 적절한 가치를 구하기 위해 각 국가와의 교역량에 따라 가중평균하여 구한 환율이 실질실효환율이다. 실질실효환율은 각 통화와의 관계가 반영된 것이므로 보다 정확한 원화의 가치를 표현한다고 할 수 있다.

편의상 달러를 기준으로 하여 표시를 하는데 실질실효환율이 시장 거래환율인 명목환율보다 낮으면 원화의 가치가 현재 저평가되어 있다는 뜻이다. 따라서 앞으로 달러/원 환율이 하락하여 원화가 절상되리라는 것을 예상해볼 수 있다. 경제가 발전하고 무역수지 흑자가 커지면 실질실효환율 역시 하락한다. 국제사회에서 원화의 가치가 상승하는 것이다. 따라서 실질실효환율을 계산해보면 향후 달러/원의 방향도 예측해볼 수 있다.

〈그림 II-3〉 2023년 수출통화별 결제 비중

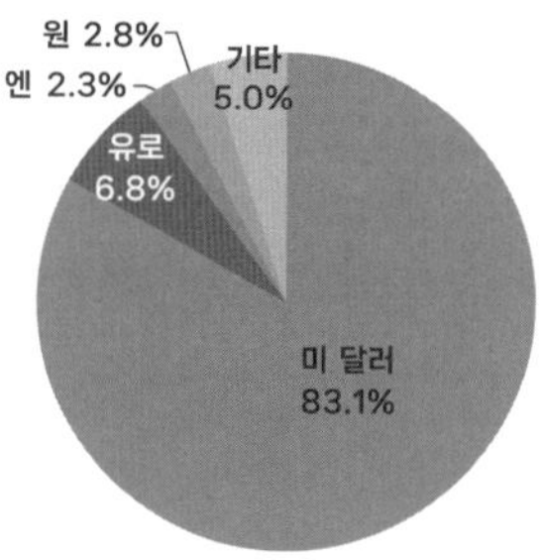

〈그림 II-4〉 2023년 수입통화별 결제 비중

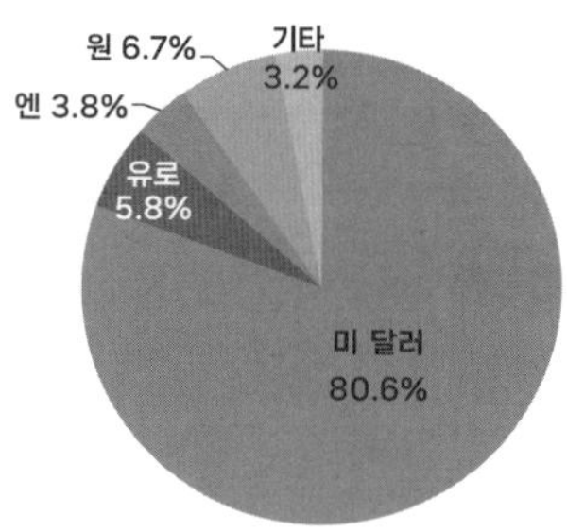

자료: 한국은행, 2024.04

3. 달러/원은 서울에 있고, 원/달러는 시카고에 있다

대부분이 잘 알고 있는 내용이지만 환율을 표시하고 표현하는 방법에 대해 다시 한 번 확인해보기로 한다. 환율이 1,250원이라고 할 때 사람들은 그 환율이 어떤 의미를 가지고 있는지 '대강'은 알고 있다. 가장 쉽게 나오는 답은 '1달러가 1,250원'이라는 것이고 틀림 없는 정답이다. 하지만 한 단계 더 나아가면 헷갈리는 표현을 하기가 쉽다. 가장 기본적인 내용부터 환율을 어떻게 표시하고 그 움직임을 어떻게 표현하는지 차근차근 살펴본다.

기준통화 vs. 가변통화

환율을 제대로 표현하려면 그 환율의 주인공인 통화 2개가 먼저 나오고 그 다음 환율을 나타내는 숫자가 나와야 한다.

USD / KRW = 1,250
① ② ③ ④

① 두 통화 중 앞에 나오는 통화를 기준통화基準通貨 또는 고정통화固定通貨라고 하는데 영어로 base currency, fixed currency 또는 reference currency 라고 말한다.

② 두 통화의 가운데 위치한 '/'는 단순한 구분 표시이다. 일부 엑셀 프로그램에 능한 사람들은 '/'를 나누기 기호로 오해하고 있는 경우도 많다. 하지만 여기서는 기준통화와 뒤에 나오는 가변통화를 구분 짓기 위한 표시일 뿐이다. 환율표시에서 갑자기 연산기호를 사용한다는 것 자체가 이상한 일이 아닌가 생각하면 쉽게 이해가 갈 것이다.

③ 두 번째 나오는 통화를 가변통화價變通貨 또는 표시통화表示通貨라고 하고, 영어로는 variable currency 또는 quoted currency라고 말한다. 환율은 말 그대로 기준통화를 기준으로 하는 것이므로 기준통화 대비 가격을 표시한다거나, 기준통화를 기준으로 수시로 가격이 변하는 통화라고 해서 그렇게 부른다. 필자는 앞으로 기준통화fixed currency와 가변통화variable currency로 표현한다.

④ 1,250이 가지는 의미는 기준통화 1단위당 가변통화 1,250단위가 교환이 가능하다는 뜻이다. 즉, 환율은 기준통화 한 단위당 가변통화의 양量으로 표현한다.

공식적인 계약서 등에서는 환율표시를 할 때 앞에 예시한 것처럼 3자의 알파벳으로 표현한 통화코드를 사용해서 환율을 명시한다. 세 글자의 알파벳은 임의로 정한 것이 아니고 국제표준기구International Organization for Standardization(ISO)가 통화표시의 혼란을 막기 위하여 표준부호를 정한 것으로 전 세계가 사용하고 있는 통화코드이다. 이 통화코드를 ISO 4217 code라고 하는데 가장 최근 버전인 ISO 4217:2008에서는 총 280여 개의 통화코드를 볼 수 있다(http://www.

iso.org/iso/home/standards/currency_codes.htm 참조).

세 글자의 코드 중 앞 두 글자는 국가명을 의미하고 마지막 한 글자는 그 국가가 사용하는 통화의 이름에서 가져온 것이다. 두 글자의 국가명 역시 통일성을 기하기 위해 ISO 3166에 명시되어 있는 것을 사용한다. 예를 들어 USD에서 앞의 US는 미국을 뜻하고 D는 dollar를 의미한다. 마찬가지로 KRW는 한국을 의미하는 KR과 won을 뜻하는 W로 구성된다. 우리와 국명이 비슷하고 같은 '원'이라는 통화명을 사용하는 북한의 통화코드는 무엇일까? 사실 다른 나라는 아무도 관심을 갖지 않는 통화이긴 하지만 분단국가인 우리로선 그래도 호기심이 생기는 문제이다. 북한은 국가명이 KP이고 원은 똑같이 W를 사용해서 KPW라고 쓴다.

〈표 II-3〉 ISO4217 주요 통화코드

국가	통화	코드	국가	통화	코드	국가	통화	코드
호주	Dollar	AUD	일본	Yen	JPY	스웨덴	Krona	SEK
브라질	Real	BRL	북한	Won	KPW	스위스	Franc	CHF
캐나다	Dollar	CAD	대한민국	Won	KRW	대만	Dollar	TWD
중국	Yuan	CNY	말레이시아	Ringgit	MYR	태국	Baht	THB
체코	Koruna	CZK	멕시코	Peso	MXN	튀르키예	Lira	TRY
덴마크	Korne	DKK	노르웨이	Krone	NOK	영국	Pound	GBP
유로존[1]	Euro	EUR	필리핀	Peso	PHP	미국	Dollar	USD
홍콩	Dollar	HKD	폴란드	Zloty	PLN	베트남	Dong	VND
헝가리	Forint	HUF	러시아	Ruble	RUB	금	AU[2]	XAU
인도	Rupee	INR	싱가포르	Dollar	SGD	백금	PT[2]	XPT
인도네시아	Rupiah	IDR	남아공	Rand	ZAR	은	AG[2]	XAG

1) 유로존Euro Zone: 국가통화로 유로를 사용하는 국가들
2) 금, 백금, 은의 화학원소 기호
자료: 국제표준기구(ISO)

대부분의 통화코드를 보면 어느 나라 어떤 통화인지 금세 알 수 있다. 하지만 CHF로 표시되는 스위스 프랑은 다소 생소하다. 낯설긴 해도 CHF 역시 원칙이 그대로 적용되었다. 앞서 말한 것처럼 ISO 3166에 의한 스위스의 국가코드는 CH이고 Franc을 뜻하는 F가 붙어서 CHF로 표시된다(사실 스위스의 공식 국가명이 라틴어로 'Confederatio Helvetica'라는 걸 아는 사람은 많지 않다). 또한 유로의 통화코드는 EUR인데 2025년 7월 불가리아의 합류로 21개국이 된 유로존과 주변국가 일부가 사용하고 있는 공통의 통화이므로 앞에 특정 국가명을 사용할 수 없어서 Euro를 줄인 EUR로 사용한다.

그러나 일상적인 통화표시는 공식적인 통화코드 외에도 다양하게 사용되고 있다. USD만 하더라도 $ · U$ · Dol 등으로 쓰이고, 영국 파운드인 GBP는 STG · £로, EUR은 €, JPY은 Yen이나 ¥으로 적기도 한다. 원화 역시 간단하게 ₩로 표시하기도 한다. 일상적인 표현에서야 읽는 사람이 이해할 수 있으면 되는 것이지만 공식적인 계약서 등에서는 혼란을 막기 위해서라도 정식 통화코드를 사용해야 한다.

외환딜러들은 거래 중에 통화코드 대신 통화를 별명으로 부르기도 한다. 지금은 유로EUR로 통합되어 사라졌지만 프랑스의 통화였던 프랑스 프랑FRF은 Paris라는 낭만적인 별명으로 불리기도 했다. 예를 들어 다른 은행과의 외환거래에서 '10 paris ag dol pls'라고 요청했다면 이는 '1,000만 프랑에 대한 USD/FRF 가격을 달라'는 뜻이다. 지금도 사용되고 있는 통화들 중 GBP는 cable, CHF는 swissy, AUD는 aussie 또는 oz, NZD는 kiwi, CAD는 candy 또는 loonie, HKD는 hongkie, SGD는 sing 등으로 불린다.

직접표시법, 유럽식표기법

환율은 어떻게 표시하느냐에 따라 다양한 표시법을 가지고 있다. 먼저 외국통화 1단위당 자국통화의 양으로 표시하는 방식이 있는데 이를 직접표시법direct quotation또는 자국통화표시법rate in home currency이라고 한다. 대부분의 나라가 직접표시법으로 환율을 표시한다. 우리나라에서 다른 통화를 표시할 때 원화의 양으로 표시하듯이 일본에서도 엔으로 외국통화의 환율을 표시한다. 그러므로 미국을 제외한 나라가 직접표시법으로 미국 달러를 표시할 때는 기준통화가 달러가 되고 자국통화가 가변통화로 표시된다. 이렇게 미국 달러를 기준통화로 표시한 환율표시법을 유럽식표기법European term이라고 한다.

간접표시법, 미국식표기법

그렇다고 모든 나라 통화가 미국 달러를 기준통화로 삼는 것은 아니다. 유로존의 EUR, 영국의 GBP, 호주의 AUD 그리고 뉴질랜드의 NZD는 환율을 표시할 때 미국 달러를 가변통화로 표시한다. 이처럼 미국 달러를 가변통화로 표시하는 환율표시법을 미국식표기법American term이라고 한다. 영국의 파운드는 수백년 동안 1파운드가 20실링shilling, 1실링이 12펜스pence(penny의 복수형)인 화폐단위를 사용했다. 그래서 미국 달러를 기준통화로 할 경우 10진법으로 환율을 표시할 수 없기에 파운드를 기준통화로 사용했다. 식민지 시절 파운드화를 사용했던 영연방국가들 역시 미국식표시법을 사용했다. 영국 파운드는 1971년 10진법의 화폐단위로 바뀌었지만 예전처럼 미국식표시법을 그대로 사용하고 있고, 영연방의 각 국가 역시 자국통화를 갖게 된 이후에도 관습에 의해 여전히 미국식표기법을 사용했지만, 캐나다 달러CAD와 남아프리카 란드ZAR는 기준통화를 미국 달러로 하는 유럽식표기법으로 바꾸었다. 유로는 1999년 1월 통용되기 시작되었을 때부터 미국식표기법을 사용했고, 이렇게 미국식표기법을 사용하는 나라들은 다른 통화와의 환율표시에서도 자국통화 1단위당 외국통화의 양으로 표시하는 간접표시법indirect quotation을 사용한다. 간접표시법은 외국통화표시법 rate in foreign currency이라고도 한다.

우리 환율표시는 원/달러가 아닌 달러/원

우리나라는 직접표시법(자국통화표시법)과 유럽식표기법을 사용한다. 그러므로 환율을 표시할 때 항상 우리 원화는 뒤에 호명되어야 한다. 즉, 달러/원(USD/KRW)이라든가 엔/원(JPY/KRW)으로 적어야 하고 불러야 한다. 그런데 TV 뉴스의 아나운서나 기자들, 심지어 각 증권사나 경제연구소의 애널리스트 대부분이 '원/달러'라고 부른다. 물론 올바르지 못한 표현이다. 심지어 한국은행의 자료에도 대부분은 '원/달러'라는 표현을 그냥 사용하고 있다. 공부도 많이 한 그분들이 모두 무지해서 그렇게 말하지는 않을 것이다. 그들은 합성단어에서 우리나라나 우리나라를 상징하는 단어를 항상 앞에 붙이는 습관을 가지고 있다. 외교에서 '한미 동맹'이나 '한중 FTA' 등 다른 나라의 호칭 앞에 우리나라를 나타내는 '한'을 먼저 부르는 것처럼 통화를 부를 때도 우리나라 통화인 '원'을 먼저 호명하는 것이다.

또한 일부에서는 환율을 표시할 때 사이에 들어가는 '/'를 나누기로 인식하여 '원/달러'라고 부르기도 한다. '원/달러 = 1,250원/1달러'의 등식으로 보아서 원/달러로 부른다는 것이다. 심지어 어떤 이는 필자가 '달러/원'이란 표현을 계속 사용하니 잘못된 표현 아니냐며 항의를 하는 경우도 있었으니 참 딱한 노릇이다. 물론 우린 달러/원으로 불러도 알아듣고, 원/달러로 불러도 무슨 뜻인지 알아듣는다. 그래서 마구 혼용한다. 하지만 원/달러라고 표현하는 것은 엄밀히 말해서 '1원당 달러의 양'으로 표현되는 환율이다. 즉, 달러/원이 1,250원이라면 원/달러는 0.0008달러이다. 만약 이 세상에 '원/달러' 환율을 사용하는 곳이 없다면 달러/원이든 원/달러든 우리에겐 큰 의미가 없을지도 모른다. 그런데 '원/달러' 환율을 사용하는 곳이 있어서 문제다.

세계에서 가장 큰 통화선물시장인 미국의 시카고상업거래소Chicago Mercantile Exchange(CME)에는 다양한 통화선물이 상장되어 있다. 그중에는 우리나라 원화선물도 2006년 9월 17일 상장되었다. 미국의 통화선물은 외국통화 1단위당 미국 달러의 양으로 표시되는 직접표시법(자국통화표시법)으로 가격이 호가된다. 즉, 1원당 미국 달러의 가격으로 표시되며 원화선물의 경우 원화 1억 2,500만 원을 1계약으로 하는데 환율은 소수점 7번째 자리까지 표시된다. 사람들이 잘못 부르고 있는 원/달러가 시카고에 존재하는 것이다. 달러/원은 서울에 있고, 원/달러는 시카고에 있으니 이 책의 독자들은 앞으로 서울에서 외환거래를 할 생각이라면 원/달러라고 부르지 말고 달러/원이라고 제대로 불러주길 바란다.

그러나 CME에 상장되어 있는 통화선물은 거래량이 많지 않아 거래가 활발하지 않다. 시카고 외에 싱가포르거래소SGX에도 원/달러 통화선물이 상장되어 거래되고 있는데 역시 거래량이 많지는 않지만 CME 원/달러 거래보다는 많은 편이다.

환율의 소수점 표시

환율을 표시할 때 소수점 둘째 자리 또는 넷째 자리까지 표시한다. 그 기준은 무엇일까? 환율의 소수점은 해당 통화 체계에서 사용하는 최소 상용단위의 1/100까지 표시한다. 원화는 원단위까지 사용하므로 원의 1/100인 전錢단위까지, 그러니까 소수점 둘째 자리까지 환율을 표시한다. 엔도 엔이 최소 상용단위이므로 달러/엔 환율을 표시할 때 소수점 둘째 자리까지 표시한다. 반면에 미국 달러는 달러의 1/100인 센트가 최소 상용단위이므로 EUR/USD 환율을 표시할 때 센트의 1/100인 소수점 넷째 자리까지 표시한다.

이때 환율이 표시되는 제일 마지막 자리의 숫자를 pip 또는 point라고 부른다. 달러/엔 환율이 104.50엔에서 104.55엔이 되었다면 5pips(points)가 올랐다고 말한다. 또 최소 상용단위인 원, 엔, 센트 단위에 있는 숫자는 큰 숫자를 뜻하는 'big figure'라고 하는데 흔히 '빅'이라고 줄여서 부른다. 예컨대 달러/엔이 104엔에서 102엔이 되었다면 '투(2) 빅이 빠졌다'라고 표현한다. 원 빅(1big)이 100pips이므로 '빅' 단위로 환율이 움직였다면 환율변동이 컸음을 의미한다. 즉 '빅'이란 표현은 환율이 크게 움직였을 때 사용한다. '빅'이란 단어는 예전엔 외환딜러들만 사용했으나 최근엔 일반 외환 관련 기사에서도 흔히 볼 수 있는 단어가 되었다. 그만큼 외환이 일반화되었다는 뜻이어서 외환을 다루어온 사람으로서 반가운 일이라 하겠다.

4. 환율이 하락했다, 원화가 약해진 것일까?

2023년 마지막 거래일에 달러/원 환율이 1,288.00원에 마감하고 1년 후인 2024년 마지막 거래일에 1,472.30원에 끝났다. 이렇게 환율이 상승하면 원화의 가치는 어떻게 변한 것일까? 어떤 사람들은 '환율이 하락'한 것을 표현할 때 '원화가 올라갔다'라고 표현한다. 맞는 말일까? 틀린 말이다. 흥미로운 사실은, 콩으로 메주를 쑤지 않고 팥으로 메주를 쑤는데도 그 말을 제대로 알아듣는 사람들도 있다는 사실이다. 제대로 표현되지 않았음에도 어떤 사람은 알아듣는 것이다. 필자가 예전에 중국어를 배울 때 중국인 강사가 말하는 내용은 잘 못 알아들어도 함께 헤매는 수강생들끼리는 엉터리로 말해도 더 빨리 이해가 되었던 기억이 있다. 아마 유사한 이야기가 아닐까 싶다.

환율의 움직임과 그에 따른 통화가치의 변화를 표현하는 방법은 다양하다. 평소 환율을 다루는 사람들조차 때론 그러한 표현을 헷갈려 하기도 하니 비전문가가 다소 엉성하게 이야기하는 것도 무리는 아니라는 생각이 든다. 아무튼 환율 움직임과 통화가치 변동에 관한 개념을 정리해보자.

'달러/원=1,400'이라고 환율이 표시되어 있다면 '1,400'이라는 숫자는 달러의 가격일까? 원화의 가격일까? 우리나라는 자국통화표시법을 사용하는 나라이니 당연히 달러/원 환율은 '미국 달러의 가격'을 원화로 표시한 것이다. 그러므로 환율이 하락했다는 말은 달러 가격이 하락했다는 말과 같은 뜻이다. 만약 달러/원 환율이 1,400원에서 1,300원이 되었다면 이것은 1달러에 1,400원을 주어야 교환이 되었던 것을 1,300원만 주어도 교환이 가능해졌다는 의미다. 1달러에 100원이나 덜 주어도 되니 원화의 가치는 상승한 것이고 달러는 그만큼 하락한 것이다. 달러/원 환율이 오르면 달러는 강세가 되는 것이고 원화는 약세가 된다. 반대로 환율이 내리면 달러가치는 하락하여 절하되는 것이고, 원화는 상승하여 절상되는 것이다. 환율의 변화에 따른 통화가치의 변화를 정리해 보면 다음과 같다.

달러/원 환율 상승 = 달러가치 상승 = 달러 절상 = 달러 강세
= 원화가치 하락 = 원화 절하 = 원화 약세
달러/원 환율 하락 = 달러가치 하락 = 달러 절하 = 달러 약세
= 원화가치 상승 = 원화 절상 = 원화 강세

환율 상승 = 기준통화가치 상승 = 기준통화 절상 = 기준통화 강세
= 가변통화가치 하락 = 가변통화 절하 = 가변통화 약세
환율 하락 = 기준통화가치 하락 = 기준통화 절하 = 기준통화 약세
= 가변통화가치 상승 = 가변통화 절상 = 가변통화 강세

그러므로 환율이나 통화가치의 변동에 대해 말할 때는 주어와 동사를 분명히 언급함으로써 애매한 표현은 피하도록 하자. 예를 들어 '원이 떨어졌다'는 표현은 듣기에 따라서 환율이 하락했다고 들리기도 하고, 원화가치가 하락했다고 들리기도 한다. 달러/원이 하락했다고 하거나, 원화가치가 하락했다고 하는 것이 좋다. 그래야 듣는 상대방도 통화가치 변화를 분명히 이해할 수 있다.

2023년 마지막 거래일에 달러/원 환율이 1,288.00원이었고 2024년 마지막 거래일에 1,472.30원에 끝났다. 그러면 2024년 1년 동안에 달러는 얼마나 절상되었고, 원화는 얼마나 절하되었을까? 일단 달러/원 환율은 달러의 가치를 표현한 것이므로 2024년 중에 184.30원이 상승한 달러는 14.31% 절상된 것이다.

$$\frac{1,472.30-1,288.00}{1,288.00}=14.31(\%)$$

그럼 반대로 원화는 14.31% 절하되었을까? 그렇지 않다. 2023년 말 원화의 가치는 1/1,288.00달러에서 2024년 말에는 1/1,472.30달러가 되었다. 그러므로 원화는 2024년 한 해 동안 12.52% 절하되었다.

통화의 절상이나 절하 정도를 계산할 때 단순히 기준통화의 절상률이나 절하율의 숫자를 뒤집어 그대로 가변통화에 적용하는 경우가 많은데, 실제 가변통화의 절상률이나 절하율은 기준통화의 그것과는 차이가 있음을 알아야 한다.

$$\frac{\frac{1}{1,472.30}-\frac{1}{1,288.00}}{\frac{1}{1,288.00}}=\frac{1,288.00-1,472.30}{1,472.30}=-12.52(\%)$$

5. 왜 달러를 매입률이 아닌 매도율에 사야 하는가?

아는 후배가 편의점을 새로 개업하여 축하인사차 방문하였다. 잠시 앉아 이런저런 이야기를 나누던 중 목이 말라 물병을 하나 들고 가격이 얼마인지 물어보았다. 그랬더니 그 후배는 자신이 산 가격을 묻는 것인지, 아니면 파는 가격을 물어보는지를 되물었다. 그 순간 필자는 거래되는 모든 상품에는 두 가지 가격이 존재함을 다시금 깨달았다. 그렇다! 모든 상거래에서는 '사자'와 '팔자'의 두 가지 가격이 존재한다. 당연히 통화를 팔고 사는 외환거래에도 사자와 팔자의 두 가지 가격이 있다.

bid rate vs. offered rate

외환에서 '사자(매수호가)'는 'bid rate', '팔자(매도호가)'는 'offered(또는 ask) rate'라고 하는데 보통 줄여서 bid, offer로 부른다. 이때 사거나 파는 주체는 가격을 제시한 측이고 사거나 파는 대상은 기준통화이다. 그러므로 bid는 가격제시자quoting party가 기준통화를 사고 가변통화를 파는 환율이고, offer는 가격제시자가 기준통화를 팔고 가변통화를 사는 환율이다. 반대로 가격문의자

calling party 입장에서 bid는 기준통화를 팔고 가변통화를 사는 환율이며, offer는 기준통화를 사고 가변통화를 파는 환율이다. 어느 쪽 환율인지 둘 중 하나인데 왠지 마구 헷갈리는 느낌이다. 그래서 외환딜러들 사이에서조차도 어떤 때는 혼동을 피하기 위해서 오른쪽 환율이나 왼쪽 환율로 부르기도 한다. bid와 offer를 거래자 입장에서 정리하면 다음과 같다. 다음과 같이 가격제시자를 왼쪽에, 가격문의자를 오른쪽에 위치한 비정형의 표 모양을 만든 데는 이유가 있다.

	bid rate	offered rate	
가격제시자 quoting party	기준통화 매수 기준통화 매도	가변통화 매도 가변통화 매수	
	기준통화 매도 가변통화 매도	가변통화 매수 기준통화 매수	가격문의자 calling party

만약, A기업의 외환담당자가 은행에 수출대금 매각을 위해 달러/원 환율을 문의하였는데 은행딜러가 1,265.20/1,265.50(실제로는 '65원 20, 50입니다'라고 답한다)이라고 환율을 알려주었다면 A기업은 1,265.20원에 달러를 매각하게 된다. 가격제시자인 은행이 기준통화인 달러를 매수하고, 가격문의자인 A기업이 달러를 매도하는 환율은 바로 bid인 것이다. 이번엔 B기업 역시 엔으로 받은 수출대금을 팔고 대신 달러로 보유하려고 가격을 물어보았다. 은행딜러는 131.52/131.57의 가격을 제시하였다. B기업은 어떤 가격에 엔을 팔아야 할까? 답은 131.57엔이다. 왜냐하면 달러/엔 거래에서도 역시 기준통화는 달러이므로 가격문의자가 가변통화인 엔을 매도하고 기준통화인 달러를 매수하는 환율은 offer이기 때문이다.

달러/원 환율로 bid, offer를 구분할 때는 비교적 쉬웠는데 원화를 배제하고

bid, offer를 구분하려니 조금 헷갈릴 수 있다. 이제 필자는 외환딜러도 때로는 착각한다는 bid, offer를 헷갈리지 않게 구분하는 비법을 독자들에게 알려주려 한다. 일단 한 가지만 명심하자. 환율 구분의 '기준'은 '기준통화'로 한다. 외환은 하나의 통화를 사는 대신 다른 통화를 파는 거래이다. 즉, 달러/원 거래에서 달러를 판다는 것은 원화를 사는 것과 같은 개념이고 같은 환율을 적용하는 것이다. 마찬가지로 달러/엔에서도 엔을 산다는 것은 달러를 파는 것과 같은 의미이고 같은 환율을 적용한다. 그러므로 기준통화인 달러를 기준으로 생각한다면 A기업은 기준통화 달러를 매도(원 매수)하는 것이고, B기업은 기준통화 달러를 매수(엔 매도)하는 것이다. 그러므로 A기업은 bid에, B기업은 offer에 거래하게 된다. 환율을 아래와 같이 써놓고 구분하면 좀 더 쉽다.

Q 1,265.20 / 50 **C**

131.52 / 57

환율을 써놓고 가격제시자quoting party를 뜻하는 Q를 환율 왼쪽에, 가격문의자calling party를 뜻하는 C를 오른쪽에 적어놓는다. 가격을 물어보는 C로부터의 환율 위치를 보면 bid(1,265.20과 131.52)는 멀리 있고, offer(1,265.50과 131.57)는 가까이 있다. 그리고 기준통화의 방향만 생각하자. 즉, 가격을 물어본 A기업은 기준통화를 매도하려 한다. 기준통화를 매도한다는 것은 C가 가지고 있던 달러가 Q에게 가는 것이니 위치적으로 멀어진다. 따라서 멀리 있는 bid환율인 1,265.20원에 기준통화 달러를 매도하는 것이다. bid, offer를 숫자로 보지 말고 위치로만 인식하면 한결 쉽다. B기업의 경우 기준통화인 달러를 매수하는 것이니 달러가 Q로부터 C에게 오므로 가까이 있는 offer 환율인 131.57엔에 거래를 하게 된다.

이번에는 유로 거래로 연습을 해보자. C기업은 유럽에 전자부품을 수출하고 유로로 대금을 받았다. 유로가 하락한다고 해서 달러로 바꿔놓으려고 은행에 가격을 물어보았더니 1.0858/1.0863의 가격을 주었다. 여기서 유로/달러EUR/USD 거래는 미국식표기법을 사용하므로 기준통화가 유로임을 잊지 말자. 따라서 C기업의 경우 기준통화인 유로를 매도하고 가변통화인 달러를 매수하는 거래이다. 따라서 C로부터 먼 쪽에 위치한 bid인 1.0858에 거래를 할 것이다. 이렇듯 기준통화의 방향만 확실히 하면 bid, offer를 헷갈릴 일이 별로 없다. 이제 앞의 bid, offer 구분 표에서 왜 가격제시자를 왼쪽에, 가격문의자를 오른쪽에 위치시킨 표의 모양으로 설명했는지 이해가 갈 것이다.

스프레드

이번에는 다른 예를 들어보자. D은행의 딜러는 달러/엔을 거래하기 위해 갑, 을, 병, 정 4개 은행에 동시에 가격을 요청한 결과 다음과 같은 가격을 제시받았다.

갑은행: 131.24/27
을은행: 131.23/28
병은행: 131.22/29
정은행: 131.21/30

어느 은행의 가격이 가장 좋은가? 당연히 갑은행의 가격이 제일 좋다. 왜냐하면 '달러 매도/엔 매수'를 하려 한다면 bid 중에서 가장 비싼 131.24엔에 달러를 팔 수 있고, '달러 매수/엔 매도'를 하려 한다면 역시 offer 중에서 가장 싼 131.27

엔에 달러를 매수할 수 있으니 사든 팔든 갑은행의 가격이 제일 좋다. 그럼 다른 은행과의 차이는 무엇일까? bid와 offer의 간격이다. bid와 offer의 간격을 스프레드spread라고 하는데, 갑은행의 스프레드는 3pips이지만 가장 가격이 나쁜 정은행의 스프레드는 9pips나 된다. 결국 스프레드가 좁을수록 경쟁력 있는 환율이라고 할 수 있다. 지금 현재 달러/엔 시장의 움직임이 거의 없고, 가격을 제시하는 은행이 상기 4개 은행뿐이라면 갑은행은 모든 달러/엔 거래를 독식하게 될 것이다. 아무도 가격이 나쁜 을, 병, 정은행과는 거래를 하지 않을 것이다. 어떤 고객은 131.24엔에 달러를 팔고, 다른 고객은 131.27엔에 달러를 사갈 것이다. 갑은행 입장에서 보면 24에 달러를 사서 27에 달러를 파는 것이므로 거래금액이 같다면 갑은행은 가격을 제시함으로써 3pips의 거래 수익을 올리게 된다.

정리하면 스프레드가 좁을수록 가격의 경쟁력이 있어 거래체결 가능성이 높고, 스프레드는 가격제시자의 수익이 된다. 스프레드를 좁혀서 거래를 한다는 것은 자신의 이익을 줄이는 대신 거래를 많이 함으로써 '박리다매薄利多賣'를 통해 시장에서의 지배력을 높일 수 있음을 의미한다.

스프레드는 시장 거래가 활발해지면 경쟁에 의해서 좁아진다. 유동성이 많아지면 각자 거래체결 가능성을 높이기 위해서 스프레드를 좁히기 때문이다. 또 거래금액이 크면 스프레드는 넓어진다. 한 번에 1백만 달러를 사고파는 리스크와 1억 달러를 거래할 때의 리스크는 분명히 차이가 있다. 그러므로 거래금액이 클 경우 리스크도 확대되므로 스프레드 역시 커질 수밖에 없다. 예를 들어 달러/엔 거래를 할 경우 100~200만 달러의 적은 금액을 거래할 때는 보통 2pips 내외의 스프레드라면, 1억 달러일 때는 시장 상황 따라 다르겠지만 대개 7~10pips 정도 스프레드가 벌어진다.

그 외에 시장이 정상적으로 안정되어 있지 않고 불안한 시장이라면 스프레드는 엄청나게 넓어질 수 있다. 필자에게 생각나는 시장으로는 외환위기 때 달러/원 시장은 bid와 offer의 간격이 몇십 원은 보통이고 200원까지 확대되어 거래된 적도 있다. 당시에는 고객과 거래를 할 때 고객에게 가격을 제시하고 다시 돌아서면 가격이 바뀌어 있는 경우도 많았다. 심지어 환율이 1,900원으로 호가되던 날에는 대고객 환율의 현금매매율 스프레드가 300~400원씩 벌어지기도 했으니 지금으로선 상상이 잘 가지 않을 것이다.

시장이 불안하면 스프레드는 확실히 커진다. 즉, 거래에 대한 기회 손실 가능성이 커지면(리스크가 확대되면) 그 손실 가능성을 보완하기 위해 스프레드가 넓어지는 것이다. 스프레드가 가격제시자의 수익이라는 것을 생각한다면, 유동성이 낮아지거나 거래금액이 커질 때 그리고 시장 상황이 불안할 때 거래 손실 가능성이 커지므로 자신이 취할 수익을 크게 하는 것이 당연한 시장 논리이다.

제5편에서 추가로 설명하겠지만, 현물환율을 기준으로 선물환율이 결정되므로 현물환율보다 선물환율의 스프레드가 더 넓다. 선물환율은 현물환율에 스왑포인트를 더해 결정한다. 스왑포인트 역시 bid와 offer가 있어 현물환율의 스프레드에 스왑포인트의 스프레드까지 더해지므로 선물환율의 스프레드는 현물환율의 스프레드보다 확대될 수밖에 없다.

때로 스프레드는 딜러들이 의사를 표현하는 방법이 되기도 한다. 딜러는 별로 거래하고 싶지 않을 때라도 다른 은행의 딜러가 가격을 물어온다면 가격을 주지 않을 수 없다. 이럴 경우 시장의 스프레드보다 더 넓게(bid는 더 싸게, offer는 더 비싸게) 가격을 제시하면 거래가 이루어지지 않을 것이다. 상대방 딜러 역시 가격을 제시하는 딜러의 의도를 이해하기에 그저 'Nothing there!' 하고는 딜링머신에서 나가버릴 것이다. 경쟁력 있는 스프레드를 제시하는가 그렇지 않은가만으로도 딜러의 거래 의도를 알 수 있는 것이다.

또한 딜러들끼리의 거래에서는 시장의 거래가 한산하고, 거래금액이 크지 않으며 거래자가 친분이 있는 사람이라면 가끔 'at 63 ur choice'라는 가격을 주는 경우도 있다. 가격을 묻는 다른 딜러에게 '63에 사든 팔든 마음대로 하세요'라고 말하는 것이다. 63이란 가격에 사고파는 것은 가격문의자의 선택이란 뜻이다. 이런 가격을 choice가격이라고 한다. 이런 경우 choice가격을 제시받은 입장에서는 대부분 거래를 체결시키는 것이 관례이다. 다르게 말하면 choice가격은 스프레드가 '0'인 가격제시quotation이다.

대고객 환율

bid, offer를 생각하면 필자에게 떠오르는 에피소드가 있다. 오래전 필자가 환전을 할 일이 있어 은행 창구에서 번호표를 뽑아 기다리고 있던 중이었다. 그런데 갑자기 앞 차례의 할아버지 한 분이 은행 직원에게 강한 어조로 항의를 하는 소리가 들렸다. 그분은 외국에 사는 자식에게 송금을 하시려고 하는데 적용 환율이 자신의 생각과 달랐던 모양이다. 그러나 어깨너머로 들려오는 그분의 말씀을 듣고 빙그레 웃지 않을 수 없었다. 그분의 항의 요지는 자신이 전신환으로 송금을 하려면 '전신환 매입률'로 달러를 사야 하는데 왜 창구직원은 그보다 한참 더 비싼 '전신환 매도율'을 적용하느냐는 것이었다. 창구직원은 별다른 추가 설명 없이 반복해서 자신이 적용하는 환율이 맞는다고만 주장하고 있었으니 할아버지께서 화를 내실 수밖에 없었다. 남의 일에 나서기 좋아하는 필자가 그 상황에 개입하여 할아버지에게 표시판에 적혀있는 '매입률'과 '매도율'은 은행 입장에서 적어놓은 표현이므로 고객 입장에서는 반대로 생각해야 한다고 설명을 드렸더니 그제야 조금 수긍하시는 모습이었다. 그렇지만 여전히 비싼 환율에 달러를 사는 게 영 못마땅해 보였다.

지금은 은행들이 고객 입장에서 대고객 환율을 표시하고 있지만 예전에는 그저 영어로 된 환율표현을 직역해서 한글로 적어놓았기에 그런 해프닝이 생기곤 했다. 전신환電信換/telegraphic transfer이란 외환거래를 할 때 전신으로 돈을 이체하거나 받는 거래를 말한다. 예전에 은행들은 환율 고시를 할 때 영어 표현인 'TTtelegraphic transfer buying rate'를 전신환 매입률로, 'TT selling rate'를 전신환 매도율로 직역하여 환율표시판에 그대로 적어놓았다. 여기서의 buying rate나 selling rate는 어디까지나 그 환율을 제시하는 은행의 입장이다. 그럼에도 그것을 그대로 사용하다 보니 고객들로부터 자주 항의를 들을 수밖에 없었을 것이다. 그러나 언젠가부터 은행들이 고객의 눈높이에 맞춰 표현을 바꾸기 시작했다. 이제는 송금 '보내실 때' 와 '받으실 때'란 표현으로 바꾸어 놓아서 고객들이 더 이상 헷갈리지 않게 되었다.

〈표 II-4〉는 국내 모某 은행의 대고객 고시 환율표 일부이다. 우측 상단의 내용부터 살펴보자. 고시된 날이 2025년 2월 19일임이 표시되어 있고 다음엔 163회차라고 적혀 있다. 2월 19일에만 163번째 고시를 하였다는 뜻이다. 딜링룸에서 환율 고시를 담당하는 직원은 은행이 정한 변동률(예를 들어 0.03%) 이상으로 환율이 변하면 표의 두 번째 열에 있는 '매매기준율'을 변경하여 고시한다.

매매기준율 다음 열에 나오는 송금(전신환) 환율은 매매기준율을 기준으로 0.95~1%의 환전수수료를 더하거나(보내실 때 환율), 차감하여(받으실 때 환율) 고시된다. 그리고 현찰 환율은 매매기준율을 기준하여 1.75~2%의 환전수수료를 더하거나(사실 때 환율), 차감하여(파실 때 환율) 고시한다. 마찬가지로 여행자수표나 외화수표의 매도, 매수에도 일정 은행수수료를 가감하여 고시된다. 현찰매매율이 송금이나 수표의 매매율보다 환전수수료가 더 비싼 이유는 은행이 외국으로부터 현찰을 사오고 보관하는 과정에 비용이 추가로 들기 때문이다.

은행의 고시 환율은 1997년 외환위기 이전에는 오전 9시에 고시된 환율이 은행이 문을 닫는 시간까지 변하지 않았다. 당시로서는 환율이 하루에 변동할 수 있는 폭이 최고 ±2.25%였는데 실제 그렇게 많이 변동하지를 않아서 하루에 1회만 고시하여도 큰 문제는 없었다. 하지만 1997년 11월 외환위기에 들어가며 시장환율이 은행의 고시 환율표를 벗어나게 되어 각 은행이 자율적으로 고시하는 체제로 바뀌었다. 따라서 하루 중 고시하는 횟수 또한 은행별로 다르고, 고객에게 부과하는 환전수수료 역시 은행별로 조금씩 다르다.

표의 최우측 상단의 적용시간을 보면 14시 41분이다. 서울 외환시장이 한창 거래되고 있고 은행도 영업을 하고 있는 시간이다. 하지만 서울외환시장의 주간장이 중간마감하고 은행 영업을 마감한 시간에도 인터넷을 통한 환전이나 송금 등의 거래가 가능하다. 따라서 은행 창구가 문을 닫은 후에도 인터넷의 홈뱅킹을 통해 실시간 환율이 반영되어 고시된다.

〈표 II-4〉 은행의 대고객 고시 환율표

환율등록일시(회차)	조회일시
2025.02.19 14:39:53 (163회차)	2025.02.19 14:41:31

통화종류		매매기준율	송금(전신환)		현찰 외화현찰 Spread		USD 환산율
			보내실 때	받으실 때	사실 때	파실 때	
USD	미국(달러)	1,439.50	1,453.40	1,425.60	1,464.69	1,414.31	1.0000
JPY	일본(100엔)	948.79	957.99	939.59	965.39	932.19	0.6591
EUR	유럽연합(유로)	1,504.71	1,519.75	1,489.67	1,534.50	1,474.92	1.0453
GBP	영국(파운드)	1,816.51	1,834.67	1,798.35	1,852.65	1,780.37	1.2619
CHF	스위스(프랑)	1,594.13	1,610.07	1,578.19	1,625.85	1,562.41	1.1074
CAD	캐나다(달러)	1,015.16	1,025.31	1,005.01	1,035.36	994.96	0.7052
AUD	호주(달러)	916.53	925.69	907.37	934.76	898.30	0.6367
NZD	뉴질랜드(달러)	823.83	832.06	815.60	840.22	807.44	0.5723
HKD	홍콩(달러)	185.18	187.03	183.33	188.86	181.50	0.1286
CNY	중국(위안)	197.64	199.61	195.67	209.49	187.76	0.1373

교차환율/재정환율

〈표 II-4〉에서 달러/원은 외환시장에서 거래되고 있으므로 바로 매매기준율로 입력하여 기타 환율들이 자동으로 계산되게 할 수 있다. 하지만 엔/원이나 유로/원, 파운드/원 등은 은행간 외환시장에서 직접거래되지 않기 때문에 오른쪽에서 두 번째 열의 대미환산율을 적용하여 계산한다. 이 환산율은 기준이 되는 미국 달러와 해당 통화와의 시장환율인데 계산의 편의를 위해 미국 달러를 가변통화로 하는 미국식표기법으로 표시된다. 따라서 현재 엔/원의 매매기준율인 948.79원은 달러/원의 매매기준율인 1,439.50원에 환산율인 0.6591을 곱하여 구한다. 여기서 환산율은 엔/달러(1엔당 달러의 가치) 환율이고, 이는 달러/엔 환율인 151.72엔을 기준으로 산출된 것이다. 1달러에 151.72엔이므로 1엔 가격으로 바꾸면 0.006591인데, 표시의 편의성을 위해 엔/원은 100엔당 환율로 표시하기 때문에 환산율은 100을 곱한 0.6591이 되었다.

이렇게 달러/원, 달러/엔 환율을 가지고 산출된 제3의 환율인 엔/원 환율을 교차환율cross rate이라고 한다. 달러/원 환율 1,439.50, 달러/엔 환율 151.72로 엔(100엔)/원 환율 948.79원을 구했다. 이 중 어느 한 환율이 다르면 싸게 살 수 있는 곳에서 사서 다른 정상시장에서 비싸게 팔아 차익을 남길 수 있다. 이렇게 균형 상태에서 벗어난 거래를 함으로써 수익을 올리는 거래인 차익거래 또는 재정거래가 발생할 수 있기에 교차환율을 재정환율arbitrage rate이라고도 한다.

교차환율은 자국통화가 개재되지 않은 외국통화 간의 환율을 뜻하기도 한다. 따라서 우리나라에서는 달러/엔이나 유로/달러 환율을 말하지만, 국제금융시장에서는 달러가 배제된 이종통화異種通貨/third currency 간의 거래환율을 교차환율이라고 한다. 가장 많이 거래되는 교차환율은 EUR/JPY이고 GBP/EUR, EUR/CHF 등의 교차환율도 거래가 활발하다.

재정환율 역시 우리나라에선 달러가 아닌 이종통화와 원화 간의 환율을 말한다. 그러므로 상기 은행 고시 환율표에서 달러/원을 제외하면 모두 재정환율이라고 부른다.

교차환율에 좀 더 익숙해지기 위해 연습문제를 풀어보기로 하자. 현재 시장에서 거래되는 환율이 다음과 같을 때 교차환율을 구해보자.

USD/KRW	1,430.00/30
USD/JPY	151.72/77
EUR/USD	1.0457/62
USD/CAD	1.4177/82

연습1

아들을 캐나다로 유학 보낸 서울 사는 아빠가 생활비를 보내려고 할 때 환율은 얼마일까?

해답 서울 아빠는 '캐나다 달러 매수/원 매도' 거래를 해야 한다. CAD/KRW 환율이 주어지지 않았으므로 먼저 미국 달러로 캐나다 달러를 매수한다. USD/CAD 환율에서 '미국 달러 매도/캐나다 달러 매수'는 기준통화 매도이므로 BID 환율인 1.4177이 적용될 것이다. 그리고 다음 필요한 달러를 매수하기 위해 USD/KRW에서 '미국 달러 매수/원 매도'를 1,430.30원에 거래한다. 즉, 원화로 미국 달러를 사고, 그 미국 달러로 다시 캐나다 달러를 사는 것이다. '1USD=1.4177CAD'이고, '1USD=1,430.30KRW'이므로 '1.4177CAD=1,430.30KRW'의 등식이 된다. 그러므로 결국 'CAD/KRW=1,430.30/1.4177=1,008.89(원)'이다

연습2

일본에서 부품을 수입하여 조립해서 독일로 설비를 수출하는 기업이 수출대금으로 받은 유로를 팔고 엔을 사려고 한다. 얼마에 사면 될까?

해답 이 기업이 하려는 거래는 '유로 매도/엔 매수'의 거래이다. EUR/JPY 환율이 제시되지 않았으므로 유로를 매도해서 받은 미국 달러로 다시 엔을 사는 단계를 거치게 된다. 첫 단계로 '유로 매도/미국 달러 매수'의 거래는 EUR/USD의 bid 환율인 1.0457달러에, 다음 '미국 달러 매도/엔 매수'는 USD/JPY의 bid인 151.72엔에 거래한다. 즉, '1EUR=1.0457USD'이고, '1USD=151.72JPY'이므로 'EUR/JPY = 1.0457×151.72=158.65(엔)'이다

6. 우리나라의 환율제도

현재 우리나라에서 달러/원 환율은 자유롭게 변동한다. 시장이 조용할 때는 하루에 1~2원 정도 움직이지만, 외환위기나 금융위기 때에는 하루에 몇백 원씩 변동하기도 했다. 특별한 이슈가 없을 때에도 평균 5원 이상 변동한다. 지금처럼 자유롭게 환율이 변동된 것은 1997년 12월 외환위기 때부터이다. 우리나라의 경제 발전과 국제환경의 변화에 따라 대응하고 있는 우리나라의 환율제도를 살펴보기로 한다. 자료의 제한성 탓에 한국은행 국제국에서 발간한 '우리나라의 외환제도 외환시장'에 수록되어 있는 환율제도의 변천사[2]를 발췌, 정리하여 옮긴다.

〈그림 II-5〉 우리나라 환율제도의 변천

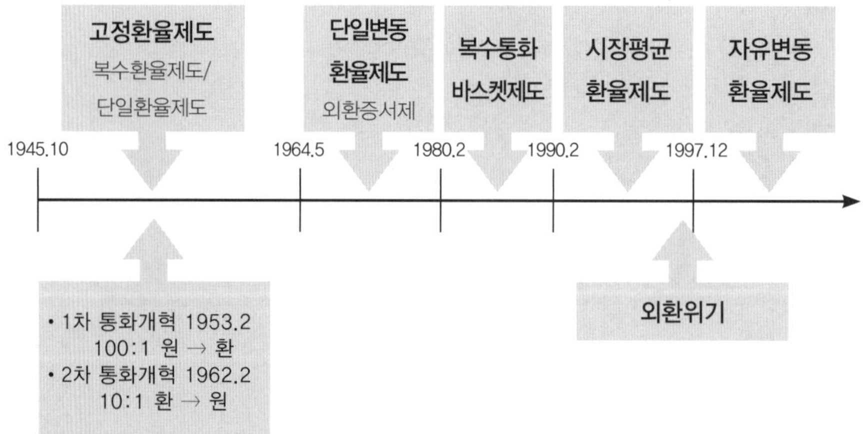

2) 한국은행(2010). 우리나라의 외환제도와 외환시장. 서울. 한국은행. 116–119

고정환율제도(1945년 10월~1964년 5월)

1945년 해방 후 대외 민간경제가 거의 없다시피 하던 시절 미 군정당국의 원조 및 대민간채무 변제에 적용할 공정환율official exchange rate이 결정되어 공시되었다. 그러나 일반거래에는 사용되지 않았다. 정부수립 후인 1948년 10월 '외국환 및 외국증권 등 통제에 관한 건'이 제정되면서 그해 12월에 미국 달러 표시 원조액을 圓[3]으로 환산할 때 적용하는 환율인 대충자금對充資金 환율을 450圓으로 책정하였다.

1949년에는 정부보유 외환에 대해서는 공정환율을, 기타 외환에 대해서는 일반환율을 적용하는 복수환율제를 채택하였다. 1949년 11월 단일환율제 시도의 일환으로 외환경매제의 경매율을 공정환율로 하여 달러당 900圓의 환율이 되었고, 1950년 4월에는 환율을 은행률로 단일화하여 경매로 결정하였다. 그러다가 6 · 25전쟁이 발발하자 대충자금환율을 중심으로 하는 공정환율로 복귀하여 1950년 11월 2,500圓, 1951년 11월 6,000圓으로 인상하였다.

1953년 2월, 100:1의 비율로 통화개혁을 실시하여 圓을 '환'으로 변경하였다. 1962년 6월에 10:1로 통화개혁을 실시, 다시 환을 지금의 '원'으로 바꾸며 단일고정환율제를 유지하였다. 이후 공정환율을 중심으로 수차례에 걸쳐 원화의 평가절하를 단행하였다.

3) 현재 사용하고 있는 '원'화와 구분하기 위하여 한자 圓을 사용함.

단일변동환율제도(1964년 5월~1980년 2월)

1964년 5월, 당시 130원이던 공정환율을 255원을 하한으로 하는 단일변동환율제로 변경하고 외환증서제도를 도입하였다. 그러나 수입쿼터제 실시 등으로 1965년 3월까지 환율은 사실상 255원으로 고정되어 있었다. 외환증서제도란 외국환을 정부나 중앙은행에 집중시키면서 환율은 외환증서의 수급에 따라 자유롭게 변동할 수 있도록 하는 제도를 말한다.

1965년 3월 IMF로부터 외환시장 조작을 위한 안정기금 확보를 계기로 외환증서 매매시장이 형성되었고 단일변동환율제도를 본격적으로 실시하였다. 그러나 외환시장 기반이 워낙 취약하여 사실상 고정환율제의 형태가 유지되었다.

복수통화바스켓제도(1980년 2월~1990년 2월)

1980년 2월, 미국 달러를 포함한 주요 교역상대국 통화의 가치 변동에 원화환율을 연동시키는 제도인 복수통화바스켓제도가 도입되었다. 이 제도하에서는 SDR의 대미달러 환율인 SDR바스켓과 우리나라의 주요 교역 상대국들인 미국 · 일본 · 서독 · 영국 · 프랑스 통화의 대미달러 환율변동을 가중평균한 독자바스켓 그리고 정책조정 변수인 실세반영장치의 세 가지 요소에 의해 환율이 결정되었다. 한국은행총재는 이 세 가지 요소를 감안하여 당일의 집중기준율을 결정, 고시하였다.

시장평균환율제도(1990년 3월~1997년 12월)

환율의 시장기능 제고를 위해 1990년 3월부터 시장평균환율제도가 도입되었다. 외국환중개회사를 통해 거래된 환율을 거래량으로 가중평균하여 다음 영업일의 기준환율로 정하고, 기준환율을 중심으로 상하 일정 범위 내에서만 환율이 변동되도록 하였다. 1990년 3월 처음 ±0.4%의 변동제한폭이 설정된 이후 외환위기가 시작된 1997년 11월까지 총 6회에 걸쳐 ±10.0%까지 변동제한폭이 확대되었다. 〈표 II-5〉는 변동제한폭의 확대 추이를 정리한 것이다.

〈표 II-5〉 일일 환율변동제한폭 확대 추이(%)

1990.3	1991.9	1992.7	1993.10	1994.11	1995.12	1997.11	1997.12
±0.4	±0.6	±0.8	±1.0	±1.5	±2.25	±10.0	폐지

자료: 한국은행

자유변동환율제도(1997년 12월~현재)

외환위기 중이던 1997년 12월에 지금의 자유변동환율제도로 바뀌었다. 환율이 시장의 거래에 따라 자유로이 결정됨으로써 시장기능이 제고되었지만, 과거 정책과 규제로 환율시장을 통제하던 외환당국은 급격한 환율의 변화로부터 경제를 보호하기 위하여 개입에 나서기도 한다.

Tip

특별인출권 Special Drawing Rights(SDR)

SDR은 국제거래에서 부족한 대외결제수단을 보충하기 위해 IMF에 의하여 인위적으로 만들어진 제3의 국제통화이다. IMF 회원국은 이 SDR을 통해서 일정 조건에 따라 IMF로부터 유동성을 인출할 수 있다. 초년도인 1970년 35억 달러 규모의 SDR이 발행되었다. IMF는 전 세계 유동성 조절을 통해 국제적인 인플레이션이나 디플레이션을 방지하기 위하여 통상 5년을 주기로 SDR의 추가 발행이나 말소 여부를 검토한다.

1970년 도입 당시 '1SDR = 1USD = 금 0.888671그램(1/35온스)'으로 설정되었다. 그런데 국제환율시장이 변동환율제도로 전환됨에 따라 1974년 7월 1일부터는 표준바스켓방식에 의한 방법으로 매일 계산, 표시된다. 최초 16개 통화가 바스켓에 포함되었다. 1980년 9월부터는 미국, 독일, 영국, 프랑스, 일본의 5개국 통화로 축소되었고 유로가 출범한 후 2001년 1월부터는 미국 달러, 유로, 파운드, 엔의 4개 통화로 줄어 바스켓을 구성하였지만 중국의 경제적 위상이 높아짐에 따라 위안이 2016년 10월부터 새로 추가되었다. IMF는 2022년 8월 1일, 5개 통화의 구성 비중을 미국 달러 43.38%, 유로 29.31%, 위안 12.28%, 엔 7.59%, 파운드 7.44%로 조정했다. SDR의 가치는 매일 IMF 홈페이지에 공시되는데 2025년 2월 18일 현재 1SDR에 1.310710달러이다. IMF가 공시하는 SDR 가치는 http://www.imf.org/external/np/fin/data/rms_sdrv.aspx에서 확인할 수 있다.

주요 내용

- 고대 물물교환 시절부터 수요공급으로 가격이 결정되어온 환율은 이제는 미래가치를 엿볼 수 있는 지표이기도 하고 국가간의 무역거래에 영향을 주는 요인이기도 하다.
- 우리가 알고 사용하는 일상적인 환율은 명목환율이라고 하고, 그 통화의 구매력을 보여주는 환율이 구매력평가환율(PPP환율)이다. 선진국과 신흥국의 1인당 GDP를 명목환율과 구매력평가환율로 비교해보면 그 나라 국민의 삶의 질도 알 수 있다.
- 환율은 'USD/KRW = 1,350'처럼 표시하는데 앞의 통화를 기준통화, 뒤의 통화를 가변통화라고 한다. 기준통화 1단위당 가변통화의 양으로 표시한다. 통화는 국제표준기구가 정한 3글자의 알파벳으로 표시되는 통화코드를 사용한다. 대부분의 환율은 미국통화를 기준통화로 하는 유럽식표기법을 따르고 EUR, GBP, AUD, NZD는 달러를 가변통화로 하는 미국식표기법을 사용한다.
- 환율 상승 = 기준통화가치 상승 = 기준통화 절상 = 기준통화 강세
= 가변통화가치 하락 = 가변통화 절하 = 가변통화 약세
환율 하락은 반대의 의미를 가진다.
- 다른 상품처럼 환율도 사자, 팔자의 가격이 있고 사자를 bid, 팔자를 offer라고 부른다. bid는 가격제시자가 기준통화를 사는 환율이고, offer는 기준통화를 파는 가격이다. bid와 offer의 간격이 스프레드이고 스프레드가 좁은 환율이 경쟁력 있는 환율이다. 대고객환율은 매매기준율에 일정 수수료를 감안해 산출한다. 달러를 배제한 교차환율과 차익거래가 가능한 재정환율도 있다.
- 우리나라의 환율제도는 고정환율제도 → 단일변동환율제도 → 복수통화바스켓제도 → 시장평균환율제도 → 자유변동환율제도의 순으로 변해왔다.

연 / 습 / 문 / 제

1. 다음 중 환율에 대한 설명으로 옳지 않은 것은?

① 단순하게 다른 통화와의 교환가치로 표시되는 환율을 명목환율이라고 한다.
② 구매력평가환율은 미화 1달러로 각 나라에서 살 수 있는 물건의 양을 해당 통화로 표시한다.
③ 구매력평가환율은 각 통화가 외국에서 가지는 구매력이고, 명목환율은 자국 내에서의 구매력을 나타내는 것이다.
④ 원화의 적절한 가치를 구하기 위해 각 국가와의 교역량에 따라 가중평균하여 구한 환율이 실질실효환율이다.

2. 다음 중 달러를 기준통화로 하는 유럽식표기법을 환율표시로 사용하는 통화는?

① NZD(뉴질랜드 달러)
② GBP(영국 파운드)
③ AUD(호주 달러)
④ CAD(캐나다 달러)

3. 달러/원 환율이 1년 전에는 1,337원이었는데 오늘 현재 1,440원이다. 원화는 몇 % 절상 또는 절하된 것인가?

① 7.70% 절하
② 7.15% 절하
③ 7.15% 절상
④ 7.70% 절상

4. 현재 환율이 다음과 같을 때 원화가치로 제일 많은 돈은 어떤 것인가?

USD/KRW	1,440.50
EUR/USD	1.0425
USD/JPY	150.52
USD/CNH	7.2830
USD/CHF	0.9036

① 10유로
② 1,500엔
③ 80위안
④ 10스위스프랑

5. 다음 설명은 무엇에 대한 설명인가?

> 국제거래에서 부족한 대외결제수단을 보충하기 위해 IMF에 의하여 인위적으로 만들어진 제3의 국제통화이다. IMF 회원국은 이것을 통해 일정 조건에 따라서 IMF로부터 유동성을 인출할 수 있다. 2016년 10월부터 미국 달러, 유로, 위안, 엔과 파운드의 5개 통화가 바스켓을 구성하고 있다.

① PPP　② 스타벅스 라떼지수
③ SDR　④ 대충자금

정 / 답 / 및 / 해 / 설

1. 정답 ③

구매력평가환율은 각 통화가 자국 내에서 가지는 구매력이고, 명목환율은 외국에서의 구매력을 나타내는 것이다.

2. 정답 ④

EUR, GBP, AUD 및 NZD는 미국 달러를 가변통화로 사용하는 미국식표기법으로 환율을 표시한다.

3. 정답 ④

1년 전 환율은 1,337원인데 이 환율은 달러의 가격이고, 1년 전 달러에 대한 원화의 가격은 1원당 1/1,337달러이었다. 따라서 원화의 가치는 1/1,337달러에서 1년 후 1/1,440달러가 되었으므로 (1/1,337−1/1,440)/(1/1,440)=−7.15(%) 절하된 것이다.

4. 정답 ④

EUR/KRW=1,440.50×1.0425=1,501.72
JPY/KRW=1,440.50/150.52=9.57
CNH/KRW=1,440.50/7.2830=197.79
CHF/KRW=1,440.50/0.9036=1,594.18
따라서 10유로는 15,017원, 1,500엔은 14,355원, 80위안은 15,823원, 10프랑은 15,942원이므로 원화로 제일 많은 돈은 10스위스 프랑이다.

5. 정답 ③

특별인출권Special Drawing Rights(SDR)에 관한 설명이다.

제3편
환율변동 요인

외환시장, 아는 만큼 보인다

1. 무엇이 환율을 움직이게 하는가?
2. 환율을 움직이는 단기적 요인들
3. 외환건전성 지표들
4. 미국 경제지표를 꼭 봐야 하는 이유
5. 달러/원 환율에 영향을 주는 요인들
6. 유로, 엔 그리고 위안

제3편

학습개요

환율변동에 영향을 주는 장단기 요인들이 환율과 어떤 관계를 가지는지 살펴보고 금융위기의 사전 신호가 될 수 있는 외환건전성 지표들을 알아본다. 미국 지표를 중심으로 환율에 영향을 주는 지표들을 점검해보고 어떤 자세로 지표분석을 해야 할 지 살펴본다. 달러/원 환율에 특히 영향을 주는 요인들도 알아보고 주요 통화의 특징도 살펴본다.

학습목표

- 환율변동의 장단기 요인들을 숙지하여 경제 뉴스 등을 어떻게 이해할지 배운다. 아울러 외환건전성을 점검하기 위해서는 시장에서 어떤 지표들을 보는지 알아보고 이러한 내용들을 이해할 수 있다.
- 미국의 경제지표가 왜 전체 외환시장에 영향을 주는지 파악하고, 어떤 지표가 중요하며 어떻게 지표를 이해할지 학습하고 이를 바탕으로 설명할 수 있다.
- 일반적인 환율변동 요인 외에 특별히 달러/원 환율에 영향을 미치는 요인들을 알아보고, 그 요인들의 특징을 숙지하고 파악할 수 있다.
- 달러에 이어 거래량이 많은 유로와 엔의 통화적 특성을 이해함으로써 환율을 중심으로 전개되는 금융시장의 움직임을 인지할 수 있다. 이에 우리 경제와 밀접한 위안화를 이해함으로써 향후 우리 원화의 미래를 생각하고 유추할 수 있다.

1. 무엇이 환율을 움직이게 하는가?

주식이나 채권을 거래하는 사람들을 만나면 종종 받는 질문이 있는데, 외환에서는 어떤 뉴스나 이슈들을 봐야 하고 중요하게 생각하느냐는 것이다. 그러면 반대로 필자 역시 오늘 주식시장에서는 어떤 뉴스가 가장 중요했는지를 물어본다. 그러면 상대방은 '그래도 요즘 제일 중요한 뉴스는 미국의 통화정책 이슈'라고 대답한다. 필자는 숨도 쉬지 않고 바로 말한다. '외환시장에서도 그게 지금은 제일 큰 이슈지요'라고….

물론 주식시장이나 채권시장, 외환시장만을 전문적으로 보고 있는 사람들에게는 다른 상품시장의 주요 이슈가 무엇인지 궁금하기도 하고, 실제 분야별로 특별히 그 분야 사람들만 점검해보는 경제지표나 이슈들도 있다. 하지만 주식, 금리 그리고 환율은 한 나라의 경제를 살펴볼 수 있는 기본 요소들이다. 조금 과장되게 말하면 이 세 가지 요소의 움직임만 알면 그 나라 경제를 꿰뚫어볼 수 있다. 또 상호 작용하며 영향도 주지만 기본적으로 나라 살림이 좋아지면 함께 좋아지고, 경제가 부진하면 그 가치가 함께 하락한다. 결국 우리가 늘 뉴스에서 중요하게 보는 이슈들은 주식, 채권, 외환에 똑같이 중요하다. 왜냐하면 중요하다고 생각하는 그 이슈는 국가 경제에 영향을 줄 것이고 어떤 형태로든 국가 경제가 영향을 받으면 그를 구성하는 주식, 채권 그리고 외환에도 영향을 주기 때문이다. 다만 경제에 영향을 주는 요인들이 각각의 분야에 주는 영향의 정도는 조금씩 다르다. 여기서는 외환시장에 특별히 더 영향을 주는 요인들에 대해 살펴보기로 하자.

모든 상품이 수요와 공급에 의해서 가격이 결정된다는 것은 경제를 배우며 제일 처음 알게 되는 명제이다. 환율 역시 두 통화의 수요와 공급으로 결정되고, 수요와 공급에 영향을 주는 요인 또는 지금은 아니지만 향후 영향을 줄 수도 있는 요인들에 따라 움직인다. 물론 고정환율제도하에서라면 어떠한 요인이 발표되든 당장 환율은 그대로일 것이다. 하지만 결국 경제에 영향을 줌으로써 고정되는 가치 자체를 변경하게 할 것이다. 아무튼 변동환율제도하에서 살고 있는 우리로서는 어떤 요인이 통화의 수요와 공급에 변화를 가져오는지 눈여겨봐야 한다.

환율변동을 야기하는 요인들 중에 어떤 요인은 중장기적으로 지속적인 영향을 주는가 하면, 어떤 요인은 순간적으로 환율을 움직이게 하기도 한다. 중장기적으로 영향을 주는 요인들로는 금리, 통화량 또는 통화정책, 물가수준, 경제성장률, 생산성, 경상수지, 외환당국의 외환시장 개입, 이념이나 종교로 비롯된 지정학적 요인과 기술적 분석 등이 있다. 그리고 시장에 즉시 영향을 주는 요인들로는 경쟁국 또는 주변국가의 환율변동, 테러나 전쟁 같은 뉴스, 주요 경제계 인사들의 발언이나 그들이 참여하는 회의, 시장 참여자들의 기대 심리 및 거래 상태 그리고 각종 경제지표의 발표 등을 들 수 있다.

금리

주식, 채권 그리고 외환시장 모두에 공통적으로 가장 큰 영향을 주는 요인이 있다면 금리일 것이다. 금리가 올라가거나 올라갈 것으로 예상되면 주식시장에 투자되었던 자금이 채권시장으로 옮겨가기 위해 주식 매도에 나설 것이고, 채권시장에서는 금리가 더 올라간 다음 다시 채권을 사기 위해서 기존 보유 채권을 판다. 금리가 낮은 나라의 통화는 금리가 높은 나라의 통화에 투자하기 위해서 자국통화를 팔고 금리가 높은 나라의 통화를 살 것이므로 금리가 올라가거나 그런 예상이 되면 해당 통화는 강세가 된다. 그러나 다른 요인들도 그러하지만 한 요인의 움직임이 언제나 같은 결과를 보여주지는 않는다.

〈그림 III-1〉 브라질의 금리와 환율 추이

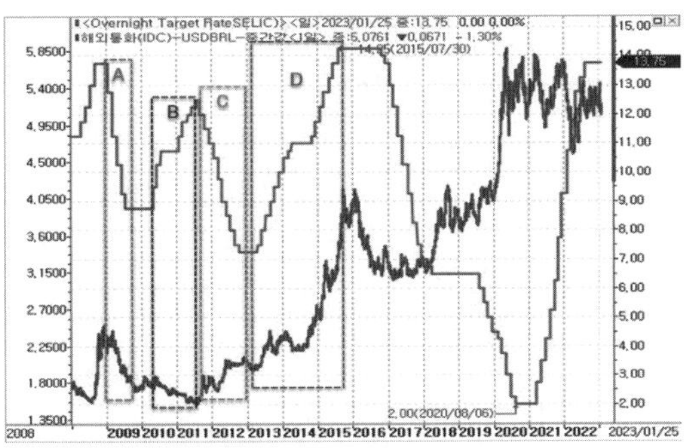

자료: 연합인포맥스

그 대표적인 예를 브라질 헤알Real에서 찾아볼 수 있다. 금융위기 이후 브라질은 BRICS[4]로 불리며 빠르게 성장했고 금리도 높아서 세계 투자자들에게 각광을 받는 투자처가 되었다. 외국에서 빠르게 유입되는 자금으로 브라질 헤알은 지속적으로 환율이 내려갔다. 밀려드는 투자자금으로 금융시장이 혼란을 겪자 브라질 당국은 핫머니hot money[5]의 유입을 막기 위해 금리를 인하했지만 여전히 투자자금은 유입되며 헤알화는 절상되었다(〈그림 III-1〉의 A구간). 유입된 자금들로 물가가 상승하자

4) 2001년 골드만삭스의 짐 오닐이 만든 말로 많은 인구와 자원을 가지고 빠르게 성장할 나라들로 지목된 Brazil, Russia, India, China와 South Africa를 말함. 국가명의 앞 글자를 따서 BRICS라고 지칭함.
5) 국제금융시장에서 단기금리나 환차익 등 투기수익을 목적으로 이동하는 단기 부동자금浮動資金

인플레이션을 잡기 위해 금리를 올렸고, 헤알화는 절상을 이어갔다(〈그림 III-1〉의 B구간). 브라질 당국은 단기투자자에게 세금을 부과하는 정책을 실시했지만 높은 금리로 경제가 침체에 빠지고 성장률이 낮아졌다. 경기를 부양하기 위해 브라질은 다시 금리를 하락시켰고 부진한 경제로 투자자금들은 브라질을 떠나면서 헤알 환율은 올랐다(〈그림 III-1〉의 C구간). 또 다시 낮은 금리로 인플레이션이 발생하자 물가에 트라우마가 있는 브라질은 다시 금리를 끌어 올렸지만, 물가 안정은 가시적 효과를 거두지 못한 채 경제는 부진했고 투자자금의 이탈을 가속화되었다(〈그림 III-1〉의 D구간).

정리해보면 높은 금리와 빠른 성장으로 외국으로부터의 자본이 유입되며 헤알은 절상되었지만, 물가가 올라 인플레이션이 유발되었다. 그리고 결국 물가상승률을 통제하기 위한 지속적 금리 인상에도 불구하고 브라질 경제에 대한 우려로 헤알은 절하된 것이다. 반드시 높은 금리나 금리 인상이 해당 통화의 절상으로 이어지지는 않는다는 것을 보여주는 좋은 예이다. 하지만 정상적인 경제 운용상태라면 금리의 상승은 해당 통화의 환율이 상승하는 요인이 된다.

통화정책

2008년 금융위기 이후 외환시장의 가장 큰 이슈는 각국의 통화정책이다. 국가는 경제가 부진의 늪에 빠지면 일단 투자와 소비를 촉진하기 위해서 금리 인하를 단행한다. 그러나 금리를 충분히 인하해도 큰 효과가 보이지 않는다면 다음 단계로 통화량을 증가시키는 통화완화정책을 실시하게 된다.

통화완화정책의 대표적 사례는 미국의 양적완화정책Quantitative Easing(QE)이다. 미국은 금융위기 이후 경제를 살리기 위해 금리를 인하했다. 0%대의 금리가 되었음에도 경제가 회복되지 못하자 더 이상 금리를 내릴 수 없어 중앙은행인 연방준비제도聯邦準備制度/Federal Reserve System(Fed)가 직접 돈을 시장에 공급했는데, 이를 양적완화정책이라고 한다. 달러를 찍어 국가가 발행한 국채를 사들이게 되면 시장에 달러가 공급되어 투자와 소비가 촉진되는 효과를 기대한 정책이다. 더불어 달러가 시장에 많이 풀리며 달러가치는 하락하게 되고, 낮아진 달러가치로 기업은 가격경쟁력을 가지게 되어 수출이 증대된다. 〈그림 III-2〉에서도 1차와 2차 양적완화 기간 동안 달러가치가 하락하였음을 확인할 수 있다. Fed는 종료기간이 명시된 두 차례의 양적완화를 실시하였으나 충분한 효과가 없자, 다시 2012년 9월 종료기간 명시 없이 무기한의 3차 양적완화를 실시하였다. 매달 850억 달러씩 풀던 양적완화의 효과로 미국은 2013년 하반기 경기가 서서히 회복되고 고용지표가 개선되면서 2014년 1월부터 양적완화를 축소하기 시작하여 그해 10월 양적완화를 종료하였다. 양적완화의 축소 결정은 바로 달러 강세로 이어졌다. 양적완화 시기에 신흥국으로 유입되었던 투자자금이 유출되었으며, 이로 인해 신흥국들의 통화는 급격하게 절하되었다.

〈그림 III-2〉 미국의 기준금리와 달러인덱스 변동 추이

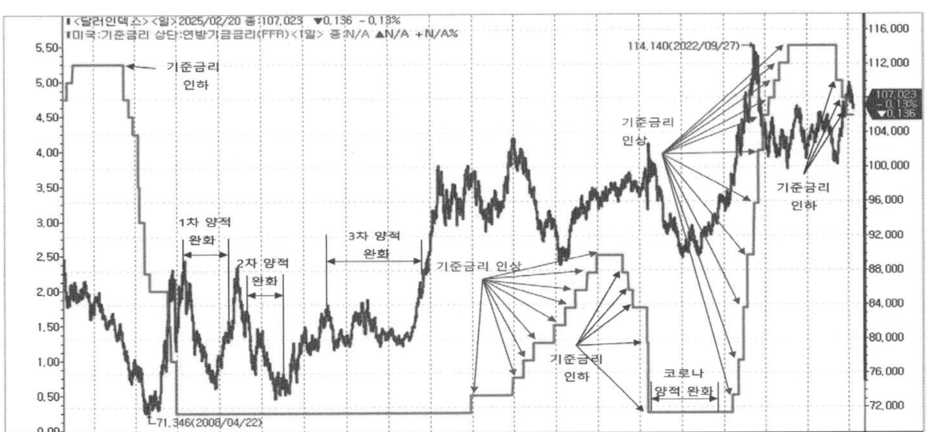

자료: 연합인포맥스

경제가 회복되면서 미국은 금리를 올렸지만 글로벌 경제가 부진하면서 다시 금리를 인하하기 시작했고 2000년 초반 코로나 팬데믹으로 모든 경제가 얼어붙자 추가로 큰 폭의 금리 인하와 양적완화를 다시 실시하였다. 2022년 코로나19 상황으로부터 서서히 벗어나면서 물가가 급격히 상승했고 미 연준은 인플레이션을 잡기 위해 금리 인상에 나섰다. 그러나 1년 사이 5% 가까이 금리를 급격하게 올림으로써 은행시스템에 문제가 생기기 시작했고 경기가 둔화되기 시작했다. 연준이 급격하게 금리를 올리면서 달러는 모든 통화에 대해 강세를 보였지만, 2022년 말부터 연준의 금리 인상 사이클 종료가 예상되면서 달러는 약세로 돌아서기도 했다. 이렇듯 통화정책의 변화는 환율에 중장기적 변동 요인이 된다. 어쩌면 가장 큰 변동 요인이라고도 할 수 있겠다.

물가

한 나라의 물가가 상승하면 통화의 구매력이 낮아지므로 수입이 증가하고 그에 따라 통화의 가치는 하락한다. 하지만 통화가치의 하락으로 환율이 상승하면 다시 수출이 증대되며 통화가치가 상승할 수 있다.

환율 설명에서 예를 들었던 패딩점퍼를 다시 이야기해보자. 국내 판매가격이 110만 원인 패딩점퍼가 해외 온라인 쇼핑몰에서 800달러에 판매된다고 하자. 환율이 1,000원이고, 운송료에 관세를 부담하고 주문을 했을 경우 100만 원에 구매할 수 있다고 가정해보자. 가격에 민감한 소비자라면 당연히 해외 쇼핑몰을 통해 구입할 것이다. 이런 구매가 대규모로 이어진다면 수입을 위한 '달러 매입/원 매도'거래가 늘어 환율이 상승한다. 환율이 1,000원에서 1,100원으로 100원 상승하였다면 해외 온라인 쇼핑몰에서 수입하는 가격도 올라 110만 원이 되어 국내 판매가격인 110만 원과 같아지므로 그때는 더 이상 해외 온라인 쇼핑몰에서 수입되지 않을 것이다.

이를 국가의 전체적인 물가수준으로 확대해보자. 국내 물가가 비싸서 수입을 늘린다면 외국통화의 수요가 증대하여 환율은 상승할 것이고, 오른 환율 때문에 국내 물가와 해외 물가가 같아지는 수준에서 환율의 상승은 멈추게 된다. 환율이 상승하면 원화가치가 하락하여 수출이 증가하고, 수출로 벌어들인 외화로 인해 환율은 다시 하락하여 균형을 이루는 물가수준으로 돌아오게 된다. 물가의 상승은 경제 호전에 의한 소비 증가로 인식되어 해당 통화에 긍정적인 요인이 될 수도 있겠지만, 장기적으로는 경제의 불안요소이므로 부정적 요인으로 보는 것이 맞다. 물가와 관련한 지표들로는 인플레이션율과 소비자물가지수,[6] 생산자물가지수[7] 등이 있다.

생산성

기업의 생산성증가는 생산비용의 단가를 낮춤으로써 보다 싼 물건을 공급할 수 있어 국가경쟁력을 향상시킨다. 생산성이 향상되면 기업이 좋은 물건을 싸게 수출할 수 있으므로 통화는 절상된다. 대체적으로 경기가 하락하면 생산성은 저조해지고 고용은 침체된다. 생산성은 실업률 및 기업의 이윤과도 직접적으로 연결되며 무역수지 및 경상수지에도 영향을 주므로 환율변동 요인이 된다. 생산성과 관련된 지표로는 생산량의 변동을 측정하는 생산성지수Productivity Index(PI)가 있다.

6) Consumer Price Index(CPI). 다양한 상품과 서비스의 소매가격 변화를 측정하는 지수
7) Producer Price Index(PPI). 제조업체들과 도매업자들이 생산에 지불하는 가격의 변화를 측정하는 지수. 생산단계에서 발생하는 인플레이션은 소매가격에 영향을 주므로 물가와도 밀접한 지수임.

지정학적 리스크

지정학적 리스크 또는 지정학적 요인이란, 어느 특정 지역에서의 이념 또는 종교적 갈등으로 인해 발생할 수 있는 갈등이나 분쟁 또는 전쟁을 의미한다. 지정학적 리스크가 높아지면 해당 지역에 대한 투자회피 심리가 생겨나고 그에 따른 자본 유출이나 상거래 위축으로 해당 통화의 가격 하락을 불러온다.

우리나라에서도 북한과의 정치적 · 이념적 갈등이 불거지면 외국인들의 자본 유출이 가시화되며 환율은 상승한다. 이를 한반도의 지정학적 리스크라고 한다. 중동에서 이스라엘과 아랍국가 간의 분쟁이 가열되면 세계 유가가 올라가며 안전자산 선호심리가 발동되어 소위 안전자산으로 분류되는 달러나 엔의 가치가 상승한다. 또 이란의 핵개발 문제로 세계가 시끄러워져도 마찬가지로 안

〈그림 Ⅲ-3〉 북한 핵실험과 달러/원 환율변동

자료: 연합인포맥스

전통화들이 절상된다. 세계 3대 신용기관들은 우리나라의 국가신용등급을 추가로 상향 조정하지 못하는 이유로 항상 북한리스크를 꼽고 있다. 2017년에도 북한이 수 차례에 걸쳐 핵실험과 장거리 미사일 발사를 하여 한반도의 지정학적 리스크가 확대되며 환율이 크게 변동하기도 했다. 반면에 2018년 봄, 남북정상회담과 북미정상회담 등이 논의되며 한반도에 불어온 평화의 바람으로 환율이 하락하기도 하였다.

2022년 2월 러시아의 우크라이나 침공 역시 대표적인 지정학적 리스크로 볼 수 있다. 과거 러시아의(정확히는 소비에트 연방의) 일원이었던 우크라이나가 EU와 군사동맹인 NATO에 가입하려 하자 러시아가 이를 저지하기 위해 강제 점령에 나선 것이었다. 우크라이나를 지원하기 위해 유럽과 미국 등 서방 국가들이 우크라이나에 대한 군사적 지원과 러시아 경제 제재에 나섰고, 이에 대한 보복으로 러시아는 유럽으로 향하는 천연가스 등 에너지 공급을 거의 중단시켰다. 이에 따라 원유와 천연가스 가격이 폭등했고 전 세계 경제에 불안감과 불확실성을 야기시켰다. 특히 우리나라처럼 에너지를 전량 수입해야 하는 나라들의 경우 수입 규모가 커지면서 무역적자를 발생시켜 환율 상승의 직접적 요인이 되었다. 이렇듯이 다양한 인종과 종교, 정치적 이념이 존재하는 지구에서는 갈등이나 분쟁이 생기기 일쑤여서 지정학적 리스크가 관련 통화들 움직임에도 중요한 변동 요인으로 작용한다.

기술적 분석

'추락하는 것은 날개가 있다'라는 소설 제목이 한동안 패러디되어 많이 사용된 적이 있었다. 필자 역시 그 소설의 제목을 패러디하여 '움직이는 것엔 먹을 것이 있다'라는 이야기를 해보려고 한다. 시장에서 환율이 많이 움직이면 외환거래로 돈을 벌려는 사람들은 수익을 챙길 수 있는 기회를 가지게 된다. 반면 움직이지 않는 시장에서는 아무리 발버둥 쳐봐야 매매 수익은 없이 수수료만 발생하기도 한다. 그런 환율의 움직임을 분석하여 거래의 기준으로 삼는 것을 기술적 분석technical analysis이라고 한다.

예전 필자의 고객 중에 멕시코 페소를 거래하던 나이 드신 고객이 한 분 있었다. 처음엔 그분이 멕시코와 무역거래를 하는 분인 줄 알았다. 그런데 나중에 만나보니 멕시코와는 아무런 상관이 없는 분이고 멕시코 근처에도 가보지 못했을 뿐만 아니라 심지어 멕시코가 어떤 나라인지조차 모르는 분이었다. 그래서 어떤 이유로 알지도 못하는 나라의 통화를 거래하게 되었는지 물어보았다. 그랬더니 그저 우연히 멕시코 페소의 움직임을 그린 차트를 보게 되었는데 환율의 흐름을 보니 사야 할 것 같아 샀고, 이후 페소의 움직임에 자신의 기술적 분석이 잘 맞아서 계속 거래하게 되었다고 했다. 그야말로 움직이는 것엔 먹을 것이 있다는 이야기가 현실화되어 나타난 것이다. 모든 움직이는 시장에는 그런 기술적 분석을 활용하는 수많은 거래자들이 있다. 기초적 분석fundamental analysis[8)]을 근거로 거래하는 사람들조차도 환율의 움직임이 잘 보이지 않을 때는 차트를 분석하여 거래의 보조지표로 활용한다.

차트를 분석하는 사람들마다 분석하는 기법이 다양하여 같은 차트를 보고도 다 똑같이 거래하지는 않지만, 지지선[9)]이나 저항선[10)]에 대해선 대개 의견을 같

8) 뉴스나 지표들을 활용하여 왜 환율이 움직였는지를 분석하는 기법
9) 저점低點들을 연결한 선으로 환율의 하락세가 주춤거리거나 멈추는 수준
10) 고점高點들을 연결한 선으로 환율의 상승세를 둔화시키거나 더 이상 오르지 못하게 하는 수준

이한다. 만약 지지선이 뚫려서 환율이 지지선 아래로 내려가게 되면 지지선이었던 수준은 저항선으로 바뀌고, 반대로 저항선을 돌파하여 환율이 상승하면 저항선이었던 수준이 지지선으로서의 역할을 하게 된다. 〈그림 III-4〉에서 이 점을 확인할 수 있다. 7월 중 1,400원이 저항선(①)으로 상승세를 막아주는 수준이었고, 8월에서 9월 사이에는 1,320원대에서 지지선(②)이 형성되어 하락세를 받쳐주는 역할을 하였다. 그러나 일단 저항선이 위로 돌파하게 되면 11월처럼 저항선이었던 1,400원이 반대로 지지선(③)이 되어 하단을 막아주는 역할을 하기도 한다.

저항선이나 지지선 외에도 많은 거래자들이 정석처럼 생각하는 몇 가지 기술적 분석의 가설들이 있는데, 환율이 그러한 가설에 부합되어 움직일 경우 그 가설을 근거로 다음 환율의 방향을 예측하기도 한다.

〈그림 III-4〉 지지선과 저항선

자료: 연합인포맥스

외환시장 참여자나 언론에서는 딱 떨어지는 숫자의 환율에 많은 관심들을 가지고 있다. 예를 들어 달러/원 환율이 1,400원을 돌파하여 올라간다든지 달러/엔이 150엔을 깨고 내려가는 경우를 말한다. 환율이 그런 수준에 도달하면 매도하려는 사람도 왠지 머뭇거리게 되고, 매수하려는 사람 역시 조심스러워진다. 이런 경우를 심리적 지지선이나 저항선이라고 부른다. 또 그런 환율 수준에는 통화옵션의 행사가격[11]이 몰려 있기도 해서 그 가격이 거래되는 순간 변동성이 급격히 증가하기도 한다. 특별히 경제적 이유가 전혀 없음에도 그런 기술적 분석의 요인들에 의해 환율이 변동되기도 하고 외환거래가 증가되기도 하므로 기술적 분석 역시 중요한 환율변동 요인의 하나임엔 틀림없다.

중앙은행의 개입

환율이 급격하게 상승하거나 하락하면 시장의 눈길은 자연스럽게 외환당국자의 입으로 쏠리기 마련이다. 자유변동환율제도를 실시하고 있는 우리 외환시장에서는 시장의 수요, 공급에 의해서 환율이 결정된다. 하지만 때로는 시장의 유동성이 적거나, 갑작스런 뉴스로 시장이 방향성을 상실한 채 일부 투기 세력에 의해서 비정상적인 시장 환경이 조성되면 환율이 급락하거나 급등하는 경우가 있다. 단기간에 환율이 큰 폭으로 상승하거나 하락할 경우 언론과 기업들은 우려의 목소리를 쏟아낸다. 그리고 어김없이 외환당국자가 등장하여 과도한 쏠림 현상은 적절치 않은 것이라며 시장을 면밀하게 지켜보고 있다는 구두개입 oral intervention[12]에 나선다. 그런 경고성 구두개입에도 상황이 진정되지 않으면 실제 은행간 외환시장에 참여하여 수급불균형을 해소하거나 시장의 불안심리

11) 옵션을 행사할 때 적용하는 환율. 통화옵션 참조
12) 외환당국이 구두로 환율의 변동 상황에 대해 시장 참여자들에게 당국의 입장이나 견해를 밝힘으로써 본 개입에 앞서 지나친 변동성에 대해 경고성 발언을 하는 것

를 잠재우는 개입을 단행한다. 이러한 개입을 미세조정 또는 스무딩 오퍼레이션 smoothing operation이라고 한다.

〈그림 Ⅲ-5〉는 2024년 말 국내 정치적 상황이 악화되고 트럼프 대통령 2기 취임을 앞두고 관세정책으로 달러가 강세를 보이며 달러/원 환율이 2009년 봄 금융위기 이후 최고 환율을 보이자 외환당국이 스무딩 오퍼레이션을 실시한 것으로 보이는 차트이다. '실시한 것으로 보이는'이라고 표현한 이유는 스무딩 오퍼레이션은 겉으로 드러내놓고 실시하지 않기 때문이다. 개입은행으로 선정된 은행들을 통해서 시장에 참여하기 때문에 그저 시장 움직임을 보면서 개입으로 추정할 뿐 확정적으로 밝힐 수는 없다. 개입의뢰를 받은 은행 역시 그 사실을 밝힐 수 없도록 되어 있기에 그저 추정으로만 말한다. 그림에서처럼 한 수준에서 몇 차례에 걸쳐 매수 개입을 함으로써 환율의 급격한 하락 속도를 진정시킬 수 있었다. 스무딩 오퍼레이션 개입은 환율의 방향 자체를 반대로 돌리는 것이 아니라 변동성 완화에 목적이 있다고 할 수 있다.

〈그림 Ⅲ-5〉 한국은행의 스무딩 오퍼레이션

자료: 연합인포맥스

중앙은행은 스무딩 오퍼레이션처럼 급격한 환율변동성을 완화시키기 위해 개입을 실시하기도 하고, 환율이 당국의 목표환율에 도달하도록 외환거래에 참여하기도 하며, 외환보유액을 늘리거나 줄일 목적으로도 개입을 한다. 또한 주변국가에 협조하여 여러 나라가 같은 통화에 대해 합동으로 시행하는 공조개입joint intervention에 참여하기도 한다.

2. 환율을 움직이는 단기적 요인들

지금까지 중장기적으로 환율변동에 영향을 미치는 요인들을 살펴보았다. 하지만 그러한 요인들로 시시각각 변하는 환율의 움직임을 설명하기에는 부족하다. 단기적으로 또는 즉각적으로 환율에 영향을 주는 요인들도 적지 않기 때문이다.

다른 나라의 경제상황 및 환율변동

자국통화와 경쟁관계에 있거나 서로 영향을 주는 나라, 또 같은 범주에 속해 있는 나라들의 경제상황과 통화가치가 변하면 자국통화 역시 바로 영향을 받아 변동한다. 예를 들어 우리나라와 경제적으로 가장 밀접한 중국의 경제 부진을 전하는 뉴스가 나오면 원화가치는 하락한다. 또 자동차나 철강산업 등에서 우리와 경쟁관계에 있는 일본의 엔이 큰 폭으로 절하되거나 절상되면 역시 원화의 가치도 영향을 받는다. 미국의 양적완화 축소와 같은 이슈에 신흥국들의 통화가 절하되면, 정도의 차이는 있을지라도 같은 신흥국의 범주에 속해 있는 우리 원화 역시 동조하여 절하되는 모습을 보인다.

해외시장에서도 그런 동조화 현상은 쉽게 볼 수 있다. 예컨대 중국의 경제지표가 긍정적으로 발표되면 중국과 교역관계가 큰 호주 달러나 브라질 헤알도 동반 상승하는 것을 종종 볼 수 있다. 특히 호주 달러는 원화와 비슷한 환율변동을 보여준 적이 많아서 우리 외환시장에서 호주 달러의 움직임을 면밀히 살펴보던 때도 있었다. 또 유로를 사용하는 유로존 국가들의 경제와 밀접한 관계에 있는 동구권의 통화들 역시 유로존 경제지표나 상황에 매우 민감한 편이다.

뉴스

통신기술의 발달은 세계 경제를 동시에 움직이게 만들었다. 미국 동부 시각으로 오전 8시 30분에 발표되는 경기지표들은 정보서비스를 제공하는 로이터나 블룸버그, 또는 CNN 등의 미디어를 통해 거의 동시에 전 세계로 전달된다. 단말기나 TV를 통해 전해진 뉴스는 외환시장에서 거래되는 환율을 바로 변동하게 한다. 뉴스의 내용으로 전해지는 경제지표들은 그 자체가 중장기적으로 환율의 변동 요인이 되기도 하지만, 시장의 기대치에서 크게 벗어나면 즉각적으로 환율을 변동시키는 요인이 된다. 경제지표 외에도 중요한 정치적 이슈 또는 전쟁이나 테러 같은 뉴스들도 바로 환율을 변동시키는 요인이 된다.

주요 인물

정치나 경제계 주요 인물들의 발언 역시 환율에 즉시 영향을 준다. 아무래도 가장 큰 영향을 주는 인물들은 금리나 통화정책 등을 결정하는 중앙은행 총재나 정책위원들 또는 재무장관과 담당업무의 실무책임자들이다. 특히 미국에서 경제대통령으로 불리는 연방준비제도(연준) 의장의 발언은 한마디 한마디가 글로벌 금융시장에 영향을 준다. 우측의 기사는 2022년 8월 잭슨홀에서의 파월 의장 연설에 관한 기사이다. 시장이 예상했던 것보다 훨씬 강경하게 통화 긴축기조를 이어가겠다는 그의 의지로 달러는 초강세가 되었고 주식시장은 하락했다. 채권시장의 채권금리도 상승했다. 모두가 조마조마한 마음으로 지켜보는 가운데 중요한 결정권자들인 연준 의장이나 연준위원들의 발언은 외환시장에 큰 파장을 줄 수밖에 없다. 파월 의장의 연설이 예정되어 있을 때는 '파월의 입만 바라보는 시장'과 같은 기사 제목들이 나오곤 할 정도로 시장에선 중요한 환율 변동요인으로 다룬다.

> 달러화 가치가 강세로 급반전했다. 제롬 파월 연방준비제도(Fed · 연준) 의장이 잭슨홀 연설을 통해 당초 시장 전망보다 매파적인 기조를 재확인하면서다. 미국의 인플레이션 압력이 정점을 지나고 있는 것으로 풀이됐지만 매파적인 연준의 행보를 돌려세우지 못했다. 유로화는 달러화와 1대1의 등가로 교환되는 패리티(parity) 환율을 한때 회복하는 등 반등에 성공했지만 곧 되밀렸다. (중략)
> 제롬 파월 연준 의장이 인플레이션을 다잡겠다는 결기를 다시 한번 드러냈다. 인플레이션을 낮추기 위해 기준금리를 경제를 제약하는 수준까지 올리고 한동안 유지할 필요가 있다고 강조하면서다. 파월 의장은 이날 잭슨홀 회의에서 "연준은 제약적인 금리로 올리고 한동안 유지해야 한다"며 이같이 주장했다. 파월 의장은 "물가 안정을 회복하려면 당분간 제약적인 정책 기조를 유지해야 할 것"이라며 "역사적인 기록은 너무 일찍 완화하는 것에 대해 강하게 경고하고 있다"고 말했다. 그는 "연방공개시장위원회(FOMC) 참가자들은 지난 6월에 2023년 말까지 연방기금금리 중앙값이 4%를 약간 밑도는 것으로 예상했으며, 오는 9월 회의에서 이 전망을 업데이트할 것"이라고 말했다.
> (이하 생략)
>
> 자료: 연합인포맥스 (2022.8.27)

1990년대 후반 일본 재무성 재무관(차관급)이었던 사카키바라 에이스케는 재임 시절 외환시장에 막강한 영향을 주어서 Mr. Yen이라는 별명으로 불렸다. 퇴임 후에도 그의 발언을 언론들이 앞다투어 보도하기도 했다. 지금도 엔의 중요한 전환점turning point마다 어김없이 엔의 향후 방향에 대한 그의 인터뷰기사가 언론에 등장한다.

경제관료뿐만 아니라 대통령 등 정치가들의 경제운용 발언이나 주요 정치적 발언들도 외환시장에 바로 반영된다. 주요 은행이나 경제연구소 등의 애널리스트들의 분석 발언 역시 환율변동의 단골 손님들이다. 연기금이나 대형 펀드의 운용책임자, 유명 경제학자, 주요 기업의 CEO 역시 언론의 주목을 받는 인물들이다.

회의 및 보고서

각 나라는 중앙은행의 주도하에 이자율 및 통화정책과 관련한 회의를 정기적으로 가지고 있다. 우리나라에는 금융통화위원회(금통위), 미국은 연방공개시장위원회Federal Open Market Committee(FOMC), 일본과 유로존은 통화정책회의 등이 바로 그런 역할을 하는 회의들이다. 이런 회의들은 매달 또는 1년에 몇 회 등 사전에 정해진 기간마다 열리는데, 자국의 이자율 조정 및 통화정책을 논의하고 표결로 결정한다. 회의가 끝나고 2~3주 후 회의록이 발표되는데 회의록의 내용에 따라 향후 정책운용방향을 가늠할 수 있어 이 또한 주목을 받는다.

Tip

연방공개시장위원회Federal Open Market Committee

미국 중앙은행인 연준Fed 산하 기구로 공개시장조작정책의 수립과 집행을 담당한다. 우리나라의 금융통화위원회와 유사한 기구이다. 총 19명으로 구성되어 있는데 Fed 이사 7명과 12개 연방준비은행 총재들이 그들이다. 그러나 의결권은 7명의 Fed이사와 5명의 지역연방은행총재 등 12명만 행사하게 된다. 의결권을 행사하는 5개 연방은행 총재 중 공개시장 조작을 집행하는 뉴욕연방은행 총재는 당연직이다. 그리고 나머지 11개 연방은행 중 4개 지역으로 나눠 각 1명씩 선출하고 그 지역 내에서 1년씩 교대로 참석하여 의결권을 행사한다. 의장은 Fed 의장이, 부의장은 뉴욕연방은행 총재가 맡는다. 매년 8회 워싱턴에서 정기회의를 개최하고 회의록은 보통 3주 후 발표한다. 회의내용은 회의록이 공식 발표되기까지 비공개였으나 1999년 12월부터 금리정책에 관한 결정사항은 즉시 공개하는 것으로 바뀌었다.

미국의 Fed는 FOMC회의 2주 전에 경제 동향 종합보고서를 발표하는데 보고서의 표지가 베이지색이라서 그 보고서를 베이지북Beige Book이라고 부른다. 우리나라에서도 2005년 3월부터 기획재정부가 매월 발행하는 국내외 경기흐름을 분석한 경제동향보고서가 있는데 표지의 색이 초록색이어서 그린북Green Book이라고 부른다. 또 일본은행Bank of Japan이 경기 상황과 전망에 대해 기업들에게 직접 설문 조사해서 '전국기업 단기경제 관측조사'를 발표하는데 이를 줄여서 단칸短觀/Tankan보고서라고 한다. 우리나라의 기업경기실사지수Business Survey Index(BSI)와 비슷하다. 이런 보고서들은 발표 시에 그 내용에 따라 외환시장에 영향을 주기도 한다.

기대심리 및 거래집중 상태

가끔 정치적 이슈들이 정치가들의 협상보다는 여론몰이로 그 방향이 결정되는 것을 볼 수 있다. 기업들도 새로운 상품을 출시할 때나 시장의 흐름을 알고자 할 때 소비자들의 의견을 광범위하게 수집하고 그 결과를 회사의 전략에 반영한다. 마찬가지로 외환시장에서도 참여자들의 환율 방향에 대한 기대심리가 실제 환율을 움직이는 경우가 많다. 시장정보에 의해 다수의 참여자가 환율이 상승할 것이라고 예상하고 있다면 그런 소식을 접한 어떤 딜러는 환율이 상승하기 전에 먼저 매수함으로써 남들보다 이익을 먼저 챙기려고 할 것이고 또 다른 딜러도 같은 생각을 가지고 있을 수 있다. 그러면 외환시장에서 사자 분위기가 조성되면서 환율이 점차 상승하게 된다.

하지만 때로 특별한 근거 없이 기대심리로만 환율이 상승했을 경우, 시장 참여자들은 추가 상승할 가능성에 대해서 부정적으로 생각하게 된다. 지금까지의 상승이 거품이란 것을 깨닫는 순간 이미 매수하였던 통화를 투매함으로써 환율이 급락하기도 한다. 즉, 시장에서 어느 한쪽 방향으로 과도하게 매수되었거나 매도되었다고 판단되면 언젠가 시장의 사자 팔자가 균형 잡힐 것으로 생각하여 반대방향으로 급격하게 움직이기도 한다는 것이다. 따라서 시장 참여자들은 매수나 매도를 늘려갈 때 시장에 정보가 노출되지 않도록 매우 조심한다.

연방준비제도Federal Reserve System(Fed)

미국은 다른 나라와는 다른 중앙은행제도를 가지고 있다. Fed는 12개 지역(뉴욕, 보스턴, 필라델피아, 시카고, 샌프란시스코, 클리블랜드, 리치먼드, 애틀란타, 세인트루이스, 미니애폴리스, 캔자스시티, 댈러스)의 지역 연방준비은행Federal Reserve (District) Banks과 이를 총괄하는 이사회The Federal Reserve Board(FRB) 그리고 FOMC 등으로 구성되어 있다.

흥미로운 것은 지역 연방준비은행은 가맹은행member bank이라고 불리는 상업은행들이 출자하여 설립되었다는 것이다. 이 가맹은행들은 Fed의 감독을 받고 법정지불준비금을 유지해야 하지만, 대신 연방준비은행으로부터 자금을 차입하거나 Fed가 제공하는 편리를 누릴 수가 있다. 또한 미국 화폐인 달러의 발행권한은 재무부에 있지만 공급은 지역 연방준비은행을 통해서 한다. 따라서 달러 지폐 앞면의 좌측에는 지역 연방준비은행의 로고가, 우측에는 재무부의 로고가 들어간다. 지역 연방준비은행은 사실상 지역의 중앙은행 역할을 담당하지만 엄밀하게는 주주가 민간은행이므로 정부기관이라고 보기는 어렵다. 그래서 그들의 홈페이지 끝에는 정부기관표시가 아닌 org가 들어간다(예: www.newyorkfed.org).

하지만 Fed의 이사회 이사 7명은 모두 대통령의 지명 후 상원 인준을 받는 연방공무원이고 이들의 임기는 14년인데, 2년에 한 명씩 교체된다. 2018년 1월까지는 재닛 옐런이 의장이었고, 연준의 이사였던 제롬 파월이 새로운 의장으로 취임하였다. 이사회의 의장은 자동으로 FOMC의 의장을 겸임한다. Fed의 홈페이지에는 정부기관임을 뜻하는 gov가 들어간다(www.federalreserve.gov). 즉 미국의 중앙은행 제도인 연방준비제도는 민관이 결합된 독특한 형태인 것이다.

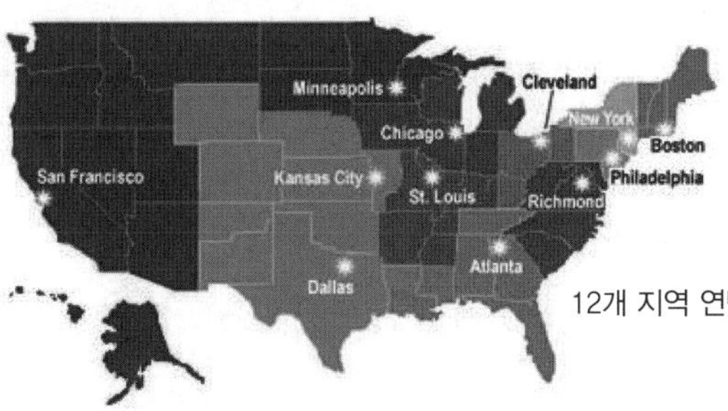

12개 지역 연방준비은행들

자료: Fed

3. 외환건전성 지표들

한 나라의 외환상태가 얼마나 건강한지를 보여주는 지표들이 있는데 이 지표들을 외환건전성 지표라고 한다. 2013년 미국의 양적완화 축소 이슈가 제기되면서 양적완화 기간 동안 외국의 투자자본이 많이 유입되었던 신흥국emerging market에서 자본이 유출되기 시작하였다. 자본의 초기 유출은 환율의 상승을 불러오고 환손실과 투자위험의 상승을 우려한 외국 자본들의 추가 유출로 이어지며 악순환의 고리를 만들었다. 아직 신흥국의 범주 안에 있는 우리나라에 대한 우려도 있었지만, 오히려 우리나라에는 같은 기간에 외국 투자자금이 추가로 유입되었다. 동시에 '우리는 다르다'라는 타 신흥국과의 차별성이 부각되며 외국 투자자들로부터 주목을 받았다. 과연 우리는 여타 신흥국들과 무엇이 달랐던 것일까? 바로 지금부터 설명하려는 외환건전성 지표들의 수치가 달랐던 것이다.

약 10년 간격으로 외환위기와 금융위기를 겪은 우리나라는 외환관리에 많은 노력을 기울여왔다. 일시적인 외화 유출에 대비해 외환보유액을 꾸준히 늘려왔고, 외국에 갚아야 하는 부채인 외채도 단기외채에서 장기외채 중심의 구조로 변화시켜왔다. 무엇보다도 경상수지 흑자기조를 이어온 것이 주효했다. 반면에 인도네시아는 2012년 경상수지가 적자로 전환되고, 총외채 대비 1년 이내에 갚아야 하는 단기외채 비중이 동남아 국가 중에 제일 높았다. 그래서 미국의 양적완화 축소가 불거지며 환율 상승과 함께 외국 투자자본이 유출되었다. 인도네시아뿐만 아니라 인도, 브라질, 튀르키예, 남아공 등 대표적 신흥국들 역시 통화가치가 떨어지고 자본이 유출되며 금융위기설이 대두되었다. 위기설의 대상이 되었던 국가들은 – 국가별로 조금 다르긴 하지만 – 경상수지가 지속적 적자이거나, 외환보유액이 충분치 않아 효과적인 위기대응을 할 수 없었다. 또한 높은 단기외채 비중으로 단기간에 자본의 추가 유출이 우려되었다.

경상수지

한 국가의 외환상태가 얼마나 건전한지를 알 수 있는 지표로는 어떤 것들이 있는지 하나씩 알아보자. 그중에서도 가장 중요한 지표는 경상수지이다. 어떤 나라도 외국과의 교역은 있기 마련이다. 물건을 사기도 하고 서비스를 팔기도 한다. 한 나라의 거주자와 비거주자 사이에서 일정 기간 동안 이루어진 모든 대외 경제거래를 체계적으로 기록한 것이 국제수지balance of payments인데, 주된 항목으로 경상계정current account과 자본금융계정capital/financial account이 있다.

경상계정에는 일상적인 상거래, 즉 상품과 서비스를 거래한 내용, 외국에 투자하여 받은 배당이나 이자와 대가 없이 무상으로 공여된 거래들이 기록된다. 그러한 결과로 주거나 받은 돈의 차이가 바로 '경상수지'이다. 반면 외국으로부터 돈을 빌리거나 빌려주는 내용을 기록한 것이 자본수지이고 금융기관의 대외자산과 대외부채의 총계, 즉 대외순자산Net Foreign Asset(NFA)을 나타내는 것이 금융계정이다.

그 외 통계가 가지는 '오차와 누락'도 국제수지를 구성하는 한 항목이다. 오차 및 누락은 통계를 낼 때 일치되지 않은 부분을 채워주는 역할을 하므로 보통 국제수지에 대해 말할 때는 경상수지와 자본/금융계정으로 설명한다. 국제수지를 쉽게 말하면 한 국가의 대외거래를 적은 회계장부라고 할 수 있다. 국제수지를 적어 표로 기록한 것을 국제수지표라고 하는데 우리나라는 IMF의 국제수지매뉴얼에 따라 한국은행이 작성한다.

경상수지는 다시 상품수지, 서비스수지, 본원소득수지 및 이전소득수지로 나누어진다. 상품수지란 말 그대로 상품의 수출입(FOB 기준) 차이이고, 서비스수지는 운임 · 관광소득/비용 · 알선 수수료나 특허료 등의 수입과 지출 차이를 말한다. 본원소득수지는 급료 및 임금수지[13]와 투자소득수지[14]로 구성된다. 마지막으로 이전소득수지는 거주자와 비거주자 사이에 대가 없이 주고받는 돈의 차이를 말한다. 친지에게 보내는 송금이나 국가간 무상원조 등이 여기에 해당된다.

상기 네 가지 수지의 합이 경상수지인데 경상수지가 흑자일 경우 외환보유액이 늘어날 것이고 적자일 경우 외국으로부터 빌려온다. 빌려온 외국 돈이 빌려준 외국 돈보다 많을 경우를 '유입초流入超'라고 하고 반대의 경우를 '유출초流出超'라고 한다. 자본수지/금융계정을 말할 때는 흑자나 적자란 단어 대신 유입초나 유출초란 단어를 사용함에 유의하자. 경상수지 적자 시 자본수지의 유입초로도 해결이 안 된다면 외환보유액으로 충당하게 된다.

13) 국내의 외국인 노동자에게 지급된 돈과 거주자가 외국에서 일한 대가로 받은 돈의 차이
14) 국내 유입된 해외 투자자에게 지급된 배당 및 이자와 해외에 투자해서 벌어들인 배당과 이자의 차이

개인의 상거래와 비교해보자. 홍길동 씨는 전자상품을 파는 상점을 열었다. 다행히 사업이 잘되어 이익이 남았으면 예금을 하거나 투자를 하겠지만, 반대로 손실이 발생했다면 부족한 돈을 메우기 위해 빌려오거나 예금에서 충당할 것이다. 이를 국가의 대외거래로 본다면 사업의 손익은 경상수지의 흑자나 적자이고, 투자하거나 빌려오는 것은 자본수지의 유출초나 유입초가 될 것이다.

경상수지가 흑자가 된다는 것은 외국에서 돈을 많이 벌어 쓸 돈이 많아진다는 것을 의미한다. 우선 해외에서 벌어온 외화를 국내에서 팔아 쓸 경우 외화의 공급은 늘고 원화의 수요는 커지므로, 환율은 하락하며 원화가치는 상승하게 된다. 주머니에 외국에서 벌어온 돈이 많으므로 외국에서 빌려온 외채를 갚을 수도 있고, 수출장벽을 우회하기 위해 해외에 직접투자를 하여 공장을 지을 수도 있다. 외국에서 돈을 벌어온 만큼 국민의 소득도 높아지고 경제가 좋아지므로 국가의 위상이 올라간다. 국내 물가가 비싸면 벌어온 돈으로 싼 물건을 수입하여 물가도 낮출 수가 있고 수입이 확대되어 국가간 관계도 좋아진다. 또한 외환보유액도 늘릴 수 있어 만일의 경우에도 대비할 수 있게 된다.

반면에 경상수지가 적자라면 앞서 말한 상황이 모두 반대가 되어 경제운용이 어려워진다. 우선 외국에서 벌어온 돈보다 지급해야 할 돈이 더 많으므로 부족한 부분은 해외에서 빌려야 한다. 국민의 소득도 줄어들고 투자가 되지 않아 실업도 늘어날 것이다. 지급해야 할 외화를 외환시장에서 매수하게 되므로 당연히 환율도 상승하며 자국통화의 가치는 하락한다.

〈표 Ⅲ-1〉 우리나라의 국제수지 구성항목

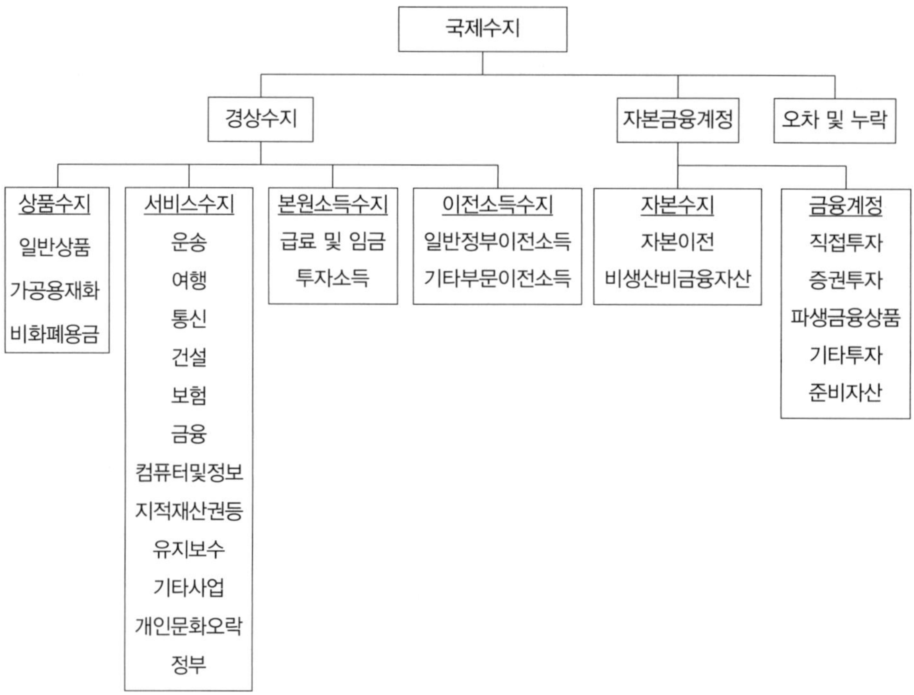

자료: 한국은행

경상수지를 개선하기 위해선 장기적이고 거시적인 경제운용이 필요하므로 단시간 내에 경상수지 흑자가 이루어지긴 어렵다. 외환당국의 꾸준한 목표관리와 의지가 필요하고 산업이 뒷받침되어야 한다. 앞서 예를 든 신흥국들의 경우 모두 경상수지관리에 실패한 나라들이고, 경상수지 적자가 가장 큰 리스크요인으로 언급되었다.

경상수지는 흑자가 당연히 좋지만, 경상수지 흑자가 늘어나면 국내 통화량이 증가하여 물가 및 통화량 관리가 어려워진다. 또한 우리와의 교역에서 적자를 보고 있는 나라들과 무역갈등을 빚을 수 있다. 너무 크고 일방적인 경상수지 흑자 역시 여러 문제를 야기할 수 있으므로 어느 정도의 균형 잡힌 경상수지 운용이 필요하다.

〈표 Ⅲ-2〉 우리나라 국제수지표

(단위: 억 달러)

항 목	2019	2020	2021	2022	2023	2024
경상수지	596.8	752.8	883.0	298.3	328.2	990.4
상품수지	798.1	819.5	762.1	150.6	376.6	1,001.3
서비스수지	−268.5	−161.9	−31.1	−55.5	−268.2	−237.0
본원소득수지	128.6	120.5	193.3	228.8	262.5	266.2
이전소득수지	−61.5	−25.3	−41.2	−25.7	−42.6	−40.0
자본수지	−1.7	−3.4	−1.5	0.0	0.5	3.0
금융계정	590.3	771.2	767.8	388.3	320.8	952.1
직접투자	256.0	232.6	440.0	484.1	131.3	333.6
증권투자	423.8	415.0	196.1	253.8	25.2	502.9
파생금융상품	62.3	42.2	0.0	75.7	−3.9	99.4
기타투자	−166.5	−92.4	−12.1	−146.5	140.1	46.9
준비자산	1.5	174.0	143.9	−278.8	−29.6	−30.7
달러/원 종가 연평균	1,166.11	1,180.01	1,144.61	1,292.20	1,305.93	1,364.38

자료: 한국은행

외환보유액

경상수지 다음으로 눈여겨볼 외환건전성 지표는 외환보유액이다. IMF는 외환보유액을 통화당국(정부, 중앙은행)이 국제수지 불균형 보전 등을 위해 언제든지 사용 가능한 대외자산으로서 통화당국이 통제 가능한 것으로 정의하고 있다.[15] 외환보유액은 정의대로 '언제든지 사용 가능'해야 하므로 유동성 및 안전성을 운용의 최우선 고려사항으로 하고 있다. 유동성과 안전성이 우선이기는 하지만 운용 수익률 역시 좋아야 하므로 수익성도 중요한 고려사항이다.[16]

2014년 초 미국의 양적완화 축소로 신흥국들의 통화가치가 하락하자 중앙은행들이 개입에 나섰다. 그렇지만 일부 국가는 개입을 지속적으로 실시하기에는 외환보유액이 충분하지 않아 자국통화 약세를 바라만 봐야 했다. 외환보유액은 환율가치 안정을 위한 개입뿐만 아니라 여러 가지 이유로 해외 차입을 하지 못해 대외 지급이 어려워질 경우에도 사용된다. 외환보유액을 많이 보유하고 있다는 것은 대외 지급능력이 충분하다는 것이고, 대외신인도를 높여 기업이나 기관들의 해외 자본조달 비용을 낮춰줄 수 있다.

〈표 III-3〉 국가별 외환보유액

(단위: 억 달러)

순위	국가	2024.12
1	중국	32,024
2	일본	12,307
3	스위스	9,094
4	인도	6,357
5	러시아	6,091
6	대만	5,767
7	사우디아라비아	4,366
8	홍콩	4,215
9	한국	4,156
10	독일	3,779

자료: 한국은행

2024년 12월 말 현재 우리나라는 4,156억 달러의 외환을 보유하고 있으며 이는 세계 9위에 해당한다. 일부 경제학자들과 전문가들은 우리나라가 금융위기로부터 보다 안전해지기 위해서는 외환보유액을 더 늘려야 한다고 주장하여 시장에 찬반 논란을 불러왔다.

15) *International Reserves and Foreign Currency Liquidity: Guidelines for a data template(IMF, 2001)*
16) *우리나라의 외환제도와 외환시장(한국은행, 2010), 233-240*

과연 외환보유액은 어느 정도가 적정할까? 적정 외환보유액은 각 나라의 경제사정, 외채구조, 경상수지 및 해외 차입능력 등에 따라 달라질 수 있으므로 딱히 정해진 기준은 없다. 선진국들은 국가신인도가 높고 자국통화가 국제화되어 널리 사용되고 있으므로 굳이 많은 외환보유액을 유지할 필요가 없다. 반면, 신흥국들은 유사시에 해외 차입이 용이하지 않고, 자국통화 역시 국제적으로 널리 사용되지 않으므로 가능한 한 외환보유액을 늘릴 필요가 있다. 하지만 외환보유액을 유지하기 위해서는 비용이 든다. 외환보유액을 조달하는 비용이 운용해서 벌어들일 수 있는 돈보다 많을 수도 있고 유동성과 안전성을 우선 고려할 경우 수익성이 낮아질 수 있기 때문이다. 외환당국에서는 우리나라의 외환보유액 규모가 유사시 대처할 만큼 충분하다는 입장이어서 자연발생적으로 늘어나는 금액 이외에는 인위적으로 외환보유액을 늘리지 않을 것으로 보인다.

〈그림 Ⅲ-6〉 외환보유액 구성비

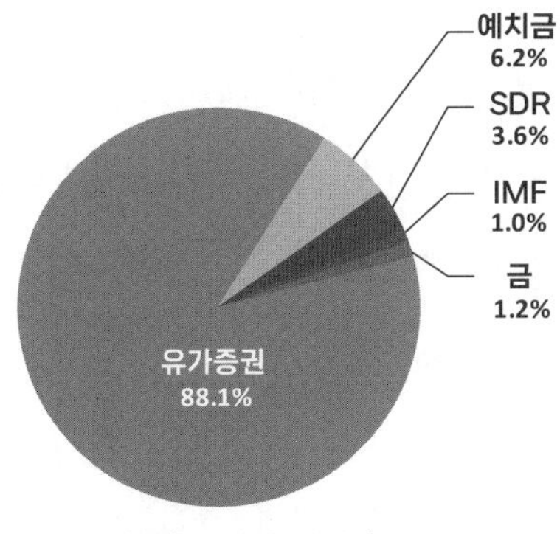

자료: 한국은행(2025년 1월 말 기준)

우리나라 외환보유액은 2025년 1월 말 현재 88.1%가 유가증권(국채, 정부기관채, 회사채 및 자산유동화증권), 6.2%가 예치금, 3.6%가 SDR, 1.2%가 금으로 구성되어 있다. 그 외 1.0%는 IMF 회원국이 출자금 납입으로 보유하게 되는 교환성통화를 수시로 인출할 수 있는 권리인 IMF포지션으로 보유하고 있다.

단기외채 비중 · 비율

1997년 외환위기는 외화자금의 만기 불일치 때문에 점화되었다. 단기로 해외에서 차입하여 금리가 더 높은 장기로 해외투자를 했기 때문에 만기가 일치되지 않았다. 태국 등 동남아 외환위기가 발생하며 단기 차입금이 연장되지 않고 상환되면서 외환보유고가 바닥이 났다. 동시에 국가신인도가 떨어지면서 자본유출이 발생하여 IMF에 손을 벌리게 되었다. 따라서 세계 경제가 불안할 때에는 전체 외채에서 만기 1년 미만의 단기외채를 관리하는 것이 매우 중요하다.

2024년 3분기 말 현재 우리나라의 총 외채는 7,027억 달러이며 이 중 단기외채가 1,587억 달러이다. 단기외채의 비중이 22.6%로 낮은 수준을 유지하고 있다. 아울러 같은 기간의 외환보유액 4,200억 달러 대비 단기외채 비율도 37.8%를 기록했다. 1997년 외환위기 직전 50% 내외의 단기외채 비중과 1997년 12월 최고 313%의 단기외채 비율을 떠올린다면 엄청난 개선이 있었고 우리 국민이 얼마나 각고의 노력을 했는지 알 수 있다. 경제규모가 커지며 대외채무도 늘어났지만 〈그림 III-7〉에서 보듯 2008년 금융위기를 기점으로 1년 이하의 단기외채 비중과 비율은 낮아졌다. 유사시 일시적으로 유출될 수 있는 채무 비중을 낮추는 것은 외환건전성을 높이는 데 매우 중요하다.

〈그림 III-8〉에서 보듯이 우리나라는 2014년 10월부터 순대외금융자산이 플러스로 전환되었다. 즉, 대외금융자산이 대외금융부채보다 커졌다는 뜻이고 이로 인해 대외 건전성은 높아져 국제사회에서의 신인도 또한 높아졌다.

〈그림 Ⅲ-7〉 단기외채비율/비중 추이

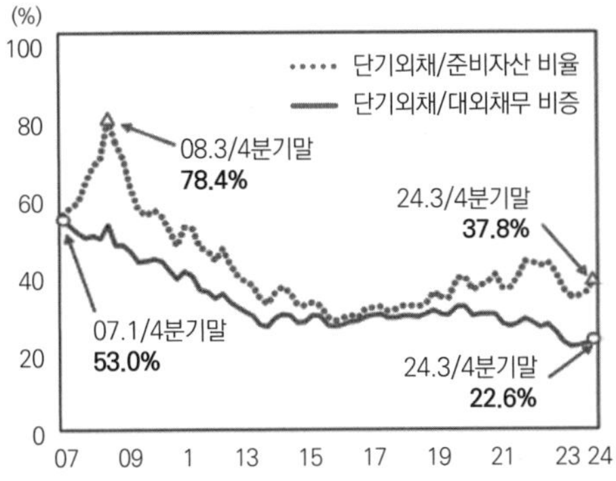

자료: 한국은행

〈그림 Ⅲ-8〉 대외금융자산부채 추이

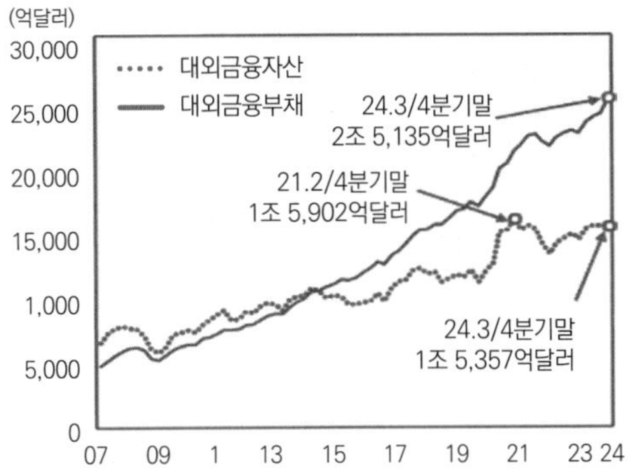

자료: 한국은행

CDS 프리미엄

〈그림 Ⅲ-9〉 한중일의 CDS 프리미엄 추이

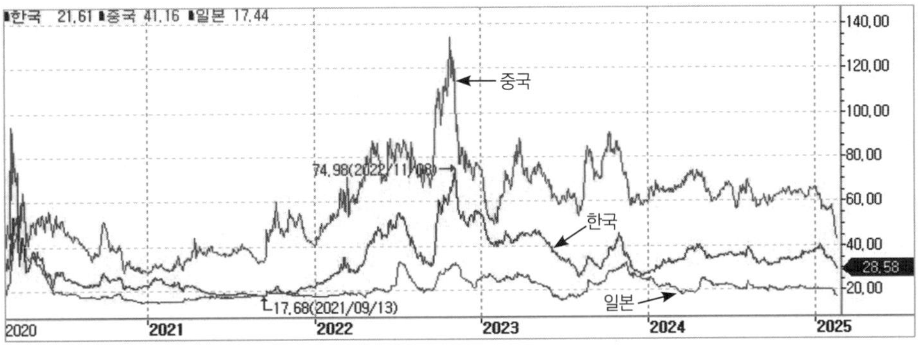

자료: 연합인포맥스, 2025.02.20

다음은 신용부도스왑Credit Default Swap(CDS) 프리미엄이다. 신용부도스왑이란 부도, 파산 또는 채무불이행 등의 신용사건이 발생해서 돈을 받지 못하는 신용위험을 거래하는 상품이다. 따라서 국가 CDS 프리미엄('스프레드'라고도 한다)은 쉽게 말해서 우리나라에 돈을 빌려줬을 경우 떼일 가능성에 대한 보험료라고 생각하면 된다. 우리나라 국가 CDS 프리미엄의 기준은 5년 만기 외평채인데 금융시장이 요동칠 때 급등하고 안정적일 때 낮아진다. 그럼에도 〈그림 III-9〉에서 보듯이 항상 비슷한 격차로 움직일 것 같은 동북아 3개국의 CDS 프리미엄도 각 국가의 상황에 따라 바뀌기도 하는 것을 알 수 있다. 이렇듯이 국제금융시장이 불안해질 때마다 움직이는 CDS프리미엄을 통해 해당 국가의 재정 건전성을 엿볼 수 있다.

CDS 프리미엄은 bp(basis point, 0.01%)로 표시하는데, 지금까지 우리나라의 CDS 프리미엄이 가장 높았던 기록은 일별로 볼 때 2008년 10월 24일의 650bp이다(〈그림 III-10〉 참조). 이후 금융위기가 진정되며 우리 경제가 안정되면서 한국의 국가 CDS 프리미엄은 지속 하락해서 2025년 2월 현재 20bp 후반대에 머무르고 있다. CDS 프리미엄은 외환유동성과는 직접적으로 상관이 없지만 외국 투자자들이 우리 시장을 바라보는 시각을 보여주는 지표이므로 외환시장에서 챙겨야 할 지표임에는 틀림이 없다.

〈그림 III-10〉 우리나라 CDS 프리미엄 추이

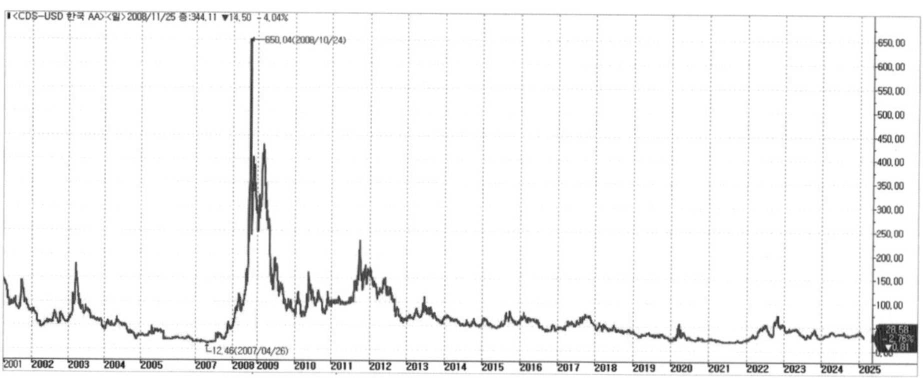

자료: 연합인포맥스, 2025.02.20

국가신용등급

개인이 금융기관에서 대출을 받으려면 각 금융기관은 개인의 신용등급 조회를 해도 좋은지 물어본다. 개인들은 본인도 잘 모르는 사이에 거래하는 금융기관의 기록에 의해서 개인별로 신용등급이 부여되어 있고, 개인 금융거래에 따라 그 등급도 조정되고 있다. 기업 역시 국내외 신용평가사로부터 신용등급을 부여받고 그 신용등급에 따라 차입금리가 정해진다. 신용등급이란 돈을 빌리는 사람이 상환할 능력과 의사가 얼마나 있는지를 등급으로 표시한 것이다. 신용등급이 높으면 돈을 떼일 가능성이 적다고 판단되는 것이므로 한결 쉽게 돈을 빌릴 수 있다. 그리고 무엇보다 차입금리가 낮아지므로 비용이 적게 든다.

〈표 III-4〉 신용평가사별 국가신용등급

등급	무디스	S&P	피치
AAA (Aaa)	미국, 뉴질랜드, 스위스, 스웨덴, 독일, 덴마크, 호주, 노르웨이, 네덜란드, 캐나다, 룩셈부르크, 싱가포르	스위스, 스웨덴, 독일, 덴마크, 노르웨이, 네덜란드, 호주, 캐나다, 룩셈부르크, 리히텐슈타인, 싱가포르	스위스, 스웨덴, 독일, 덴마크, 노르웨이, 네덜란드, 호주, 룩셈부르크, 싱가포르, 미국
AA+(Aa1)	핀란드, 오스트리아	미국, 핀란드, 홍콩, 대만, 뉴질랜드, 오스트리아	핀란드, 오스트리아, 캐나다, 뉴질랜드
AA(Aa2)	**한국**, 프랑스, 아부다비, UAE	**한국**, 프랑스, 영국, 벨기에, 아부다비	아부다비, 프랑스, 대만, 마카오
AA–(Aa3)	마카오, 체코, 벨기에, 영국, 홍콩, 대만	체코, 아일랜드	**한국**, 영국, 아일랜드, 홍콩, 벨기에, 체코, UAE
A+(A1)	사우디아라비아, 일본, 중국, 아일랜드	중국, 일본	중국
A(A2)	폴란드, 칠레	스페인, 칠레	일본, 사우디아라비아
A–(A3)	말레이시아	폴란드, 사우디아라비아, 말레이시아	스페인, 폴란드, 칠레
BBB+(Baa1)	페루, 태국, 스페인	필리핀, 태국, 포르투갈	태국, 말레이시아
BBB(Baa2)	필리핀, 인도네시아, 포르투갈	이탈리아, 인도네시아, 멕시코, 페루	포르투갈, 필리핀, 이탈리아, 인도네시아, 페루
BBB–(Baa3)	인도, 이탈리아	인도	인도, 멕시코

자료: 국제금융센터, 2022.09

개인이나 기업들처럼 국가에도 신용등급이 부여되어 있는데 이를 국가신용등급이라고 한다. 세계 3대 신용평가사인 미국의 무디스Moody's, S&PStandard & Poor's와 영국의 피치Pitch Ratings는 정기 또는 비정기적으로 각 국가와 기업들의 신용등급을 발표한다. 신용등급은 해외에서 채권을 발행할 때 금리를 결정짓는 기준이 된다. 보통 16등급으로 분류되며, 투자등급과 투기등급으로 분류된다. 3개사의 등급표현 방식이 조금씩 다른데 무디스는 Baa3, S&P와 피치는 BBB- 이상 등급을 투자해도 좋다고 판단하는 투자등급으로 구분한다. 가장 좋은 신용등급은 Triple A(AAA 또는 Aaa)로 세계에서 3개사로부터 최고등급을 받고 있는 나라는 10여개에 불과하다(〈표 III-4〉 참조).

2011년 8월 5일 금요일, S&P가 재정부실을 이유로 미국의 신용등급을 최고등급인 AAA에서 AA+로 한 단계 강등하면서 세계 금융시장이 혼란에 빠졌다. 알다시피 미국은 경제규모가 가장 큰 나라이고 기축통화인 달러의 종주국이다. 그런 국가인 미국의 신용등급이 떨어졌다는 사실은 세계 금융시장을 패닉상태로 몰아넣기에 충분했고, 강등 후 첫 거래일인 8월 8일 달러/원 환율은 전일 대비 15.10원 상승하여 1,082.50원이 되었다.

이와 같이 국가신용등급이 환율에 즉각적으로 영향을 주기도 한다. 그런데 국가신용등급은 그 나라의 전체적 신인도를 보여주는 것이므로 유사시 자본유출 등으로부터 얼마나 견딜 수 있는지도 감안해볼 수 있는 중장기적 환율변동 요인으로 꼽을 수 있다.

4. 미국 경제지표를 꼭 봐야 하는 이유

필자의 딜러 시절을 떠올리면 늘 먼저 생각나는 것이 야간당번을 서며 미국의 경제지표 발표를 기다릴 때 느꼈던 긴장감이다. 이미 받아놓은 고객들의 주문이 지표 발표와 동시에 어떻게 처리되는지 확인해야 하고, 시장의 반응을 보며 동향도 점검해야 했다. 동시에 걸려오는 다른 고객들의 전화도 응대해야 하고 새로운 거래라도 하려고 하면 긴박하게 변하는 환율 탓에 주문실수라도 할까 봐 온 신경이 곤두서곤 했다. 워낙 거래 금액들이 크다 보니 작은 실수에도 큰 손실이 발생할 수 있어 마음을 졸이기 마련이었다. 그런데 그렇게까지 긴장하며 미국 경제지표를 꼭 봐야 하는 이유는 뭘까?

외환시장 설명을 통해 전 세계의 환율은 미국 달러와의 가치 비교로 표시된다고 설명했다. 또한 2022년기준으로 전체 외환거래에서 통화쌍에 USD가 포함된 거래가 88.5%에 달한다는 것도 알게 되었다(〈표 I-8〉 참조). 외환거래의 두 개 통화 중 어느 하나라도 통화가치가 변하면 바뀌는 게 환율이다. 거의 모든 외환거래에 USD가 포함되어 있으므로 미국 달러의 가치가 변하는 미국 경제지표가 발표되면, 최소한 88.5%의 외환거래에서 환율이 변한다. 그러므로 외환을 하는 사람이라면 누구나 지켜봐야 할 중요한 지표들이다.

환율을 통해 미래를 본다

본격적으로 미국 경제지표를 알아보기 전에 경제지표를 어떤 기준으로 봐야 할지 점검해보자. 모든 경제지표가 그 나름대로 중요성을 지니고 있지만, 세계적인 경제 흐름이나 각 국가의 형편에 따라서 그때그때 특별히 더 주목을 끄는 지표들이 있다. 어떤 시기엔 GDP를 제일 중요하게 보는가 하면, 어떤 때는 고용지표들을 더 중요하게 생각한다.

1980년대 말 미국은 재정적자와 무역적자의 쌍둥이적자로 고민이 많았다. 그 중에서도 무역적자는 가장 중요한 지표여서 무역적자가 발표되는 날엔 전 세계가 숨죽여 발표를 기다렸다. 아시아나 유럽 외환시장에서는 하루 종일 환율의 변동이 거의 없다가 미국의 무역적자가 발표되는 순간 심하게 출렁이곤 했다. 평소 스프레드가 3pips 정도인 달러/엔이 심할 때는 50pips씩 벌어지며 2big(1big = 100pips) 이상 움직이기도 했다.

그러던 어느 달엔가 평소 100억 달러 내외의 적자였던 미국의 무역수지trade balance가 110억 달러 적자로 발표되었다. 발표 후, 당시 120엔대였던 달러/엔은 어느 방향으로 움직였을까? 당연히 무역적자가 확대되었으므로 환율은 밑으로 곤두박질쳐야 정상이겠지만, 현실에선 그 반대로 폭등을 하였다. 왜냐하면 그달의 무역적자 예상이 115억 달러였기 때문이다. 예상보다 무역적자가 적었고, 그 결과 향후에도 무역적자가 더 줄어들 것으로 예상되었기에 엄청난 무역적자에도 불구하고 달러가치가 상승한 것이다.

앞서 말한 것처럼 경제지표는 발표되는 그 내용 자체로도 의미가 있지만, 사실 시장에 미치는 영향은 숫자 그 자체가 아니라 시장 참여자들의 예상치와 얼마나 차이가 나느냐이다. 따라서 각종 경제지표가 발표되기 전에 각 은행이나 증권사들은 발표될 지표의 예상치를 함께 적어 전망을 내놓는다. 물론 예상치는 각 은행이나 증권사 단독으로 전망하는 것은 아니고 정보서비스를 제공하는 로이터나 블룸버그 또는 연구기관들이 시장 참여자를 대상으로 예상치를 취합하여 내놓는다. 그러니 무역적자가 확대된 나쁜 결과임에도 불구하고 예상보다 덜 나쁘기 때문에 미국 달러가 상승한 것이다. 이런 의외성 때문에 많은 사람들이 외환을 이해할 수 없다고 말하는지도 모르겠다.

또 어떤 때는 발표 후 30분이나 1시간 정도 지난 후 전혀 다른 방향으로 환율이 움직이는 경우도 있다. 발표된 지표에 대한 시장 참여자들의 분석이 달라지는 경우이다. 예를 들어 무역적자가 예상치보다 좋게 나와서 달러/엔이 상승하였으나 다시 세부적인 내용을 살펴보니 일시적인 요인으로 숫자가 좋아졌을 뿐 기본적인 상황이 개선된 것은 아니라는 등의 분석이 뒤따랐다고 하자. 그러면 무역적자 개선에 대한 기대심리가 무너지면서 다시 환율이 하락하는 장을 연출하기도 한다.

결국 경제지표는 발표되는 숫자 그 자체보다는 시장이 어떻게 그 숫자를 해석해서 받아들이냐에 따라 환율에 미치는 영향이 달라진다. 그러므로 경제지표를 볼 때는 해당 지표 자체의 숫자도 중요하지만 그보다 더 중요한 것은 시장이 어떻게 생각할지에 대한 예상임을 기억해야 한다. 시장 참여자들은 경제지표를 보고 해당 통화가 앞으로 가지게 될 미래가치에 대해 분석하고, 그러한 분석 평가를 바탕으로 그 통화를 살지 팔지 결정하기 때문이다. 따라서 환율의 움직임을 보면 그 통화를 사용하는 국가의 미래도 엿볼 수 있다.

미국의 경제지표

미국의 경제지표는 매주 최소 4개의 지표, 매월 43개의 지표 그리고 분기마다 9개의 지표가 발표된다. 경제지표가 내포하는 정보들 때문에 보통 미국 동부 시각 기준 아침 8시 30분에 발표되는 지표들에 대한 보안은 군사작전 이상으로 철저하다. 미국 타임지誌의 경제전문기자였던 버나드 보몰Bernard Baumohl이 쓴 '세계 경제지표의 비밀'의 첫 장 '감금'에는 그 긴박한 발표 순간이 재미있게 잘 서술되어 있다. 경제지표 발표를 담당하는 당국은 8시 30분 정각 언론에 경제지표를 보도하기 위해서, 오전 8시부터 담당 기자들을 특정 장소에 감금하고 30분간의 기사작성 시간을 주어 정각에 경제지표의 내용을 담은 기사 제호가 미디어를 통해 발표되도록 한다. 그만큼 그 지표가 가지는 내용이 전 세계 금융시장에 미치는 영향이 크기 때문에 철저한 보안을 생명으로 한다.

보몰은 그의 책을 통하여 달러화 가치에 영향을 미치는 10대 경제지표들을 꼽았다. 이를 순위별로 나열하면 고용현황보고서, 국제무역, 국내총생산GDP, 경상수지, 산업생산 · 설비가동률, 공급관리자협회ISM 제조업 보고서, 소매판매, 소비자물가, 소비자신뢰와 심리조사, 생산성과 단위비용 등이다. 지금부터 이 지표들 중 환율변동과 관련이 많은 지표들을 중심으로 어떤 의미를 가지고 있는지 살펴보기로 한다.

고용지표

고용지표는 새로운 고용창출에 관한 것을 다루는 것으로 가장 중요한 지표 중 하나이다. 미국이 코로나 이후 금리를 인상하고 다시 인하하면서 기준으로 삼았던 지표가 비농업 고용 및 실업률 등 고용지표와 물가였다. 실업률의 변화는 경제활동의 활성화나 둔화를 보여주는 것이어서 매우 중요하게 생각한다. 실업률 못지않게 보게 되는 고용지표는 비농업 고용nonfarm employment인데 발표 숫자에서 정부기관 변화부분을 제외하면 민간 기업부분의 고용상황을 파악할 수 있다.

〈그림 III-11〉 미국의 실업률 추이

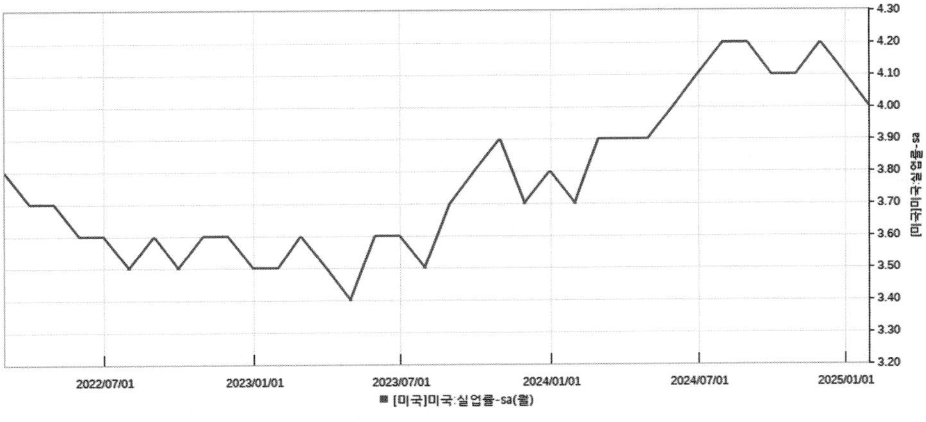

자료: 연합인포맥스, 2025.02

고용상황이 지속적으로 좋아지면 이는 일자리가 증가하고 있는 것이므로 외국투자자들에게는 미국에 투자하는 호재가 될 것이다. 고용 증가가 인플레이션 증가를 자극하고 금리 인상도 부추길 수 있다는 점 역시 달러 강세 뉴스가 된다.

국내총생산GDP

국내총생산Gross Domestic Product(GDP)은 경제 성장이 어느 정도의 속도로 진행되고 있는지 알아보는 중요한 지표이다. GDP는 분기마다 발표되는데 개인소비지출, 민간국내총투자, 순수출 및 정부소비지출과 총투자 등이 주요 구성요소이다. 보통 국가 경제성장률을 말할 때 GDP성장률을 말한다. IMF에서는 각국의 GDP를 명목환율 기준과 각국의 물가와 환율을 감안한 PPP환율기준으로 발표한다.

구매관리자지수

경기 확장과 위축에 초점을 맞춘 월간보고서이다. 공급관리자협회ISM[17]는 이와 관련하여 매월 2개의 PMI지수[18]를 발표하는데, 하나는 제조업PMI이고 다른 하나는 서비스업PMI이다. 둘 중에서 제조업PMI가 더 중요하게 취급된다. PMI는 전월 대비 경기가 얼마나 좋아졌는지를 보여주는 지수이며, 지수가 50이면 전월 대비 변화가 없는 것이고 50 이상이면 경기 확장, 50 미만이면 경기축소를 의미한다. ISM 외에도 금융서비스 기업인 S&P글로벌도 제조업과 서비스업 PMI를 발표한다.

17) Institute for Supply Management(ISM)는 미국 애리조나주에 위치한 단체로 미국 전역의 기업 구매관리자들을 대표하는 단체임. 이전에는 전국구매관리자협회National Association of Purchasing Management (NAPM)로 불리었음. 사이트는 www.ism.ws

18) 현재는 ISM지수이지만 과거 구매관리자지수Purchasing Managers'Index(PMI)로 불려와서 지금도 많은 사람이 PMI로 부름.

미국뿐만 아니라 2위의 경제대국인 중국의 PMI도 매우 중요한 지표인데 중국의 경우에는 국가통계국 PMI지수와 중국의 경제전문매체인 차이신財新과 영국의 시장조사업체 마킷이 공동으로 발표하는 차이신 PMI지수가 있다. 국가통계국 지수는 대형 제조업체 3,000여 개를 대상으로 하는 반면, 차이신지수는 중소·수출기업 집단 약 420개를 대상으로 한다. 그래서 두 기관이 발표하는 PMI가 서로 다른 경우가 종종 있으며 유럽이나 미국에선 차이신지수를 선호한다.

주택과 건설

어떤 나라든 경기 호황기에는 부동산 경기가 좋다. 반대로 부동산 경기가 좋아지면 경제가 살아난다고 말할 수 있겠다. 주택 및 건설경기와 관련된 지표들로는 주택착공과 허가건수, 신규주택판매 및 기존주택판매와 건설지출 등이 있다. 주택판매는 소비 지출과 고용 등에 영향을 주는 선행지표이다. 2013년 미국 경기회복의 신호로써 주목받았던 지표가 주택경기 관련 지표들이었다.

주택지표들은 금리와도 많은 연관이 있다. 미국의 주택은 20~30년의 장기모기지로 매매되는 경우가 대부분이다. 그래서 장기금리가 올라갈 경우 주택시장이 급격히 경직되며 직접적인 타격을 받는다.

소매판매

미국에서 소비자지출은 전체 경제활동의 70%를 차지하고 그중 소매판매가 차지하는 비중이 3분의 1에 달한다.[19] 만약 소비자들이 지출을 끊임없이 지속할 수 있다면, 이것은 전반적인 경제성장과 번영의 신호로 여겨질 수 있다. 다만 소매판매지표에는 제품에 대한 지출만을 다루고 있고 서비스산업 관련 지출은 포함되어 있지 않다. 그리고 명목달러로만 측정되기에 실제 소비가 늘었는지 제품가격이 올라 수치가 증가했는지 구분하기가 어려운 부분이 있다.

소매판매 지표는 정확도가 떨어지는 단점에도 불구하고 금융시장에 큰 영향을 주고 있다. 외환시장에서 소매판매의 증가는 미국 경기 활성화라는 면에서 달러에 긍정적이다. 하지만 지나친 소매판매는 제품 대부분이 수입품이라는 점을 감안할 때 수입대금을 지불하기 위한 달러 매도를 초래하여 오히려 달러 약세를 불러올 수도 있다.

19) 버나드 보몰, 세계 경제지표의 비밀, 서울, 럭스미디어, p.100

5. 달러/원 환율에 영향을 주는 요인들

해외 외환시장에 영향을 주는 모든 요인은 달러/원에도 변동 요인이 된다. 하지만 특별히 달러/원 환율만 변동시키는 요인들이 있다. 우리 시장만이 가지는 수급요인 때문에 존재하는 것들인데 다른 나라에도 있는 요인들도 있지만 우리 시장만이 가지는 요인들도 있다.

외국인의 국내 증권 매매동향

우리나라의 주식시장은 지금까지 대체적으로 선진국 주가에 비해 내용적으로 저평가되어 있다는 평을 들어오고 있다. 우리나라의 경제가 두 번의 위기에서 살아남아 체질적으로 건전해지면서 우리 주식시장은 세계의 주식시장과 동조화되는 현상이 생겼다. 미국의 주식시장이 좋으면 우리 주식시장도 올라가고, 반대로 부진하면 우리 시장 역시 하락하는 것을 말한다.

외국인이 국내에 투자하기 위해서는 외화를 들여와서 원화로 바꾸어 주식시장에 참여한다. 이런 '외화 매도/원화 매수'의 외환거래로 달러/원의 환율이 하락한다. 주식뿐만 아니라 외국인이 국내 채권에 투자를 하는 경우도 마찬가지이고, 국내 사업에 직접 투자하는 경우에도 외화가 국내에 유입되며 원화로 환전되므로 환율이 하락하게 된다. 이런 요인을 '외국인 순매수'라고 한다. 물론 반대로 외국인이 이익실현을 하기 위해 국내 주식이나 채권을 매도하고 나갈 때는 '외화 매수/원화 매도'의 외환거래가 발생한다. 이때는 환율은 상승하고 원화가치는 하락한다. 우리 주식시장에서 시가 총액의 30% 내외를 외국인이 차지하고 있으므로 이들의 움직임은 주식시장뿐만 아니라 외환시장에서도 매우 중요한 변동 요인이다.

〈그림 III-12〉는 외국인 주식 순매수와 환율의 변화를 보여준다. 2024년 9월부터 2025년 초까지 집중되었던 외국인들의 주식 순매도와 환율의 상승이(원화가치의 하락이) 일치하고 있고 2025년 2월 초 외국인 주식 순매수로 일시 원화가치가 오르는 모습을 볼 수 있다. 이렇게 외국인의 주식 순매수(순매도)는 달러/원 환율과 밀접한 관계를 가진다. 반면, 외국인의 채권 순매수(순매도)는 장기적 투자가 대부분이어서 일시에 거래가 집중되지 않는 한 환율 움직임과 그다지 밀접하지는 않다.

〈그림 III-12〉 외국인 주식 순매도와 달러/원 환율

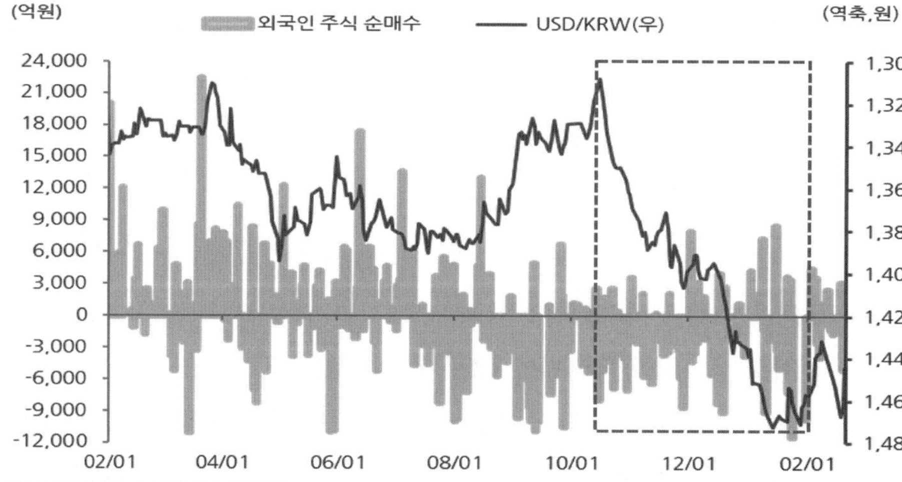

자료: 한국거래소, 연합인포맥스(2025.02)

역외선물환거래NDF

외환시장 이야기에서 설명한 역외선물환시장 참여자들의 거래는 우리 외환시장에 큰 영향을 준다. 모든 외환거래의 대부분이 투기적 거래이듯이 역외거래자들의 거래 역시 대부분 투기적 거래이다. 따라서 달러/원이 상승할 것으로 예상되면 미리 대량 매수에 들어가며 환율의 흐름을 주도하기도 하고, 수출기업의 수출대금 매도 등으로 더 이상 상승이 어려울 것 같으면 다시 돌아서서 매도에 나서는 등 유동성과 변동성을 키우는 주역으로서 시장에 참여하고 있다. 역외거래자는 국내은행간 외환시장에는 직접 참여할 수 없다. 그렇지만 해외 NDF시장에서 우리 시장 참여자들을 대상으로 거래를 하면 거래상대방인 국내 시장 참여자는 국내 시장에서 반대 커버거래를 함으로써 국내 외환시장에 영향을 주게 된다.

특히 뉴욕NDF시장의 종가는 다음 날 우리 외환시장 개장가격에 많은 영향을 준다. 보면 뉴욕 NDF시장에서 1개월 만기의 NDF가 1,294.70원에 최종 호가되었다고 보도되었다. 현물환과의 차이가 −2.75원임을 감안하면 다음 날 아침 달러/원 현물환율은 1,297.45원 부근에서 시작하리라는 것을 예상해볼 수 있다. 실제 다음 날 아침 첫 거래가는 1,296.60원이었다.

> 뉴욕 차액결제선물환(NDF) 시장에서 달러/원 1개월물이 하락했다. 해외브로커들은 29일 달러/원 1개월물이 지난 밤 1,294.70원(MID)에 최종 호가됐다고 전했다. 최근 1개월물 스와프포인트(−2.75원)를 고려하면 전장 서울외환시장 현물환 종가(1,298.80원) 대비 1.35원 내린 셈이다.
> 간밤 은행권 위기에 대한 우려가 다소 진정됐다. 미 상원 은행위원회의 SVB 파산에 대한 청문회가 열렸고, 연준은 은행권 유동성 보강 프로그램을 확장하는 것을 검토하는 것으로 알렸졌다. 달러와 가치는 하락했다.
> (생략)
>
> 자료: 연합인포맥스(2023.03.29)

기업체 수급

환율은 어느 한 방향으로만 움직이기보다는 오르내리며 변화한다. 하락을 하다가도 상승 요인과 만나면 상승으로 돌아서기도 하고, 상승하다가 하락 재료와 만나면 아래로 방향을 틀기도 한다. 그렇기에 자금에 여유가 있는 수출기업들은 수출대금으로 받은 외화를 즉시 팔 때도 있지만 환율이 상승하여 현재보다 조금이라도 높은 수준일 때 팔려고 한다. 그래서 환율이 단기 바닥 부근에 위치하게 되면 수출기업의 매도는 시장에 잘 나타나지 않지만, 재차 상승을 하면 대기하던 매도물량들이 시장에 들어오며 환율 상승을 막는 역할을 한다. 국내 외환시장에선 역외 매수와 수출기업 매도의 힘겨루기가 종종 나타나기도 할 만큼 기업 물량은 큰 역할을 한다. 이런 대형 물량을 내는 기업들은 조선사, 플랜트를 수출하는 중공업 그리고 대형 전자회사들이다.

반대로 대형 사업을 위해 해외에서 채권을 발행한 공기업들이나 가장 큰 수입 비중을 가진 에너지 또는 화학기업들의 경우에는 환율이 하락했을 때 매수에 참여함으로써 환율 하락의 저지 요인이 되기도 한다.

외환정책 및 개입

환율이 급격하게 하락할 경우 우리 외환당국은 습관적으로 '거시건전성 외환규제 3종 세트'라는 무기를 꺼내 든다. 여기서 3종 세트란 선물환 포지션한도 규제, 외환건전성 부담금 및 외국인 채권투자 과세를 말한다. 이러한 규제는 외환시장의 주된 참여자인 외국환은행의 투기성 매도를 줄이고, 단기외채 증가를 통제함으로써 환율의 급격한 쏠림 현상을 막으려는 데 목적을 두고 있다(제9편 참조). 이와 동시에 외환당국의 구두개입과 실제 스무딩 오퍼레이션을 통해 직접 시장통제에 나서기도 한다.

과거 외환시장에서 중앙은행의 개입은 마치 골리앗과의 싸움처럼 느껴질 만큼 강력한 영향력을 행사했다. 특히 여러 나라 중앙은행들의 동조개입은 세계 외환시장의 흐름을 정지시킬 정도로 큰 힘을 발휘하곤 했다. 하지만 민간경제 규모가 어마어마하게 커진 요즘에는 자칫 중앙은행의 어설픈 개입은 불에 기름을 붓는 상황을 초래할 수도 있다. 강력한 의지를 보여주는 개입이 아니라면, 도리어 현재 상황이 어려운 처지라는 것을 인정하는 꼴이 되어 투기적 참여자들의 쏠림이 더해질 수 있기 때문이다. 따라서 특정 환율 수준에 도달했을 때 짧지만 반복된 개입은 외환당국의 의지를 보여주는 상징적 의미가 더 크다. 다행히 우리나라에서는 이러한 외환당국의 의지가 시장에 잘 전달되는 편이어서 다른 신흥국에 비해 비교적 안정된 외환시장 움직임을 보이고 있다.

시장 참여자들은 환율이 외환당국이 저지하고자 하는 수준에 도달하게 되었을 때 몇 번 돌파시도를 해보고 쉽게 그 저지선이 뚫리지 않을 것으로 생각되면 관망상태로 들어간다. 그럼으로써 비교적 '알아서 조심하는' 분위기가 형성되곤 한다. 하지만 홍수와 같은 큰 물결을 둑으로 막기는 어렵다. 센 물이 몰아 닥치는 어느 순간에는 물길을 터주는 수밖에 없다. 그렇지 않으면 마을로 물이 범람하기 마련이다. 둑을 설치하는 이유는 단지 물결의 힘을 좀 줄이려는 의도일 뿐이다. 터준 물결의 힘이 다소 약해지면 다시 둑을 쌓아서 물결을 달래는 시도를 반복함으로써 몰아치는 물결의 힘을 완화시킬 수 있다. 눈치챘겠지만, 여기서 큰 물결의 흐름은 외환시장의 거대한 흐름을 말하는 것이고 둑은 외환당국의 시장개입을 의미한다. 물결을 아래에서 위로 흐르게는 할 수 없다. 거센 물결을 순화시키는 개입인 스무딩 오퍼레이션은 방향을 바꾸기보다는 속도 조절이 목적이다.

중국과 일본의 경제상황 및 환율변동

환율변동의 단기적 요인에서 다른 나라의 경제상황 및 환율변동에 대해 설명했다. 우리나라 역시 우리 좌우에 세계 2위와 3위의 경제대국이 자리 잡고 있고 이들이 가지는 영향력에 금융시장이 흔들리곤 한다. 특히 우리 경제와 가장 밀접한 관계를 가진 중국의 경제상황은 우리 시장에 즉각적으로 반영된다. 중국의 경제지표가 예상치보다 좋으면 원화 강세 요인이, 나쁘면 하락 요인이 된다. 중국의 경제 부진 장기화는 달러/원 환율의 상승 요인이 된다. 반대로 중국의 경제가 안정화되고 긍정적 신호를 보내면 환율의 하락 요인으로 작용한다. 중국과의 경제가 확대됨에 따라 우리 환율과 금융시장에 미치는 영향은 매우 커졌다. 중국의 통화인 위안화는 국제 기축통화를 꿈꾸며 시장상황에 따라 움직이는 변동폭을 키우고 있으며, 중국 경제에 영향을 받는 다른 아시아 통화들과 함께 우리 환율에도 영향을 많이 주고 있다.

일본과 우리나라는 경제규모의 격차가 매우 크긴 하지만 자동차, 철강, 조선 및 전자 등 일부 산업에서는 경쟁관계에 있다. 따라서 엔의 가치 변동에 따라 해당 산업들의 경쟁력에 영향을 주게 되므로 엔이 크게 변화할 때는 원화가치의 변동도 일정 부분 피할 수 없다. 엔/원 환율은 재정환율이어서 달러/원과 달러/엔의 서로 다른 움직임으로부터 산출된다. 보통 달러/원보다 변동성이 더 크므로 엔화 움직임에 민감한 기업들은 위험관리를 더욱 철저히 해야 한다.

기타 요인

이 외에도 달러/원에 영향을 주는 소소한 요인들이 있다. 기업들은 수출대금 매도를 월말에 집중하는 경향이 있고, 지급할 외화 결제는 월초로 일정을 잡는 경우가 많다. 이는 기업들의 자금흐름과 연관이 있다. 월말에 집중되어 있는 비용 지출을 위해 가능한 외화 매도를 통해 자금을 확보하고, 외화 매수는 가능한 한 미루어 여유 있는 자금흐름을 만들기 위한 것이다. 이와 유사하게 회계연도가 끝나는 연말이나 기말에는 기업 실적을 높이기 위해 수출대금을 집중해서 매도하기도 한다. 그러므로 월말 · 기말 · 연말에는 환율 하락 분위기가, 월초에는 환율 상승 분위기가 종종 연출된다. 기업 등 거주자의 외화예금 잔고도 환율 움직임의 제한 요인이 될 수 있다. 평소보다 외화예금이 늘어나면 환율이 상승했을 경우 시장에 '외화 매도/원화 매수' 거래 형태로 유입될 가능성이 많아 환율 상승의 저항 요인이 된다.

6. 유로, 엔 그리고 위안

외환시장에서는 수많은 통화가 거래된다. 가장 큰 거래 비중을 차지하는 것은 미국 달러로 대부분 달러 대비 변동을 한다. 그렇지만 각 통화는 그 통화만의 특징을 지니고 독특한 개별 움직임을 보여주기도 한다. 어떤 통화는 달러에 대해서 절상되는가 하면 다른 통화는 같은 기간 절하되기도 한다. 이는 각 통화가 통용되는 나라의 경제상황과 밀접한 관계가 있기 때문이다. 또 미국을 제외한 다른 나라들과의 경제적 관계에 따라서 서로 다른 움직임을 보여주기도 한다. 외환시장에서 달러 다음으로 거래가 많은 유로와 우리 경제와 밀접한 관계가 있는 엔과 위안에 대해 살펴보자.

유로

1993년 11월 1일 발효된 마스트리히트조약Treaty of Maastricht[20]에 따라 1967년 유럽통합을 목적으로 출범한 유럽공동체European Community(EC)는 유럽연합Euro-

20) *1991년 12월 네덜란드 마스트리히트에서 유럽공동체EC 12개국 정상회담에서 합의한 유럽통합조약. 1992년 2월 정식 조인되고 1993년 11월 1일 효력을 가짐. 이 조약으로 EC는 유럽연합EU으로 명칭이 바뀜. 또 조약의 발표로 회원국의 시민은 자국뿐만 아니라 유럽연합의 시민권을 갖게 되었고 단일통화인 유로가 도입되었으며 유럽의회의 권한이 강화됨.*

pean Union(EU)으로 이름을 바꾸었다. 유로Euro는 EU의 공식 통화이다. 1999년 1월 유로는 예전 계산단위로 사용되던 유럽통화단위European Currency Unit(ECU)[21]를 1:1로 대체하여 결제를 위한 가상화폐로 처음 사용하기 시작하였으며 2002년 1월 1일부터 법정통화가 되어 화폐와 동전이 발행되었다.

유로는 2025년 1월 현재 유로존Euro Zone 또는 유로랜드Euro Land라고 불리는 20개국(독일, 프랑스, 핀란드, 네덜란드, 룩셈부르크, 벨기에, 오스트리아, 이탈리아, 그리스, 스페인, 포르투갈, 몰타, 슬로바키아, 슬로베니아, 아일랜드, 에스토니아, 리투아니아, 키프로스, 라트비아 및 크로아티아, 2025년 7월 불가리아 추가 가입)과 모나코, 산마리노, 바티칸시국, 안도라, 몬테네그로, 코소보, 마크로티리 데케리아, 북아일랜드에서 공식 통화로 사용된다. 각자 자국통화를 사용하고 있는 영국, 덴마크와 스위스에서도 유로는 법정통화는 아니지만 상점 등에서 광범위하게 사용되고 있다. 이들 외에 불가리아, 헝가리, 폴란드, 루마니아 및 체코 등도 유로 사용을 계획하고 있다.

유럽중앙은행European Central Bank(ECB)은 유로존의 통화정책에 대해 단독권한을 행사하고 유로시스템Euro System은 유로 지폐와 동전을 발행하고 관리한다. 1유로는 100센트(또는 유로센트)이고 동전은 1, 2유로와 1, 2, 5, 10, 20, 50센트 등 총 8종이 있다. 앞면은 공통도안을 사용하고 뒷면은 발행국이 정하며 모든 유로화 사용국가에서 사용할 수 있다. 지폐는 모두 같은 도안을 가지고 있으며 5, 10, 20, 50, 100, 200 및 500유로 등 총 7종이 있다. 유로 통화코드는 EUR이고 기호는 €를 사용한다.

21) *유럽의 공동화폐를 논의하며 도입된 계산단위로 각국의 경제력을 감안하여 각 통화들의 바스켓으로 구해진 개념. 통용되던 통화는 아니지만 각 통화 대비 가치를 가늠할 수 있는 기준으로 사용되었으며 1973년 처음 구성되었을 때 1ECU는 약 1.35USD의 가치였음.*

처음 유로가 도입된 1999년 EUR/USD 환율은 1.18달러였지만 자리를 잡지 못하고 지속 하락하여 2000년 10월 0.8227달러까지 하락했다. 그렇지만 이후 반등하기 시작하여 2008년 7월에는 1.6038달러까지 상승했다(〈그림 III-13〉 참조).

〈그림 III-13〉 EUR/USD 환율 추이

자료: 연합인포맥스, 2025.02.20

여러 나라가 단일화폐인 유로를 사용하는 데는 장단점이 있다. 긍정적 측면으로는 경제적으로 밀접한 국가들끼리 환전비용이 들지 않고, 전자거래에서도 국내·해외를 불문하고 똑같은 비용을 부담하여 거래비용이 줄었으며, 유로존 내에서의 환율변동에 따른 위험이 없어져서 기업들의 무역 및 투자환경이 좋아졌다. 또한 ECB는 여러 나라가 유로를 사용하기 때문에 경제 규모와 안정성이 높아져 더 낮은 금리로 인플레이션을 통제할 수 있게 되었다. 반면에 각자의 경제적 상황과 능력이 다른 상황하에서 독립적인 통화정책을 수행할 수 없게 되었다. 이로 인해 그리스처럼 재정위기가 발생했을 때 해결하기가 매우 어렵다.

더구나 스페인, 포르투갈 등 복수의 국가가 동시다발로 재정위기에 빠지면서 도미노 현상으로 다른 나라들도 어려워질 수 있음을 경험하였다.

유로존은 독일이 안정된 막강한 경제력으로 주도하고 있으며 주도권을 빼앗기지 않으려는 프랑스와 서로 다른 유로존의 해결책을 제시하며 갈등을 빚기도 했다. 그리스 재정 위기 시 유로존 해체 이슈도 등장했지만 회원국들의 공조로 진정되었다. 앞으로 유로존의 경제 활성화와 문제가 되었던 나라들의 위기 탈출에 따라 유로화의 방향이 정해질 것이다.

엔

엔은 전 세계 외환거래 16.7%를 차지하고 미국 달러와 유로에 이어 세 번째로 거래가 많이 되는 통화다(〈표 I-8〉 참조). 일본이 세계 3위의 경제대국임을 감안하면 고개를 끄덕일 만한 일이지만 만약 위안이 국제통화가 된다면 아마도 3위 자리를 내주게 될지도 모른다. USD/JPY뿐만 아니라 EUR/JPY과 AUD/JPY 등의 교차거래도 많이 거래되고 있다.

엔은 1871년 6월 27일부터 사용한 화폐단위이다. 우리나라의 원, 중국의 위안, 일본의 엔은 모두 한자 圓에서 유래된 것으로 현재 우리나라는 한자를 사용하지 않은 '원'으로 사용하고, 중국은 위안圓.元으로 일본은 엔円으로 사용한다. 통화코드는 JPY이고 기호는 ¥이다.

2008년 세계 금융위기와 2010년 남유럽위기를 거치며 일본 엔은 30% 이상 절상되었다(〈그림 III-14〉 참조). 다른 나라 통화들은 모두 엄청나게 가치하락을 하는데 반해 엔은 유독 강했다. 통상적 개념으로 통화의 강세기조는 그 통화를 사용하는 나라의 경제가 안정적이고 경제가 꾸준히 활성화될 때 나타난다. 그러면 당시 일본의 경제가 좋았을까? 절대 아니다. 일본은 이미 '잃어버린 20년'이란 긴 저성장의 터널을 지나고 있을 때여서 결코 좋을 수가 없었다. 그럼에도 엔이 절상되었던 이유는 안전통화라는 인식 때문이다. 일본은 금융위기에 처해도 망하지 않을 거라는 생각으로 통화 엔에 투자를 하는데, 경제가 좋지 않은데도 통화가치가 상승하여 이중으로 힘들어진 상황을 빗대어 '안전통화의 저주curse under safe haven'[22]라고 한다.

〈그림 III-14〉 USD/JPY 환율 추이

자료: 연합인포맥스, 2025.02.20

아이러니한 것은 2020년 말 현재 일본의 국가부채는 GDP의 230%이다.

22) 미국 UC버클리대학교의 베리 아이켄그린Barry Eichengreen 교수가 미국, 유럽의 잇따른 위기에도 불구하고 안전통화로 부각된 엔화가 강세를 보여 어려운 일본 경제를 더 어렵게 만든 상황을 빗대어 말함.

OECD 국가 중 국가부채비율이 제일 높은 나라이다. 나라의 부채가 그렇게 높은데 뭐가 안전하다는 걸까? 그 부채의 대부분이 외국이 아닌 일본의 국내 금융기관이나 연기금 등에서 보유하고 있고(국가부채가 국내에 유보되어 있고), 실제 일본은 세계 1위의 순채권국이기 때문이다. 순채권국이란 외국에 갚아야 할 돈보다 받을 돈이 더 많은 나라라는 뜻이다. 또 일본은 〈표 III-3〉에서 보았듯이 외환보유액이 1조 2천억 달러가 넘어 중국에 이에 세계에서 두 번째로 외화를 많이 보유하고 있다. 또 일본의 경제가 불확실성이 크지 않다는 점도 엔을 안전자산으로 인식하는 요인 중 하나이다. 일본이 가지고 있는 순채권의 상당 부분이 엔의 낮은 이자율 때문에 엔 대출 형태로 존재한다. 그런데 세계 경제가 어수선해지고 불안정해지면 해외에 투자되었던 자본의 가치가 하락할 것으로 예상될 것이고, 그러면 해외 자산을 정리해서 엔 대출을 갚기 위해 다시 엔을 사야 한다. 그러니 엔의 가치가 상승하기 마련인 것이다. 그래서 엔은 안전자산safe haven 또는 안전통화safe currency로 분류된다.

앞서 안전통화의 저주로 표현했듯이 안전자산으로 분류되는 것이 좋은 것만은 아니다. 2012년 말부터 시작된 아베 총리의 엔저 정책은 엔을 30% 절하시켰지만, 신흥국 불안 등의 경제 불안 요인이 발생할 때마다 안전자산 엔은 강세를 보였다. 통상적으로 세계 경제가 불안하면 엔은 강세가 되지만 원화는 약세가 된다. 반대로 큰 이슈가 없다면 경상수지가 지속 흑자인 원화는 강세가 되고 엔은 일본의 통화완화정책으로 약세가 된다. 즉, 달러/원 환율변동보다 엔/원 환율은 서로 반대방향으로 움직이는 경우가 많아 변동성이 매우 크다.

위안

위안화는 1948년 12월 중국정부 수립 후 중국인민은행에서 발행하기 시작했다. 1955년 3월에 '1만분의 1'로 화폐개혁을 단행하였고, 1950년 7월 중국인민은행이 환율을 공표하여 전국적으로 통일된 환율이 되었다. 중국인민은행은 매일 10시 15분(서울 시간)에 주요 통화들에 대한 위안 환율인 일일기준가Central Parity를 고시한다. 2025년 2월 현재 중국의 환율제도는 복수통화바스켓제도하의 관리변동환율제도를 실시하고 있으며 기준환율 대비 환율변동폭은 ±2%이다.

화폐단위는 위안元, 지아오角, 펀分의 세 단계로 되어 있는데 1위안=10지아오=100펀이다. 통화코드는 CNY이고 기호는 엔과 같은 ¥을 사용하는데 때로 혼란을 막기 위해 가운데 가로로 한 줄만 긋는 ¥으로 표시되기도 한다. 위안은 화폐단위이지만 중국의 화폐는 인민폐人民幣라고 하며, 중국식 발음인 '런민비renminbi'로 부르는데 줄여서 RMB로 사용한다.

중국은 세계 2위의 경제대국이며 외환보유액은 부동의 세계 1위이다. 2014년 무역규모가 미국을 추월하며 세계 1위에 올랐지만 중국의 대부분 무역거래는 여전히 달러 등 외화로 거래되고 있다. 드디어 중국은 금융위기 직후인 2009년 7월 위안의 국제화라는 깃발을 들어올렸다. 세계 최대 외환보유액을 대부분 달러로 운용하면서 달러화 가치 하락에 따른 손실과 과도한 외환보유액에 따른 관리비용이 문제가 되었다. 그래서 국위에 걸맞은 국제금융시장에서의 발언권 확대를 위해 위안화 국제화에 나선 것이다.

2010년 7월, 중국은 은행과 개인이 중국 본토 밖에서 위안화를 자유롭게 거래하도록 허용했다. 본토에서 거래되는 역내위안화를 CNY로, 본토 밖에서 거래되는 역외위안화를 CNH로 구분하고 있다. 거래하는 시장이 다르고 구분만 그렇게 할 뿐 사용하는 위안화는 똑같다. 역내시장에 참여할 수 없는 역외시장 참여자들이 중국 경제가 부진해서 위안 가치가 하락할 것으로 예상하면 역외위안인 CNH를 매도(USD 매수)하게 되는데 2015년 8월과 2016년 1월 사이 중국 경제에 대한 불안감이 증폭되면서 역외거래자들이 대량으로 CNH매도에 나섰다. 한때 역외환율인 USD/CNH환율이 역내환율인 USD/CNY환율보다 최대 0.15위안 높게 거래되면서 시장에 혼란을 가중시켰다. 물론 중국인민은행의 엄청난 시장개입으로 시장은 진정되었으나 주변국가 환율도 큰 폭으로 변동하는 등 시장에 불안감을 던져 주었다. 이렇듯 위안의 특수한 상황으로 역내외 위안 환율의 차이(스프레드)가 확대되면 주변 국가 환율도 동반해서 변동폭이 커지므로 제일 가까이 있는 우리나라 환율 역시 위안 환율의 역내외 스프레드에 관심을 가지고 봐야 한다.

〈그림 Ⅲ-15〉 달러/원과 달러/역외 위안 환율의 변동 추이

자료: 연합인포맥스, 2025.02.20

역외위안화시장으로는 예금 잔액, 선물거래 등 파생상품시장 그리고 채권시장이 매우 빠르게 성장하고 있다. 제일 큰 역외위안화시장(위안화허브라고 부른다)인 홍콩에서는 2013년 5월 위안화 거래량이 홍콩 달러 거래량을 추월했다. 유럽과 아시아 곳곳에서는 서로 위안화허브가 되기 위해 각축전을 벌이고 있다. 아시아에선 홍콩에 이어 싱가포르와 대만이, 유럽에선 런던에 이어 프랑크푸르트 · 파리 · 취리히 등이 경쟁하고 있다.

위안화허브元貨Hub란 위안화와 관련한 금융거래가 집중적으로 이루어지는 중국 본토 이외의 지역을 말한다. 위안화허브에서는 무역결제를 위한 위안화 거래, 위안화 자금 조달, 신용거래, 투자 및 헤지거래 등이 모두 가능하며 중국정부의 위안화 국제화 추진 전략의 하나이다. 가장 크고 활발한 위안화허브는 당연히 홍콩이다. 홍콩은 엄밀히 중국의 영토이지만 현재는 특별행정구Special Administrative Region(SAR)로 별도의 체제로 운영되고 있다.

주요 내용

- 환율변동에 중장기적으로 영향을 주는 요인들로는 금리, 통화량 또는 통화정책, 물가수준, 경제성장률, 생산성, 경상수지, 외환당국의 외환시장개입, 이념이나 종교로 비롯된 지정학적 요인과 기술적 분석 등이 있다.
- 시장에 즉시 영향을 주는 단기적 요인들로는 경쟁국 또는 주변국가의 환율변동, 테러나 전쟁 같은 뉴스, 주요 경제계 인사들의 발언이나 그들이 참여하는 회의, 시장 참여자들의 기대 심리 및 거래 상태 그리고 각종 경제지표의 발표 등이 있다.
- 한 국가의 외환관리가 얼마나 건전하게 유지되고 있는지를 알아볼 수 있는 지표들을 외환건전성 지표라고 한다. 경상수지, 외환보유액, 단기외채비중 및 비율, CDS 프리미엄과 국가신용등급 등을 점검해보면 그 국가가 유사시 얼마나 잘 대처할 수 있을지를 알 수 있다.
- 전 세계 외환거래의 88.5%에서는 두 통화 중 하나가 미국 달러이다. 따라서 미국의 경제지표가 발표되면 거의 모든 환율이 변동하므로 미국 지표를 보는 것은 매우 중요하다. 중요한 미국 지표로는 고용지표, GDP, ISM지수, 주택과 건설 및 소매판매 등이 있다.
- 달러/원 환율에 특별히 영향을 주는 요인들로는 외국인의 순매수, 역외선물환거래, 기업체 수급, 외환정책 및 개입, 주변국가 경제 및 환율, 계절적 요인 등이 있다.
- 유로는 달러 다음으로 거래가 많은 통화이며 많은 유럽 국가의 단일통화로서 역할이 점차 커지고 있고, 엔은 안전통화로 인식되어 국내 경제상황과 크게 상관없이 가치 변동이 발생한다는 특징이 있다. 세계 경제 2위 대국의 통화 위상을 찾기 위해 위안화는 기축통화가 되기 위해 다양한 국제화 전략을 추구하고 있다.

연 / 습 / 문 / 제

1. 다음 환율변동 요인과 환율과의 관계를 설명한 것 중 틀린 것은?

① 높은 금리나 금리 인상이 반드시 해당 통화의 절상으로 이어지지는 않는다.
② 자금을 시중에 공급하는 통화완화정책은 통화의 가치를 하락시킨다.
③ 심리적 지지선이나 저항선은 그저 느낌만을 표현한 것으로 실제 환율변동에는 영향을 주지 않는다.
④ 외환당국의 개입은 통화량을 늘리지 않고 개입하는 불태화개입이 일반적이다.

2. 다음 중 외환건전성을 알아볼 수 있는 지표가 아닌 것은?

① 실업률
② 경상수지
③ 단기외채 비중
④ 환보유액

3. 다음 미국 경제지표 중 발표 간격이 제시된 지표들과 다른 것은?

① 비농업인 고용자 수
② 국내총생산(GDP)
③ 제조업PMI지수
④ 신규주택판매

4. 다음은 우리나라 달러/원 외환시장에서의 환율변동 요인들에 관한 설명이다. 맞게 설명한 내용만 모아놓은 것은?

> 가) 외국인의 주식 순매수는 환율 상승 요인이 된다.
> 나) 역외거래자는 국내 외환시장에 직접 참여할 수 없기 때문에 국내 달러/원 변동에 큰 영향을 주지 않는다.
> 다) 높은 환율에서 매도하려는 수출기업들의 매도 물량은 환율 상승을 억제하는 역할을 하기도 한다.
> 라) 외환당국의 스무딩 오퍼레이션은 환율변동의 속도를 완화시키는 것이 목적이다.
> 마) 중국의 경제지표들은 믿을 수 없는 부분이 많아 우리 외환시장에는 큰 영향을 주지 않는다.
> 바) 국내 거주자의 외화예금이 늘어나면 환율 상승의 저항 요인이 된다.

① 가), 다), 마) ② 다), 라), 바)
③ 나), 다), 라), 바) ④ 가), 다), 라), 마), 바)

5. 다음 주요 통화에 대한 설명 중 틀린 내용은?

① 영국은 EU를 탈퇴하기 전 유로존의 핵심 국가였다.
② 유로를 사용하면서 환율변동에 따른 위험이 없어져 유로존 국가 기업들의 무역 및 투자환경이 좋아졌다.
③ 엔은 안전통화란 이유로 2008년 금융위기와 남유럽위기 상황에서도 통화절상이 되어 국내 경제가 더 어려워졌다.
④ 중국은 세계 2위의 경제대국에 걸맞은 위안화를 만들기 위해 위안의 국제화에 많은 노력을 기울이고 있다.

정 / 답 / 및 / 해 / 설

1. 정답 ③

심리적 지지선이나 저항선 부근에서 시장 참여자들의 거래가 위축되는 경향이 있으며, 옵션거래의 행사가격도 집중되어 있어 급격한 환율변동이 발생하기도 한다.

2. 정답 ①

실업률은 직접적인 외환건전성을 알려주는 지표가 아니다.

3. 정답 ②

GDP는 분기마다 발표되는 지표이고 제시된 나머지 지표는 매월 발표된다.

4. 정답 ②

가) 외국인의 주식 순매수는 환율 하락 요인이다.

나) 역외거래자의 거래상대방이 국내은행이거나 외국은행 서울지점인 경우 국내 외환시장에 영향을 준다.

마) 중국의 경제가 우리 경제와 매우 밀접한 관계에 있기 때문에 중국의 경제 지표는 국내 외환시장에 영향을 많이 준다.

5. 정답 ①

영국은 EU 회원국이었지만 자국의 통화인 GBP를 사용하였고, 유로를 주통화로 사용하는 유로존 국가가 아니었다.

제4편
외환거래

외환시장, 아는 만큼 보인다

제4편

학습개요

결제일을 기준으로 현물환과 선물환을 구분하고, 포지션의 개념 및 종류와 관리해야 할 포지션에 대해 살펴본다. 거래에서는 어떤 용어들을 사용하는지 사례를 통해 알아보며, 적절한 포지션 관리를 위한 주문 유형들을 살펴보고 이해한다. 고객이 외환거래를 하기 위해서 준비해야 할 절차를 단계별로 알아보고 설명한다.

학습목표

- 현물환과 선물환을 구분하고 value spot의 개념을 확실히 이해한다. 아울러 선물환 만기일이 결정되는 원칙에 대해서도 숙지하여 이를 설명할 수 있다.
- 롱포지션 · 숏포지션 · 스퀘어포지션의 개념을 확립하고, 오픈 포지션 · 평가손익 · 확정손익에 대한 구분도 익힌다. 아울러 기간별 포지션의 종류를 이해하고 관리해야 할 통합포지션에 대해 연습하고 숙지하여 이를 설명할 수 있다.
- 외환거래에서 사용하는 용어들을 이해함으로써 시장친숙도를 높이고 거래 후 딜 슬립 작성에 대해 알아본다. 또한 유형별 주문들을 숙지함으로써 실제 외환거래 시 효율적인 거래를 위해 정리할 수 있다.
- 고객이 외환거래를 하기 위해서 왜 거래한도가 필요한지 이해하고, 단계별로 어떤 절차가 필요한지 점검하고 이해할 수 있다.

1. 현물환과 선물환

현물환

외환시장에서 현물환거래foreign exchange spot transaction는 주식거래처럼 거래한 날로부터 2영업일[23] 뒤에 결제[24]가 이루어지는 외환거래를 말한다. TV 뉴스 시간이나 신문기사에서 언급되는 '환율'은 바로 현물환율을 말하며 외환시장의 움직임을 대표하는 시장환율이다. 외환거래의 만기일을 조정해준다는 특성 때문에 거래가 많이 되는 외환스왑을 제외하면, 현물환은 외환파생상품을 포함한 모든 외환거래 중에서 거래량이 제일 많아서 하루 평균 2조 달러 이상 거래된다(〈표 I-6〉 참조). 하지만 꼭 2영업일 뒤에 결제하는 외환거래만 현물환이라고 하진 않는다. 여행을 가기 위해서 공항 환전창구에서 환전을 하는 경우도 현물환이고 기업들이 외화당좌계좌에 있는 달러를 내일(익영업일)자로 매도하는 거래도 현물환이라고 한다. 굳이 구분해서 부른다면 오늘 즉시 결제가 이루어진 여행경비 환전거래는 value today당일물/當日物, 기업이 거래한 다음 날짜 외환거래는 value tom[25]익일물/翌日物, 2영업일 뒤의 현물환거래는 value spot익익일물/翌翌日物이라고 한다. 즉 2영업일 후가 결제일인 value spot 이전에 결제되는 모든 외환거래를 현물환이라고 하며, 특별히 결제일이 언급되지 않는 현물환거래는 모두 value spot을 말한다. 현물환거래 중 value today와 value tom

23) 은행이 영업을 하는 날
24) 거래된 통화를 서로 주고받는 것
25) tomorrow를 줄여서 쓰는 말

은 ante-spot이란 말로도 부르는데, 'ante'란 접두어는 라틴어에서 before의 의미를 가지고 있다. 따라서 ante-spot이란 spot date 이전에 결제가 발생하는 외환거래란 뜻이다.

뉴욕처럼 서울에서 거리가 멀리 떨어진 지역과 외환거래를 하다 보면 거래를 하는 날짜가 서로 다를 수 있는데 이때 혼동을 피하기 위해 시간이 뒤에 오는 지역에 맞추어 거래일로 적는다. 예를 들어 서울의 7월 16일 새벽 1시는 뉴욕 시간으로 7월 15일 낮 12시인데, 이 시간에 현물환거래를 하면 거래일은 7월 15일로 적는다. 외환시장의 특징을 설명할 때 언급한 것처럼 외환시장의 하루는 지구의 하루와 똑같이 시작되고 끝난다. 비록 서울은 날짜가 바뀌어 다음 날이 되었다 하더라도 아직 뉴욕은 15일이므로 외환시장의 날짜는 아직 15일이다.

이렇듯 멀리 떨어져 있어 시차가 많이 나는 지역과 체결된 외환거래는 원활한 결제를 위해서 은행 영업일을 기준으로 거래일로부터 2영업일 뒤(value spot)에 결제가 이루어진다. 즉, 외환딜러들 사이에 체결되는 대부분의 현물환은 2영업일 뒤가 결제일이다. 일상적인 현물환거래가 spot date에 결제가 이루어지기 때문에 딜러들은 현물환거래를 그냥 '스팟spot'이라고 부른다.

하지만 예외는 어디나 있기 마련이다. 미국과 아래위로 국경을 맞대고 있는 캐나다 달러와 멕시코 페소는 외환시장에서 미국 달러와의 현물환 결제일이 익일물인 value tom이다. 아마도 지리적, 경제적으로 매우 가깝기 때문에 결제업무에 필요한 하루면 충분하다고 생각한 모양이다.

현물환거래의 결제일이 외환거래의 대상인 두 통화 중 어느 한 통화의 휴일과 겹치더라도 결제일은 그 다음 영업일로 늦춰진다. 현물환 결제일에 대해 연습해보자. 다음은 1월과 2월의 달력이다.

1월

일	월	화	수	목	금	토
			1	2	3	4
5	6	7	8	9	10	11
12	13	14	15	16	17	18
19	20	21	22	23	24	25
26	27	28	29	30	31	

설날연휴: 1월 30, 31일 / 2월 1일

2월

일	월	화	수	목	금	토
						1
2	3	4	5	6	7	8
9	10	11	12	13	14	15
16	17	18	19	20	21	22
23	24	25	26	27	28	

연습

1월 28일 서울외환시장에서 달러/원 현물환거래를 하였다. 결제일은 언제인가?

해답 28일이 거래일이므로 2영업일 후인 2월 3일이 spot date인 결제일이다. 설날 연휴인 30일과 31일은 은행 영업일이 아니므로 날짜 계산에서 제외한다.

연습

국내 갑은행의 딜러는 1월 29일, FOMC 발표를 앞두고 신흥국 불안감 때문에 동경시장에서 안전자산인 엔을 사기 위해 달러/엔 스팟(현물환)거래를 하였다. 결제일은 언제인가?

해답 설날 연휴인 1월 30일과 31일은 미국과 일본의 공휴일이 아니므로 29일부터 2영업일 후인 1월 31일이 달러/엔의 결제일이다. 따라서 갑은행은 연휴기간 중인 31일에 달러와 엔의 결제자금을 주고받는 것을 전제로 외화계좌 잔고를 조정해야 한다.

선물환

선물환FX forward은 기초자산이 통화currency인 선도거래forward를 말한다. 기초자산이란 '거래의 대상이 되는 상품'을 말하고 선도거래란 '미래에 자산을 인수도할 목적으로 현재 시점에 체결된 계약'을 말한다. 그러므로 선물환이란 '미래의 특정일에 특정 금액의 통화를 수취할 목적으로 동일 금액의 다른 통화를 지불하기로 하는 계약'을 말한다. 달리 말하면 '미래 정해진 날에 두 개의 통화를 특정 가격에 사고팔기로 하는 계약'이다.

9월 16일 만기로 미화 1백만 달러를 1,400원에 매도하였다면 '9월 16일에 미화 1백만 달러를 주고(팔고) 원화 14억 원을 받기로(매수하기로) 하는 계약'을 체결한 것이다. 문장으로 풀어 쓰니 선물환을 이해하기가 좀 어려워 보인다. 더 쉬운 정의가 있다. 앞서 결제일이 2영업일 이내에 도래하는 외환거래가 현물환이라고 설명했다. 선물환은 그 나머지, 그러니까 3영업일 이후에 결제일이 도래하는 외환거래를 말한다. 즉, 현물환과 선물환은 결제일이 spot date 이내에 있는지 아니면 spot date 그 다음 날 있는지로 구분한다.

선물환은 만기에 결제가 이행되므로 선물환거래가 종료되는 날을 만기일을 뜻하는 expiration date 또는 expiry date라고도 하고, 결제일을 뜻하는 settlement date 또는 delivery date라고도 한다. 그 만기에 따라 선물환은 표준일거래even date maturity와 비표준일거래odd date maturity로 구분한다. 표준일거래는 spot date를 기점으로 하여 1주일, 1개월, 3개월, 6개월, 1년 등의 일정 간격으로 만기일을 정하는 방법이고 보통 은행간 거래에서 많이 사용한다. 예를 들어 (앞면의 1, 2월 달력 참조) 1월 15일 1개월 만기의 선물환거래를 체결하였다면 만기일은 1월 15일의 spot date인 17일로부터 1개월 후인 2월 17일이 1개월 만기의 선물환 결제일(만기일)이 된다. <u>선물환뿐만 아니라 통화스왑이나 옵션 등을 거래할 때에도 만기일의 계산은 거래일의 spot date부터 시작함을 잊지 말자.</u>

선물환 만기일 계산에는 몇 가지 원칙이 있다. 먼저 날짜 계산을 시작하는 기산일은 spot date로 한다. 따라서 기산일이 두 통화 중 하나라도 공휴일이면 다음 날로 넘어간다. 이는 만기일의 경우도 마찬가지다. 만약 표준일거래를 할 때 spot date가 어느 달의 마지막 영업일이라면 만기일 역시 그 목표월의 마지막 영업일이 만기일이 된다. 만약 1월 27일부터 1개월 만기 선물환거래를 한다면 spot date인 29일이 1월의 마지막 영업일이므로 만기일은 2월의 마지막 영업일인 2월 28일이 된다. 이런 법칙을 'month end-month end'법칙이라고 한다.

〈그림 Ⅳ-1〉 결제일로 구분하는 현물환과 표준일거래 선물환

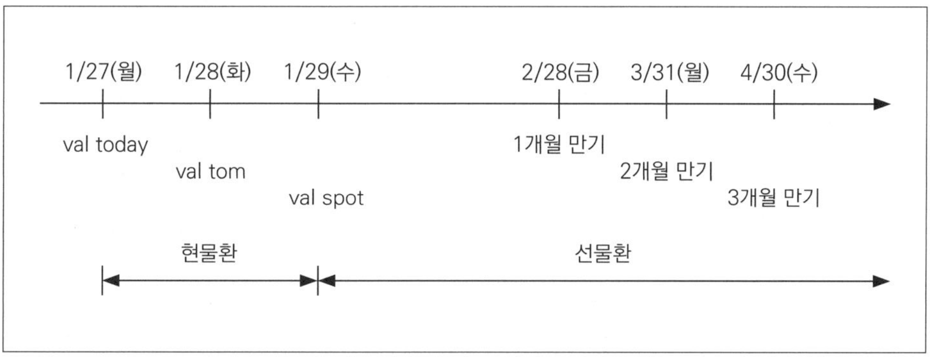

비표준일거래는 보통 은행과 기업 간의 선물환거래에서 많이 사용되는데, 실제 수입결제를 하거나 수출네고[26]가 발생하는 특정 날짜를 만기일로 정하는 거래를 말한다. 실수요를 위한 거래이므로 만기일에는 거의 대부분 인수도가 발생한다. 표준일거래를 제외하면 모든 선물환거래가 비표준일거래이다. 예를 들어 선물환 거래일이 1월 8일인데 2월 19일 만기의 선물환 계약을 체결한다면 이는 주단위나 월단위로 떨어지는 만기가 아니므로 비표준일거래이다.

26) negotiation을 줄여서 부르는 말로 수출기업이 수출대금으로 받은 외화를 팔아 자국통화로 바꾸는 거래. 따라서 수출네고가 시장에 나왔다고 하면 '외화 매도/원화 매수'의 거래를 하므로 환율이 하락하는 요인이 됨. 반대되는 개념으로 '결제수요' 또는 '수입결제'가 있음. 이는 수입기업들이 수입대금을 매수하는 것임.

대부분의 선물환은 만기일에 실제 인수도[27]를 전제로 거래하지만, 일부 선물환거래는 약정된 환율과 미래 만기일의 지정환율과의 차액만을 결제하는 차액결제방식으로 거래되기도 한다. 역외 선물환시장에서 거래되는 차액결제선물환NDF이 차액만 결제하는 방식의 대표적인 선물환이다.

참고로 금리선도거래인 FRAForward Rate Agreement는 NDF처럼 차액만을 정산하는 차액결제방식으로 거래된다. 두 거래에서처럼 차액만 정산할 경우 기준이 되는 원금을 notional amount라고 한다. 원금이 실제로 교환되는 것이 아니고 이자나 차액을 계산하기 위한 '관념적' 금액이므로 그렇게 표현한다.

한편 기업이나 기관들의 선물환거래를 은행하고만 할 수 있는 것은 아니다. 외환 장외파생상품 취급인가를 받은 증권사들도 대고객 선물환거래가 가능하다. 다만 증권사들의 기업심사기능과 전문인력의 부족으로 활성화되고 있진 않다. 어쩌면 외환거래는 전통적으로 은행의 고유업무라고 생각해왔기 때문에 선뜻 시장 참여를 하지 못하고 망설이고 있는 건지도 모르겠다. 그럼에도 최근 모든 대외거래에서 외환거래의 중요성을 인식한 대형 증권사들은 외환딜링 헤지업무 및 대고객 거래를 강화하는 추세이다.

27) 引受渡. 동시에 매수한 통화를 인수引受하고 매도한 통화를 인도引渡하는 행위

2. 스포츠경기가 아닌 외환에도 포지션이 있다

모든 스포츠경기에는 선수들의 주 역할을 의미하는 포지션이 있다. 종목마다 표현하는 이름은 다르지만 수비와 공격에서 저마다의 포지션을 충실하게 수행하면 경기 자체가 조직적이 될 것이고 경기는 감독이 의도하는 대로 풀려간다. 구단은 시즌이 끝나면 약한 포지션을 좋은 선수로 채우기 위해 스카우트에 나서기 마련이고 포지션별로 선수들의 순위가 매겨지기도 한다. 하지만 포지션이라는 단어는 선수의 임무이기 이전에 위치나 자리를 의미한다. 농구나 축구 등에서 감독의 작전판에는 각 선수의 위치가 자석으로 붙어 있어 그 위치를 보여준다.

스포츠경기는 아니지만 외환에도 포지션이 있다. 외환거래에서 포지션은 앞으로 어떤 거래를 할지 알려주는 매우 중요한 것이다. 즉, 다양한 외환거래를 이행할 때 어디에 위치하고 있는지, 어떤 상태에 있는지를 알려주는 중요한 내용이다. 순간순간 베팅betting(내기에 돈을 거는 행위)을 하는 외환딜러들은 자신의 포지션을 시장의 다른 참여자들에게 철저히 감추면서, 이익을 취할 수 있는 거래 기회를 숨죽여 기다린다. 쉽게 말하면 딜러의 포지션은 카드게임에서 손에 들고 있는 패와도 같은 것이다. 어떻게든 다른 참여자들과의 겨루기에서 이겨야 하므로 당연히 내 손에 든 패를 남에게 보여줄 수는 없다.

포지션

포지션이란 외화자산과 외화부채가 균형을 이루지 않는 상태로, 환율이 변동하면 이익이나 손실이 발생한다. 다시 말해 외화자산 또는 외화부채 중 하나만 가지고 있거나 아니면 외화자산이나 외화부채의 금액이 같지 않고 어느 한 쪽이 많아서 환율이 유리하게 움직이면 이익이, 불리하게 움직이면 손실이 나는 경우를 말한다.

예를 들어 해외여행을 가기 위해서 2,000달러를 환율 1,350원에 환전했는데, 여행을 마친 후 1,000달러가 남았다. 남은 달러를 팔려고 보니 환율이 변하지 않고 그대로 1,350원이었다. 머지않아 해외 출장계획이 있어 비싼 수수료를 지불하고 환전을 하는 것보다는 가지고 있다가 출장 시에 사용하는 게 나을 것 같아 그냥 서랍에 넣어두었다. 출장일이 아직 되기 전인데, 해외 신흥국들의 주식시장이 동반 급락하면서 환율이 급등하였다. 달러/원 환율 역시 급등하여 오늘 1,400원이 되었다. 그렇다면 서랍 속에 있는 나의 외화자산인 1,000달러의 가치는 어떻게 변했을까?

만약 여행에서 돌아와 남은 1,000달러를 그냥 팔았으면 그날의 1,000달러는 원화로 1,350,000원의 가치였다. 하지만 팔지 않고 그대로 서랍에 넣어둔 달러를 오늘 판다면 1,400,000원을 받을 수 있다. 내가 보유하고 있는 사이에 서랍의 1,000달러는 환율이 변동함으로써 그 가치가 50,000원 상승한 것이다. 이렇게 외화자산(여행 가기 전 달러를 매입해서 생긴 외환자산)을 가진 후 환율이 변동하면서 거래자에게 이익이나 손실이 발생하는 상태를 '포지션position이 있다'라고 한다.

지급해야 할 외화부채가 있어도 마찬가지로 환율이 변동하면 손익이 발생하는 포지션이 된다. 서랍의 1,000달러는 팔아서 원화로 바꾸는 순간까지 환율 변동에 따라 그 가치가 시시각각 변한다. 그러므로 나는 달러를 팔지 않는 한 항상 '포지션'을 가지고 있는 것이다. 그러다가 출장이 연기되어 가지고 있던 1,000달러를 팔아버려서 더 이상 달러 자산을 보유하지 않게 되면 '포지션'이 없는 상태가 된다.

롱포지션 vs. 숏포지션

손익損益이 발생하는 외환 포지션에는 롱포지션long position과 숏포지션short position이 있다. 롱포지션은 매수초과買收超過된 상태를 말한다. 해당 통화의 부채보다 자산이 많은 상태를 말하는데 외환거래의 경우엔 매도보다는 매수가 더 많은 상태를 의미한다. 그러므로 해당 통화의 가치가 올라가면 이익이 생기는 포지션이다. 다른 영어 표현으로 '더 많이 샀다'라는 뜻을 가진 over-bought position이라고도 한다. 바로 앞에서 예를 들었던 서랍 속의 1,000달러 포지션이 바로 달러 롱포지션이다. 그러므로 환율이 상승하였을 때 이익이 5만 원 발생하였다.

반대로 숏포지션은 매도초과賣渡超過된 상태이다. 해당 통화의 자산보다 부채가 더 많은 포지션이고, 매수보다는 매도를 더 많이 해놓은 상태를 가리킨다. 따라서 해당 통화의 가치가 하락하면 이익이 생기고, 반대로 가치가 상승하면 손실이 발생한다. '더 많이 팔았다'란 뜻으로 over-sold position이라고 부르기도 한다.

처음 외환을 접하는 대부분의 사람이 가지는 의문점 중 하나가 숏포지션이다. 어떻게 달러가 없는데 먼저 팔 수 있느냐고 의아해한다. 그런데 거듭 말하지만 사실 외환거래를 '동시에 한 통화를 팔고 다른 통화를 사는 행위'라고 정의했기에 롱포지션에서도 그런 의문을 가져야 한다. 만약 딜러가 달러를 사고 원화를 팔아 롱포지션을 구축하면 지급해야 할 원화는 어디서 나서 팔 수 있을까? 그러면 원화계정에 필요한 만큼의 원화가 있어야 외환거래를 시작할 수 있다는 뜻일까? 아니다. 딜러들은 그런 문제는 전혀 신경 쓰지 않고 순식간에 수천만 달러를 사기도 하고 팔기도 한다. 스팟(현물환)거래는 사거나 파는 즉시 자금결제가 이루어지지 않고 2영업일 뒤인 spot date에 결제가 된다. 그러므로 지금 달러를 팔았다 하더라도 즉시 지급할 필요는 없고 한 시간 뒤에, 아니 두 시간 뒤에라도 예상한 대로 환율이 하락하면 그때 다시 같은 금액만큼 달러를 사면 된다.

결국 딜러가 달러를 보유하고 있지 않아도 2일 안에 시장에서 달러를 사서 지급하면 되므로 먼저 달러를 팔 수 있고, 원화의 경우도 마찬가지다. 계정에 달러든 원화든 돈을 쌓아두어야 거래를 할 수 있는 것이 아니고 상대방과의 거래한도와 차액을 결제할 수 있는 원화 계좌만 있으면 언제든 먼저 팔 수도 있고 살 수도 있다.

bid와 offer를 설명할 때 사고파는 통화의 기준을 기준통화로 생각하는 것이 헷갈리지 않는다고 한 바와 같이, 포지션에서도 별 다른 말이 없으면 보통 long과 short의 기준은 기준통화fixed currency이다.

예를 들어, 달러/원 거래에 관해 딜러끼리 대화를 하는데 A딜러는 자신의 포지션이 '롱 스무 개'라고 하고 B딜러는 '숏 삼천'이라고 했다면 A딜러는 포지션이 2천만 달러 롱포지션이란 뜻이고, B딜러는 3천만 달러 숏포지션이란 뜻이다. 은행간 시장에서 달러/원 거래는 최소 1백만 달러 단위로 거래하기 때문에 '한 개'라는 의미는 1백만 달러를 의미하고, '스무 개'라고 했으니 2천만 달러가 된다. 그렇지만 어떤 딜러는 그냥 우리 단위인 '만, 억, 조'식의 단위를 사용하기도 한다. 그러므로 '삼천'이란 3천만 달러를 의미한다.

상식적으로 '삼천'을 백만 달러 단위로 말해 30억 달러를 뜻하는 '삼천 개'의 포지션을 가지고 있다고 하지는 않았을 것이다. 그 정도 포지션을 가지고 있다면 환율 1원 상승에 30억 원 손실이 발생하므로 누구와 한가로이 포지션에 대해 말하는 정신 상태를 유지하기 어려울 것이기 때문이다. 물론 현실적으로도 아주 특별한 경우가 아니라면 일개 딜러에게 그 정도의 포지션한도position limit[28]를 주는 은행은 없다.

앞서 말한 A딜러의 포지션은 롱포지션이었다. 보다 정밀하게 표현하면 A딜러는 달러USD 롱포지션을 가지고 있고, 동시에 원KRW 숏포지션을 가지고 있는 것이다. 환율이 오르면 달러가치가 상승하는 것이므로 롱포지션을 가진 A딜러는 이익이 생길 것이다. 원화 입장에서 보아도 마찬가지다. 환율의 상승은 원화가치의 하락이므로 원화 숏포지션(달러 롱포지션)을 가진 A딜러에게 환율의 상승으로 이익이 생기는 것은 당연한 일이다. 달러로 포지션을 얘기해도 좋고 원화로 포지션을 말해도 좋지만, 일반적으로 포지션을 말할 때는 역시 기준통화를 기준으로 이야기한다는 점을 알아두자.

28) 딜러가 최대한 보유할 수 있는 포지션 금액. 거래상품과 거래만기 기간별로 다르게 부여됨. 손실한도와 함께 딜러가 반드시 지켜야 하는 한도임.

〈그림 Ⅳ-2〉 롱포지션

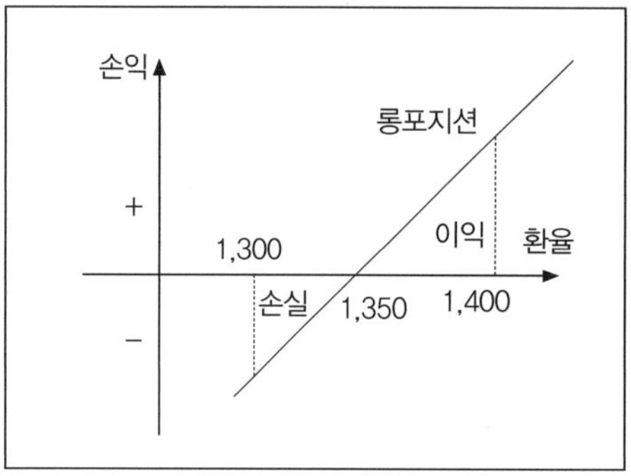

수익차트를 그려보면 보다 쉽게 이해할 수 있다. 〈그림 Ⅳ-2〉는 롱포지션의 손익을 보여준다. 환율이 1,350원에서 1,400원으로 상승하면 롱포지션을 가진 딜러는 이익이 생기고 반대로 환율이 하락하여 1,300원이 되었다면 손실이 발생함을 알 수 있다.

〈그림 Ⅳ-3〉 숏포지션

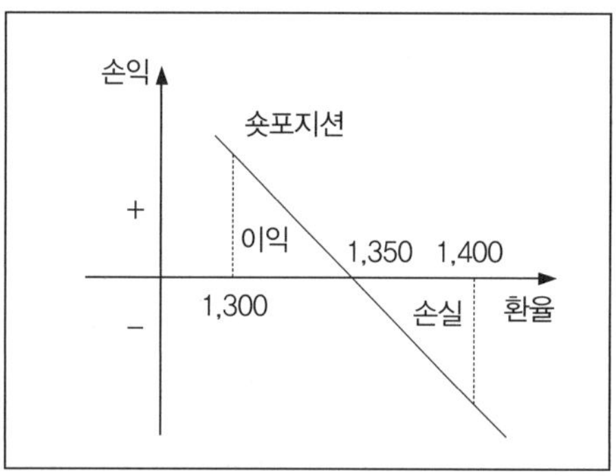

〈그림 Ⅳ-3〉은 숏포지션의 손익을 보여주는데 환율이 하락하면 이익을 보고, 상승하면 손실을 보는 포지션임을 알 수 있다.

A딜러가 롱포지션 2천만 달러를 매도함으로써 손익을 확정하였다면 환율이 움직여도 더 이상 손익은 발생하지 않는 상태가 된다. 이런 상태를 스퀘어포지션square position이라고 한다. 달리 표현하면 외화부채와 자산이 균형을 이루어서 환율변동에도 손익이 생기지 않는 포지션이라고 말할 수 있다.

롱이든 숏이든 환율변동에 따라 손익이 발생하는 포지션을 오픈 포지션open position이라고 한다. 그러므로 포지션이 오픈되어 있는 상태에서는 당시 환율에 따라 손익이 순간순간 변하는데 이때 손익을 평가손익이라고 한다. 반면에 롱포지션을 매도하거나 숏포지션을 매수하여 스퀘어포지션이 되었다면, 오픈 포지션이 close되었다고 말하고 손익은 확정된다. 만약 기업의 포지션이 오픈되어 있다면 그 기업은 환위험에 노출되어 있는 상태가 되어 환율변동에 따라 평가손익이 발생하고 있는 상황인 것이다. 그리고 외환딜러가 오픈 포지션을 가지고 있다는 표현은 투기적 거래를 하고 있다는 의미이다.

기간에 따른 포지션

예로 들었던 서랍 속의 달러 포지션을 현금포지션cash position이라고 한다. 현금포지션이란 언제든지 매수 또는 매도함으로써 다른 통화로 현금화할 수 있는 상태의 포지션을 말한다. 서랍이나 금고에 보관되어 있는 외화자산도 현금포지션이고, 기업이 은행의 외화당좌계좌에 보유하고 있어 당장이라도 매도할 수 있는 포지션도 현금포지션이라고 한다.

현물환 매매로 오픈 포지션이 있거나 spot date 안에 주거나 받을 외화자산이나 부채가 있는 경우 현물환포지션spot position이라고 한다. 선물환 매매로 포지션이 오픈되어 있거나, 무역거래 등으로 spot date 이후 받을 외화나 지급해야 할 외화가 있는 포지션을 선물환포지션forward position이라고 한다.

〈그림 Ⅳ-4〉 결제일로 구분하는 현물환과 표준일거래 선물환

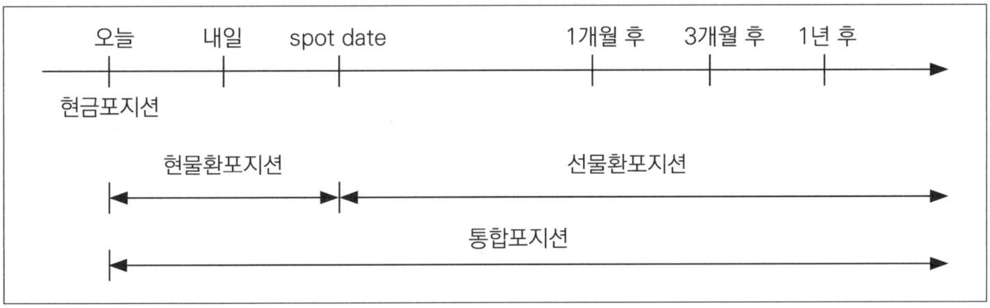

스퀘어포지션만 아니라면 언제 만기가 도래하든 오픈 포지션은 환율변동에 따라 손익이 발생한다. 따라서 환율이 변동하면 현금포지션, 현물환포지션 및 선물환포지션 모두에 손익이 발생한다. 이 세 개의 포지션을 모두 합한 포지션을 통합포지션overall position이라고 하며, 환위험을 관리하려 한다면 통합포지션을 관리해야 한다. 하지만 통합포지션으로 볼 때 외화자산과 외화부채가 균형을 이루어 스퀘어포지션이 되었다 하더라도 포지션들 간에 만기가 서로 다를 경우 통화의 이자율차이로 생기는 미묘한 손익이 존재하기 때문에 포지션들의 만기관리에 주의를 기울여야 한다.

연습

현재 대한산업의 외화당좌계좌에는 2백만 달러가 있고, 모레 결제해야 할 수입대금이 3백만 달러이며, 3개월 후 받을 수출대금이 5백만 달러가 있어 선물환으로 일부 금액인 3백만 달러를 매도해놓았다. 대한산업이 관리해야 할 환위험금액은 얼마인가?

해답 통합포지션 = 현금포지션 + 현물환포지션 + 선물환포지션

= 2,000,000 + (−3,000,000) + {5,000,000 + (−3,000,000)}

= 1,000,000

따라서 대한산업은 1백만 달러 롱포지션을 가지고 있으므로 환위험을 관리하기 위해서는 1백만 달러를 매도해야만 한다.

mine! ok done.

외환거래는 외환중개사를 매개로 한 간접거래와 거래상대방과 직접거래를 하는 방식으로 나누어볼 수 있다. 은행간 거래를 먼저 살펴보면 달러/원 스팟

(현물환)거래는 서울외국환중개와 한국자금중개 2개사의 중개brokerage로 거래되며 NDF, 외환스왑 또는 통화스왑 등도 상기 2개 중개사와 국내에 들어와 있는 다국적 외환중개사들을 통해 거래가 이루어진다. 이종통화third currency[29]거래는 외환중개사를 통한 거래도 있지만 거래상대방과의 직접거래가 더 많다. 특히 도이치나 바클레이즈 같은 대형 은행들은 자신들의 거래은행과 주요 고객들에게 거래시스템을 제공하여 시스템을 통해서 언제든 직접거래할 수 있도록 서비스를 제공하고 있다. 이와 같은 대형 은행들의 거래시스템을 통한 직접거래가 늘어나고 있는 것이 세계적인 흐름이다. 우리나라에선 이종통화거래의 경우 아직도 로이터 딜링 머신[30]을 통한 직접거래가 주된 거래형태이다.

거래 통신방식은 중개매매의 경우엔 외환중개사가 제공하는 전자중개시스템EBS을 사용하고 직접거래의 경우엔 로이터 딜링 머신, 대형 은행의 거래시스템platform 및 전화를 이용한다. 최근에는 각종 메신저의 사용이 일반화되어 정보교환뿐만 아니라 거래 역시 메신저를 통해 이루어지기도 한다. 로이터Reuters나 블룸버그Bloomberg 메신저와 야후나 카톡 같은 메신저들도 사용된다.

반면 대고객 거래는 매우 간단하다. 대부분 거래상대방이 은행 등으로 정해져 있어서 전화를 통한 거래가 대부분이다. 일부 은행이 고객에게 제공한 거래시스템을 사용하기도 하지만 아직 그런 시스템은 일부 대형 고객에게만 제공되고 있다. 역시 은행과 고객 간에도 메신저를 통한 커뮤니케이션은 활발한 편이다.

29) *異種通貨. 자국통화(첫 번째 통화)나 미국 달러(두 번째 통화)가 아닌 통화(세 번째 통화). 우리 입장에서 엔이나 유로 같은 통화를 말함.*
30) *톰슨 로이터사에서 서비스하는 딜링 전용 단말기로 딜러들끼리 각 은행의 고유코드를 가지고 채팅 형태로 거래를 하는데 딜링 전용의 편이성 때문에 거의 모든 외환딜러가 사용함.*

어느 전문분야나 마찬가지지만 외환거래에서도 자기들만의 용어와 거래방식이 관습으로 되어 있다. 거래 시 사용하는 단어나 표현들을 보면 일반인이 이해하지 못하는 부분들도 있지만, 실제 사용하는 표현은 제한적이어서 주니어 딜러라 하더라도 금세 익숙해진다. 외환시장은 초 단위로 환율이 바뀌는 경우가 많아서 모든 거래가 신속하고 정확하게 이루어져야 하므로 거래에 사용하는 표현은 최대한 줄여서 말한다. 단어 철자를 줄인다거나 단어 자체를 한 글자로 표현하기도 한다. 또 특별히 언급하지 않는 한 금액은 기준통화 금액으로 표현한다.

다음은 일상적 거래의 예이다. 딜러들의 거래내용을 잠시 엿보자.

① 딜러 A: yen 10 pls ② 딜러 B: 42 45 ③ 딜러 A: mine ④ 딜러 B: ok done. I sell 10 mio dols ag jpy at 102. 45 val 19 feb 14. My jpy to Korea bank tok pls ⑤ 딜러 A: ok my dol to ROK ny pls. tks 4 the deal. Bifn ⑥ 딜러 B: tksnbi. hv a nice day	➡	딜러 A: 달러/엔 1천만 달러 가격 주세요. 딜러 B: 42 45 딜러 A: 1천만 달러 사겠습니다. 딜러 B: 체결. 2014년 2월 19일자로 1천만 달러의 달러/엔을 102.45에 팔았습니다. 당행이 받을 엔은 동경의 Korea은행 계좌로 보내주세요. 딜러 A: 좋습니다. 달러는 ROK은행 뉴욕 계좌로 입금해주세요. 거래 감사합니다. 안녕히 계세요. 딜러 B: 고맙습니다. 안녕히 계세요. 좋은 하루 되십시오.

① 특별한 언급이 없는 한 거래단위는 1백만 달러이다. 그러므로 'yen 10'이 가지는 의미는 'USD/JPY for USD 10 millions'이다. pls는 please를 줄여서 쓴 것이다.

② big figure를 생략한 bid, offer만 제시한다. big figure는 거래자 상호 간에 이미 알고 있는 상황이기에 신속한 거래를 위해서 생략하고 pip단위의 가격만을 말한다.

③ mine은 '내가 산다'란 의사표현이다. 유사하게 'I buy' 또는 'take'란 말을 쓰기도 한다. 반대로 팔 경우엔 'urs'라고 하는데 yours의 줄임말이다. 'I sell'이나 'give'라고도 쓴다. 역시 거래체결에 대한 의사전달을 가능한 한 빠른 시간 내에 해야 하므로 체결 여부만 먼저 말함으로써 거래체결을 최우선으로 한다. 또는 가격을 직접 찍어도 된다. 이번 경우에는 'at 45'라고 하기도 한다. offer가격을 명시함으로써 매수하겠다는 의사를 표현한 것이다. 정말 바쁠 때는 그냥 '45'만 찍기도 한다. 시스템이 좋아진 요즘에는 buy와 sell이 큼직한 글씨로 쓰여 있는 전용 키패드를 사용하기 때문에 한결 편리하고 시간도 절약할 수 있다.

④ 체결되었음을 말하고 거래 세부사항을 확인하고 자신이 받아야 할 엔화 계좌를 알려준다. 보통 계좌번호 등의 세부적 상황은 미리 입력해놓았던 단축키를 눌러 알려주거나 사후관리 과정에서 확인한다. 'tok'은 Tokyo를 줄여 쓴 말이다. 통화 표현도 달러의 경우 usd, dlr, dol 등 다양하게 사용하고, 엔 역시 jpy이나 yen 어느 것을 사용해도 상관없다. 'mio'는 백만을 뜻한 million을 말한다. 'ag'는 against를 말한다.

⑤ 달러 매수자도 자신이 받을 달러 계좌를 알려준다. 'ny'는 New York의 준말이다. 'tks 4 the deal' 'Thanks for the deal'이고 'bifn'은 'Bye, friend!'라는 뜻이다.

⑥ 'tksnbi'는 'Thanks and bye'이고 'hv'는 have의 줄임말이다. 딜링 용어들은 요즘 10대들이 사용하는 줄임말들과 비슷하고 대문자, 소문자의 구분 없이 빠른 의사전달만을 중요시한다.

거래 가격이 맞지 않아 체결이 되지 않는 상황은 다음과 같이 표현된다.

딜러 A: yen 10 pls 딜러 B: 42 45 딜러 A: my risk ① 딜러 B: change. 44 47 ② 딜러 A: sori nth done. Bifn ③ 딜러 B: ok bi	⇨	딜러 A: 1천만 달러에 대한 달러/엔 가격 주세요. 딜러 B: 42 45 딜러 A: 좀 더 지켜볼까요? 딜러 B: 44 47로 가격 변경합니다. 딜러 A: 미안합니다. 거래하지 않겠습니다. 수고하세요. 딜러 B: 알겠습니다. 안녕히 계세요.

① 'my risk'는 잠시 가격을 더 보겠다는 뜻인데, 그 사이에 가격이 변하는 것은 자신의 책임이란 의미다. 만약 가격문의자calling party가 즉시 거래의사를 밝히지 않을 경우 가격제시자quoting party는 가격이 변할 수 있음을 말하는데 그럴 때는 'ur risk'라고 말한다. 즉, '당신이 즉시 의사표현을 하지 않았으므로 가격이 바뀌어도 당신의 책임이다'라는 뜻이다.

② 'change'란 말 그대로 가격이 바뀌어서 이미 제시한 가격이 더 이상 유효하지 않음을 알려주는 말이다. 보통 change 후에는 새로운 가격을 알려준다.

③ 가격이 자신이 원하는 수준이 아니어서 거래를 하지 않겠다는 뜻을 밝힌 것이다. 'Sorry, nothing done. Bye friend'를 줄여서 쓴 표현이다. 체결이

되지 않았다는 표현은 'nothing done', 'nothing there' 또는 'nothing at the mom' 등을 사용한다. 'mom'은 moment의 줄임말이다.

딜슬립deal slip

딜러가 외환거래를 하고 나면 반드시 딜슬립을 적는다. 딜슬립이란 외환매매의 모든 사항을 적는 종이인데 복수의 복사종이가 붙어 있어 펜으로 적으면 동시에 여러 장의 딜슬립이 만들어진다. 외환거래의 기록과 결제업무 및 통제를 위해 여러 장의 딜슬립이 필요하다. 거래를 한 딜러의 보관용, 백오피스back office[31)]에서 필요로 하는 업무 처리용 그리고 거래가 적합한 거래였는지를 확인하는 담당자용으로도 딜슬립은 필요하다. 물론 요즘 대부분의 은행은 이런 딜슬립 작성과정을 모두 전산화하여 딜러가 은행시스템에 입력하고 확인만 하면 바로 관련 부서 모니터에서 거래내역이 모두 조회된다.

딜슬립에는 거래일, 결제일, 거래 통화와 반대 통화, 각각의 금액, 거래가격인 환율, 거래방향, 두 통화의 결제은행 계좌정보 등이 포함되며 마지막으로 딜러가 서명을 하면 딜슬립 작성이 완료된다. 작성 완료된 딜슬립은 거래체결 시간을 확인하기 위해 타임 스탬프time stamp[32)]를 찍고, 딜러 보관용 한 장을 제외한 나머지 딜슬립은 백오피스로 전달된다. 만약 거래가 딜링시스템으로 거래된 경우라면 거래 후 자동으로 출력되는 확인서confirmation를 첨부하여 전달한다.

31) 딜링룸dealing room에서 매매한 외환거래의 확인, 결제, 자금집행, 취합 등의 업무를 담당하는 부서로 딜링룸을 이익 창출 부서인 일선영업부서front office로 부르는 것에 반하여 후선부서back office로 부름. 기관의 조직에 따라 결제업무부 등으로도 부름.

32) 날짜와 시간이 인쇄되어 찍히는 장치. 외환거래 체결 시간을 기록하기 위한 것으로 딜러는 반드시 타임 스탬프를 찍어서 후선부서로 넘겨야 함. 출퇴근 기록용으로도 사용함.

물론 전산화된 이후엔 서명 대신 전자결재가 들어가고 확인 엔터키를 누르는 순간 바로 전송되므로 별도로 타임 스탬프를 찍을 필요는 없다. 거래 확인서 역시 백오피스에서도 바로 출력할 수 있게 전산화가 되어 있어서 과거보다는 거래입력이 매우 간단해졌다.

3. 여러 가지 주문들

매 순간 딜러가 직접거래를 할 수도 있겠지만 눈으로 보다 보면 순간적인 가격을 놓칠 때도 있고, 회의나 전화통화 때문에 목표환율을 지나쳐버릴 수도 있다. 심지어 화장실 다녀오는 중에 가격이 변할 수도 있다. 주간에 거래를 마무리하지 못한 경우 야간거래로 넘어갈 수도 있는데 이럴 경우 시장을 보지 못할 수도 있다. 이런 불가피한 상황에 대비하기 위해 딜러들은 꼭 필요한 거래는 동경이나 런던 등 자기 은행의 다른 지점이나 친한 다른 은행에 미리 주문을 내놓기도 한다. 은행 딜러들뿐만 아니라 고객들 역시 사거나 팔아야 할 필요가 있으면 은행에 사전에 주문을 내놓는 경우가 많다.

전자부품 수출기업인 한국전자의 김 과장은 입금된 수출대금을 매도하고자 한다.그는 거래은행에 전화를 걸어 현재 가격을 문의하여 가격을 제시받았다. 현재 환율에 만족한 김 과장은 '5백만 달러 지금 가격에 팔아주세요'라는 주문을 했다. 주문을 받은 은행딜러는 시장의 bid가격인 1,175.50원에 5백만 달러를 매도하고 체결되었음을 김 과장에게 확인하였다.

이렇게 현재 시장에서 거래되는 환율로 즉시 체결시키는 주문을 시장가주문 market order이라고 한다. 시장가주문이란 현재 시장가격으로 체결시키기를 원하는 주문이다. 그러므로 가장 신속하게 처리해야 하기에 모든 주문에 앞서 최우선으로 체결시킨다. 일반적인 외환거래는 시장가로 이뤄진다.

Spot	USD/KRW	1,175.20/40
	USD/JPY	122.50/55

수입결제를 해야 하는 대한상사 이 과장은 시장점검을 했다. 그 결과 오늘 달러/원은 1,173원까지 하락할 가능성이 많았다. 따라서 지금 가격에 달러를 사는 것보다는 더 낮은 가격에 매수주문을 내놓는 게 좋을 것 같아 평소 거래하는 은행에 '1,173원에 1천만 달러 매수' 주문을 내놓았다. 다행히 이 과장의 예상대로 시장이 움직여서 미리 내놓은 주문이 체결되었다.

이렇게 '현재보다 더 좋은 환율에 거래하려는 의도로 특정 가격에 사거나 팔아달라는 주문'을 지정가주문limit order이라고 한다. 지정가주문은 더 좋은 환율에 새로운 포지션을 가지려 할 때나, 기존에 보유하고 있는 포지션의 이익실현을 하려는 의도가 있을 때 사용하는 주문이다.

갑은행의 딜러인 홍길동 대리는 엔의 강세를 예상하여 달러/엔을 매도하였으나 저녁이 되어도 원하는 수준으로 하락하지 않았다. 하지만 달러/엔 숏포지션을 유지하고 싶은 홍 대리는 일단 포지션을 들고 가기로(은행 딜러들이 거래일을 넘겨 다음 영업일까지 포지션을 유지하는 경우 흔히 사용하는 표현) 했다. 하지만 밤새 미국의 고용지표가 긍정적으로 발표되면 달러/엔이 상승할 가능성이 있다. 그럴 경우 발생할 수도 있는 손실금액이 홍 대리에게 허용된 손실한도stop limit[33]를 초과할 수도 있기 때문에 런던지점에 '123.00엔에 도달하면 달러/엔 1천만 달러를 매수해주세요'라는 주문을 냈고, 런던시간이 지나면 뉴욕지점으로 전달해서 뉴욕 종가까지 그 주문이 계속 유효하도록 하였다.

홍 대리의 주문처럼 현재보다 더 불리한 특정 가격이 되었을 때 체결되도록 하는 주문을 손절주문stop order이라고 한다. 특별한 언급이 없는 한 손절주문은 목표환율에 도달하면 시장가로 주문처리가 된다. 즉, 달러/엔이 123.00엔이 되면 다음 호가가 123.00엔보다 높더라도 매수주문을 이행해야 한다. 그러므로 손절주문의 경우 주문가격보다 더 나쁜 가격에 체결되는 경우가 많다.

홍 대리는 퇴근 전 런던지점에 주문을 주었지만 그 주문이 런던시장이 끝날 때까지 체결되지 않을 경우 뉴욕지점으로 전달되기를 원했고, 뉴욕시장이 종료될 때까지 자신의 주문이 유효함을 명시했다. 이렇게 주문의 유효시점을 명시한 주문을 GTC주문이라고 한다. GTC란 Good Till Canceled의 준말인데 말 그대로 '취소하기 전까지는 유효'한 주문을 말한다. 홍 대리의 주문은 전달될 때 'GT NY Closing'이라고 적혀서 전달되었을 것이다. 뉴욕시장이 끝날 때까지 유효한 주문이란 뜻이다.

이렇듯 특정 시점을 GTGood till 뒤에 명시함으로써 유효기간을 표현한다. GT 15:00 London time이라고 특정 시간을 정해서 낼 수도 있지만, 뒤에 아무런 특정 시점을 명시하지 않은 채 그냥 GTC로만 주문이 나가면 주문을 낸 딜러가 취소하기 전까지 은행의 네트워크를 따라 계속 유효한 주문으로 전달되어 런던–뉴욕–시드니(웰링턴) 순으로 돌아서 다시 서울 딜링룸으로 되돌아온다.

33) 딜러는 거래의 결과로 이익도 생기지만 때로는 예상이 빗나가 손실을 볼 때도 있는데, 은행은 리스크관리 목적으로 각 딜러에게 손실을 볼 수 있는 금액한도를 부여하며 이를 손실한도라고 함. 만약 손실한도를 벗어난 손실이 발생하면 책임을 물어 최악의 경우 딜러를 해고하거나 개인 배상을 요구하기도 함.

다음 날 손절주문이 체결되지 않은 상태로 자신이 냈던 주문을 돌려받은 홍 대리는 오전 중 중요한 회의가 있어 참석해야 했다. 현재 환율은 공교롭게도 어제와 같은 122.50/55엔 그대로다. 홍대리는 오픈 포지션을 그대로 둔 채 회의에 들어갈 수 없어서 동경지점에 '1천만 달러를 122.00엔 또는 123.00엔에 매수해 주세요'라는 주문을 내었다. 홍 대리의 주문처럼 손절주문과 이익실현주문을 동시에 내는 주문을 OCO주문이라고 한다. OCO란 One Cancels (the) Other의 준말인데 두 개의 주문 중 하나가 체결되면 다른 주문은 취소한다는 뜻이다. 따라서 환율이 122.00엔이 되어 홍대리의 이익실현주문이 체결되었다면 123.00엔에 내놓은 손절주문은 자동으로 취소된다. 반대로 123.00엔이 되어 손절주문이 먼저 체결되었다면 122.00엔에 있는 이익실현주문은 취소된다. OCO주문은 시장을 항상 지켜볼 수 없는 거래자에게 매우 유용한 주문이다.

4. 대고객 외환거래 절차

은행과 거래를 하려면 은행창구에서 계좌개설을 먼저 해야 하고, 주식거래를 하려면 증권회사에서 증권계좌를 먼저 개설해야 한다. 마찬가지로 외환거래를 하려면 거래를 하려는 기관에서 외환거래를 위한 계좌를 개설해야 한다. 물론 환전이나 송금 같은 단순한 일회성 외환거래를 할 때는 신분증만 지참하면 계좌 개설 없이 거래할 수 있다. 그렇지만 기업이 수출입과 관련된 외환거래를 지속적으로 하려고 한다거나 개인이 환투자를 하려고 한다면 계좌개설이나 별도의 거래계약이 필요하다. 계좌개설이나 계약을 위해서는 각 기관이 요구하는 서류들이 있으므로 사전에 문의한 후 준비한다.

고객이 외환거래를 하기 위해서 거쳐야 하는 절차를 알아보자. 앞서 말한 것처럼 현장에서 즉시 돈을 주고 받는 value today거래에는 자금을 주고받는 데 위험이 없다. 하지만 같은 현물환이라고 하더라도 value spot거래는 2영업일 후에 거래 통화를 주고받기로 하는 거래이기에 어느 한 상대방이 이행을 하지 않을 위험이 존재한다. 이틀 사이에 엄청난 사건이 일어나 환율이 매우 큰 폭으로 변하여서 value spot으로 거래해놓은 거래가 한쪽 거래자에게 매우 불리해져 거래 이행을 포기하는 경우도 있고, 아니면 극단적인 경우 그 이틀 사이에 거대상대방이 부도 등으로 거래 이행 불능 상태에 빠질 수도 있다. 이렇게 자금결제가 이행되지 않음으로써 발생할 수 있는 손실에 대한 위험을 결제위험 settlement risk이라고 한다. 그러므로 외환거래를 할 때에는 상대방과의 거래에서 거래가 이행되지 않음으로써 발생할 수 있는 위험을 고려하여 거래한도를 설정하는 것이 우선이다.

설명한 바와 같이 value spot거래에서도 거래한도가 필요하다. 그나마 결제기간이 짧아서 value spot에 대한 거래한도 부여는 비교적 쉬운 편이다. 그렇지만 선물환이나 스왑, 옵션 등 결제기간이 길고 조건이 다양한 파생상품들의 경우는 보다 까다로운 승인절차가 필요하다. 기업이 거래를 희망할 경우 은행은 기업이 제출한 감사보고서 등을 기초로 하여 심사에 착수하는데 기업의 신용도와 은행과의 거래관계 등을 고려하여 한도를 부여한다. 이때 거래한도란 그 기업과 거래할 수 있는 최대금액을 설정하여 그 금액 안에서 자유롭게 거래할 수 있도록 한 것이다. 물론 결제기간과 상품에 따라서 위험도가 다르므로 상품과 만기별로 거래한도가 다르다.

거래한도에 대한 심사와 더불어 기업과 은행간에는 외환거래를 위한 계약서를 작성한다. 은행이나 기관마다 다소 차이가 있어 계약서의 이름은 다를 수 있지만 기본적인 계약서에는 계약과 관련한 용어의 정의, 거래 상품의 범위, 결제방법 및 중도 해지 등에 관한 일반적인 내용들이 포함된다. 기업과의 일반적인 외환거래에서는 한글로 된 계약서와 부속서류로 가능하지만, 국제적인 표준에 준한 파생상품이거나 보다 명확한 계약 내용이 필요한 경우 영문으로 된 ISDA Master Agreement[34]가 필요하다.

34) 전 세계적으로 장외파생상품 거래 시 통용되는 계약서로 국제스왑파생상품협회International Swaps and Derivatives Association(ISDA)가 발행함. 본 계약서는 파생상품과 관련된 용어의 정의, 법적인 문제, 세금이슈, 결제 등 모든 내용을 포괄적으로 담고 있어 모든 은행이 다른 은행 및 금융기관이나 대기업들과의 거래에서 필수적으로 사용하고 있음. 처음 거래하기 전에 계약을 하고 차후 변경사항이 있을 때만 수정 보완함.

이제 거래를 위한 계약서를 작성하고, 거래한도를 부여받았으면 외환거래가 가능하다. 외환거래가 체결되고 나면 은행이 기업에게 거래확인서confirmation를 보내준다. 내용이 맞으면 서명날인을 한 후 은행으로 돌려줌으로써 모든 거래절차가 마무리된다. 이후 만기가 되어 인수도가 이루어지면 외환거래는 종료된다.

모든 금융상품의 거래 시, 상품을 판매하는 기관은 고객에게 상품에 대한 충분한 설명을 하도록 되어 있다. 예를 들어 병원에서는 의사들이 수술을 앞두고 수술이 가지는 위험성에 대하여 환자와 환자 보호자에게 설명하고 설명을 들었다는 서명을 받는다. 이와 마찬가지로 금융상품을 파는 기관도 거래 전에 고객에게 상품거래에 따라 발생 가능한 모든 위험에 대해 설명을 하고 고객의 서명을 받는다. 이런 설명과정을 위험고지危險告知라고 한다. 기관이 위험고지를 제대로 하지 않았을 경우, 그래서 고객의 확인 서명을 받아놓지 않았을 때 위험고지와 관련된 사항으로 거래에 문제가 발생하면 그에 대한 책임은 우선적으로 상품을 취급한 기관에게 있다. 따라서 위험고지는 그 내용을 필수적으로 숙지해야 하는 기업뿐만 아니라 알려야 하는 의무를 가진 은행 등 기관에게도 매우 중요한 사항이다. 위험고지는 유사한 거래를 반복하더라도 매번 행해져야 한다.

그 외 중소기업의 환위험 관리 및 개인의 환투자를 위한 통화선물거래의 절차와 환변동보험 거래절차는 은행과의 거래절차와 조금 다르다. 이 부분은 해당 상품 설명 시에 살펴보기로 한다.

주요 내용

- 모든 외환거래의 기본은 현물환거래이다. 현물환거래에는 당일 결제되는 value today, 익일 결제의 value tom과 spot date에 결제되는 value spot이 있다. 2영업일 이후에 결제되는 외환거래를 선물환이라고 한다.

- 선물환은 만기에 따라 표준일거래과 비표준일거래로 구분하고 만기일의 계산은 spot date부터 한다. 만기일 결제는 거래 금액 전액을 주고받기도 하고 계약환율과 지정환율의 차액만을 정산하기도 한다.

- 보유하고 있는 외화자산과 외화부채가 균형이 맞지 않아 환율이 변동하면 손익이 발생하는 상태를 포지션이라고 한다. 매수초과된 상태를 롱포지션, 매도초과된 상태를 숏포지션이라고 하고 포지션이 청산되면 스퀘어포지션이라고 한다. 만기에 따라 현금포지션, 현물환포지션, 선물환포지션이 있고 이 모두를 합한 통합포지션이 있는데 환위험 관리는 통합포지션으로 한다.

- 달러/원 현물환거래는 서울외국환중개와 한국자금중개 2개 외환중개사의 EBS로 이뤄진다. 나머지 외환거래들은 외환중개사, 대형 은행의 거래시스템 및 로이터 딜링 머신으로 이루어진다. 외환거래에서는 신속한 · 정확한 거래를 위해 축약된 용어들을 사용하고, 거래 후에는 거래 명세를 적은 딜슬립을 작성한다.

- 기본 외환거래는 시장가주문으로 거래되지만 보다 좋은 환율에 거래할 때는 지정가주문, 불리한 환율에 체결시키는 손절주문과 주문유효시간을 명시하는 GTC주문, 이익실현과 손절주문을 동시에 내는 OCO주문 등이 있다.

- 고객이 외환거래를 하기 위해서는 거래한도를 부여받은 후 기본 계약서를 작성하여야 한다. 거래 후에는 거래확인서를 주고받음으로써 거래가 종료된다.

연 / 습 / 문 / 제

외환시장,
아는 만큼 보인다

1. 다음 4월 30일 체결된 1개월 만기 달러/원 선물환거래의 만기일은 언제인가?

5월

일	월	화	수	목	금	토
27	28	29	30	1	2	3
4	5	6	7	8	9	10
11	12	13	14	15	16	17
18	19	20	21	22	23	24
25	26	27	28	29	30	31

6월

일	월	화	수	목	금	토
1	2	3	4	5	6	7
8	9	10	11	12	13	14
15	16	17	18	19	20	21
22	23	24	25	26	27	28
29	30	1	2	3	4	5

공휴일: 5월 1일 · 5일 · 6일 / 6월 4일 · 6일

① 5월 30일　② 6월 2일
③ 6월 5일　④ 6월 9일

2. 대박전자의 포지션 상황이다. 대박전자가 환위험을 관리해야 하는 포지션 종류와 금액은 얼마인가?

> 대박전자는 현재 원화 당좌에 30억 원이 있고, 내일 결제할 수입대금 150만 달러가 예정되어 있다. 수출대금은 모레 200만 달러가 입금된다고 통보되었고, 3개월 후에도 250만 달러 수출대금이 들어올 예정이다. 오픈 포지션을 줄이기 위해 선물환으로 200만 달러를 매도해놓았다. 오늘 현재 달러/원 환율은 1,000원이다.

① 숏포지션 200만 달러　② 숏포지션 100만 달러
③ 롱포지션 100만 달러　④ 롱포지션 400만 달러

3. 다음 거래내역에 대한 설명 중 맞지 않는 것은?

딜러 A: 10 gbp ag dol pls
딜러 B: 30 33
딜러 A: urs
딜러 B: ok done. I buy 10 mio gbp ag dol at 1.6430 val 22 sep 14 My gbp to our London pls
딜러 A: ok my dol to ROK ny pls. tks. bifn
딜러 B: tksvm ciao

① 딜러A는 1천만 달러를 팔았다.
② 딜러B는 파운드를 자신이 일하고 있는 은행의 런던계좌로 받을 예정이다.
③ 딜러A를 calling party라고 한다.
④ 본 거래는 최소한 2014년 9월 21일보다 이전에 거래되었다.

4. 이익실현과 손절주문을 함께 내는 주문으로 둘 중 하나가 먼저 체결되면 다른 주문은 자동으로 취소되는 주문을 무엇이라 하는가?
① 시장가주문
② 지정가주문
③ GTC주문
④ OCO주문

5. 대고객 거래절차에 관한 설명 중 맞지 않는 것은?

① 용역수수료로 입금된 외화를 오늘 매도할 때는 거래계약서를 작성할 필요가 없다.
② value spot거래는 현물환거래이므로 별도의 거래계약서가 필요 없다.
③ 통화옵션 거래체결 전에 발생 가능한 모든 위험에 관해 고객에게 설명하고 고객의 확인을 받는 절차를 위험고지라고 한다.
④ 위험고지는 유사한 외환거래를 반복할 때에도 매번 행해져야 한다.

정 / 답 / 및 / 해 / 설

1. 정답 ④

4월 30일의 spot date인 5월 7일로부터 1개월이므로 6월 7일이어야 하는데 역시 토요일이어서 다음 영업일인 6월 9일이 1개월 만기일이다.

2. 정답 ③

포지션을 관리할 통합포지션은 현금포지션, 현물환포지션 및 선물환포지션의 합이므로 통합포지션은 롱포지션 100만 달러다.

통합포지션 = 0 + (−150 + 200) + (250 − 200) = +100

현금포지션은 외화가 아닌 원화만 있으므로 zero이고, 현물환포지션은 수입대금 150만 달러와 수출대금 200만 달러의 차이인 50만 달러 롱포지션이며, 선물환포지션은 수출대금 250만 달러와 선물환매도 200만 달러가 있어 역시 50만 달러 롱포지션이어서 모두 합하면 100만 달러 롱포지션이다.

3. 정답 ①

딜러A는 달러가 아닌 1천만 파운드를 매도한 것이다.

4. 정답 ④

두 개의 주문 중 하나가 먼저 체결되면 다른 하나는 자동으로 취소되는 주문을 OCO주문이라고 한다.

5. 정답 ②

value spot거래라 하더라도 결제위험이 있으므로 거래한도가 필요하다.

제 5 편
선물환과 외환스왑

외환시장, 아는 만큼 보인다

1. 스왑포인트를 알면 선물환을 이해할 수 있다
2. 두 개의 다리가 있는 외환스왑
3. 만기를 바꿔주는 외환스왑
4. 선물환 실무
5. outright forward vs. swap forward

제5편

학습개요

환위험을 관리하기 위한 외환상품 중 가장 일반적이고 오래되었으며 다른 외환파생상품의 기준이 되는 선물환의 가격구조를 살펴본다. 통화의 미래가치는 그 통화의 이자율과 밀접한 관계가 있음을 이해하고, 자금거래와는 달리 외환스왑이 어떤 면에서 더 장점을 가지고 있는지 알아본다. 아울러 외환스왑의 구조를 이해하고 활용사례를 통해 외환스왑의 활용도를 높이도록 한다.

학습목표

- 두 통화의 이자율차이가 선물환 가격 구조에 어떤 영향을 주는지 사례를 통해 이해하고 스왑포인트를 산출할 수 있다.

- 예제를 통해 선물환거래의 예상가격을 산출해보고 실무적 활용방법을 숙지한다. 아울러 표준일거래, 비표준일거래와 ante-spot의 가격산출 연습을 하고 이를 산출할 수 있다.

- 왜 자금시장을 통한 선물환율 산출보다 외환스왑을 이용한 선물환율 산출이 일반적인지 알아봄으로써 외환스왑의 장점에 대해 이해할 수 있다.

- 외환스왑의 구조와 조건에 대해 이해하고 다양한 활용 사례를 통해 외환스왑의 활용도를 높일 수 있다.

1. 스왑포인트를 알면 선물환을 이해할 수 있다

선물환율 = 현물환율 + 스왑포인트

고객이 3개월 만기의 선물환 가격을 문의해왔다. 갑은행의 딜러 홍길동 대리는 처음 외환교육을 받을 때 배웠던 선물환 가격 산출 방법 세 가지를 떠올리고는 미소를 지었다. 그 세 가지 방법은 다음과 같다.

1) 다른 은행에 가격을 물어본다.
2) 현물환거래와 자금시장을 이용하여 산출한다.
3) 현물환거래 후 외환스왑을 이용하여 산출한다.

처음 세 가지 방법을 들었을 때, 2번과 3번은 그럴 수 있겠구나 생각되었는데 도대체 은행 딜러의 자존심이 있지 다른 은행에 가격을 물어본다니 무슨 소리인가 싶었다. 당시 강사를 담당했던 선배 딜러도 우습지 않느냐며 장난스럽게 말했던 기억이 났다. 그러나 실제로 딜러가 되어 거래를 하다 보니 실제 거래 목적으로 다른 은행에 가격을 물어본 적은 없지만 자신이 산출한 가격을 확인하거나 시장상황을 점검하기 위해서 다른 은행에 가격을 물어본 적은 있었다.

사실 가장 쉬운 방법이기도 하고, 특히 고객이 거래의도를 가지고 물어보기보다는 참고가격indicative price[35]으로 문의할 때 즐겨 사용하는 방법이기도 하다. 하지만 그래도 달러라면 시장에서 가격을 구하는 것이 바른 방법일 것이다.

이제 두 번째 방법으로 선물환 가격을 구해보기로 하자.

사례

한국테크는 5월 20일 설비수출 계약을 하고 3개월 후인 8월 22일에 수출대금으로 1백만 달러를 받기로 하였다. 향후 달러/원 환율이 하락할 것으로 예상되기 때문에 선물환으로 환위험을 헤지하려고 한다. 현재 현물환율과 이자율이 다음과 같을 때 선물환율은 얼마일까?

Spot USD/KRW	1200.00
USD 3개월 이자율	5.30%
KRW 3개월 이자율	3.53%
기간(3개월)	92일

거래내용	5/20	5/22	8/22
① 환노출	수출계약 체결		+USD1,000,000
② 한국테크	거래예정		−USD1,000,000 +KRW ?
③ 현물환 매도		−USD1,000,000 +KRW1,200,000,000	
④ 차입		+USD1,000,000	−USD1,013,544.44
⑤ 예금		−KRW1,200,000,000	+KRW1,210,677,041

35) 실제 거래되고 있는 가격이 아닌 거래되고 있는 가격 수준을 알고자 할 때 물어보는 가격. 예시가격 또는 참조가격이라고 함.

① 한국테크는 3개월 후 받을 외화자산이 USD1,000,000 있다.

② 롱포지션이 오픈되어 있으므로 선물환을 매도하여 받을 달러를 원화 확정 금액으로 바꾸어놓고 싶다.

③ 일단 현물환(결제일 5/22)으로 달러/원 환율 1,200.00원에 USD1,000,000을 매도하고 KRW1,200,000,000을 수취한다.

④ 그러나 5월 22일에 지급할 달러가 없으므로 3개월 동안 달러를 연 5.3%에 차입하고 3개월 후 원리금 USD1,013,544.44를 상환한다.

USD1,000,000 × (1 + 0.053 × 92 / 360[36]) = USD1,013,544.44

⑤ 5월 22일에 달러 매도로 받은 원화는 연 3.53%에 예금을 하여 3개월 후 이자와 함께 KRW1,210,677,041을 회수한다.

KRW1,200,000,000 × (1 + 0.0353 × 92 / 365) = KRW1,210,677,041

한국테크는 ③~⑤의 현물환거래와 자금시장 거래를 통해서 8월 22일 USD1,013,544.44를 상환하고 KRW1,210,677,041을 회수하는 현금흐름을 만들어 놓았다. 상환해야 할 달러는 입금되는 수출대금 USD1,000,000으로 충당하고 모자라는 이자부분은 당일 현물환으로 매입하여 지급한다.

⑥ 8월 22일, ④번 거래의 달러 상환과 ⑤번 거래의 원화 회수를 자금거래가 아닌 달러를 팔고 원화를 사는 외환거래로 인식한다면 환율은 1,194.50원이 된다. 또 ④번 거래를 3개월 뒤의 달러의 가치로 볼 수 있고, ⑤번 거래는 3개월 뒤의 원화의 가치로 볼 수 있어 아래와 같이 3개월 뒤의 달러와 원화의 가치로 환율을 구하는 것으로 볼 수도 있다.

$$\frac{\text{KRW1,210,677,041}}{\text{USD1,013,544.44}} = 1{,}194.50$$

36) USD의 이자계산은 원화처럼 365로 나누지 않고 360일로 나누어 계산함.

사례로 산출된 선물환율인 1,194.50원은 현물환율 1,200.00원에서 5.50원을 뺀 것과 같다. 선물환율과 현물환율의 차이를 스왑포인트swap point[37]라고 하는데 사례의 −550전(−5원 50전)이 바로 스왑포인트이다. 반대로 스왑포인트를 알면 선물환율을 알 수 있을 것이다. 이를 토대로 다음과 같은 과정으로 스왑포인트를 구해볼 수 있다.

선물환율 = 현물환율 + 스왑포인트

스왑포인트 = 선물환율 − 현물환율

$$= \frac{1{,}200{,}000{,}000 \times (1 + 0.0353 \times 92 / 365)}{1{,}000{,}000 \times (1 + 0.053 \times 92 / 360)} - 1{,}200.00$$

$$= \frac{1{,}200.00 \times (0.0353 \times 92 / 365 - 0.053 \times 92 / 360)}{1 + 0.053 \times 92/360} = -5.50(\text{원})$$

$$= \frac{\text{현물환율} \times (\text{가변통화이자율} \times \text{기간} - \text{기준통화이자율} \times \text{기간})}{1 + \text{기준통화이자율} \times \text{기간}}$$

37) 두 통화의 이자율차이와 기간으로 결정되는 것으로 스왑마진swap margin 또는 스왑레이트swap rate라고 부르기도 함.

day count convention

스왑포인트에 관해 추가 설명을 하기 전에 앞의 공식에서 짚고 넘어가야 할 부분이 있다. 앞에서 이자를 계산할 때 간단하게 설명했지만, 공식의 원화 이자계산 기간부분에서 3개월의 날짜 수인 92를 365로 나누었고, 달러는 360으로 나누었다. 자금거래나 스왑거래에서 이자계산을 할 때 사용하는 날짜 셈법을 day count convention이라고 한다. 우리 말로 '날짜셈관습' 정도로 해석할 수 있을 텐데, 오히려 번역이 어색하고 금융시장에서 그냥 그대로 원어를 사용하므로 우리도 그냥 영어 원어를 사용한다.

자금시장이나 스왑시장에서 거래 계약서나 확인서에는 반드시 이자계산 방법이 명시된다. 즉 이자계산을 어떻게 할 것이냐인데, 이 day count convention에는 몇 가지 표현이 있다.

첫째, Actual/360(Act/360으로 쓰기도 한다)은 1년을 360일로 계산하는 것이다. actual이란 실제 날짜 수를 말하고 대부분의 이자계산은 이 방식을 따른다. 미국 달러 역시 이 방법으로 이자계산을 한다.

둘째, Actual/365(Act/365)는 1년을 365일로 계산하는 것이다. 만약 윤년이면 365일 대신 366일을 사용한다. 우리나라 원화와 영국 파운드 이자계산은 이 방식을 따른다. 따라서 앞의 스왑공식에서 기간을 원화는 '92/365'로, 달러는 '92/360'으로 계산하였다. 윤년에도 366일이 아닌 365일로 계산하는 방식은 'Actual/365F'라고 표시하고 실제 계산할 때 1년을 '366/365'로 계산한다.

셋째, 30/360은 1개월을 30일, 1년을 360일로 계산하는 방식이다. 설혹 계산하는 달이 31일로 된 달이라 하더라도 30일로 하여 이자를 계산한다. 이와 유사한 '30E/360'이 있는데, 이는 2월도 30일로 계산하는 방식이다.

스왑포인트에 영향을 주는 요인들

스왑포인트 공식을 달러/원으로 바꾸어 적어보면 다음과 같다.

$$\text{스왑포인트} = \frac{\text{현물환율} \times (\text{원화이자율} \times \text{기간} - \text{달러이자율} \times \text{기간})}{1 + \text{달러이자율} \times \text{기간}}$$

상기 스왑포인트 공식을 통해 우리는 스왑포인트에 영향을 주는 3개 요인을 알 수 있다. 첫째, 현물환율이 상승하면 스왑포인트가 커지고 둘째, 두 통화의 이자율차이가 확대되면 스왑포인트의 절대값 역시 커진다. 마지막으로 기간이 길어지면 스왑포인트도 커지지만 기간에 비례해서 스왑포인트가 커지지는 않는다. 예를 들어 2025년 2월 현재 1개월 만기 스왑포인트가 −2.45원인데 6개월 만기 스왑포인트는 −2.45원의 6배인 −14.7원이 아닌 −14.1원이었다. 적용하는 이자율이 만기 기간에 따라 다르기도 하고 가까운 미래와 먼 미래의 수요 공급이 다르기 때문에 스왑포인트는 기간에 정비례하지 않는다.

3개 요소 중 가장 중요한 것은 두 통화의 이자율차이이다. 만약 두 통화의 이자율이 3%로 똑같다면 스왑포인트는 '0'이 되고 선물환과 현물환은 같은 환율을 가지게 된다. 그렇지만 현물환율이 '0'이 될 수 없고 기간 역시 '0'이 될 수 없기에 현물환율과 기간의 두 요소는 상대적으로 의미가 덜 중요하다고 할 수 있다. 즉, 스왑포인트를 의미 있게 만드는 가장 중요한 요소는 두 통화의 이자율 차이임을 기억하자.

premium vs. discount

사례를 통해 달러/원의 선물환율이 현물환율보다 더 낮다는 것을 알았다. 그럼 다른 통화의 선물환율도 현물환율보다 낮을까? 그럴 수도 있고 그렇지 않을 수도 있다. 상기 스왑포인트 공식에서 보듯이 우리나라 원화의 이자율이 달러이자율보다 낮기 때문에 스왑포인트의 부호가 음(−)이 되었다. 달리 말해 스왑포인트가 음陰의 수이기 때문에 선물환율이 현물환율보다 낮다. 그러나 엔/원 환율에서는 기준통화 엔의 이자율이 원의 이자율보다 낮기 때문에 엔/원의 스왑포인트 부호는 양(+)이 되어 엔/원의 선물환율은 현물환율보다 더 높게 된다. 즉, 기준통화와 가변통화의 이자율차이에 따라 선물환율이 현물환율보다 높을 수도 있고 낮을 수도 있다.

달러/원의 선물환율이 현물환율보다 낮기 때문에 기준통화 달러의 가치는 미래로 갈수록 하락한다. 이때 기준통화 달러를 디스카운트 통화discount currency라고 한다. 반대로 엔/원처럼 선물환율이 현물환율보다 높을 경우 기준통화 엔의 가치는 미래로 갈수록 상승한다. 이 경우 기준통화 엔을 프리미엄 통화premium currency라고 한다.

좀 다른 실무적 관점에서 이 부분을 말해 보자. 기준통화(미국 달러)보다 가변통화(원화)의 이자율이 낮으면 미래에 기준통화를 싸게 팔거나 싸게 사야 한다는 것을 배웠다. 우리 수출입기업에 이러한 사실을 적용하면, 나중에 들어올 달러를 팔아야 하는 수출기업은 현재 환율보다 싼 가격에 달러를 팔아야 해서 불리하고, 반대로 미래가치로 달러를 사야 하는 수입기업은 더 싸게 살 수 있어 유리하다. 즉, 달러 이자율이 원화 이자율보다 높을 때 선물환 또는 통화선물로 환위험을 헤지할 경우 수출기업은 헤지hedge[38] 비용이 발생하고 수입기업은 헤지 수익이 생긴다. 이와 마찬가지로 해외에서 원화보다 이자율이 낮은 유로나 엔화를 차입한 회사가 상환을 위한 외환 매수 헤지거래를 한다면 선물환 가격이 현물환보다 더 높아서 헤지 비용이 발생하지만, 같은 통화에 투자를 한 투자가가 자금 회수를 위한 외화 매도 헤지를 한다면 헤지 수익이 발생한다.

또 브라질 헤알처럼 이자율이 높은 통화에 투자했을 경우를 보자. 기준통화(헤알)의 이자율이 가변통화인 원화의 이자율보다 높으므로 스왑포인트는 음(−)의 수를 가지고 선물환율은 현물환율보다 낮아진다. 따라서 그런 통화에 투자한 투자원금의 환위험관리를 위해 선물환을 매도하면, 낮은 가격에 기준통화(헤알)를 매도하게 되므로 헤지 비용이 최소한 이자율차이만큼 발생한다. 즉, 금리가 높아 투자했지만 그 이자율차이만큼 헤지 비용이 들어가므로 결국 투자한 효과를 제대로 거두기 어렵고, 수수료까지 감안할 경우 심지어 손실이 발생할 수도 있다. 결국 원화보다 높은 이자율을 가진 통화에 투자할 때는 특별한 이유가 없는 한 헤지를 하지 않는 것이 일반적이다. 그 통화가 투자기간 동안 원화보다 절상되거나 환율이 최소한 원화와 비슷하게 움직인다고 예상하는 경우에만 투자성과를 거둘 수 있다.

38) 기존 거래에 반대방향으로 거래를 함으로써 환위험을 줄이거나 없애는 것

2. 두 개의 다리가 있는 외환스왑

외환스왑으로 구하는 선물환

현물환거래와 자금시장을 이용한 두 번째 방법으로 선물환율을 구해보고 스왑포인트에 대해서 살펴보았다. 그럼 이제 마지막 방법인 세 번째 방법으로 가보자. 세 번째 방법인 '현물환거래+외환스왑'거래 방법은 실제 시장에서 일반적으로 선물환거래를 구성하는 방법이다. 기본 자금의 흐름은 두 번째 방법인 '현물환거래+자금시장'과 같다. 다만 차입하고 예금하는 자금거래 대신 사고파는 두 개의 외환거래로 구성된다는 점이 다르다.

외환스왑은 만기가 다른 두 개의 외환거래가 하나의 외환상품으로 구성된 외환거래이다. 일단 '현물환거래+자금거래'와 '현물환거래+외환스왑'의 모양이 어떻게 다른지 사례로 살펴보자. 계속 같은 수출기업의 사례로 설명한다. 거래 당일의 현물환율, 두 통화의 이자율과 스왑포인트는 다음과 같다.

Spot USD/KRW	1,200.50
USD 3개월 이자율	5.3%
KRW 3개월 이자율	3.53%
기간(3개월)	92일
3개월 스왑포인트	−715

먼저 현물환거래와 자금거래로 선물환율을 구하는 거래는 다음과 같다.

〈그림 V-1〉 '현물환거래+자금거래'의 거래 흐름

거래내용	Tspot	T3개월 후
① 현물환 매도	−USD1,000,000 +KRW1,200,000,000	
② 차입	+USD1,000,000.00	−USD1,013,544.44
③ 대출	− KRW1,200,000,000	+KRW1,210,677,041

'현물환+자금거래'는 현물환거래와 통화별로 ②와 ③의 자금거래 2개로 구성되었다. ②번의 차입거래는 거래자의 부채비율을 높이게 되고, 3개월의 기준금리보다 높은 가산금리를 지급하여야 하므로 결과적으로 정상적인 스왑포인트 산출이 어렵다. ③번의 대출거래에는 신용한도가 필요하므로 그 역시 부담이 된다.

다음은 현물환거래와 외환스왑으로 선물환을 구하는 거래이다.

〈그림 V-2〉 '현물환거래+외환스왑'의 거래 흐름

거래내용	Tspot	T3개월 후
① 현물환 매도	−USD1,000,000 +KRW1,200,500,000	
	④ 달러 매수/원 매도	⑤ 달러 매도/원 매수
	+USD1,000,000.00 −KRW1,200,000,000	−USD1,000,000.00 +KRW1,192,850,000

반면에 '현물환+외환스왑'은 현물환거래와 만기별로 ④와 ⑤의 외환거래 2개로 구성되었다. 2개의 외환거래는 부외거래簿外去來/off balance sheet engagement[39] 이므로 부채비율에 전혀 부담이 없다. 그리고 금리는 가산금리가 더해지지 않은 은행간 금리를 사용하여 스왑포인트를 산출하므로 이론가격과 비슷한 스왑포인트를 구할 수 있다. 또한 원금에 대한 위험이 그대로 노출되는 대출거래가 발생하지 않으므로 신용위험을 외환거래에 한정하여 최소화할 수 있다. 이와 같은 외환스왑의 장점 때문에 외환스왑의 거래 유동성이 풍부하여 언제든 거래가 가능하다. 이런 이유로 선물환 가격은 〈그림 V-2〉의 '현물환거래+외환스왑'의 방식으로 산출한다.

스왑포인트는 환율의 가장 마지막 단위인 pip(point) 단위로 표시한다. 따라서 3개월 스왑포인트 '-715'은 -715원이 아닌 -7.15원을 뜻한다. 따라서 ⑤번 거래의 환율은 현물환율 1,200.00원에서 스왑포인트 7.15원을 뺀 1,192.85원이 된다.

외환스왑의 구조

사실 〈그림 V-1〉과 〈그림 V-2〉에서 3개월 후의 만기 세부금액은 조금 다르지만 통화 자금의 흐름은 똑같다. 단지 자금거래는 통화별로 묶이고, 외환스왑은 만기별로 각각의 외환거래로 취급된다는 점이 다를 뿐이다. 그림에서 보듯이 외환스왑은 만기가 다른 2개의 외환거래로 구성된다. 짧은 만기의 외환거래를

39) 대차대조표에 자산이나 부채로 기록되지 않는 거래. 부외거래인 외환거래는 부채비율을 높이지 않으므로 거래기관에 대한 평가에 영향을 주지 않음.

근일물近日物, 또는 near date나 1st leg로 부르고 긴 만기의 외환거래는 원일물遠日物, 또는 far date나 2nd leg로 부른다. 따라서 외환스왑에는 첫 번째 다리leg와 두 번째 다리leg가 있는 것이다. 본 책에서는 편의상 다리leg라는 표현 대신 짧은 만기의 거래를 near date로, 긴 만기의 외환거래를 far date로 부르기로 한다.

〈그림 V-2〉를 참조하여 외환스왑의 구조적 특징을 살펴보자.

첫째, near date와 far date의 거래방향은 반대다. near date의 외환거래는 '달러 매수/원 매도'의 거래이고 far date의 외환거래는 '달러 매도/원 매수'이다. 이런 형태를 가진 외환스왑을 기준통화 기준으로 'buy and sell' 스왑이라고 한다. 기준통화를 짧은 만기에서는 사고 긴 만기에서는 파는 구조여서 그렇게 부른다. 물론 반대의 경우로 'sell and buy'스왑이 있다. 외환거래에는 사자 아니면 팔자가 존재하듯이 외환스왑도 'buy & sell' 아니면 'sell & buy'의 두 가지가 있다.

둘째, 두 통화 중 한 통화의 금액은 고정시킨다. 통상 기준통화의 금액을 고정시키고 far date의 환율은 현물환율에 스왑포인트를 더한 환율을 적용하기에 가변통화의 금액이 달라진다. 물론 가변통화를 고정하고 기준통화를 조정하는 것도 가능하다. 처음 거래를 할 때 정하면 되는데, 기준통화를 고정시키는 것이 일반적이다. 만기일에 기준통화인 달러를 1백만 달러로 고정시켰기 때문에 수출대금으로 받는 1백만 달러로 far date의 외환거래를 결제하면 원하던 대로 원화 금액만 남아 만기 자금흐름이 깔끔하다. 반면에 '현물환거래+자금거래'의 경우처럼 두 통화의 금액을 모두 변동시킨다면 지급해야 할 달러이자 금액을 당일 매수하여야 하므로 번거롭다.

셋째, near date와 far date의 2개 외환거래는 하나의 짝이므로 동시에 거래되고, 동시에 기표를 한다. 당연히 거래상대방도 하나여야 한다. near date와 far date의 거래상대방이 다를 수는 없다. 왜냐하면 2개의 거래가 하나로 묶여 외환스왑이라는 외환거래를 구성하기 때문이다. 단, 극히 예외적인 경우는 있지만 무시할 정도이므로 여기서는 논하지 않는다.

마지막으로 far date의 환율은 현물환율에 스왑포인트를 더한 환율로 하여 두 통화를 주고받는다. 즉, 두 통화의 이자율차이가 기간으로 계산되어 만기환율에 반영된다.

exchange vs. swap

외환스왑의 구조는 분명히 2개의 외환거래로 구성된 외환상품이다. 하지만 시각을 90도만 옆으로 돌려서 만기별로 보지 않고 통화별로 거래를 보면 2개의 자금거래와 자금흐름 모습이 동일하다. 즉, 외환스왑은 2개의 자금흐름을 2개의 외환거래 형태로 바꾸어놓은 것이다. 그러므로 굳이 외환스왑을 설명하자면 외환거래의 탈을 쓴 자금거래라고 할 수 있다. 이런 특성 때문에 외환시장에서 외환스왑과 통화스왑을 외환거래로 보지 않고 외화자금거래로 분류하는 경우도 종종 있다. 그 미묘한 차이를 다른 방법으로 이해해보자.

외환을 뜻하는 foreign exchange의 exchange와 외환스왑의 swap이란 말은 기본적으로 '바꾼다'라는 뜻을 가지고 있다. 처음 외환을 배울 때 두 단어의 차이점이 무엇인지 필자에게는 큰 궁금증이었다. 선배에게도 물어보았지만 속 시원한 대답을 들을 수가 없었다. 우리 말이 아니기에 미묘한 뜻의 차이를 모른다 싶어서 한국어보다 영어를 더 잘하는 친구에게 물어보아도 뾰족한 대답을 들을 수 없었다.

만약 어느 외국인이 우리에게 '바꾸다'와 '교환하다'가 어떻게 다르냐고 물어본다면 우린 쉽게 대답할 수 있을까? 언어적 감각이 뛰어나거나 논리적 사고가 남다른 사람이라면 구분하여 대답해줄 수 있을지 모르겠다. 그렇지만 매일 그 단어들을 적절하게 잘 사용하고 있는 우리는 분명히 그 느낌을 알아도 딱 부러지게 설명하기가 쉽지 않다. exchange와 swap의 차이도 마찬가지다.

exchange와 swap을 잘 설명해보려고 외국 사이트에 들어가 질문을 해보았더니 흥미롭게도 영어를 모국어로 사용하는 많은 사람이 이미 필자와 똑같은 질문을 하고 있었다. 그들도 그 미묘한 차이에 대해서 궁금해하고 있었던 것이다. 그 질문에 대답하는 사람들도 확신 없이 '아마 이런 거 아닌가?' 하는 식의 답을 하는 판이었다. 큰 의미에서 '바꾼다'라는 뜻에는 이의가 없어 보이는데 진짜 그 차이는 뭘까?

백화점에 가서 스웨터를 하나 샀다고 하자. 그런데 집에 와서 보니 색도 마음에 들지 않고, 스웨터 한쪽의 올이 풀린 불량품이어서 다음 날 백화점에 가서 다른 색깔의 새 스웨터로 바꿔왔다. 이럴 때는 영어로 exchange란 말을 사용한다. 하지만 바꾸려는 스웨터가 품절되어 스웨터가 아니라 바지로 바꿨다면 이 경우엔 swap이라고 표현한다. 정리하면 같은 물건끼리 바꾸는 것은 exchange라고 하고, 같은 값어치를 가진 다른 물건이랑 바꾸는 것을 swap이라고 한다.

미국에 'swap meet'이란 시장이 있다. 자기에게 더 이상 필요하지 않은 물건을 들고 나와서 다른 물건이랑 바꿔가는 시장이다. 즉, 물물교환의 '교환'이 바로 swap이다. 또 주말에 아내와 드라마를 보게 되었는데, 중요한 축구경기에 대한 미련 때문에 TV 화면 한쪽 귀퉁이에 작은 화면을 열어 소리 없는 축구경기를 보았다. 잠시 후 응원하던 팀의 득점 장면이 나왔다. 리모컨의 단추 하나를 누르니 바로 큰 화면과 작은 화면이 바뀌면서 득점 장면을 큰 화면에서 볼 수 있었고, 드라마는 작은 화면으로 들어갔다. 이때 누른 리모컨 단추 밑에 swap이라고 적혀 있다. 이렇게 swap은 좀 더 광범위하게 사용되는 단어인 듯하다.

그렇다면 외환시장에서는 두 단어를 어떻게 구분하여 사용할까? 거래의 속성으로 구분하면 이해가 쉬울 듯싶다. exchange는 말 그대로 통화끼리의 교환(같은 스웨터와의 교환처럼)을 표현할 때 사용하고, swap은 서로 다른 현금흐름을 바꿀 때(스웨터와 바지를 바꾸는 것처럼) 사용한다. 즉, 외환스왑이나 통화스왑은 매매 방향과 금리가 다른 두 통화의 현금흐름을 교환하는 거래인데, 외형은 외환거래의 모습을 가지고 있다.

보다 분명한 구분은 외환스왑이란 단어에서 찾을 수 있다. 외환스왑을 영어로 하면 foreign exchange swap이다. 물론 foreign exchange가 하나의 단어로 인식되는 말이긴 하지만, 바꾼다라는 뜻을 가진 단어 exchange와 swap이 연이어 나온다. 굳이 풀어쓰자면 '현금흐름을 바꾸는 외환거래'로 이해할 수 있다.

그러므로 순수 외환거래에서는 exchange를, 외형을 떠나 속성이 현금흐름 등 자금거래일 때는 swap을 사용한다고 보면 되겠다.

환율변동 요인의 외환건전성 지표에서 잠시 설명했던 신용부도스왑Credit Default Swap의 거래 속성은 옵션이나 보험에 가깝지만 거래 자체는 신용위험에 대한 대가로 지급하는 프리미엄과 보장protection을 바꾸는 상품이다. 이 경우에도 같은 대상이 아닌 프리미엄과 위험에 대한 보장을 물물교환하듯 바꾸었기에 exchange가 아닌 swap이란 단어를 쓰는 게 맞다.

3. 만기를 바꿔주는 외환스왑

외환스왑에는 어떤 형태가 있고, 어떻게 활용되는지를 살펴보기로 한다. 외환스왑의 2개 만기 중에 짧은 만기거래인 near date는 현물환거래일 수도 있고 선물환거래일 수도 있다. 마찬가지로 긴 만기거래인 far date 역시 현물환거래일 수도 있고 선물환거래일 수도 있다. 그래서 조합되는 외환스왑에는 3가지 유형이 있다.

첫째, 현물환거래와 현물환거래로 구성된 외환스왑이다.

〈그림 V-3〉 O/N swap과 T/N swap

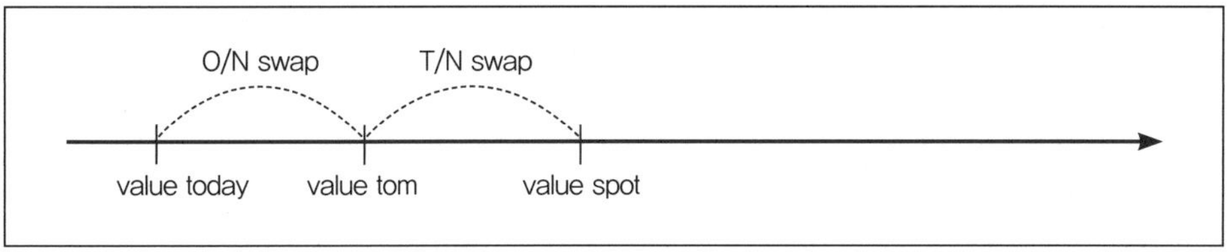

near date와 far date가 모두 현물환거래인 경우이다. 제일 짧은 외환스왑이며 오늘value today부터 내일value tom까지의 외환스왑을 overnight swap이라고 하며 줄여서 O/N swap이라고 쓴다. 내일value tom부터 그 다음 날value spot까지의 외환스왑은 tom next swap이라고 하고 T/N swap으로 쓴다. 2개 만기가 모두 현물환이라서 때로 '현현'스왑이라는 말로도 불리는데 이 스왑은 spot date 이내의 포지션이나 외화자금이 부족하거나 남을 때 부족분이나 잉여분을 조정하는 용도로 많이 쓰인다. 물론 고객이 value tom으로 달러/엔을 거래하고 싶다고 할 때도 일단 스팟거래를 한 후 만기일을 하루 당겨올 때도 T/N스왑으로 조정한다.

둘째, 현물환거래와 선물환거래로 구성된 외환스왑이다.

〈그림 V-4〉 현물환-선물환 외환스왑

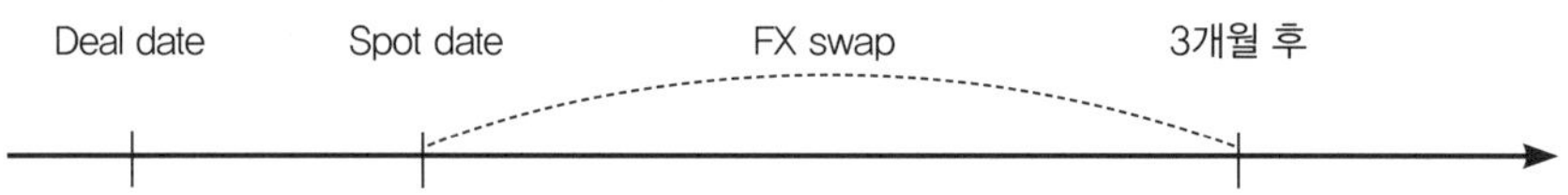

	Spot date	3개월 후
① 현물환거래	-USD/+KRW	
외환스왑	**+USD/-KRW**	**-USD/+KRW**
② 선물환거래		-USD/+KRW
외환스왑	**-USD/+KRW**	**+USD/-KRW**

일반적으로 외환스왑이라고 하면 '현물환-선물환'으로 구성된 외환스왑을 말한다. 가장 거래도 많고 선물환거래를 만드는 거래이기도 하다. 〈그림 V-4〉에서처럼 near date는 현물환이고 far date는 선물환이다. ①번 거래에서 외환스왑의 near date는 먼저 체결된 현물환거래와 반대방향의 거래이므로 spot date에는 스퀘어포지션이 되었고 오픈 포지션은 선물환거래인 far date만 남았다. 결국 외환스왑은 spot date 만기일을 3개월 후 만기일로 바꿔놓았다.

반대로 ②번 거래는 기존 선물환거래를 현물환으로 당겨오는 거래이다. 외환스왑의 far date는 기존 선물환거래 포지션을 상쇄하여 스퀘어포지션으로 만들고 대신 현물환 포지션이 생기게 되었다. 이번에는 외환스왑이 선물환거래를 현물환거래로 바꿔놓았다.

정리하면, '현물환–선물환' 외환스왑은 현물환을 선물환으로 바꾸고, 반대로 선물환을 현물환으로 바꾸는 역할을 한다.

셋째, 선물환거래와 선물환거래로 구성된 외환스왑이다.

〈그림 V-5〉 선물환–선물환 외환스왑

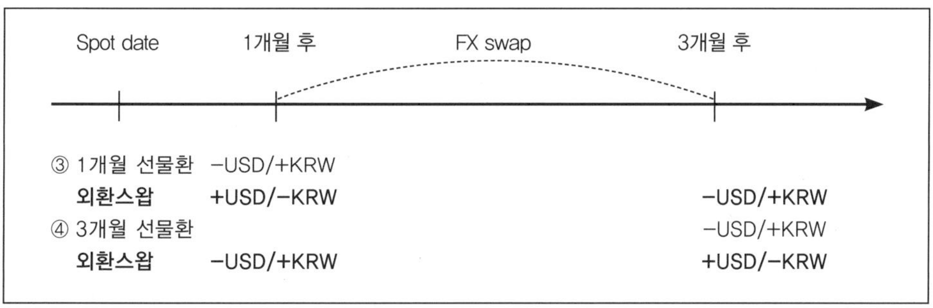

일명 '선선'스왑이라고도 말하는 외환스왑이다. ③번은 1개월 후 매도해놓은 선물환을 만기연장하려고 할 경우이다. near date는 1개월 선물환으로 기존 선물환을 상쇄하여 스퀘어포지션으로 만들고 far date로 새로운 3개월 선물환 포지션이 생성되었다. ④번 거래는 반대로 기존 3개월 선물환을 외환스왑의 far date가 스퀘어포지션으로 만들고 near date로 새로운 1개월 선물환 포지션이 생겼다. 선선스왑을 통해 하나의 선물환거래를 다른 만기의 선물환거래로 바꿔놓을 수 있다.

시장가격을 알려주는 로이터나 연합인포맥스 등의 정보단말기나 외환중개사의 가격 화면에서는 spot date를 중심으로 스왑포인트가 제시된다. 그러므로 현물환-현물환 스왑포인트나 현물환-선물환 스왑포인트는 쉽게 가격을 볼 수 있지만, 선물환-선물환 스왑포인트는 따로 제시되지 않는다. 따라서 선물환-선물환 스왑포인트는 2개의 현물환-선물환 스왑으로 구해야 한다.

〈그림 V-6〉 선물환-선물환 외환스왑 가격 산출

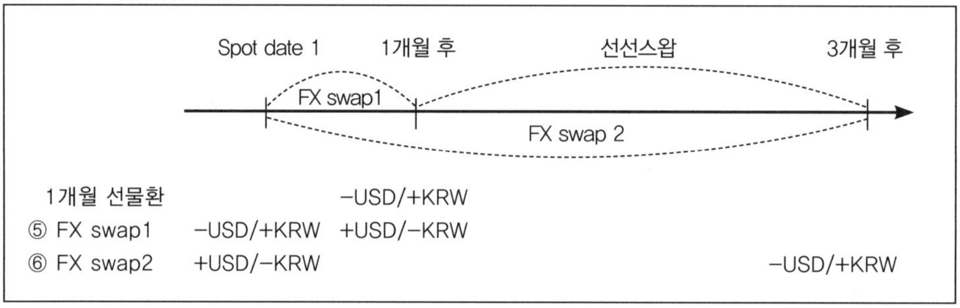

〈그림 V-6〉을 통해 ③번 선물환-선물환 스왑이 2개의 현물환-선물환 스왑으로 구성되었음을 알 수 있다. ⑤번 외환스왑과 ⑥번 외환스왑으로 현물환포지션과 1개월 선물환 포지션은 스퀘어포지션이 되고 3개월 선물환거래만 남게 되었다.

외환스왑의 3가지 유형과 그 활용사례를 살펴보았다. 이 외에 외환스왑은 외화를 환위험 없이 단기간 투자하거나 조달할 때도 활용할 수 있다.

〈그림 V-7〉 환위험 없는 외화의 조달 및 투자거래 활용

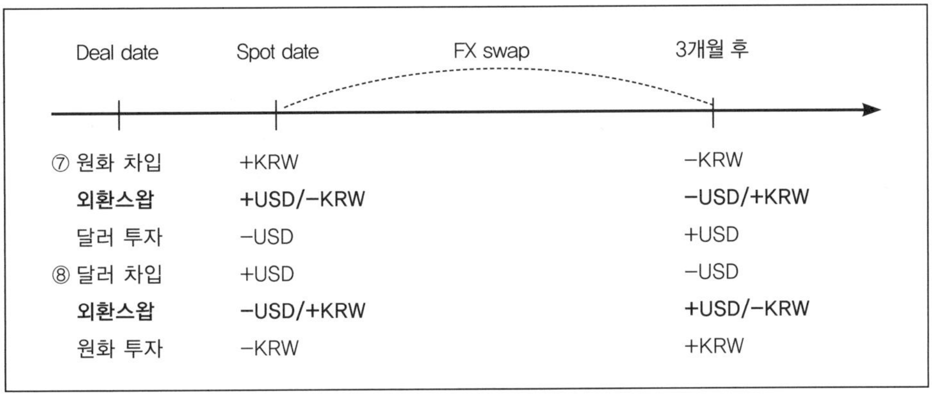

환위험 없이 달러투자를 하고자 할 경우 ⑦번 거래처럼 원화를 차입한 후 외환스왑을 통해 달러로 교환한 후 달러를 투자할 수 있다. far date거래로 회수한 달러를 원화로 교환하여 상환함으로써 환위험 없이 원화로 달러에 투자하는 현금흐름을 만들 수 있다. 반대로 짧은 기간 원화가 필요한 경우 ⑧번 거래처럼 달러 차입과 외환스왑으로 목적을 달성할 수 있다.

4. 선물환 실무

스왑포인트와 외환스왑에 대해 알아보았으니 이제 선물환 실제 거래에 대해 살펴보자. 이미 설명한 바와 같이 일반적인 선물환율은 '현물환거래+외환스왑'의 방법으로 구한다. 외환스왑은 2개의 외환거래로 이루어져 있다. 그중 짧은 만기인 near date의 환율인 현물환율에 스왑포인트를 더하여 긴 만기인 far date의 환율을 구하고, 그 환율이 바로 선물환율이 된다. 현물환율은 시시각각 변하는 반면 스왑포인트는 자주 변하지 않는다. 왜냐하면 스왑포인트 산출의 근거인 이자율이 수시로 바뀌지 않기 때문이다. 따라서 선물환율을 결정짓는 중요한 요소는 수시로 바뀌는 현물환율이다. 그래서 선물환을 거래할 때는 원하

〈표 V-1〉 달러/원 스왑포인트 예시

Spot환율: 1304.50

2023.03.30 현재

기물	결제일	일수	스왑포인트		
			BID	MID	ASK
ON	2023/03/31	1	−13	−10	−7
TN	2023/04/03	2	−40	−30	−20
1W	2023/04/10	7	−90	−65	−40
1M	2023/05/03	30	−305	−255	−205
2M	2023/06/05	63	−605	−505	−405
3M	2023/07/03	91	−840	−715	−590
6M	2023/10/04	184	−1650	−1450	−1250
1Y	2024/04/03	366	−2920	−2670	−2420

자료: 연합인포맥스

는 현물환율에 도달했을 때 먼저 현물환거래를 하고, 스왑포인트를 더하여 선물환율을 확정 짓게 된다.

금융서비스를 제공하는 정보단말기나 외환중개사의 가격화면(흔히 호가창呼價窓이라고 한다)에서 기간별로 스왑포인트를 확인할 수 있다. 〈표 V-1〉은 연합인포맥스의 달러/원 스왑포인트를 보여주는 화면이다.

환율에 bid, offer가 있듯이 스왑포인트에도 bid, offer(ask라고도 한다)가 있다. mid는 bid와 offer의 중간값이고 매매기준율과 같은 역할을 한다. 사실 bid와 offer가격은 mid가격을 중심으로 일정 스프레드를 더하거나 빼서 호가되고 있음을 알 수 있다. 그러므로 실제 거래는 mid 스왑포인트에 약간의 스프레드를 가감하여 이루어진다.

앞서 선물환율을 구하는 사례에서 3개월 스왑포인트가 −5.50원이었다. 같은 날 실제 스왑포인트는 〈표 V-1〉에서 보듯 mid가 −715포인트, 즉 −7.15원으로 이론가격보다 낮다. 이렇게 스왑포인트는 이론가격과 실거래가격 사이에 약간의 차이가 있다. 그 이유는 적용하는 이자율이 다르기 때문인데, 이론가격 산출 시에는 가산금리나 세금 없이 은행간 금리를 그대로 적용하므로 실제와 다소 다를 수밖에 없다. 특히 달러/원 외환스왑에서 적용되는 달러의 금리는 대부분의 경우 일반 고시금리보다 더 높아서 달러와 원화의 금리 차이가 축소되며 이론가격보다 스왑포인트가 내려간다. 또 가격은 수요와 공급으로 결정되느니만큼 우리나라처럼 수입보다 수출이 많아 선물환매도가 많으면 수요보다 공급이 많아져서 스왑포인트의 가격이 정상 가격보다 더 낮아지기도 한다.

사례

무역업체인 대한상사는 1개월 후 수입대금 결제를 해야 하고 3개월 후에는 수출대금이 입금될 예정이다. 그래서 각각 선물환거래를 통해 환위험을 관리하려고 한다. 현재 환율과 스왑포인트가 다음과 같을 때 각각의 선물환율은 얼마일까?

Spot USD/KRW	1270.00/30
1개월 스왑포인트	–270/–230
3개월 스왑포인트	–800/–600

1개월 후에 수입대금을 매수해야 하므로 현물환율과 스왑포인트 모두 offer를 선택하고 더하면 되고, 3개월 후에는 수출대금을 매도하는 것이므로 현물환율과 스왑포인트 모두 bid를 선택하여 더하면 원하는 선물환율을 구할 수 있다.

선물환율 = 현물환율 + 스왑포인트
1개월 선물환율 = 1,270.30 + (–2.30) = 1,268.00(원)
3개월 선물환율 = 1,270.00 + (–8.00) = 1,262.00(원)

비표준일 선물환거래

대외거래를 하다 보면 외화를 사거나 팔아야 하는 날짜가 표준일거래처럼 1개월, 3개월처럼 딱 일치하지 않는다. 특정 날짜를 지정하여 거래를 해야 하는 수요가 생기기 마련인데, 이런 경우 스왑포인트를 구하는 연습을 해보자.

비표준일 스왑포인트를 구할 때는 보간법補間法/interpolation을 사용한다. 보간법이란 복수의 가격이 주어졌을 때 가격들 사이를 평균하여 원하는 구간의 가격을 추정하는 방식을 말한다.

사례

고려바이오는 5월 7일, 원재료 수입 계약을 체결하였는데 수입대금의 지급일자는 6월 22일이다. 최근 환율변동이 심하여 선물환으로 관리를 하려고 한다. 6월 22일의 예상 선물환율은 얼마인가?

Spot USD/KRW	1270.00/30	
1개월 스왑포인트	−270/−230	만기 6월 9일(31일)
6월 22일 스왑포인트	?	
2개월 스왑포인트	−560/−440	만기 7월 9일(61일)

선물환으로 달러를 매수해야 하므로 현물환율과 스왑포인트 모두 offer를 선택해야 한다. 따라서 6월 22일까지의 스왑포인트는 −230pips와 −440pips 사이에 위치할 것이다.

선물환율 = 현물환율 + 스왑포인트

= 1,270.30 + [−2.3 + {−4.4 − (−2.3)} x 13 / (61 − 31)] = 1,267.09(원)

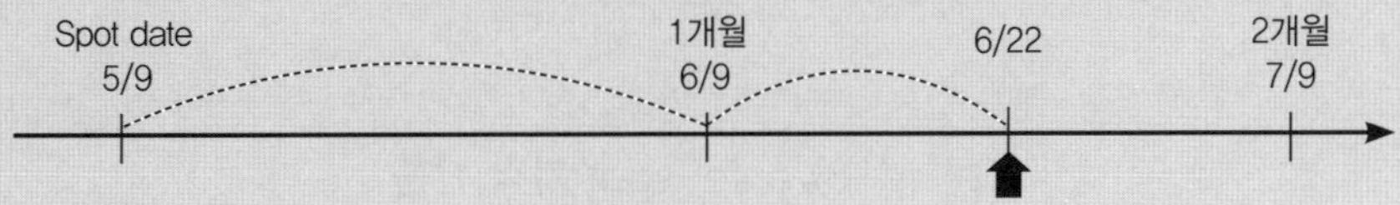

ante-spot 현물환거래

라틴어 ante는 영어 before의 뜻을 가진 접두사로 ante-spot거래란 spot date 이전 현물환인 value today와 value tom을 말한다. 스팟거래의 결제일 기준은 spot date이므로 결제일이 다른 ante-spot의 환율 또한 스팟환율과 다를 수밖에 없다.

사례

에이스전자는 미국에서 수입한 부품대금을 오늘 날짜로 결제하려고 한다. 오늘은 목요일이고 스왑포인트는 다음과 같다. value today 달러/원 환율은 얼마일까?

Spot USD/KRW	1170.00/30
O/N 스왑포인트	−15/−5
T/N 스왑포인트	−40/−20

'달러 매수/원 매도'거래를 하려고 하는 것이니 현물환은 offer인 1,170.30을 선택하고, 만기 연장이 아닌 단축이므로 현물환율에 스왑포인트를 더하지 않고 빼서 value today의 값을 구한다.

value spot = value today + 스왑포인트

value today = value spot − (O/N 스왑포인트 + T/N 스왑포인트)

= 1,170.30 − {(−0.15) + (−0.4)} = 1,770.85

이때 적용해야 하는 스왑의 방향은 결제일을 연장하는 것이 아닌 당겨오는 것이므로 반대편인 bid rate인 −0.15원과 −0.40원을 선택해야 한다.

〈그림 V-8〉 ante-spot 가격 산출

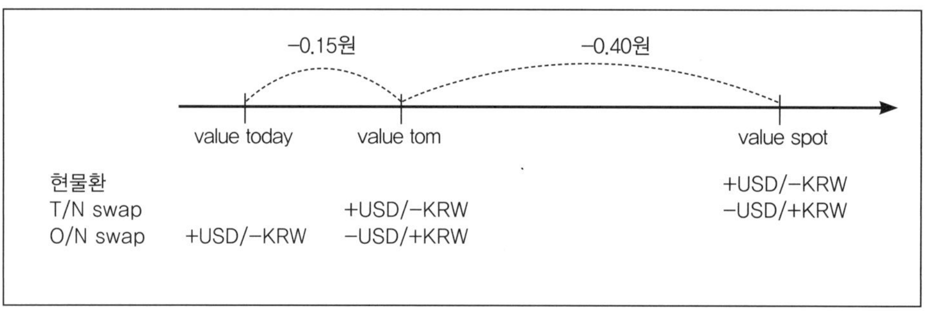

거래일이 목요일이어서 O/N은 기간이 하루이지만, T/N은 금요일부터 월요일까지 3일간이다. 그렇지 않으면 O/N과 T/N의 스왑포인트는 대부분 같다. 외환스왑에는 매매방향이 다른 2개의 거래가 있으므로 처음 외환스왑을 접하는 사람의 경우 스왑포인트의 bid, offer 어떤 것을 선택해야 할지 혼란스러울 수 있다. <u>스왑포인트의 bid, offer선택은 외환스왑의 far date거래 매매방향을 따른다.</u> 이번 경우 buy & sell 스왑이고 far date의 방향이 매도이므로 bid의 스왑포인트인 −0.15원과 −0.40원을 선택하면 된다.

5. outright forward vs. swap forward

지금까지는 고객 입장에서 선물환과 외환스왑을 살펴보았다. 하지만 특별한 경우가 아니면 고객이 선물환거래를 할 때에는 현물환거래와 외환스왑을 모두 기표하지 않고 선물환거래 하나만을 기표한다. 〈그림 V-2〉를 보면 먼저 체결한 현물환거래와 외환스왑의 near date는 금액과 매매방향이 반대여서 spot date의 포지션은 스퀘어포지션이 된다. 그러므로 거래상대방이 같을 때에는 굳이 두 통화를 두 차례나 주고받을 이유가 없다. 따라서 외환스왑의 far date만 따로 떼어서 선물환거래 하나로만 기표하게 된다. 이렇게 단독거래로 기표되는 선물환거래를 outright forward라고 하고, 영어발음인 '아웃라이트'라고 부른다.

반면에 은행 딜러 입장에서는 고객에게 outright forward 가격을 제시하기 위해서는 현물환과 외환스왑을 각각의 시장에서 따로 거래하는 경우가 많다. 현물환과 외환스왑을 같은 거래상대방과 거래하는 직접거래인 경우 고객거래처럼 outright forward로 거래하기도 하지만, 대부분 현물환거래는 외환중개사를 통하기 때문에 외환스왑의 거래상대방과 다른 경우가 대부분이다. 고객과의 선물환 거래는 다음과 같은 과정으로 진행된다.

〈그림 V-9〉 outright forward vs. swap forward

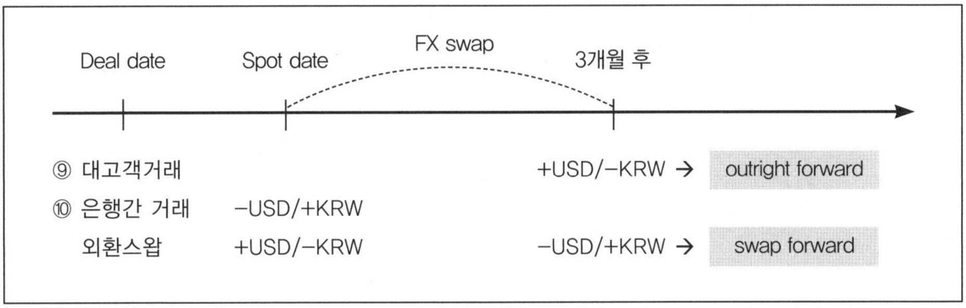

은행과 고객과의 거래인 ⑨번과 은행 딜러가 시장에서 거래한 ⑩번 거래는 매매방향은 반대지만 같은 선물환거래이다. 단, ⑨번 거래는 단독으로 기표된 거래이고, ⑩번 거래는 2개 외환거래 중 far date라는 점이 다를 뿐이다.

역외선물환시장에서 거래되는 차액결제선물환NDF은 1개월물, 3개월물 등 표준일거래로 거래되는 대표적 outright forward거래이고 대부분의 대고객 선물환거래 역시 outright forward로 기표된다.

주요 내용

- 선물환율은 현물환율에 스왑포인트를 더하여 구하므로 스왑포인트를 알면 선물환율을 알 수 있다. 스왑포인트는 두 통화의 이자율차이와 기간으로 산출된다. 스왑포인트에 영향을 주는 요소로는 현물환율, 두 통화의 이자율 차이 및 기간이 있는데 두 통화의 이자율차이가 가장 중요하다. 달러/원처럼 선물환율이 현물환율보다 더 낮은 경우 원화의 미래가치가 상승하는 것이므로 원화를 프리미엄통화라고 한다.

- 외환스왑은 만기가 다른 2개의 외환거래로 구성되어 있다. 짧은 만기의 외환거래는 near date 또는 1st leg라고 하고 긴 만기의 외환거래는 far date 또는 2nd leg라고 한다. 외환스왑의 2개 외환거래는 매매방향이 서로 반대이고, 두 통화 중 한 통화의 금액은 고정하며 동시에 거래되고 동시에 기표된다. far date의 환율은 near date에 스왑포인트를 더한 환율로 한다.

- 외환거래에 자주 등장하는 exchange와 swap은 모두 '바꾸다'라는 뜻을 가졌지만, exchange는 통화의 교환처럼 순수 외환거래에서 사용하고, swap은 두 통화의 현금흐름 교환 등 자금거래에서 주로 사용한다.

- 외환스왑의 형태는 '현물환+현물환', '현물환+선물환'과 '선물환+선물환'의 3가지 유형이 있으며 외환거래의 만기를 조정해주는 기능을 한다.

- 스왑포인트는 이론가격과 실제거래가격에 괴리가 있는데, 이는 실제 거래에 적용되는 이자율이 차이가 있고, 선물환거래에서 수요와 공급이 균형을 이루지 못하면 스왑포인트도 달라지기 때문이다. 비표준일거래에서는 보간법으로 스왑포인트를 구한다.

연 / 습 / 문 / 제

외환시장,
아는 만큼 보인다

1. 다음 중 스왑포인트에 영향을 주는 요인들에 대한 설명으로 틀린 것은?

① 현물환율이 상승하면 스왑포인트는 커진다.
② 두 통화의 이자율차이가 확대되면 스왑포인트도 커진다.
③ 기간이 길어지면 스왑포인트도 커진다.
④ 스왑포인트에 영향을 주는 가장 중요한 요인은 현물환율이다.

2. 외환스왑의 구조에 대한 설명으로 맞는 것은?

① 긴 만기의 외환거래를 1st leg, 짧은 만기의 외환거래를 2nd leg라고 한다.
② near date와 far date의 매매방향은 반대이다.
③ 기준통화의 금액은 고정시킨다.
④ near date의 외환거래는 현물환시장에서 이뤄지고, far date의 외환거래는 선물환시장에서 이뤄져 각각 기표된다.

3. '현물환거래+자금거래'로 구하는 선물환 산출방식보다 '현물환거래+외환스왑'으로 구하는 선물환 산출방식이 더 나은 이유로 틀린 것은?

① 외환스왑은 부외거래로 기표되기 때문에 거래기관의 부채비율 등에 영향을 주지 않는다.
② 자금거래와 달리 외환스왑 산출에는 은행간 금리가 적용되므로 이론가격과 비슷한 수준의 스왑포인트를 구할 수 있다.
③ 자금 대출거래가 발생하지 않으므로 신용위험이 전혀 발생하지 않는다.
④ 상기의 장점 때문에 외환스왑의 유동성이 풍부하여 언제든 거래를 할 수 있다.

4. 다음 중 외환스왑이 제대로 활용되지 못한 거래는?

① 1개월 후 결제예정인 수입대금의 결제일을 value tom으로 변경하여 조기결제하려고 할 때 외환스왑을 이용하면 된다.
② 1주일 후 입금될 예정이던 수출대금이 1개월 뒤로 연기되어 헤지 목적으로 체결했던 선물환거래를 만기 연장할 때 외환스왑을 활용한다.
③ 보유 원화로 미국 달러표시 펀드에 단기 투자할 때 환위험을 배제할 목적으로 외환스왑을 이용한다.
④ 기업의 운용자금이 없어서 '달러 차입 및 buy & sell USD 외환스왑'거래를 하여 원화를 조달할 수 있다.

5. 현재 시장에서 거래되고 있는 스왑포인트가 다음과 같을 때 산출된 선물환가격이 잘못된 거래는 어느 것인가?

Spot USD/KRW	1,171.40/60
1개월 스왑포인트	−160/−140
3개월 스왑포인트	−440/−380
6개월 스왑포인트	−880/−760

① 3개월 후 수입결제를 위한 선물환율은 1,167.80원이다.
② 1개월 후 입금될 달러 채권 발행자금을 환전할 선물환율은 1,170.20원이다.
③ 6개월 후 미국에 지급해야 할 자문료를 헤지할 때 선물환율은 1,164.00원이다.
④ 3개월 후 해외자산 매각자금 헤지를 위한 선물환율은 1,167.00원이다.

정 / 답 / 및 / 해 / 설

1. ④

스왑포인트에 가장 중요한 영향을 주는 요인은 두 통화의 이자율차이이다.

2. ②

① 짧은 만기의 외환거래가 1st leg, 긴 만기의 외환거래가 2nd leg이다.

③ 외환스왑에서 꼭 기준통화만 고정될 수 있는 것은 아니고 외환스왑을 할 때 기준통화와 가변통화 중 하나를 고정시키면 된다.

④ near date와 far date는 별도로 거래하지 않고 같은 거래상대방과 동시에 거래되고 기표된다. 거래는 외환스왑시장에서 이뤄진다.

3. ③

대출거래가 발생하지 않으므로 원금에 대한 신용위험은 발생하지 않으나 외환거래에 대한 신용위험은 존재한다. 따라서 외환스왑은 신용위험을 최소화할 뿐 모두 제거하는 것은 아니다.

4. ④

외화를 차입하여 원화 자금을 조달할 경우 외화 차입 후 'sell & buy 외화'의 외환스왑을 통해 가능하다.

5. ②

1개월 후 입금될 달러를 매도하는 선물환이므로 현물환의 bid에 1개월 스왑포인트의 bid를 더하면 된다. 1,171.40 + (−1.60) = 1,169.80(원)

제 6 편
외환파생상품

외환시장, 아는 만큼 보인다

제6편

학습개요

현물환과 선물환에 이어 다양한 외환파생상품을 알아본다. 장내상품인 통화선물과 장외상품들인 통화스왑과 통화옵션, 한국무역보험공사의 환변동보험에 이르기까지 다양한 상품의 특징, 활용사례를 살펴본다. KIKO의 영향으로 외환파생상품의 이미지가 좋지 않지만, 원래 목적인 위험 회피용으로 사용할 때 매우 유용한 금융상품임을 확인한다.

학습목표

- 환위험 관리와 환투자 상품인 통화선물의 특성을 이해하고 선물환거래와 비교하여 장단점을 구분하고 숙지한다. 통화선물 사례를 통해 월 1회의 결제일에도 불구하고 환위험 헤지거래가 가능함을 이해하고 이러한 사항들을 설명할 수 있다.

- 환위험과 이자율위험을 동시에 헤지할 수 있는 통화스왑을 사례를 통해 이해하고 스왑선물환과 비교할 수 있다.

- 권리를 사고파는 옵션에 대한 기본 개념을 파악하고 환위험 헤지사례를 통해 옵션의 활용방안을 배우고 KIKO거래의 문제점을 분석할 수 있다.

- 한국무역보험공사가 제공하는 환변동보험의 상품개요를 알아보고 사례를 통해 중소기업이 활용할 수 있는 환변동보험의 실무적 특성을 이해할 수 있다.

1. 膳物이 된 통화先物

납품을 하고 싶은데요...

우리나라에 선물거래소가 처음 문을 연 1999년, 필자는 모 그룹의 선물회사에서 리테일영업팀[40]에 속해 있었다. 추석을 한 달 남짓 앞둔 어느 날, 고객이 필자를 찾는다고 창구직원으로부터 연락이 와서 창구로 나갔다. 가봤더니 어떤 남자분이 양손에 냄비와 프라이팬을 작은 크기부터 큰 크기까지 세트로 묶어 들고 있었다. 왜 필자를 찾았는지 물었더니 그분은 주변을 돌아보며 "여기가 XX그룹 선물회사 맞나요?"라고 물어보았다. 맞다는 필자의 대답에도 표정이 영 밝지 않아서 무슨 일 때문에 그런지 재차 물었다. 그분은 머뭇거리면서 "납품을 하고 싶어서 왔는데요…"라며 말끝을 흐렸다. 순간 분위기 파악이 안되던 필자는 잠시 후 슬그머니 나오는 웃음을 참고, "고객님, 저희 회사는 판촉물을 공급하는 선물회사膳物會社가 아니라 금융업무를 하는 선물회사先物會社입니다"라고 말씀을 드렸다. 그제야 자신이 잘못 찾아왔음을 깨달은 그분은 멋쩍은 미소와 함께 돌아가셨다. 그분은 필자가 일하던 그룹이 워낙 크니까 명절 때만 되면 그룹 전체가 취급하는 선물이나 판촉물 등을 공급하는 선물회사로 착각했던 것이다. 그 이후에도 직접 방문은 아니지만 납품 가능 여부를 묻는 전화를 여러 통 받았다.

40) 개인이나 기업 등을 대상으로 영업을 하는 소매영업부서

선물先物/futures이라는 금융상품이 낯설었던 시절의 이야기이긴 하지만, 동종 업계에서 일했던 사람들은 비슷한 경험을 한두 번은 했으리라 생각한다. 그래도 지금은 많은 사람이 자세히는 몰라도 선물先物과 선물膳物이 다르다는 것은 알고 있는 것 같다. 우리나라 전체 외환시장의 거래량을 볼 때 통화선물이 차지하는 비중은 5% 내외에 불과하다. 그렇지만 통화선물이 있고 없고의 차이는 엄청나게 크다. 우리나라 기업의 상당수는 외국과의 수출입과 관련이 있다. 그 의미는 상당수의 기업이 환위험에 노출되어 있다는 뜻이기도 하다. 그럼에도 영세한 규모와 신용도 때문에 은행과 선물환 등의 외환거래를 할 수 없는 기업의 숫자가 무척 많고, 그 기업들은 통화선물이 거래되기 이전에는 환위험 헤지거래를 하고 싶어도 할 수가 없었다. 환위험에 노출되어 있는 금액이 크지는 않더라도 회사 규모를 감안하면 그 또한 작다고 볼 수는 없다.

예를 들어 필자가 상담했던 한 회사는 사장님 혼자서 운영하는 아주 작은 무역회사였다. 주로 새로운 섬유재질의 원단을 국내 공장에서 구입하여 중국에 수출하는 회사였는데 매월 30만 달러 정도를 수출하고 있었다. 상담을 하던 즈음 달러/원이 한 달 만에 40원 이상 하락하며 수출기업들에 비상이 걸렸고, 그 사장님 역시 같은 고민을 하고 있었다. 그 사장님도 환율이 하락하는 것을 두고 볼 수밖에 없었고 그달에만 1천만 원이 넘게 손실을 보았다며 하소연했다. 그러면서 별달리 방법도 없다고 답답해하였다. 거래하는 은행과 선물환거래를 상담해 보았느냐고 물었더니 은행에서는 1인 개인회사라서 선물환거래를 해줄 수 없다고 했단다. 그러면 통화선물로 환위험을 헤지할 수 있다고 말했더니, 그런 방법이 있느냐며 반가워했다. 자신은 외환으로 돈을 벌 생각도 없지만, 손실을 보고 싶은 생각은 더더욱 없다며 계약시점에서 환율만 고정할 수 있게 해달라고 하였다. 통화선물거래로 원하는 목적을 달성할 수 있음을 설명했더니 무척 좋아

했다. 그러면서 “선물이 선물이네”라는 농담을 하셨던 기억이 난다. 듣고 보니 환위험 헤지거래를 할 방법이 없어 고민하던 영세기업들에게는 진짜로 선물先物이 선물膳物이 되었다는 생각이 들었다.

또 하나, 1990년대 말에 비록 외환위기를 겪었지만, 1990년대에 우리나라 경제는 많은 성장을 이뤘다. 하지만 여전히 파생금융상품시장은 너무나 작았고 실제 거래도 많지 않았다. 이미 다른 나라에서는 많이 거래되고 있는 통화스왑과 통화옵션도 거래량이 많지 않았다. 특히 원화가 들어간 달러/원 통화스왑이나 통화옵션은 거래가 전무하다시피 했다. 그런 상품을 만들어 팔 때는 딜러가 위험관리를 위한 헤지거래를 채권매매로 해야 한다. 그런데 당시 우리나라의 채권시장은 발행시장뿐만 아니라 유통시장도 너무 작았고, 채권은 그저 사서 만기까지 보유하는 투자상품일 뿐 그때그때 이자율에 따라 매매를 하기에는 유동성이 많이 부족했다.

그러던 중 1999년 9월 국채 3년물을 기초자산으로 하는 국채선물이 상장되었다. 채권을 팔고 사는 대신 채권선물을 매매함으로써 거의 같은 효과를 얻을 수 있게 되면서 원화가 포함된 통화스왑과 이자율스왑, 통화옵션이 거래되기 시작했고 시장이 빠른 속도로 성장했다. 채권선물이 상장됨으로써 다른 파생상품들의 거래가 가능해졌고 그로 인해 추가적인 금융상품들이 지속적으로 나올 수 있었다. 그렇게 보면 통화선물뿐만 아니라 채권선물도 국내 금융시장에 큰 선물膳物이었다.

그런 부분은 주가지수 선물과 옵션에서도 마찬가지다. 한국거래소는 주가지수 선물과 옵션의 폭발적인 거래량으로 파생시장 부분에서 한때 세계 1위의 거래소가 되기도 하였다. 그러니 금융 전 분야에 걸쳐 선물이 큰 선물膳物이었음이 틀림없다.

선도거래와 선물거래

언제인가 TV 뉴스에 포도 밭떼기를 한 상인과 농부 사이에 소송이 오간다는 소식이 전해졌다. 누구 말이 사실인지는 모르겠지만, 매입자는 포도 작황이 계약했을 때 말했던 만큼 좋지 않았다고 항의하였고, 농부 입장에서는 원래 그 정도의 작황은 서로 알고 있었다며 주장이 엇갈리면서 생긴 문제였다. 사건의 내용을 떠나 뉴스를 보며 필자는 예전부터 내려오는 우리의 밭떼기 풍습이 아직도 성행하고 있음을 새삼 알 수 있었다. 밭떼기는 당사자끼리 맺는 거래이다. 따라서 그 뉴스의 내용처럼 예상치 못 한 기상악화로 작황이 너무 나쁘거나, 반대로 너무 작황이 좋아도 다툼이 생길 가능성을 늘 가지고 있다. 이제 밭떼기 거래를 통해서 선도거래가 어떤 점에서 문제가 있는지, 그 문제를 해결하기 위해서 어떤 개선이 필요한지 살펴보기로 하자.

김장을 담그는 우리나라에서는 8월 중순에서 말이면 배추 모종을 심는다. 배추농사를 짓는 농부 박씨는 지난 해 배추 가격이 폭락했던 쓴 경험으로 올해 판로와 가격이 걱정되어 배추를 심어야 할지 고민이 되었다. 반면에 가락동 농수산물시장에서 배추를 파는 상인 김씨는 김장철에 팔아야 할 배추 물량을 적정한 가격에 확보하고 싶었다. 마침 우연히 알게 된 농부 박씨와 상인 김씨는 서로의 필요를 해결해 줄 배추 밭떼기 계약을 하게 되었다. 두 사람은 배추 한 포기에 1,000원씩 1,000포기를 농사지어 팔기로 하고, 11월 15일을 출하일로 하는 계약을 체결하였다. 이렇게 미래 특정한 날(11월 15일)에 상품(배추)을 특정 가격(포기당 1,000원)에 매매하기로 하는 계약을 선도거래라고 한다.

계약 만기일에 이르러 다행히 기후가 좋아서 배추 농사는 잘되었고, 배추 가격도 안정적이었다. 출하일인 11월 15일이 되어 상인 김씨는 박씨 농장을 방문하여 배추 1,000포기를 계약가격인 포기당 1,000원을 주고 인수하였다. 이렇게 배추 밭떼기 거래가 계약대로 잘 마무리되면 우리는 '선도거래가 이행'되었다고 말한다.

그러나 앞서 말한 포도 밭떼기처럼 선도거래가 언제나 계약대로 잘 이행되지는 않는다. 예로 든 배추 밭떼기 선도거래는 농부 박씨와 상인 김씨의 신용으로 거래가 되었다. 하지만 출하일에 생산지의 배추 시세가 1,000원보다 높으면 농부 박씨는 계약 이행을 하지 않으려 할 것이고, 1,000원보다 낮으면 상인 김씨는 배추의 인수를 거부할 것이다. 그래서 이런 계약의 불이행을 방지하기 위하여 두 사람은 계약 시 계약 이행을 위한 계약금을 지불하게 된다.

문제는 여기서 그치지 않는다. 예를 들어 계약금이 전체 금액의 10%인 10만원이었고, 출하일에 다행히 배추 가격이 10% 이내에서 변동하였다면 밭떼기 계약이 그대로 이행될 것이다. 하지만 그보다 큰 폭으로 오르거나 내려서 위약금을 지불하고서도 이행하지 않는 것이 어느 쪽에든 유리한 상황이 되면, 그 거래는 계약대로 이행되지 않을 것이다. 계약금이 효력을 유지하기 위해서는 계약금액을 배추 가격의 일정 비율로 연동하여 계약 기간 내내 계약 금액을 늘리거나 줄이는 과정을 거치면 된다. 그러면 출하 당일 선도거래는 이행될 것이다.

또 다른 문제는 배추의 품질이다. 배추 한 포기에 약 2.5kg 정도로 계산한 김씨는 1,000포기이므로 2.5톤 트럭이면 한 차 가득히 싣고 돌아올 생각으로 기분이 좋았다. 그런데 막상 모두 싣고 보니 배추가 트럭의 절반보다 조금 더 차 있는 것이 아닌가? 어찌 된 일인지 물어보니 박씨가 재배한 배추는 고랭지 배추라서 크기가 작았던 것이다. 그러나 계약서에는 배추의 종류나 무게에 관해서는 명시되어 있지 않았다. 기대한 것보다 작은 배추 1,000포기를 인수할 수밖에 없는 상황이 되어 상인 김씨와 농부 박씨 사이에는 갈등이 생겼다. 이런 갈등을 피하려면 두 사람은 처음부터 계약서에 배추에 대한 상세한 명세를 적어야 했다. 그렇게 했다면 배추 밭떼기를 거래하는 누구든 배추 1,000포기의 부피나 무게가 어느 정도 될지 상식적인 선에서 이해할 수 있었을 것이다.

결국 신용을 근거로 거래되는 선도거래는 거래당사자 간의 충분한 신뢰가 없다면 계약 체결 자체가 어려우며, 그렇지 않을 경우 제도의 보완이 필요함을 알 수 있다.

선도거래인 밭떼기의 문제점을 보완하기 위해서 계약을 이행하기 위한 계약금을 지불하였고, 계약금의 효력을 만기까지 유지하기 위해서 계약 금액을 기초자산[41]인 배추의 시세에 연동하였으며, 만기에 인수도되는 기초자산의 품질에 대한 이의를 방지하기 위해 계약서에 기초자산의 규격을 명시하였다.

이렇게 보완된 제도하에 기초자산이 매매되는 거래를 선물거래라고 하며 기초자산이 배추 대신 통화일 경우 통화선물이라고 한다. 선물거래에서는 계약 시 지불된 계약금을 '증거금'이라고 표현하고, 기초자산의 시세에 연동하여 증거금

41) 거래의 대상이 되는 상품. Underlying asset이라고도 함.

을 일정하게 유지하는 제도를 '일일정산제도'라고 하며, 기초자산의 규격 명시를 '표준화된 상품'이라고 한다.

문제점이 보완된 선물거래를 하려는 시장 참여자들은 '거래소'에 모여 거래를 한다. 즉, 거래소가 정한 증거금제도 및 일일정산제도하에서 표준화된 상품이 거래되는 선도거래를 선물거래라고 정의할 수 있다. 그러므로 선물거래는 선도거래의 일부라고 할 수 있으며 둘의 거래 속성이나 시장 움직임, 이론가 등은 거의 같고 거래 방법만 다를 뿐이다. 특히 기초자산이 통화인 선물환과 통화선물은 거래소 밖에서 거래되는 장외상품과 거래소 내에서 거래되는 장내상품이라는 차이 외에는 같은 상품이라고 해도 과언이 아니다. 같은 만기의 이론가격은 선물환과 통화선물이 똑같으므로 통화선물의 이론가 계산은 앞서 설명한 선물환과 외환스왑 설명으로 대체한다.

통화선물이 거래되기 시작하면서 신용도가 낮은 영세중소기업, 펀드나 개인 등은 신용 대신 증거금을 납입하고 선물환거래와 같은 효과의 외환거래를 할 수 있게 되어 그동안의 고민을 해결할 수 있었다. 누구나 거래 목적에 상관없이 즉시 인수도를 하지 않고 미래에 결제를 하는 선물거래를 할 수 있게 된 것이다. 통화선물은 선물환보다 제도의 불편함은 있을지라도 자유롭고 투명한 외환거래를 할 수 있으므로 환위험 헤지거래뿐만 아니라 환투자 거래도 가능하다.

통화선물의 역사

1970년대 초까지 미국 달러는 금값이었다. 달리 금값이 아니라 35달러를 주면 금 1온스와 바꿀 수 있는 금태환정책이 시행되고 있었기 때문에 달러에 대한 사람들의 신뢰가 절대적이었다. 하지만 미국의 국제수지 적자가 쌓이고 인플레이션이 확대되며 국제 금 가격이 상승하자, 금태환정책을 고수하던 미국에 세계 각국이 보유하고 있던 미국 달러를 금으로 바꾸려는 요구가 집중되었다. 처음에 호기 있게 금을 바꿔주던 미국정부도 점차 금 보유량이 줄어들면서 사태의 심각성을 인식하게 되었다. 결국 미국의 대통령 리처드 닉슨은 1971년 8월 금태환정책을 포기하기에 이른다. 미국이 금태환정책을 포기함으로써 금은 귀중한 존재가 되었고 달러는 무시당하는 상황이 되었다. 그 후 금 가격은 꾸준히 상승하여 10년 만에 20배도 훨씬 넘어 1981년 한때 온스당 850달러까지 거래되었다.

〈그림 Ⅵ-1〉 금 가격의 변동 추이

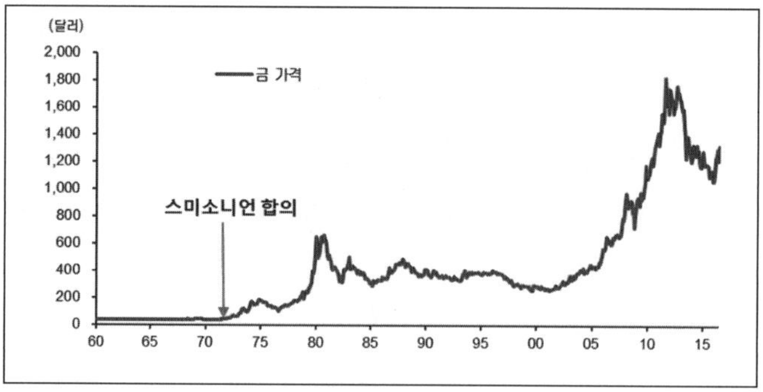

자료: Bloomberg

미국의 금태환정책 포기 후 세계 금융시장은 혼란에 빠졌다. 1971년 12월 워싱턴의 스미소니언박물관에서 세계 10개국 재무장관들이 모여 달러의 가치하락을 합의하게 된다. 이후 고정환율제였던 브레튼우즈체제[42]와 임시로 적용했던 스미소니언합의체제가 무너지며 세계 외환시장은 변동환율제로 접어들었다. 당시에도 선물환거래는 이미 시장에 존재했으나 거래대상의 제한성으로 인해 일반적이지 못했고, 새로운 환위험 헤지를 위한 거래 수단이 필요해졌다. 이러한 시대적 요구에 따라 1972년 미국 시카고상품거래소Chicago Mercantile Exchange(CME)에 주요 통화 7개를 거래대상으로 하는 통화선물이 최초로 상장되었다. 이후 영국(1982년), 호주(1983년), 캐나다와 싱가포르(1984년), 일본(1989년) 등에서도 앞다투어 통화선물이 상장되어 거래되기 시작했다.

우리나라에서도 1995년 12월 29일 선물거래법이 제정되고, 1999년 4월 23일 부산에서 선물거래소가 개장하였다. 개장 시 미국달러선물, CD금리선물, 금선물 및 미국달러옵션 등 기초자산별로 하나씩 상장되었다. 미국 달러를 거래하는 통화선물의 상장으로 중소기업이나 개인들도 매수, 매도 양방향의 달러 거래를 할 수 있게 되었다. 2006년 5월 26일에는 엔선물과 유로선물도 상장되었는데 거래가 활발하지는 않은 편이다. 이에 추가로 2015년 10월 5일 위안선물이 상장되었고 위안/원 직거래시장과 함께 점차 거래가 늘어나고 있다.

통화선물시장의 특징

통화선물시장이 장외시장과 다른 특징으로는 무엇이 있는지 살펴보자. 우선

42) *Bretton Woods system. 1944년 미국 브레튼우즈에서 44개 연합국 대표들이 모여 미국 달러를 중심으로 고정환율제도를 실시하여 국제통화의 질서를 규정한 것. 세계의 기축통화가 된 미국 달러는 전후 복구사업에 투입되며 그 입지를 공고히 하였으나 닉슨의 금태환정책 포기로 달러가치가 흔들리면서 달러를 중심으로 각국이 일정 비율로 고정하였던 환율제도가 붕괴됨.*

통화선물이 여타 외환거래와 기본적으로 다른 점은 거래소에서 거래된다는 것이다. 거래소는 선물시장을 개설 · 유지 · 운영하며 신상품의 개발 및 상장, 거래제도와 규정의 제정 및 개선, 시장정보 제공 및 시장 감시기능, 회원 자격심사 등의 업무를 한다. 즉, 통화선물 상품을 만들어 상장시키고 시장에서 거래되도록 하는 모든 일이 거래소의 업무라고 보면 된다.

1999년 4월 문을 연 선물거래소는 증권거래소에 1996년 상장된 주가지수선물과 옵션의 이관문제로 지속적인 분쟁이 있었다. 그러다가 2005년 1월 증권거래소, 코스닥증권시장 및 코스닥위원회 등과 합병하여 한국증권선물거래소가 되었다. 합병된 한국증권선물거래소는 2009년 2월 4일 「자본시장과 금융투자업에 관한 법률」 개정에 따라 한국거래소Korea Exchange(KRX)로 이름을 바꾸었다.

흔히 거래소를 국가기관으로 잘못 알고 있는데 거래소의 주주는 증권사, 선물회사와 한국금융투자협회 등 기관들이어서 주주 구성상 사기업이다. 단지 거래소의 설립 및 운용이 법에 의해서 이루어지고 주무기관이 금융위원회여서 국가기관으로 잘못 알고 있는 경우가 많다. 거래소에 출자한 주주들은 거래소에 상장되어 거래되는 상품들의 중개 독점권을 가진다. 한국거래소는 상장된 기업이 아니지만 CME 등 해외의 많은 거래소는 상장된 일반 상장기업이다. 또한 다른 나라의 거래소와 M&A를 통해 어느 한 나라에 속하지 않는 다국적기업이 되어 국제금융시장의 변화에 맞춰 변모하고 있다.

상품을 만들어 상장시키고 거래시키는 것이 거래소의 역할이라면 체결된 거래가 만기일에 최종 결제가 될 때까지의 과정을 관리하는 청산clearing기능은 청산소가 담당한다. 해외 선물거래소에서는 초기에 거래소와 청산소의 기능을 분리하여 별도의 청산소를 운영하였지만, 최근에는 청산소를 거래소의 한 부서로 운영하는 것이 일반적 흐름이다. 한국거래소 역시 청산결제본부에서 청산업무를 담당하고 있다. 청산업무란 증거금제도와 일일정산제도를 활용하여 증거금을 관리하고, 실물인수도 등 만기일의 최종결제가 이행될 때까지의 과정을 관리하는 것이다. 또한 최종거래일 이전에 반대매매를 통하여 통화선물 포지션을 없애는 것도 청산한다고 표현한다. 선물에서 오픈되어 있는 통화선물 포지션을 '미청산계약未清算契約' 또는 '미결제약정未決濟約定'이라고 말하고 영어로는 open interest라고 한다.

통화선물은 거래소에 상장된 상품이므로 거래소의 회원사인 증권사와 선물회사의 중개를 통해서만 거래를 할 수 있다. 현재 국내에서는 30여 개 증권사와 선물회사가 통화선물을 중개할 수 있지만 실제 외환정보 제공 등 영업활동을 하고 있는 중개회사는 10여 개사 정도이다. 또 한국거래소에 상장된 통화선물 외에도 해외 거래소에 상장된 통화선물도 거래할 수 있는데 이 역시 앞서 말한 10여 개의 증권사와 선물회사를 통해서만 거래가 가능하다.

앞서 설명했듯이 상품 거래가 표준화되어 있다는 점은 선물거래의 주요한 특징이다. 불특정 다수가 참여하는 통화선물시장에서 장외 외환거래처럼 센트 단위까지 거래하려고 하면 거래상대방을 찾기가 쉽지 않을 것이다. 예를 들어 A기업이 수출대금으로 USD321,578.95를 거래소에서 매도하려고 한다면 정확히 그 금액을 매수하려는 상대방을 찾기는 매우 어려울 것이다. 또, 현물시장 은행 딜러들처럼 백만 달러 단위로만 거래를 해야 한다면 소액 헤지거래나 환투자거래를 하려는 참여자들에겐 거래소 통화선물이 그림의 떡이 될 것이다.

따라서 모든 실수요거래자나 소액거래자들이 참여하도록 통화선물은 계약단위로 거래하게 되었는데 미국달러선물은 한 계약이 10,000달러이다. 그러므로 수출대금을 헤지하려는 A기업은 32계약(USD320,000)을 매도하면 되고 1,000만 달러를 매수하려는 은행 딜러는 1,000계약을 매수하면 되는 것이다. 통화선물의 체결은 단지 계약 수로만 이루어진다. 또 매월 3번째 월요일에 마지막 거래를 하고 2영업일 뒤에 결제를 함으로써 참여자들의 거래 만기일을 일치시키고 있다. 이처럼 통화선물의 거래 조건을 표준화함으로써 누구나 보다 쉽게 거래할 수 있다.

레버리지효과[43]는 통화선물의 중요한 특징이다. 金여사와 李선생은 달러/원 환율이 상승하리라는 전망에 매매수익을 목적으로 각각 1백만 달러를 매수하기로 하였다. 현재 현물환율은 1,200원이고 1개월 뒤 만기가 도래하는 통화선물의 가격은 1,197.50원이다. 金여사는 현물환으로 원화 12억 원을 지급하고 1백만 달러를 매수하였고, 李선생은 증거금 61,072,500원[44]을 납입하고 통화선물 100계약을 매수하였다. 며칠 후 환율은 예상대로 10원이 상승했고, 두 투자자는 반대매매를 통해 각각 1,000만 원의 매매차익을 얻을 수 있었다.

이때 金여사의 수익률은 0.83%(10,000,000/ 1,200,000,000)이고 李선생의 수익률은 16.4%(10,000,000/61,072,500)가 될 것이다. 1백만 달러에 투자해서 벌어들인 수익은 같으나 수익률은 약 20배 차이가 난다. 이러한 결과는 5.1%의 증거금만으로 거래하는 통화선물의 레버리지효과에서 나왔다. 만약 金여사가 12억 원의 원금을 모두 증거금으로 사용해서 1백만 달러가 아닌 통화선물 1,964

43) Leverage effect. 말 그대로 지렛대효과. 타인의 자본 또는 신용한도를 사용하여 자신이 가진 자본의 수익률을 높이는 것

44) 증거금률을 5.1%라고 가정할 때의 증거금. 1,000,000 x 1,197.50 x 5.1% = 61,072,500(원)

계약(USD19,640,000)을 매수해서 똑같이 달러당 10원의 수익을 거두었다면 1억 9,640만 원의 매매차익을 획득할 수 있었을 것이다. 단, 레버리지효과는 수익이 발생할 때는 적은 돈으로 큰돈을 벌어주지만, 손실이 발생할 경우에는 큰 금액의 손실도 가져다 줄 수 있음을 간과해서는 안 될 것이다. 그런 까닭에 높은 수익률에도 불구하고 손실이 크게 발생할 수도 있어 통화선물이 위험하다는 인식을 가진 사람이 많다. 하지만 이는 투기적 거래에 해당하는 경우이고 환위험 헤지를 위한 거래에서는 적은 돈으로 환위험을 관리할 수 있으므로 매우 효율적인 거래방식이라고 할 수 있다.

선물환거래는 만기에 대부분 인수도가 이루어진다. 하지만 통화선물은 만기에 전체 계약의 1~2%만 인수도가 발생한다. 투기적 목적이나 차익거래 목적의 통화선물거래는 최종거래일 이전에 청산되어 매매차익 또는 매매차손이 발생하기 때문에 만기에 인수도되는 경우는 거의 없다. 헤지 거래의 경우 역시 만기일이 통화선물의 결제일과 일치하는 경우를 제외하고는 만기일 이전에 청산된다. 통화선물로 헤지를 할 경우 원하는 거래일보다 뒤에 만기가 도래하는 통화선물로 헤지하고, 원하는 거래일에 현물과 함께 선물도 반대매매를 통해 청산되기 때문이다.

증거금제도와 일일정산제도

선물거래의 가장 중요한 특징은 증거금제도와 일일정산제도이다. 거래소는 선물계약의 불이행을 막기 위해 거래자로부터 거래이행의 담보로 증거금margin을 받는다. 이는 매수자와 매도자 모두를 보호하기 위한 제도로 거래소가 정한 거래

규정에 따라 중개회사를 경유하여 거래소에 예치한다. 즉 고객은 중개회사에 증거금을 납입하지만, 중개회사 역시 수취 증거금을 거래소에 예치하므로 나중에 중개회사의 신용문제가 발생되더라도 고객의 증거금은 보호받을 수 있다.

증거금은 원화표시 거래 원금의 일정 비율로 정해진다. 2025년 3월 현재 통화선물을 처음 거래할 때 납입하는 위탁증거금은 미국 달러선물 4.605%, 엔선물 5.34%, 유로선물 3.96% 그리고 위안선물은 3.39%이다. 한국거래소는 환율의 변동성을 감안하여 매월 변경하고, 해외거래소들은 환율이 일정 부분 이상 변동할 경우 필요에 따라 증거금률을 변경한다. 위탁증거금은 증거금의 1/2금액까지 대용증권代用證券으로 납입할 수 있다. 대용증권이란 한국거래소에 상장되어 있는 주식, 상장기업이 발행한 채권, 국공채 등이며 증권예탁원이 정한 대용가를 적용하여 납입할 수 있다.

증거금제도가 선물제도의 이행을 담보하는 제도라면 증거금제도가 담보로서의 의미를 갖도록 일정한 수준의 증거금을 유지하게 하는 제도가 일일정산제도이다. 청산소는 매일 거래가 끝나면 정산가를 산정하여 발표하고 정산가에 의해 모든 계좌를 평가한다. 거래소의 청산담당 부서는 정산이 끝난 후 손실이 난 계좌에서는 손실금액을 인출하고, 이익이 난 계좌에는 이익금액을 입금하여 거래 손익을 정산한다. 이때 인출되는 손실금액과 입금되는 이익금액을 정산차금定算差金이라고 한다.

〈그림 VI-2〉를 참조하여 증거금제도와 일일정산제도를 알아보자. 이대박 씨는 9월 21일 달러 강세를 예상하여 위탁증거금을 납입하고 달러선물을 매수하였다. 하지만 그날 환율은 예상과 다르게 하락하며 장이 마감되었다. 일일정산을 하고 나니 손실이 난 ①번 금액만큼 정산되어 계좌에서 인출되었다. 하지만 다음 날인 9월 22일 예상대로 환율이 상승하여 전일 매수했던 환율보다 높은 수준에서 장이 종료되었고, 일일정산 후 정산차금이 입금되었음을 확인하였다.

〈그림 Ⅵ-2〉 증거금제도와 일일정산제도

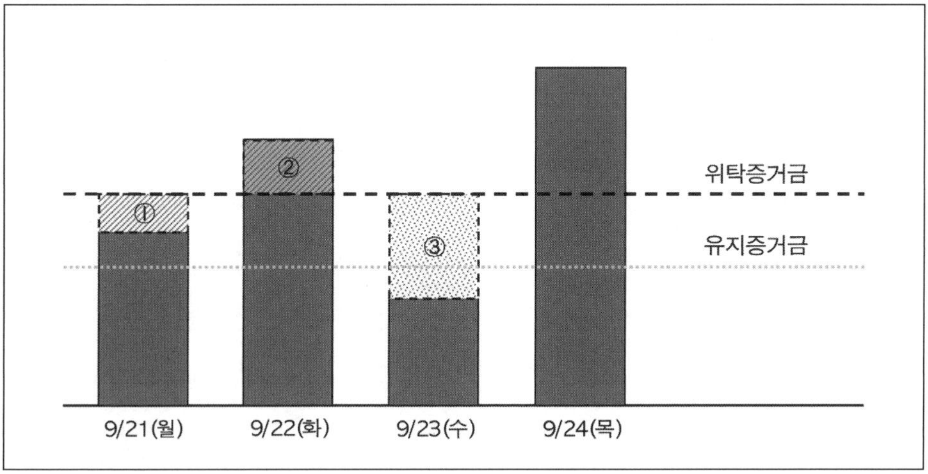

다음 날 대형 중공업회사가 30억 달러에 달하는 건설공사를 단독 수주하게 되어 같은 금액의 선물환 매도헤지 물량이 시장에 유입될 것이라는 소문이 나면서 환율이 폭락하였다. 9월 23일 일일정산을 하고 나니 정산차금으로 많은 돈이 계좌에서 인출되어 증거금이 줄어들어 유지증거금보다 적게 남았다. 손실로 기분이 좋지 않았는데 거래하는 중개회사에서 마진콜margin call이 발생하였으니 다음 날 정오 이전에 추가증거금을 납부하라고 연락이 왔다. 마진콜이란 정산 후 증거금이 유지증거금 이하로 내려가 추가증거금이 발생하는 상황을 말한다. 추가증거금은 얼마나 내야 하는지 물었더니 정산 당일 위탁증거금과 정산 후 계좌잔고와의 차액이라고 하였다. 만약 추가증거금을 납입하지 않으면 어떻게 되는지 다시 물었더니 9월 24일 정오에 시장가격으로 보유 매수계약을 매도하여 청산시킨다고 하였다. 왜 남의 포지션을 임의대로 처분하려 하느냐고 항의하자 그렇게 하는 것이 거래소 규정이고 거래 약관에 적혀 있다고 대답하였다.

다행히 다음 날인 9월 24일 전일 돌았던 소문이 근거 없는 낭설이었음이 밝혀지면서 시장은 원상태로 돌아왔다. 하지만 환율이 다시 원하는 방향으로 움직였어도 규정상 일단 추가증거금이 통보되면 환율 움직임과 상관없이 무조건 납입을 해야 한다. 그래서 ③번 금액만큼 추가증거금을 납입해야만 했다.

이대박 씨의 사례를 정리해보자. 9월 21일 일일정산 후 계좌에서 정산차금이 차감되었지만 아직 증거금이 유지증거금보다 많았으므로 추가증거금은 통보되지 않았다. 다음 날인 9월 22일에는 환율이 예상했던 대로 상승 마감되어 정산 후 많은 정산차금이 입금되었다. 이대박 씨는 그 다음 날인 9월 23일에 증거금 계좌에서 전일의 위탁증거금을 뺀 나머지 잉여 증거금은 현금으로 인출하여 사용할 수 있었다. 하지만 일단 그냥 두기로 했다.

9월 23일의 일일정산 후, 마진콜이 통보되었다. 추가증거금은 현금으로 납입해야 하고 다음 날 납입시간 전에 환율이 유리한 방향으로 움직여 마진콜 상태가 해소된다 하더라도 그와 상관없이 무조건 납입해야 한다.

일일정산제도는 증거금을 일정하게 유지하는 데 그 목적이 있다. ②번처럼 증거금이 잉여상태가 되면 현금으로 인출할 수 있고, ③번의 경우처럼 마진콜이 발생하면 다시 일정 수준의 증거금을 유지하기 위해서 추가로 증거금을 납입하도록 하는 제도이다.

추가증거금이 납입되지 않았을 때 중개회사가 고객의 선물계약을 강제 청산하는 이유는 혹시라도 고객에게 추가 손실이 생길 수도 있고, 추가 손실이 생겨서 발생할 수 있는 불행한 사태로부터 고객과 중개회사를 보호하기 위한 조처이다. 이는 세계의 모든 거래소가 적용하고 있는 제도이다.

정리하면, 증거금은 선물계약이 청산될 때까지 선물계약을 유지하는 역할을 하고, 일일정산제도는 증거금이 유지증거금 이상 유지되도록 하는 제도이다. 이 두 가지는 선물제도가 유지되기 위해 꼭 필요한 제도이니 기억해두도록 하자.

거래 조건

한국거래소에 상장되어 있는 통화선물은 미국달러선물, 엔선물, 유로선물 및 위안선물이다. 거래단위는 1계약에 각각 USD10,000, JPY1,000,000, EUR10,000과 CNH100,000이다. 통화선물은 금액으로 거래하는 것이 아니라 계약 수로 거래한다. 예컨대 1백만 달러를 거래하고자 할 때는 미국달러선물 100계약을 주문하면 된다.

통화선물이 만기가 되어 인수도가 이행되는 달을 결제월이라고 한다. 1개월, 2개월 선물환처럼 표준일거래 선물환과 유사하다고 보면 될 듯하다. 단지 선물환은 거래일의 2영업일 후부터 개월 수를 따져 만기가 설정되지만, 통화선물은 매월 3번째 월요일이 최종거래일이고 그로부터 2영업일 후가 최종결제일이란 점이 다르다. 즉, 인수도가 이행되는 날을 선물환에서는 만기일이라고 하고 통화선물에서는 최종결제일이라고 한다.

통화선물에서는 만기가 제일 빨리 도래하는 결제월을 최근월물最近月物이라고 하는데 거래량이 제일 많고 거래가 활발한 결제월이다. 반면에 만기가 거래일로부터 많이 남은 원월물遠月物은 하루에 한 계약도 거래가 되지 않는 경우도 있다. 한국거래소에 상장되어 있는 결제월은 미국 달러의 경우 1년 이내 12개월과 1년 초과되는 분기월 8개(최장 3년) 등 20개월이 있고, 엔, 유로 및 위안선물은 최근월물로부터 연속 6개월과 이후 도래하는 분기월 2개 등 8개월이 상장되어 있다.

통화선물의 최종결제일은 앞서 말한 것처럼 3번째 월요일이다. 만약 3번째 월요일이 공휴일일 경우 순차적으로 하루씩 앞당긴다. 즉, 3번째 월요일이 공휴일이면 그 전주 금요일이 최종거래일이 되고, 그 금요일도 공휴일이면 전일인 목요일이 최종거래일이 된다. 이 경우 최종거래일의 2영업일 후가 최종결제일이 되는 것은 똑같다. 가끔 최종거래일을 3번째 주 월요일과 혼동하기도 하는데, 3번째 월요일과 3번째 주 월요일이 일치하는 경우가 대부분이지만 서로 다른 날일 수도 있다. 그러므로 반드시 결제월의 3번째 월요일을 확인할 필요가 있다. 물론 중개회사에서 사전에 확인하고 챙겨주긴 하지만, 최종거래일을 착각할 경우 원하지 않는 인수도를 해야 할 수도 있으므로 주의해야 한다. 또한 최종거래일과 그 전주 금요일에는 해당 결제월 선물거래의 유동성이 줄어들어 간혹 불리한 가격으로 청산해야 하는 경우도 있다. 그러므로 만기에 가까워질 때는 다음 결제월 거래를 하는 것이 좋고, 아직 만기가 도래하지 않은 헤지거래인 경우 최종거래일 전주에 연장거래roll-over transaction를 통해 다음 결제월로 바꾸어놓아야 한다.

통화선물의 가격변동폭은 현물환시장과 같이 0.1원(10전) 단위이다. 선물거래에서 최소가격변동폭을 틱tick이라고 하므로 통화선물의 1틱은 0.1원인 것이다. 따라서 1계약이 10,000달러인 미국달러선물의 최소가격변동금액tick value은 1,000원(10,000 × 0.1)이다. 엔선물이나 유로선물, 위안선물의 경우에도 최소가격변동금액은 모두 1,000원이다.

한국거래소는 상장된 통화선물의 일중 가격변동에 대해 현물환시장과 달리 변동할 수 있는 제한폭을 두고 있다. 이는 급격한 가격변동으로부터 거래자와 중개회사를 보호하기 위한 제도인데, 때로는 그 의도와 달리 상한가나 하한가에 묶여 거래자가 이익실현이나 손절매stop loss를 할 수 없도록 하는 불완전한 제도이기도 하다. 실제 과거 금융위기 시절 달러/원 환율이 거래시간 중에 100원이 넘게 상승하였을 때 이익실현 또는 손절매 거래를 하고자 했던 많은 고객이 상한가까지밖에 움직이지 못하는 환율(장외시장의 달러/원은 상한가보다 훨씬 높은 가격에 거래됨) 때문에 원하는 거래를 하지 못해 많은 불만을 토로하기도 했다.

한국거래소가 설정해놓은 가격제한폭은 달러선물과 위안선물은 ±4.5%이고 엔선물과 유로선물은 ±5.25%이다. 아무래도 달러/원보다 엔이나 유로의 가격변동폭이 더 크기 때문에 가격제한폭도 좀 더 크게 설정되었다. 하지만 해외 통화선물은 가격제한폭 없이 움직이는 현물시장을 반영하여 별도의 가격제한폭 없이 거래된다.

통화선물 거래는 오전 9시에 시작하여 오후 3시 45분에 종료한다. 하지만 오후 3시 35분까지만 가격이 호가되고 3:35~3:45 사이에는 시장호가가 모두 사라진다. 그렇다고 이미 입력된 주문들이 모두 사라지는 것은 아니고 단지 화면에서만 보이지 않을 뿐이다. 이 시간 동안에는 당일 거래시간 중에 미처 거래를 마무리하지 못한 거래자가 지정가 또는 시장가로 주문을 할 수 있는데 이러한 거래를 단일가격경쟁거래(일명 '동시 호가'라고도 한다)라고 한다. 거래소는 이 시간 동안 접수된 매수, 매도 주문을 취합한 후 단일가격으로 3시 45분 정각에 체결시킨다. 이렇게 시장 종가에 체결시키는 주문을 종가주문market on close(MOC)이라고 한다.

장 시작 전인 오전 8시에서 9시 사이 1시간 동안에도 단일가격경쟁거래가 있는데 마찬가지로 거래자가 주문한 매수, 매도 주문을 취합하여 9시 장 시작과 동시에 단일가격으로 체결시킨다. 이렇게 시장이 개장됨과 동시에 체결되는 주문을 시가주문始價主文/market on open(MOO)이라고 한다.

한국거래소에 상장되어 있는 통화선물의 상품 계약명세는 다음과 같다.

〈표 Ⅵ-1〉 한국거래소 통화선물 상품명세

구 분	미국달러	중국위안	일본엔	유로
거래대상	USD10,000	CNH100,000	JPY1,000,000	EUR10,000
결제월	1년 내 12개월 1년 초과 8개 분기월	근월물 연속 6개월과 이어지는 분기월 2개		
가격의 표시	1달러 당 원화	1위안 당 원화	100엔 당 원화	1유로 당 원화
최소가격변동폭	0.1원			
최소가격변동금액	1,000원			
거래시간	09:00~15:45			
최종거래일	결제월의 세 번째 월요일			
최종결제일	최종거래일로부터 2영업일 후			
결제방식	인수도결제			
가격제한폭	기준가격±4.5%		기준가격±5.25%	
위탁증거금	4.605%	5.340%	3.960%	3.390%
유지증거금	3.07%	3.56%	2.64%	2.26%
단일가격경쟁	08:00~09:00, 15:35~15:45			

2025.03 현재

거래절차

통화선물의 거래절차는 간단하다. 중개회사인 증권사나 선물회사를 방문하여 계좌개설 서류를 작성하고 인증을 위한 서류들을 첨부하면 계좌개설이 된다. 필요서류는 개인과 법인이 다르므로 미리 중개회사에 문의하여 필요서류를 가지고 가야 한다. 또한 원칙적으로 중개회사를 방문하여 계좌개설을 하여야겠지만 필요시 영업직원이 고객을 방문하여 계좌개설 서류를 취합할 수도 있다.

금융감독위원회와 한국거래소는 장내파생상품의 신중한 거래를 위하여 개인들의 경우 선물계좌개설 후 거래를 시작하기 전에 한국금융투자협회의 온라인 교육과 한국거래소의 모의거래를 일정 시간 이수하도록 하는 제도를 시행하고 있다.

계좌개설, 온라인 교육 및 모의거래가 끝나면 인터넷을 통해 해당 중개회사의 거래 및 조회 프로그램인 HTS Home Trading System를 다운받아 설치한다. 이제 통화선물을 거래할 준비가 다 되었다. 중개회사가 지정한 계좌로 증거금만 납입하면 언제든지 거래를 시작할 수 있다.

주문은 앞서 설치한 HTS를 이용하여 직접 할 수도 있고, 중개회사에 전화를 걸어 할 수도 있다. 단, 주문 방식에 따라 거래 수수료가 달라질 수 있으니 미리 확인하여야 한다. 주문이 체결되면 HTS에서 체결 여부를 직접 확인할 수 있으며 컴퓨터 사용이 어려울 경우 전화로 담당직원과 확인할 수 있다.

선물환과 통화선물 사례 비교

사례

종로통상은 9월 3일, 미화 1백만 달러의 수출계약을 맺었다. 수출대금은 3개월 후인 12월 5일 입금될 예정이다. 종로통상의 담당자인 김대리는 선물환과 통화선물 중 어떤 외환거래를 통해 환위험을 헤지할지 검토해보았다. 9월 3일의 현물환율은 1,200원, 12월 5일 선물환율은 1,197.50원, 통화선물 12월물(결제일 12월 17일)의 가격은 1,197.00원이었다.

■ **선물환거래의 경우**

종로통상이 선물환계약을 한다면 다음과 같다. 종로통상은 만기일인 12월 5일 입금된 수출대금 1,000,000달러로 선물환을 결제하고 1,197,500,000원을 수취하면 모든 거래가 종료된다.

〈그림 Ⅵ-3〉 선물환 헤지거래 사례

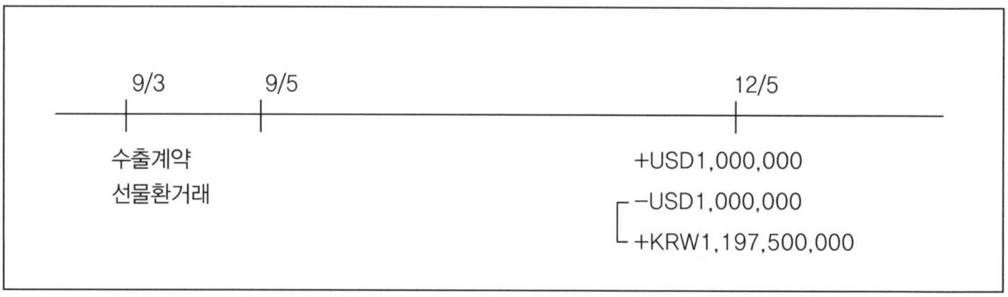

■ 통화선물거래의 경우

〈그림 Ⅵ-4〉 통화선물 헤지거래 사례

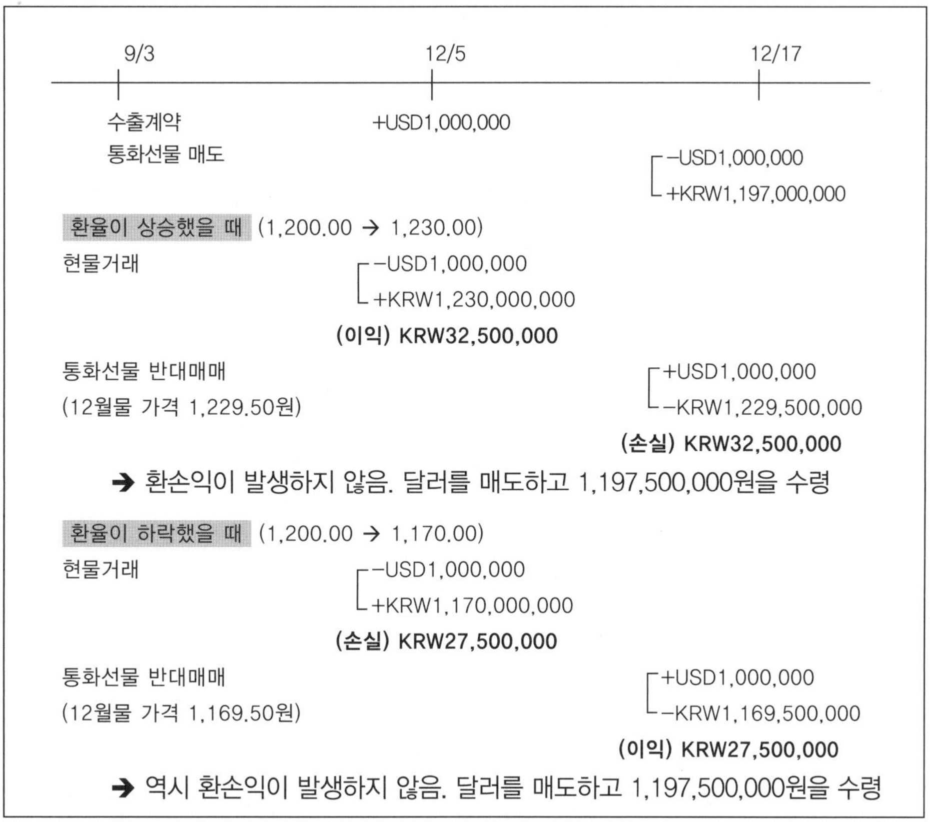

종로통상이 통화선물로 환위험 헤지를 했을 경우 통화선물은 결제월에 1회만 인수도가 가능하므로 다소 복잡한 과정을 거쳐 환위험 헤지를 하게 된다. 대부분의 통화선물 헤지거래는 인수도를 하기보다는 환율만을 헤지하는 형태로 거래된다. 즉, 현물은 현물대로 거래하고 그에 따른 환율변동 위험은 통화선물로 헤지한다. 따라서 통화선물을 거래한 후, 수출대금이 입금되는 12

월 5일 환율이 상승하거나 하락해도 환손익이 발생하지 않으면 환위험이 헤지된 것으로 볼 수 있다.

통화선물로 환위험을 헤지하기 위해서는 원하는 거래일보다 만기가 뒤에 오는 통화선물을 거래해야 한다. 본 사례의 경우에도 12월 5일에 입금되므로 12월 5일보다 뒤에 최종결제가 이루어지는 통화선물 12월물을 매도함으로써 환위험을 헤지할 수 있다. 12월물의 최종결제일은 12월 17일로, 12월 5일과 17일까지의 스왑포인트는 −0.5원으로 가정한다.

먼저 12월 5일 환율이 30원 상승했다고 가정하면 종로통상은 현물환거래에서 32,500,000원{1,000,000 × (1,230.00 − 1,197.50)}의 이익이 발생하고, 통화선물거래에서는 32,500,000원{1,000,000 × (1,197.00 − 1,229.50)}의 손실이 생겨서 환손익은 발생하지 않았다. 결국 종로통상은 통화선물 헤지거래로 12월 5일 선물환거래 시 수취할 금액과 동일한 1,197,500,000원을 받게 되므로 선물환으로 거래한 것과 똑같은 헤지효과가 있었음을 알 수 있다.

마찬가지로 같은 날 환율이 30원 하락했다고 가정하면 종로통상은 현물환거래에서 27,500,000원{1,000,000 × (1,170.00 − 1,197.50)}의 손실이 발생하고, 통화선물거래에는 27,500,000원{1,000,000 × (1,197.00 − 1,169.50)}의 이익이 생겨서 역시 환손익이 없었다. 역시 종로통상이 통화선물거래 후 받게 될 금액은 1,197,500,000원이어서 선물환거래의 결과와 똑같아 헤지효과도 같았음을 확인할 수 있다.

사례를 통해 비록 한 달에 결제일이 한 번밖에 없는 통화선물로도 선물환과 동일하게 환위험 헤지거래를 할 수 있음을 확인하였다. 비록 현물환과 통화선물거래를 따로 거래해야 하므로 절차의 불편함은 있지만, 환위험을 헤지한다는 기본 목적은 충분히 달성할 수 있었다.

통화선물이 한 달에 한 번만 결제가 가능하다는 불편함이 있어서 한국거래소KRX에서는 통화선물의 조기인수도제도Exchange of Futures for Physicals(EFP)를 시행하고 있다. 기존 통화선물을 필요한 날짜에 조기 인수도할 수 있도록 한 제도이다. 한 달에 한 번 있는 최종결제일과 무관하게 영업일이면 언제든 인수도가 가능하고, 별도의 환전수수료 없이 원하는 날짜에 인수도할 수 있어 환전의 장점도 살릴 수 있다.

이 외에도 매월의 결제일이 아니라 선물환처럼 미래 특정 날짜에 통화선물거래를 할 수 있는 Flexflexible exchange제도도 있다.

〈표 VI-2〉 선물환과 통화선물의 장단점 비교

구분	장점	단점	적정용도	거래기관
선물환	– 자유로운 금액/만기 거래 가능 – 만기까지 입출금 없음	– 가격 불투명 – 신용도 높은 기관/기업만 거래	긴 만기/큰 금액	외국환은행, 일부 증권사
통화선물	– 누구나 거래 가능 – 공개호가로 투명한 주문 체결	– 정확한 금액 헤지 불가능 – 일일정산으로 입출금 불편	영세중소기업/기관의 헤지거래 및 개인 환투자	증권사, 선물회사

〈그림 VI-5〉 미국달러선물 현재가 화면

자료: 연합인포맥스

통화선물은 시장이 열려 있는 동안(09:00~15:45) 시장 참여자가 내놓은 최우선호가가 매수, 매도 각 5개씩 보여지며 각 가격별로 체결 가능한 계약수도 볼 수 있다. 〈그림 VI-5〉를 보면 1,144.60원에 팔겠다고 주문을 내놓은 주문자가 5명이고 계약 수는 137개, 그러니까 137만 달러 팔자 주문이 나와 있다. 오른쪽 창에는 체결되는 모든 거래가 표시된다. 통화선물 참여자는 이 시스템을 통해서 시장가격을 직접 보면서 체결시킬 수 있어 투명한 거래가 가능하다.

장외상품과 장내상품 비교

선물환과 통화선물 두 거래 모두 가능한 기업의 경우에는 한두 가지 단점에도 불구하고 선물환거래가 더 편리하다. 하지만 기업마다 처한 상황이 다르고, 일부 펀드나 개인의 경우에는 선물환거래 자체가 불가능하므로 선택의 여지가 없다. 따라서 선물환 한도가 있어 선물환거래가 가능한 기업이나 기관, 일부 펀드의 경우 환위험 헤지를 위해 우선적으로 선물환거래를 선택하겠지만 그 외의 기업이나 펀드, 개인들은 환위험 헤지거래나 환투자를 위해 통화선물을 선택할 것이다.

선물환거래와 통화선물거래를 큰 범주에서 살펴본다면 장외상품과 장내상품으로 비교해볼 수 있다. 거래소에 상장되어 거래되는 장내상품으로는 통화선물과 통화옵션이 있다. 미국달러옵션은 거래가 많지 않으므로 통화선물이 그 대표적 상품이라고 할 수 있고 장외외환상품으로는 선물환, 통화스왑, 통화옵션, 복합파생상품 등이 있으며 그중 통화선물과 비교되는 상품은 선물환이다.

〈표 Ⅵ-3〉 장내외환상품과 장외외환상품

구분	장내외환상품	장외외환상품
거래체결	거래소	장외거래 OTC
거래상품	통화선물, 통화옵션	선물환, 통화스왑, 통화옵션, 복합외환상품
거래방식	공개호가/전자거래	거래당사자 간 거래
거래상대	청산소(거래소)	거래한도가 있는 기관/기업
가격형성	장중 계속 변동	필요할 때만 가격 산출
일일정산	매일 있음	없음
신용위험	없음	거래상대방의 신용도
증거금	모든 거래자 증거금 납입	신용거래가 원칙이나 필요에 따라 담보를 요구하기도 함
인수도	대부분 최종거래일 이전 반대매매로 청산되어 인수도는 거의 없음	대부분 만기일에 인수도 이행
수수료	사전에 정해진 계약당 수수료	가격에 반영

크게 볼 때 장외상품은 신용으로 당사자 간에, 장내상품은 신용 대신 증거금을 납입하고 거래소 시스템에 의해 거래가 체결된다는 점이 다르다고 할 수 있다.

해외통화선물

한국거래소에는 미국 달러, 엔 그리고 유로선물만 상장되어 거래되고 있다. 그 외 통화에 대한 헤지 또는 투자 필요성이 있는 경우 시카고상업거래소CME의 통화선물을 이용할 수 있다. CME에는 약 60개의 주요국 및 신흥국 통화가 상장되어 거래되고 있는데 통화선물의 가격은 미국 달러가 가변통화로 표시되는 미국식표기법을 따르고 있다. 또한 납입되는 증거금 역시 미국 달러로 해야 한다.

〈표 Ⅵ-4〉 주요 통화선물 상품명세

구 분	유로	엔	파운드	캐나다달러	원
상품기호	6E	6J	6B	6C	SKU(SGX)
거래대상	EUR125,000	JPY12,500,000	GBP62,500	CAD100,000	25백만 원
가격표시	1 EUR당 USD	1 JPY당 USD	1 GBP당 USD	1 CAD당 USD	천원당 달러
결제월	연속3개월 및 20개 분기월				매월물 (12개월)
최소호가단위	0.00005	0.0000005	0.0001	0.00005	0.0001
최소가격변동	$6.25	$6.25	$6.25	$5	$2.50
거래시간	현지(시카고)시간 (전산장) 17:00~익일16:00, (본장) 07:20~14:00				08:10~20:35
최종거래일	결제월의 세 번째 수요일 2영업일 전일				세 번째 월요일
결제방식	실물인수도				현금결제
가격제한폭	없음				
위탁증거금	$2,860	$3,190	$2,200	$1,265	$440
유지증거금	$2,600	$2,900	$2,000	$1,150	$400

2025.02 현재

국내 거래자가 CME 통화선물을 거래하려면 국내 선물처럼 증권사나 선물회사에서 계좌를 개설하여 거래할 수 있다. 국내법은 국내 거주자가 직접 해외 선물중개회사와 거래를 할 수 없도록 규정하고 있다. 따라서 해외 선물회사Futures Commission Merchant(FCM)와 업무관계를 맺고 있는 국내의 중개회사를 통해서만 해외 선물을 거래할 수 있다. 통화선물뿐만 아니라 해외 주가지수나 원자재 등의 선물도 국내 중개회사를 경유하여 거래해야 한다.

CME에는 비록 거래량은 미미하지만 '원/달러KRW/USD'로 표기되는 통화선물이 상장되어 있다. 거래소 플로어floor에서 거래하는 본거래에서는 거래되지 않고 CME의 전자거래시스템인 GLOBEX에서만 거래된다. 마찬가지로 거래량이 크지는 않지만 싱가포르 거래소SGX에도 원/달러 통화선물이 상장되어 있다.

2. 환율과 이자율을 동시에 관리하는 통화스왑

통화스왑의 전신, Back-to-Back Loan

통화스왑은 두 통화의 현금흐름을 교환함으로써 환위험과 이자율위험을 동시에 관리할 수 있는 외환파생상품이다. 외환거래의 형태지만 외화자금거래의 속성을 가진 외환스왑과 유사하다. 외환상품 중에서 하루 거래되는 거래량은 작은 편이지만 환위험과 이자율위험을 동시에 관리할 수 있다는 장점과 거래기간이 길어서 잔고기준 거래량이 무척 많은 매우 유용한 외환파생상품이다.

통화스왑의 시작은 영국의 Parallel Loan부터 찾아볼 수 있다. 제2차 세계대전 후 외화자금이 부족했던 영국은 외화의 유출을 억제하기 위해 외환관리법으로 외환을 통제하였다. 이러한 통제를 회피하기 위하여 거래되었던 것이 Parallel Loan이다. Parallel Loan은 우리말로 상호대출 또는 그대로 직역해서 평행대출이라고 하는데, 의미전달상 그냥 영어로 사용하기로 한다.

예를 들어 영국의 BB기업이 미국에 자회사 B를 설립하였다고 하자. 자회사 B는 미국 내에서 신용이 부족하여 미국 은행으로부터 달러 자금을 빌릴 수가 없고 모기업인 BB는 외환관리법 때문에 B에게 달러 자금을 조달해주기 어려웠다. 마침 BB기업은 관계가 좋은 미국의 AA기업과 Parallel Loan계약을 맺게 되었고 AA기업이 B에게 미국 달러를 대출해주는 대신, BB기업은 AA의 영국 내 자회사인 A에게 같은 금액의 영국 파운드를 대출해주었다. 같은 금액을 대출해주기 위한 환율은 계약 시점의 환율을 적용하고 이자율은 자금시장의 금리를 적용하였다. 대출이 평행선을 그리듯 이루어지기 때문에 이러한 거래를 Parallel Loan이라고 했다.

〈그림 Ⅵ-6〉 Parallel Loan

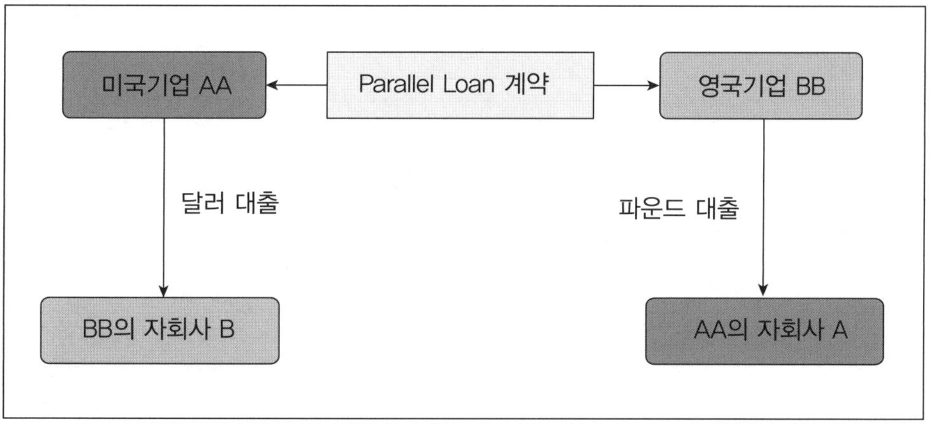

그런데 Parallel Loan은 서로 필요성이 맞는 거래상대방을 찾기 쉽지 않고, 2개의 대출로 구성되어 있어 어느 한 거래자가 대출을 상환하지 않더라도 다른 거래자에게는 대출을 상환해야 할 의무가 남게 될 위험이 있다. 따라서 어느 한 쪽이 대출을 상환하지 않을 경우 상대 거래자도 상환하지 않기로 하는 상계조항이 계약에 포함되어야 한다.

시간이 흘러 외환관리법이 없어지고 BB기업은 자회사인 B에게 달러를 조달해줄 수 있게 되었다. 하지만 BB기업이 아무래도 자국통화가 아닌 달러를 차입하는 조건은 달러를 자국통화로 가지고 있는 AA기업만큼 좋을 수는 없었다. 반대로 파운드의 경우는 BB기업이 AA기업보다는 더 유리한 금리와 조건으로 차입할 수 있었다. 이에 착안한 두 기업은 모기업끼리 계약 당일 환율 기준으로 두 통화를 교환하고 일정 기간 이자를 주고받다가 만기에 상환하기로 하는 Back-to-Back Loan계약을 맺었다.

〈그림 Ⅵ-7〉 Back-to-Back Loan

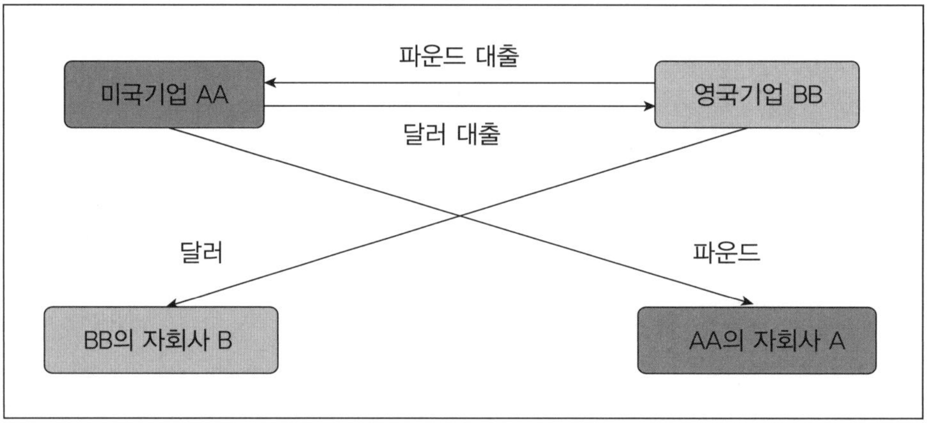

Back-to-Back Loan은 최초 대출 계약 시 원금을 주고받은 다음 계약에 따라 일정 기간마다 대출이자를 서로 지급하다가 만기에 대출을 상환하는 구조로 되어 있다. 비교 우위의 자금을 대출받을 수 있다는 장점을 활용한 거래이다. 통화스왑은 이 Back-to-Back Loan에서 발전되었으며 거래구조도 매우 유사하다. 다만 Back-to-Back Loan은 Parallel Loan처럼 여전히 2개의 대출로 구성되는 거래여서 신용위험과 부채기표가 부담스럽지만 통화스왑은 하나의 외환파생상품계약으로 대차대조표(재무상태표)상에 자산이나 부채로 기표되지 않는 부외거래off-balance sheet transaction라는 점이 다르다.

은행의 역할

초기 스왑시장에서 은행은 스왑의 필요성을 가진 기업들을 찾아 거래 조건을 맞춰서 스왑거래를 체결시키는 브로커로서의 역할을 수행하였다. 단순 중개 업무만 담당했기 때문에 은행은 거래상대방에 대한 신용위험을 부담할 필요가 없었다. 그러나 1980년대 중반, 거래자들이 상대방에 대한 신용위험을 부담스러워하고 서로의 조건들이 조금씩 달라서 은행이 각 거래자들의 거래상대방으로 참여하게 되었다. 은행들의 시장 참여로 스왑거래의 유동성이 커지고 거래량도 급증하였다.

1980년대 후반이 되자 거래자를 찾아서 매치match시키던 스왑시장에서 고객들의 거래 조건이 다양해지며 은행들에게 고객의 개별적 필요성을 충족시키기 위한 역할이 요구되었다. 이를 수용하기 위해서 은행은 별도의 관리체계, 시스템과 자본이 필요하였다. 이러한 스왑시스템을 갖춘 대규모 은행들과 고객들의 한 방향 거래가 가능해지면서 스왑시장은 비약적으로 발전하게 되었다. 즉, 은행이 시장을 형성하는 시장조성자market maker로서의 역할을 수행하게 된 것이다. 한 방향의 스왑거래를 하고 나면 그 스왑거래와 매치할 거래가 나타날 때까지 시장에서 다른 상품들을 이용해서 시장위험을 헤지하였고, 그런 은행을 swap warehouse 또는 warehouse bank라고 불렀다. 은행들은 스왑과 관련된 모든 거래를 장부에 기표하는데 기표된 거래들끼리 상쇄되고 남는 위험만 관리한다. 이런 관리형태를 일컬어 'swap book을 운영'한다고 한다.

국내 통화스왑 시장

1980년대 후반에 이르러 국내에 진출한 외국계 은행들이 엔이나 마르크 등 이종통화의 환위험과 이자율위험 관리를 하려는 대기업과 국내은행을 대상으로 통화스왑과 이자율스왑을 거래하기 시작하였다. 그러나 당시는 이종통화에 대한 환위험 노출 규모가 크지도 않았고 실제 스왑을 거래할 수 있는 기관이나 기업도 많지 않았다. 특히 원화가 포함되는 통화스왑이나 이자율스왑들은 극히 제한적으로만 거래되었다. 이는 원화의 이자율을 헤지할 방법이 용이하지 않았기 때문이다.

스왑을 헤지하기 위해서는 채권을 공매도空賣渡[45]하거나 채권을 쉽게 팔고 살 수 있어야 한다. 그렇지만 당시 우리나라는 현물채권시장 제도나 거래시스템이 취약하고 Repo환매조건부 채권매매/Repurchase agreement[46]시장이 미성숙하여 마땅히 헤지할 방법이 없었다.

그러나 1999년 9월, 3년 만기 국채선물이 선물거래소에 상장됨으로써 유동성이 떨어지는 채권 현물 대신 선물로 거래할 수 있게 되었다. 이로써 채권시장의 유동성이 해결되었다. 이러한 유동성 문제 해결로 국채선물이 스왑거래의 헤지도구로 자리를 잡게 되었고, 2000년 이후 달러/원 등 통화스왑과 원화 이자율스왑이 발달하며 스왑시장이 빠른 속도로 확대될 수 있었다.

45) 주식이나 채권을 보유하지 않은 상태에서 매도주문을 내는 것으로 결제 이전에 사서 갚음.
46) 다시 사는 조건으로 채권을 매매하는 거래로 기간에 따라 이자를 지급함. 2개의 매매계약이 동시에 이루어지며 RP라고도 함.

통화스왑의 구조

사례

종로제철은 새로운 공장설비를 도입하기 위한 재원조달 목적으로 해외 시장에서 미국 달러 표시 변동금리부채권Floating rate note(FRN)을 발행하기로 했다. 발행금액은 1억 달러이며 채권의 만기는 3년이고 발행금리는 '6개월 SOFR+100bp'이다. 스왑거래일 현재 현물환율은 1,085원인데 향후 미국의 통화긴축이 예상되어 환율이 상승할 것으로 보인다. 또한 그에 따라 금리도 상승할 것으로 전망되어 종로제철은 통화스왑을 통해 환율과 이자율을 헤지하기로 하였다. 대한은행과의 통화스왑거래 계약에는 다음과 같은 조건들이 명시되었다.

1. 계약일: 2021년 1월 4일
2. 개시일: 2021년 1월 6일
3. 만기일: 2024년 1월 8일
4. 계약금액: USD100,000,000/KRW108,500,000,000
5. 종로제철이 대한은행에 지급할 채무
   ① 개시일: USD100,000,000 지급
   ② 만기일: KRW108,500,000,000 지급
   ③ 이자지급
   - 지급금리: 연 3.5%
   - 이자지급일: 2021년 7월 6일, 2022년 1월 6일, 2022년 7월 6일, 2023년 1월 6일, 2023년 7월 6일, 2024년 1월 8일
   - 일수계산: Actual/365
6. 대한은행이 종로제철에 지급할 채무
   ① 개시일: KRW108,500,000,000 지급
   ② 만기일: USD100,000,000 지급
   ③ 이자지급
   - 지급금리: 6개월 SOFR+100bp
   - 이자지급일: 2021년 7월 6일, 2022년 1월 6일, 2022년 7월 6일, 2023년 1월 6일, 2023년 7월 6일, 2024년 1월 8일
   - 일수계산: Actual/360

〈그림 Ⅵ-8〉 통화스왑 사례

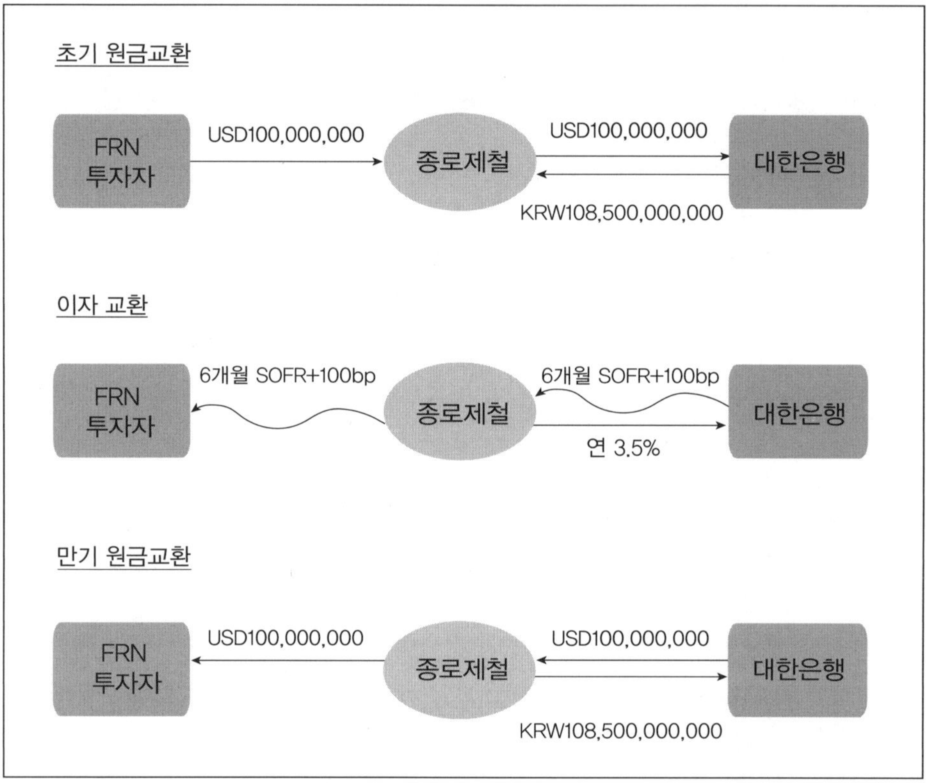

최초에 종로제철은 FRN발행으로 3년 후에 상환해야 하는 1억 달러의 외화부채로 인해 환위험을 가지게 되었고, 지급 이자인 변동금리 SOFR의 이자율위험도 있었다. 하지만 대한은행과의 통화스왑으로 환위험과 이자율위험을 동시에 회피할 수 있었다. 즉, 처음에 달러 변동금리 부채의 현금흐름을 가지고 있었으나 통화스왑을 통해 원화 고정금리 부채의 현금흐름으로 바꿔놓았다.

통화스왑을 처음 대하는 사람들이 하는 질문 중 하나는 종로제철이 처음부터 원화 대출을 받으면 되지 무엇 때문에 저렇게 복잡한 과정을 거쳐서 원화 부채를 가지냐는 것이다. 물론 종로제철이 은행에서 같은 금리에 원화대출을 쉽게 받을 수 있다면 그리 하면 될 것이다. 그러나 그럴 경우 종로제철은 대한은행으로부터 최소한 1,085억 원 이상의 장기 여신거래한도를 받아야 한다. 하지만 지금처럼 부외거래인 통화스왑으로 이러한 현금흐름을 만들었을 경우에는 그보다 훨씬 작은 거래한도로도 원화 자금을 쓸 수 있다. 즉, 종로제철이 부여받은 거래한도를 극대화할 수 있다는 장점이 있는 것이다.

사례에서 종로제철은 대한은행과 스왑개시일에 원금교환을 하였다. 하지만 환율이 하락할 수 있다는 다른 예측이 나와서 3년이 아닌 1년 후 2년 만기의 통화스왑을 하게 되었다면, 초기 원금교환을 어떻게 해야 할까? 이미 FRN발행으로 입금된 달러는 시장에서 매도하여 원화로 바꿔 공장설비 구입자금으로 사용했다. 초기 원금교환의 환율은 계약일의 현물환율이다. 그러므로 대한은행과 초기 원금교환을 한다면 현물환시장에서 '1억 달러 매수/1,085억 원 매도'거래를 해야 한다. 현물환거래인 대한은행과의 초기 원금교환은 그와 반대방향인 '1억 달러 매도/1,085억 매수'이므로 시장에서 매수한 포지션과 상쇄되어 아무런 경제적 효과가 없다. 즉, 통화스왑의 초기 원금교환은 동일 금액의 통화를 현물환율로 사고파는 거래가 되어 아무런 의미가 없으므로, 초기 원금교환은 하지 않는 경우가 많다.

스왑을 체결하고 나면 계약에 정해진 일정에 따라 이자교환을 한다. 사례에서 종로제철은 6개월마다 연 3.2%로 원화이자를 계산해서 대한은행에 지급한다. 그리고 대한은행이 '6개월 SOFR + 100bp'의 이자율로 달러이자를 계산하여 종로제철에 지급하면, 종로제철은 FRN에 투자한 투자자에게 달러이자를 지급한다.

통화스왑은 적용하는 금리에 따라 3가지 유형이 있다.

첫째, 변동금리 대 변동금리의 통화스왑이다. 교환하는 이자가 모두 변동금리로 산출된 경우인데 이런 통화스왑을 cross currency basis swap(줄여서 베이시스스왑)이라고 한다. 은행간의 통화스왑이 보통 베이시스스왑인데 달러 SOFR과 상대통화의 변동금리에 일정한 스프레드가 가감되어 거래된다. 이 가감되는 스프레드가 통화스왑의 가격이다.

둘째, 고정금리 대 변동금리를 교환하는 통화스왑이다. 대고객 통화스왑의 대부분이 이 범주에 속하는데 영어로 cross currency interest swap이라고 한다. 사실 달러/원 스왑이라면 '달러 변동금리/원 고정금리'일 수도 있고 '달러 고정금리/원 변동금리'의 형태일 수도 있지만, 거의 대부분 달러는 변동금리인 SOFR을 적용하고 상대통화를 고정금리로 하는 스왑이다. 이때 상대통화의 고정금리를 통화스왑의 가격이 되는 스왑레이트swap rate라고 한다.

마지막으로 고정금리 대 고정금리를 교환하는 통화스왑이다. cross currency swap이라고 하는데 이는 두 통화의 고정금리 차이로 거래되는 선물환과 매우 비슷하다. 특히 1년 이상의 장기 선물환은 가격구조가 비슷해서 선물환의 유동성이 떨어져 가격이 경쟁적이지 못할 때 통화스왑으로 대체되기도 한다.

일정 기간마다 이자교환을 마친 두 거래당사자는 마지막 이자교환을 하고 원금을 교환하게 된다. 이때 적용되는 환율은 계약 시점의 현물환율이다. 선물환의 경우에는 두 통화의 이자율차이와 기간으로 계산된 스왑포인트가 만기에 적용되어 계약 시점의 현물환율과 다르다. 그렇지만 통화스왑의 경우에는 두 통화의 이자교환이 계속 발생하였기 때문에 만기에도 계약 시점 현물환율로 교환하게 되는 것이다. 초기 원금교환이 선택적 사항이라면 만기 원금교환은 반드시 이행되어야 하는 계약 조건이다.

앞에서 선물환을 일반선물환과 스왑선물환으로 나눠서 설명했다. 그중 스왑선물환은 통화스왑과 현물환을 바탕으로 두 통화의 이자차이가 가격에 반영된다는 점에서 같은 상품이라고 볼 수 있지만, 그 구조와 환율 반영 방식이 다르다.

선물환은 만기가 보통 1년 이내이고 통화스왑은 1년 이상의 만기를 가진다. 또한 만기 원금교환에서 설명했듯이 선물환의 환율은 현물환을 근거로 하여 두 통화의 이자율차이에 기간을 감안하여 산출한 스왑포인트로 가감하여 산정한다. 따라서 선물환율은 '현물환율 + 스왑포인트'로 결정되지만, 통화스왑은 주기적으로 이자교환을 함으로써 만기환율이 계약 시 현물환율과 동일하다는 점이 다르다. 하지만 정상적인 시장에서 선물환율의 현금흐름과 통화스왑의 현금흐름을 현재 가격으로 산정해보면 가격이 동일하다. 단지 거래구조가 다를 뿐이다.

〈표 Ⅵ-5〉 선물환과 통화스왑의 비교

구분	이자교환	만기환율	거래기간
선물환	없음	현물환율 + 스왑포인트	보통 1년 이내
통화선물	일정 기간마다 이자교환	계약 시 현물환물	1년 이상 장기

〈그림 VI-9〉는 외환중개사인 Tullett-Prebon의 달러/원 통화스왑 참고가격indicative price을 보여주는 정보단말기 연합인포맥스의 화면이다. 만약 고객이 3년 만기로 3개월 달러 이자를 받고 원화 고정금리를 지급하는 통화스왑을 하려고 한다면 연 2.41%의 고정이자를 지급해야 함을 보여준다. 반대로 달러 이자를 지급하고 고정금리를 받을 경우에는 연 1.81%의 원화 고정이자를 받을 수 있다는 가격예시이다.

SEMI/ACT365란 표현은 6개월마다 이자교환을 하는데 원화 이자계산은 실제 날짜 수를 365로 나누어 계산한다는 뜻이다. 오른편의 IRS는 원화이자율스왑 참고가격인데 원화 변동금리와 고정금리를 교환할 때 지급하는 고정금리 가격을 보여준다.

〈그림 VI-9〉 통화스왑 참고가격

2025/02/27 | TULLETT-PREBON | ☑ SOFR | ☐ Non Deliverable | Swap 계산기 | 중간값

ITEM	CRS (Act/365 Quarterly VS Act/360 Quarterly 1D USD SOFR OIS 3M Compounded)			2025/02/27 13:13:04		IRS (Act/365 Quarterly VS Act/365 Quarterly 3M CD)			2025/02/27 13:38:24	
	OFFER		BID		SPREAD	OFFER		BID		SPREAD
06M	2.7700	0.0000	2.1700	0.0000	+0.6000	2.7850	-0.0300	2.7550	-0.0300	+0.0300
09M	2.6450	0.0000	2.0450	0.0000	+0.6000	2.7150	-0.0300	2.6800	-0.0350	+0.0350
01Y	2.4600	-0.0150	1.8600	-0.0150	+0.6000	2.6650	-0.0300	2.6300	-0.0350	+0.0350
18M	2.4100	-0.0150	1.8100	-0.0150	+0.6000	2.6250	-0.0250	2.5950	-0.0250	+0.0300
02Y	2.3950	-0.0200	1.7950	-0.0200	+0.6000	2.6000	-0.0200	2.5700	-0.0150	+0.0300
03Y	2.4100	-0.0200	1.8100	-0.0200	+0.6000	2.5850	-0.0150	2.5550	-0.0150	+0.0300
04Y	2.4250	-0.0200	1.8250	-0.0200	+0.6000	2.5950	-0.0100	2.5600	-0.0150	+0.0350
05Y	2.4500	-0.0200	1.8500	-0.0200	+0.6000	2.5950	-0.0100	2.5650	-0.0100	+0.0300
06Y	2.4200	-0.0200	1.8200	-0.0200	+0.6000	2.6100	-0.0100	2.5750	-0.0100	+0.0350
07Y	2.3950	-0.0200	1.7950	-0.0200	+0.6000	2.6200	-0.0100	2.5900	-0.0100	+0.0300
08Y	2.3850	-0.0200	1.7850	-0.0200	+0.6000	2.6300	-0.0100	2.6000	-0.0050	+0.0300
09Y	2.3750	-0.0200	1.7750	-0.0200	+0.6000	2.6400	-0.0050	2.6100	-0.0050	+0.0300
10Y	2.3550	-0.0200	1.7550	-0.0200	+0.6000	2.6500	-0.0050	2.6200	-0.0050	+0.0300
11Y	2.3550	-0.0200	1.7550	-0.0200	+0.6000	2.6550	-0.0050	2.6250	-0.0050	+0.0300
12Y	2.3200	-0.0200	1.7200	-0.0200	+0.6000	2.6700	-0.0050	2.6350	-0.0050	+0.0350
15Y	2.2800	-0.0200	1.6800	-0.0200	+0.6000	2.6350	-0.0050	2.6000	-0.0050	+0.0350
20Y	2.2300	-0.0200	1.6300	-0.0200	+0.6000	2.5150	-0.0250	2.4850	-0.0250	+0.0300
25Y	2.2300	-0.0200	1.6300	-0.0200	+0.6000	2.3750	-0.0250	2.3450	-0.0250	+0.0300
30Y	2.1500	-0.0200	1.5500	-0.0200	+0.6000	2.2600	-0.0250	2.2300	-0.0250	+0.0300

자료: 연합인포맥스

3. 위험하지 않은 통화옵션

선택할 권리, 옵션

금융시장에서 옵션이란 '선택할 수 있는 권리'를 말한다. 그러므로 통화옵션은 바로 통화를 사거나 파는 권리를 말한다. 정확히 말하면 통화옵션이란 '특정 통화를 정해진 시간에 또는 시간 안에 특정 가격에 사거나 팔 권리'를 말한다. 권리를 팔고 사는 대가는 프리미엄이다. 옵션매입자는 권리를 사는 대신에 프리미엄을 지급한다. 그리고 옵션매도자는 권리를 파는 대신 프리미엄을 받고, 옵션매입자가 일정 조건이 되었을 때 권리를 행사하려고 하면 그 요구를 이행해야 하는 의무를 지닌다.

자동차보험을 생각하면 옵션을 이해하기 쉽다. 자동차를 소유하고 운행하는 사람은 만약의 사고에 대비해서 일정 금액의 보험료premium를 납부하고 자동차보험에 가입한다. 다행히 가입기간인 1년 동안 아무런 사고가 나지 않으면 처음 납부한 보험료는 소멸되어 사라지지만, 불행하게도 사고가 발생하면 가입된 보험의 조건에 따라 경제적 보상을 받을 수 있다. 보험료는 사고가 났을 때 보상받을 수 있는 권리에 대한 대가인 것이다. 보험을 판매한 보험회사는 보험료를 받았기 때문에 돌발상황이 발생하여 가입자가 보상을 요구하면 들어주어야 하는 의무를 가진다. 거래의 대상을 자동차에서 통화로 바꾼다면 자동차보험이 통화옵션이 된다고 해도 크게 다르지는 않을 것이다. 다만, 자동차를 새로 구입할 때 신차 명세표에 있는 내비게이션이나 선루프 같은 옵션품목을 지칭할 때의 옵션과는 구분이 되어야 한다. 아파트나 자동차 구입 시 열거되는 옵션은 '권리'가 아닌 단순한 '선택품목'을 말하는 것이니 혼동하지는 말자.

옵션의 용어

상품을 설명하기 위해서는 먼저 거래에 사용되는 용어들부터 알아야 한다. 앞서 통화옵션이란 '특정 통화를 정해진 시간에 또는 시간 안에 특정 가격에 사거나 팔 권리'라고 했는데, 정의 중에 말하는 '특정 가격'을 옵션에서는 행사가격 strike price/exercise price이라고 한다. 즉, 통화를 사고파는 환율을 말한다. 기호로 줄여서 'k'라고 사용한다.

'정해진 시간 또는 시간 안에'에 해당하는 것이 옵션의 만기이다. 선물환이나 통화스왑 등에서 만기일이란 결제가 이루어지는 날이다. 즉, 정해진 환율에 따라 2개의 통화를 주고받는 날이다. 그래서 선물환의 만기일은 영어로 expiration date, expiry date, delivery date 또는 settlement date 모두 사용할 수 있다. 하지만 옵션에서의 만기일은 권리를 행사할 수 있는 마지막 날 또는 권리가 소멸되는 날의 의미를 가지고 있다. 따라서 만기일에 권리를 행사하겠다고 통보하면 실제 결제는 만기일로부터 2영업일 후 spot date에 하게 된다. 그래서 옵션의 만기일은 expiration(또는 expiry) date라고 하고, 실제 결제가 이뤄지는 2영업일 후를 delivery(또는 settlement) date라고 한다. 권리 소멸시기는 거래할 때 '6월 7일 서울시간 오후 3시'처럼 구체적으로 명시된다.

통화옵션에서 거래의 대상인 기초자산은 당연히 통화가 된다. 옵션 계약금액 역시 기초자산으로 명시되는 통화의 금액으로 표시한다. 옵션을 사는 대가로 지불하는 프리미엄은 option price라고도 하는데 보통 계약금액의 %로 표시된다.

옵션의 분류

통화옵션의 매매란 '통화를 사고파는 권리를 사고파는 거래'이다. 한 문장 안에 '사고파는'이란 표현이 중복되어, 그렇지 않아도 생소한 개념이 더 헷갈린다. 그래서 통화를 '사는 권리'를 콜옵션call option이라고 하고 '파는 권리'를 풋옵션put option이라고 한다. 거듭 말하지만 외환거래는 한 통화는 사고, 동시에 다른 통화는 파는 거래다. 그러므로 달러/원을 사는 옵션은 '달러 콜옵션'을 사는 것이고 동시에 '원 풋옵션'을 사는 것이다. 하지만 보통 콜이냐 풋이냐를 말할 때는 기준통화를 기준으로 한다.

만기일 설명을 할 때 '정해진 시간 또는 시간 안에'라는 정의를 말했다. 옵션을 행사하는 만기의 종류엔 정의에 표현한 것처럼 '정해진 시간에만 한 번 권리를 행사할 수 있는 옵션'인 European옵션과 '정해진 시간 안에 조건만 맞으면 아무 때나 권리를 행사할 수 있는 옵션'인 American옵션의 두 가지가 있다. 당연히 권리 행사기회가 많은 American옵션의 가격이 비싸다. American옵션의 가격은 European옵션의 가격에 조기행사권리 가치를 더한 가격이다. 언뜻 보기에 좀 비싸더라도 American옵션이 더 좋아 보인다. 하지만 대부분의 옵션은

American옵션이 아닌 European옵션이다. European옵션의 가격이 더 싸기도 하지만, European옵션을 보유한 거래자가 팔고 싶을 때(옵션을 행사하고 싶을 때) 시장에서 보유 옵션을 팔면 프리미엄을 받게 되는데, 그 금액이 American 옵션을 행사해서 받을 수 있는 금액과 비슷하기 때문에 굳이 비싼 American옵션을 거래하지 않는 것이다.

일반 외환거래에 장내거래와 장외거래가 있듯이 통화옵션에도 장내거래가 있고 장외거래가 있다. 마찬가지로 장외통화옵션의 거래량이 절대적으로 많으므로 일반적으로 통화옵션을 말할 때는 장외옵션을 말한다. 한국거래소KRX에는 미국달러옵션이 상장되어 있는데 거래량이 많지 않다.

옵션은 시장환율과 행사가격의 차이에 따라 내가격옵션, 등가격옵션 및 외가격옵션의 3종류로 분류한다. 시장환율보다 행사가격이 유리한 옵션을 내가격內價格/In-the-money(ITM)옵션, 시장환율과 행사가격이 같은 옵션을 등가격等價格/At-the-money(ATM)옵션이라고 하고 시장환율보다 행사가격이 불리한 옵션을 외가격外價格/Out-of-the-money(OTM)옵션이라고 한다.

프리미엄, 옵션의 가격

옵션의 대가로 지불하는 프리미엄은 내재가치intrinsic value와 시간가치time value로 구성되어 있다. 내재가치란 어느 순간 옵션을 행사했다고 가정할 때 생길 수 있는 수익을 말하므로 행사가치exercise value라고도 말한다. 시간가치란 옵션 만기까지 내재가치가 있는 옵션(내가격옵션)은 내재가치가 더 커지고, 내재가치가 없는 옵션(등가격옵션과 외가격옵션)은 내재가치가 생길 수 있는 가능성을 말한다. 쉽게 말해 만기까지 시간이 흘러가며 옵션 수익이 발생할 가능성을 뜻한다. 그러므로 시간이 흘러 만기에 가까워질수록 가능성이 낮아지며 시간가치는 줄어들게 되는데 이런 것을 시간잠식time decay효과라고 한다. 만기에 도달하게 되면 시간가치는 zero가 된다. 시간가치가 가장 큰 옵션은 등가격옵션인데, 만기일에도 현물환율과 똑같은 환율로 남아 있을 가능성이 낮으므로, 다르게 말하면 환율이 바뀌어 있을 가능성이 높으므로 시간가치는 등가격이 가장 크다.

사례

서울정밀은 3개월 후 미국 회사에 로열티를 지급해야 한다. 하지만 환율이 하락할 가능성이 있어 선물환보다는 콜옵션을 매수하여 환위험을 헤지하려고 한다. 현재 달러/원 환율은 1,350.00원이다.

(단위: 원)

구분	행사가격	분류	내재가치	시간가치	프리미엄
①	1,330	ITM	20	10	30
②	1,350	ATM	0	20	20
③	1,370	OTM	0	10	10

① 시장환율이 1,350원인데 콜옵션의 행사가격이 더 낮은 1,330원이므로 내가격옵션이다. 만약 지금 시점에 1,330원에 달러를 사는 권리인 콜옵션을 행사한다면 시장환율이 1,350원이므로 20원의 매매차익을 챙길 수 있다. 이 20원을 내재가치 또는 행사가치라고 한다. 물론 옵션의 만기가 남아 있으므로, 시간이 흐르면서 지금 20원인 내재가치가 더 커질 수 있는 가능성을 말하는 시간가치를 10원이라고 하면 이 콜옵션의 가격은 30원이 된

다. 만약 행사가격이 정상적 가격보다 훨씬 더 유리한 환율일 때, 예를 들어 1,330원이 아니라 1,300원이나 1,250원일 때의 옵션을 극내가격極內價格/deep in-the-money옵션이라고 한다.

② 등가격옵션에선 시장환율과 행사가격이 같으므로 내재가치는 없다. 등가격의 시간가치는 내가격이나 외가격보다 크다(〈그림 VI-10〉 참조).

〈그림 VI-10〉 콜옵션의 가격(프리미엄)

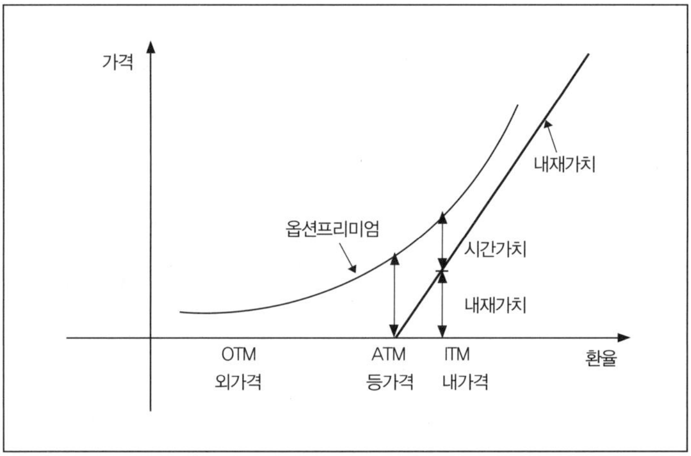

③ 시장환율보다 행사가격이 더 높아서 불리한 외가격옵션이다. 내재가치는 얼마일까? 처음 옵션을 접하는 사람이라면 −20원이라고 하기 쉽다. 하지만 손해까지 보면서 내가 가진 권리를 행사할 이유가 없으므로, 높은 환율에는 콜옵션을 행사하지 않을 테니 행사가치(내재가치)는 없다. 따라서 내재가치가 있는 옵션은 내가격옵션뿐이다. 외가격옵션처럼 나쁜 권리를 돈(프리미엄)을 주고 사야 할까? 물론이다. 권리는 좋은 권리이든 나쁜 권리이든 돈을 주고 사야 한다. 왜냐하면 지금은 외가격이지만 만기까지 환율

이 상승하여 내가격으로 바뀔 가능성이 있기 때문이다. 만약 콜옵션의 행사가격이 1,450원이라면 아주 많이 나쁜 권리이다. 시장환율보다 행사가격이 많이 나쁜 이런 옵션을 극외가격極外價格/deep out-of-the-money옵션이라고 한다. 사례에서 확인한 것처럼 옵션의 가격인 프리미엄은 '내가격 > 등가격 > 외가격' 순으로 비싸다.

옵션의 가격결정 요소

통화옵션에서 옵션가격인 프리미엄에 영향을 주는 요소들로는 환율, 행사가격, 잔존기간(만기), 이자율 및 환율의 변동성이 있다.

만약 행사가격이 1,330원인 콜옵션을 거래하는데 환율이 1,350원에서 1,370원이 되었다면 옵션의 내재가치가 20원에서 40원이 되어 옵션의 가격은 비싸진다. 반대로 같은 행사가격의 풋옵션이라면 시장이 극외가격 쪽으로 움직였으니 옵션의 가격은 더 낮아진다. 환율이 상승하면 콜옵션의 가격은 상승하고, 풋옵션의 가격은 하락한다.

반대로 환율은 그대로 1,350원인데 콜옵션의 행사가격이 1,330원에서 1,310원으로 더 낮아지면 내재가치가 20원에서 40원으로 상승하므로 옵션의 가격도 올라간다. 당연히 풋옵션은 그 반대가 될 것이다. 그러므로 행사가격이 낮아질수록 콜옵션가격은 상승하고, 풋옵션가격은 하락한다. 행사가격이 높아지면 콜옵션가격은 하락하고, 풋옵션가격은 상승한다.

옵션가격을 평가하는 시점에서 만기까지 남은 기간을 잔존기간이라고 한다. 그러므로 최초 거래 시에는 잔존기간과 만기가 같을 것이다. 잔존기간이 길수록 환율이 변동할 가능성은 커지므로 시간가치가 커진다. 물론 시간가치의 변동폭이 늘어나는 잔존기간에 비례하지는 않지만 기간이 길어지면 옵션가격이 상승하는 것은 당연하다.

원화의 이자율이 올라가면 스왑포인트가 커지며 달러/원의 미래가치는 상승한다. 이는 환율이 상승하는 것이므로 콜옵션의 가격 또한 상승하고, 풋옵션가격은 하락할 것이다. 반대로 미국 달러의 이자율이 올라가서 스왑포인트가 줄어들고 달러/원의 미래가치가 하락하면 콜옵션가격은 하락하고, 풋옵션가격은 상승한다.

환율이 1,350원이고, 행사가격이 1,330원인 3개월 만기의 콜옵션가격을 거래하는 몇몇 은행에 물어보았다. 앞서 말한 요소들이 모두 똑같으므로 은행들이 주는 가격이 똑같으리라는 예상을 깨고 모두 다른 가격이 제시되었다. 왜 그랬을까? 그 이유는 은행 딜러들이 생각하는 향후 달러/원 환율 예측이 다르기 때문이다. 만약 현재나 3개월 후에도 환율이 똑같다면 옵션을 거래할 필요가 없다. 어느 방향으로 얼만큼 움직이든 환율이 변동하리라 생각하기 때문에 환위험 헤지도 하는 것이다. 환율이 얼마나 변동할지 각 딜러가 생각하는 게 다르므로 옵션의 가격도 은행마다 달라질 수밖에 없다. 결국 옵션가격에 가장 큰 영향을 주는 것이 바로 이 변동성volatility이다. 변동성이 크다는 것은 같은 기간에 환율이 많이 변하는 것이므로 시간가치에 영향을 많이 주어 콜옵션과 풋옵션 모두 가격이 상승하게 된다. 이렇게 환율 움직임에 대한 주관적인 기대치를 시장변동성market volatility이라고 한다. 외환시장이 조용하면 시장변동성이 없어 환율이 별로 변하지 않으므로 시간가치가 줄어들 것이고, 환율이 활발하게 움직이면 같은 기간이라도 시간가치가 늘어나서 옵션가격이 상승한다. 결국 시장변동성에는 환율의 최근 움직임이 가장 큰 영향을 주게 되며, 일반적으로 변동성이라고 말하는 것이 바로 이 시장변동성이다.

과거 일정 기간의 변동성을 감안해서 앞으로의 변동성을 예측해볼 수도 있다. 이때 과거의 변동성이 역사적 변동성historical volatility이다. 뉴욕 종가 등 기준이 되는 환율의 과거 수치를 표준편차를 사용해서 산출한다. 물론 과거 3개월간 환율 움직임이 지금부터 앞으로 3개월 후에도 똑같이 재현되리라는 보장은 없다. 하지만 흐름에 대한 분석과 현재 시장이 생각하는 변동성을 감안하여 변동성을 예측해볼 수는 있을 것이다.

현재 시점에서 시장이 생각하는 변동성은 어떻게 구할 수 있을까? 시장에서 거래되는 옵션가격으로부터 역산逆算하는 방법이 가장 확실하다. 즉 행사가격, 시장환율 및 잔존만기는 미리 정해져 있으므로 시장에서 체결된 옵션가격을 거꾸로 계산하면 각 옵션가격에 반영된 변동성을 구할 수 있다. 그렇게 구해진 변동성을 내재변동성implied volatility이라고 한다. 현재 시장 거래자들이 거래하고 있는 변동성이므로 옵션거래에서 중요한 변수가 될 것이다.

지금까지 살펴본 옵션가격 결정 요소들을 표로 정리하면 다음과 같다.

〈표 VI-6〉 옵션가격 결정 요소들의 상관관계

구분	외화콜/원화풋 옵션가격	외화풋/원화콜 옵션가격
환율 ⬆	⬆	⬇
행사가격 ⬆	⬇	⬆
잔존기간 ⬆	⬆	⬆
원화 이자율 ⬆	⬆	⬇
외화 이자율 ⬆	⬇	⬆
변동성 ⬆	⬆	⬆

콜옵션과 풋옵션

콜옵션은 행사가격이 시장환율보다 낮을 때 권리를 행사하는 옵션이다. 반대로 만기에 행사가격이 시장환율보다 높으면 권리행사를 포기하고 그냥 시장환율로 거래하는 것이 더 유리하다. 물론 이미 옵션 구입 시 지불한 프리미엄은 손익에 감안해야 할 것이다.

예전에 유럽으로부터 의류를 수입하는 기업의 대표분과 상담을 하게 되었는데, 그분이 환율 전망을 물어보아서 하락하리라는 전망을 말했다. 그렇지만 전망은 전망일 뿐이므로 환위험 헤지거래는 하는 게 좋겠다고 권장했다. 그분이 그래도 환율이 하락했을 때의 환차익은 기대해보고 싶다고 하여 콜옵션을 권하였다.

〈그림 VI-11〉의 옵션 수익구조payoff에서처럼 환율이 상승했을 경우에는 콜옵션을 행사함으로써 환위험 헤지를 할 수 있고, 환율이 예상했던 것처럼 하락했을 경우에는 옵션 행사를 포기하는 대신 시장에서 낮아진 환율로 달러를 매수하여 결제함으로써 추가 환차익을 올릴 수 있다. 이로써 그 기업이 바라는 수익구조가 되었다. 단, 이러한 장점을 누리는 대신 모든 손익에서 프리미엄만큼은 차감된다.

〈그림 Ⅵ-11〉 콜옵션 매수 수익구조

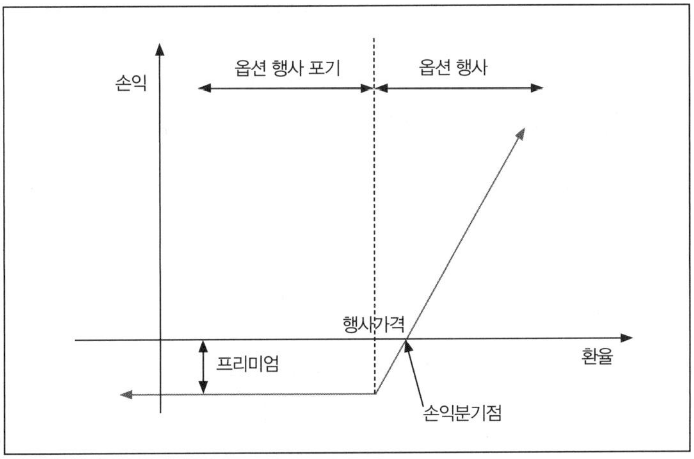

〈그림 Ⅵ-12〉는 콜옵션 매도 수익구조이다. 대박투자자문은 환율이 당분간 상승보다는 하락할 것이라는 전망으로 달러/원 콜옵션을 매도하였다. 다행히 예상대로 환율이 소폭 하락하여 옵션은 행사되지 않았고 대박투자자문은 프리미엄 수익을 챙길 수 있었다. 하지만 환율이 예상과 달리 대폭 상승했다면 어떤

〈그림 Ⅵ-12〉 콜옵션 매도 수익구조

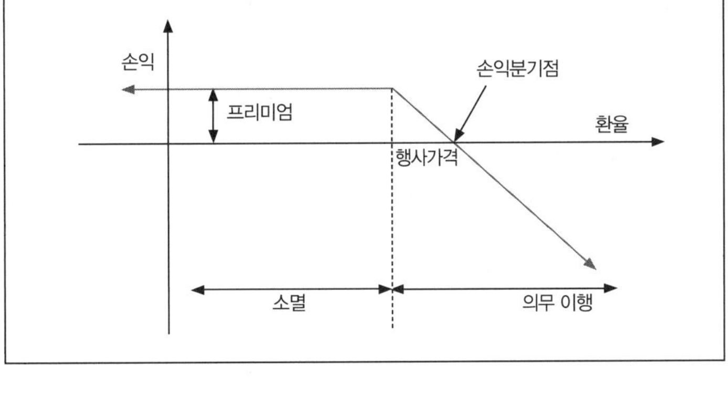

결과가 나왔을까? 옵션 매수자의 옵션 행사로 대박투자자문이 부담해야 할 손실의 한도가 무제한 열려 있는 상황이다.

〈그림 VI-13〉은 풋옵션 매수의 수익구조이다. 환율이 하락하면 옵션을 행사하고, 환율이 상승하면 옵션 행사를 포기하는 구조이다. 일반적인 수출기업들이 활용할 수 있는 옵션이다. 환율이 상승할 경우 지불한 프리미엄 비용은 들지만, 보다 높은 환율에 외화를 매도할 수 있으므로 좋고, 환율이 하락하여 행사가격보다 낮아지면 옵션을 행사함으로써 최소한의 수익을 챙길 수 있다. 프리미엄이라는 제한된 손실과 무제한 열려 있는 수익구조를 가지고 있다.

〈그림 VI-13〉 풋옵션 매수 수익구조

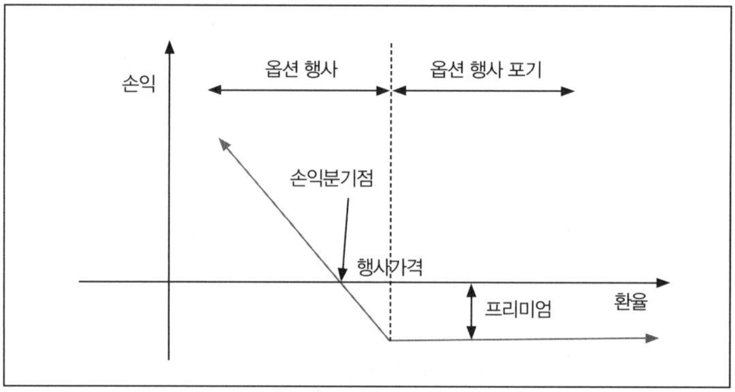

〈그림 VI-14〉는 풋옵션 매도의 수익구조이다. 풋옵션 매도 역시 콜옵션 매도처럼 제한된 수익에 손실 한도는 열려 있는 구조를 가지고 있다. 환율이 상승하여 행사가격보다 높아지면 옵션이 행사되지 않겠지만, 환율이 하락하여 행사가격보다 낮아지면 옵션 매수자가 권리를 행사할 것이므로 매도자는 무제한의 이행 의무를 가지게 된다.

〈그림 Ⅵ-14〉 풋옵션 매도 수익구조

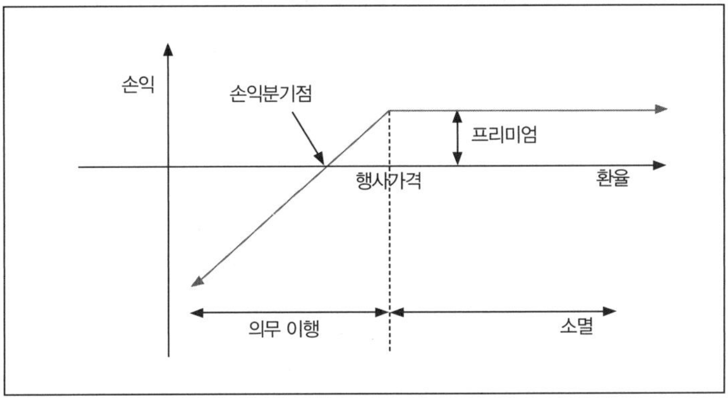

콜옵션 매수 · 매도와 풋옵션 매수 · 매도의 경우를 살펴보았다. 옵션 매수는 약간의 비용(프리미엄)을 부담하는 대신 수익이 무제한 열려 있는 구조이므로 헤지거래를 위한 거래자에게 유효하다. 그리고 옵션 매도는 프리미엄 수익을 확보할 수 있으나 손실 한도가 무제한 열려 있어서 환율 움직임에 대한 투기적 거래에 적합하다고 볼 수 있다.

straddle과 strangle

straddle과 strangle 옵션 모두 콜옵션과 풋옵션을 동시에 매수하거나 매도하는 전략이다. 다만 straddle은 콜옵션과 풋옵션의 행사가격이 같고, strangle은 행사가격이 서로 다르므로 straddle에 비해 프리미엄이 싸다. 환율의 변동이 매우 심할 것으로 예상할 때는 straddle과 strangle을 매수하고, 변동이 거의 없을 것으로 전망할 때는 매도하는 전략을 사용할 수 있다.

〈그림 Ⅵ-15〉 straddle

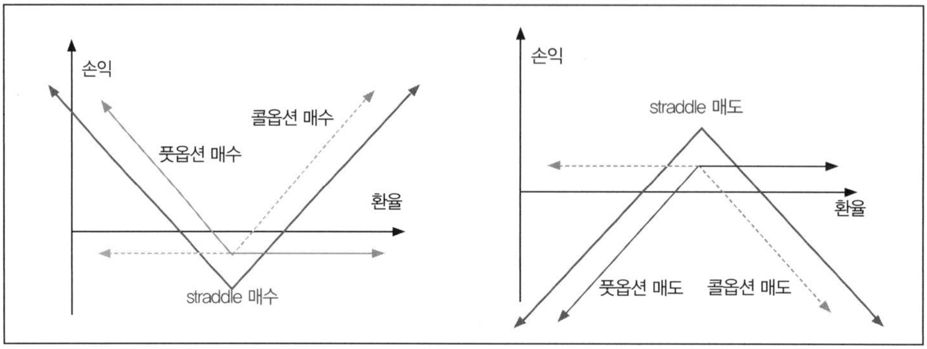

straddle 매수는 같은 행사가격을 가진 콜옵션과 풋옵션을 매수하여 합성한 옵션인데 환율변동이 커질 것이라는 예상과 기대가 있을 때 사용할 수 있는 옵션전략이다. 손실은 제한되지만 수익은 양쪽으로 열려 있는 구조다. 반면에 straddle 매도는 환율변동이 없을 것으로 예상할 때 사용할 수 있다. 이익은 제한되어 있지만 손실은 무제한 열려 있는 구조이다. 우리나라 증권사들이 주가지수옵션에서 자주 사용하는 전략이다. 시장이 크게 변동하지 않으면 옵션 매도에 따른 프리미엄을 챙길 수 있지만, 과거 9 · 11과 같은 사건이 발생하면 수백억 원씩 손실이 발생하기도 한다. 그러므로 straddle 매도는 헤지를 하려고 하는 기업이나 개인들이 활용하기에는 부적절한 전략이다.

〈그림 Ⅵ-16〉 strangle

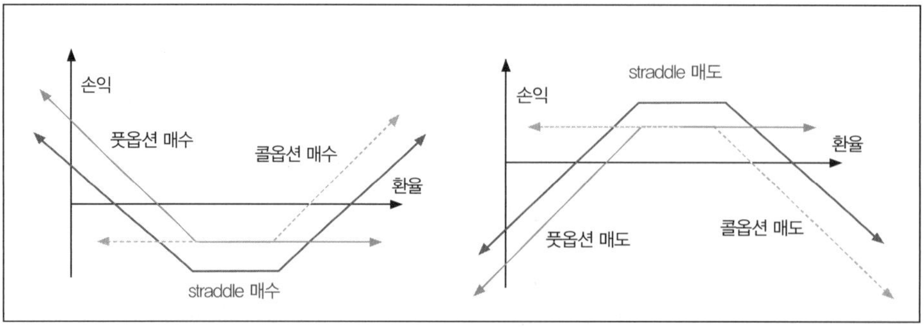

strangle은 기본적으로 straddle과 같은 의도로 활용하는 전략이다. 다만, straddle보다 불리한 행사가격을 콜옵션과 풋옵션에 각각 다르게 적용함으로써 지급할 프리미엄을 적게 만든 것이다. 당연히 프리미엄을 줄였기 때문에 취할 수 있는 수익도 줄어든다.

이색옵션

콜옵션과 풋옵션만으로 거래되는 일반적 옵션을 표준옵션plain vanilla option이라고 하고 일반적인 옵션의 조건을 변형하여 거래하는 옵션을 이색옵션exotic option이라고 한다. 원하는 수익구조를 만들기 위해서 이색옵션을 만들기도 하지만, 많은 경우 지급할 프리미엄을 줄이기 위한 전략으로 만들어진다. 그러므로 대개 이색옵션보다 표준옵션의 프리미엄이 비싸다. 우리 기업들은 옵션 프리미엄 지급을 매우 꺼리므로 우리나라에선 초창기부터 프리미엄을 내지 않는 zero cost option[47] 위주로 거래가 되었다.

대표적인 이색옵션에는 배리어barrier옵션과 디지털digital옵션이 있다. 배리어옵션의 배리어란 말은 장벽, 울타리의 뜻을 가진 단어이다. 환율이 일정한 가격(trigger level 또는 hurdle rate라고 한다)에 도달하면 옵션이 효력을 발생하거나(knock-in option) 사라지는(knock-out option) 옵션이다. 2008년 외환시장을 강타한 KIKOKnock-In Knock-Out가 바로 배리어옵션이다.

47) 옵션을 매도하여 받은 프리미엄으로 다른 옵션을 매수하여 만들어진 합성 옵션으로 프리미엄을 지급하지 않는 옵션들의 총칭. 대표적으로 range forward, target forward, enhanced forward 등이 있음.

사례

2007년, 아차실업은 1년에 1천만 달러를 매도해야 하는 환위험을 가지고 있었다. 그동안 환율 예측에 따라 선물환을 적당히 활용하여 헤지거래를 해왔는데, 최근 사업운영자금 대출을 받고 있는 종로은행으로부터 1년 만기의 KIKO옵션을 제안받아서 계약을 해야 할지 고민이 되었다. 아차실업의 김소심 대표는 평소 잘 알고 지내는 외환딜러 나잘난 과장에게 도움을 청했다. 나잘난 과장은 어떤 조언을 했을까?

Spot USD/KRW: 950.00원, 프리미엄: 없음
기준환율: 만기일 매매기준율(MAR)

옵션1	옵션2
① 아차실업 매수 풋옵션	① 아차실업 매도 콜옵션
② 만기: 1년	② 만기: 1년
③ 금액: USD10,000,000.00	③ 금액: USD20,000,000.00
④ 행사가격: 960.00원	④ 행사가격: 960.00원
⑤ Knock-out: 900.00원	⑤ Knock-in: 1,000원/Knock-out: 900.00원

사례의 옵션은 옵션2를 팔아서 생긴 프리미엄으로 옵션1을 매수함으로써 프리미엄이 지급되지 않는 zero cost option이다. 만기일 환율이 900.10원부터 959.50원 사이에 있을 경우 아차실업은 960.00원에 1천만 달러를 매도할 수 있고, 960.00원부터 999.90원 사이에 있을 경우 옵션행사를 하지 않을 것이기에 시장환율에 달러를 팔 수 있다. 만약, 만기일 매매기준율이 1,000원 이상이면 옵션2가 발효되면서 960.00원에 2천만 달러를 매도해야 한다. 만약 만기일까지 환율이 900.00원에 도달하면 모든 옵션은 소멸된다.

2001년 이후 2007년 8월까지 환율은 원화강세로 이어져 왔고, 시장은 900원도 하향 돌파할 수도 있다고 한다. 반면에 미국의 주택거품이 문제가 되고 있다는 소식도 들려온다.

〈그림 Ⅵ-17〉 KIKO 사례

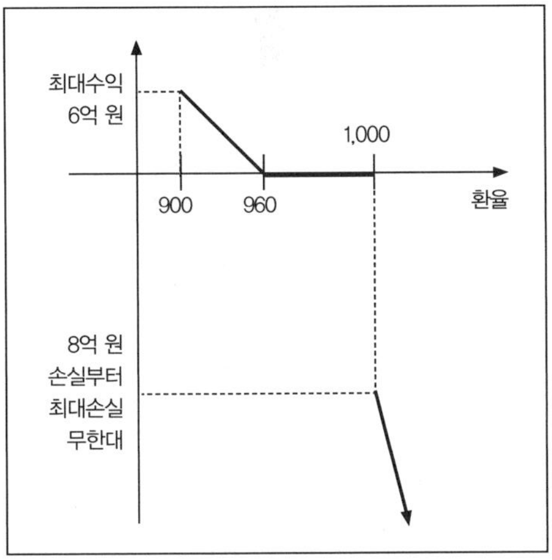

나잘난 과장이 그려준 KIKO의 수익구조는 〈그림 VI-17〉과 같았다. 나 과장은 김소심 대표에게 원하는 거래가 단순 헤지거래인지 아니면 환위험을 활용하여 수익을 올리고 싶은지 물어보았다. 김소심 대표는 수익을 올리고 싶다는 생각은 있으나 손실위험이 크다면 헤지거래가 우선이라고 대답하였다. 대답을 들은 나잘난 과장은 그렇다면 KIKO거래를 하지 말 것을 권유하였다.

그 이유로 첫째, 환율이 1년 이내에 얼마나 움직일지 예상을 해봐야 하는데 시장 예측처럼 900원까지 하락한다면 옵션 전체가 사라지므로 아차실업의 환위험 헤지거래가 소멸되어 현재 환율보다 50원 아래에서 달러를 팔아야 하는 위험이 있다는 것이다. 둘째, 반대로 환율이 상승하여 1,000원이 된다면 아차실업은 1,000원보다 40원이나 낮은 960원에 2천만 달러를 팔아야 한다. 아차실업이 팔 수 있는 달러는 1천만 달러이므로 부족한 1천만 달러는 시장환율인 1,000원에 매수하여 960원에 매도하여야 하므로 기회손실까지 감안하면 최소 8억 원 이상의 손실이 발생한다는 것이다.

또한 1년 동안 환율이 안정적으로 움직인다면 약간의 수익을 거둘 수 있으나 2007년을 제외하고 다른 해의 경우 1년에 100원 이상 환율이 변동하였으므로 현재 환율이 950원이니 향후 1년 안에 900원이나 1,000원이 될 가능성은 매우 높다고 할 수 있다. 따라서 KIKO옵션은 투기적 목적이 아니면 모를까 헤지거래로서는 추천하고 싶지 않다고 말했다.

자칫하면 회사에 큰 위험이 될 수도 있다고 판단한 김소심 대표는 나잘난 과장의 권유를 받아들여 KIKO거래를 하지 않았고 다음 해 다른 수백 개의 기업이 KIKO폭탄을 맞았을 때 가슴을 쓸어내리며 안도의 숨을 내쉴 수 있었다.

사례는 실제 KIKO옵션을 단순화해서 만든 것이지만, KIKO옵션이 헤지거래가 아닌 투기적 거래란 것을 이해하기에는 부족함이 없다. '세상에 공짜 점심은 없다'라는 격언에서도 느낄 수 있듯이 프리미엄을 내지 않는 옵션 어딘가에는 매수자가 부담해야 할 위험이 도사리고 있기 마련이다. 옵션이란 금융상품은 정말 머리가 좋은 금융공학 전문가들이 통계를 바탕으로 만들어낸 상품이다. 철저히 확률이 반영된 상품이고 그렇게 만들어진 상품에 판매기관의 이익이 포함되기 때문에 정상적 상품보다 수익률이 낮은 상품이 되기 마련이다. 물론 정상적으로 프리미엄을 내고 옵션을 매수한다면 전혀 위험하지도 않고 자신의 위험관리에 맞춤형으로 잘 활용될 수 있는 상품이다. 처음에도 말했듯이 돈을 내고 권리를 사는 거래이므로 문제될 것이 없다. 하지만 돈을 받고 의무를 부담하게 되는 옵션 매도는 일반 기업이나 개인들에게는 맞지 않다. 따라서 옵션 매도가 들어간 상품을 거래할 때는 신중하고 또 신중해야 한다. 특히 knock-in이 되면서 매도 금액이 2배로 늘어남으로 인해 발생할 수 있는 손실은 환율이 상승하는 한 거의 무한대이므로 반드시 피해야 할 부분이다.

디지털옵션은 다른 말로 binary(2진법) option이라고도 한다. 디지털신호가 0과 1로 이루어진 2진법으로 표현되기 때문이다. 디지털옵션은 독자들이 초등

학교 시절 학교 앞에 있던 번데기나 고동을 파는 노점상을 상상하면 쉽게 이해할 수 있다. 예를 들어 100원을 내고 번데기 노점상의 둥그런 원판을 돌리고 침이 달린 화살 같은 것을 던지는 모습을 상상해보라. 화살이 그 원판의 좁게 그려진 칸에 찍혔을 경우 1,000원어치의 번데기나 다른 상품을 받을 수 있다. 하지만 넓게 그려진 칸을 찍으면 아무것도 못 받거나 겨우 번데기 몇 마리 정도만 받을 수 있다. 그야말로 '모 아니면 도' 식의 거래인 것이다. 디지털옵션이 바로 그런 거래이다. 만기에 환율이 정해진 조건에 부합하면 사전에 계약된 많은 돈을 받을 수 있고, 환율이 해당 조건에 부합되지 않으면 프리미엄이 사라지는 거래이다. 전부 아니면 모두 사라지는 all or nothing, 즉 0 아니면 1인 2진법식 거래이기에 디지털옵션이라고 한다.

〈그림 VI-18〉 디지털옵션 1

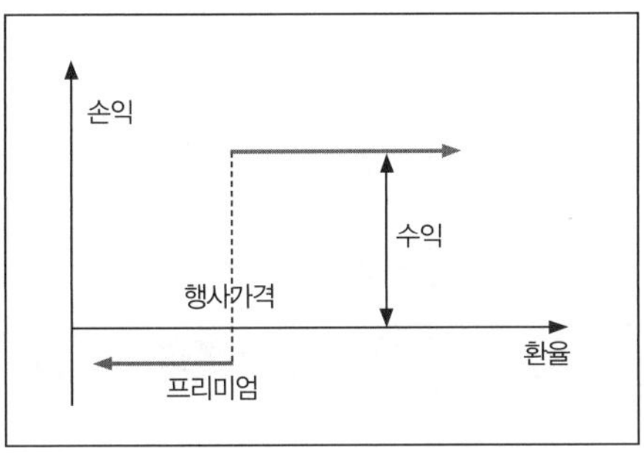

〈그림 VI-19〉 디지털옵션 2

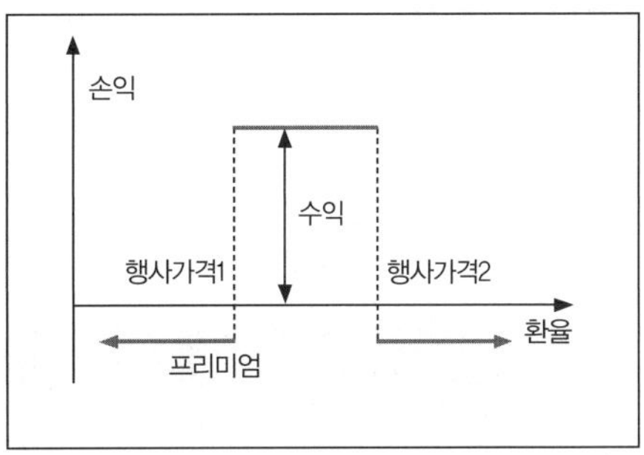

〈그림 VI-18〉의 첫 번째 디지털옵션은 행사가격이 하나인데 환율이 만기에 행사가격 위에 있으면 미리 정해진 약정수익을 받게 되고 행사가격보다 아래에 있으면 프리미엄을 포기해야 하는 옵션이다. 〈그림 VI-19〉의 두 번째 디지털옵션은 행사가격이 2개인데 만기환율이 두 행사가격 사이에 있으면 약정수익을 받게 되고 그렇지 않으면 프리미엄을 포기하게 되는 옵션이다. 이러한 디지털옵션을 주가지수에 응용한 많은 예금상품을 은행이나 증권사 창구에서 만나볼 수 있다.

장내 미국달러옵션

한국거래소에는 미국 달러를 기초자산으로 하는 장내통화옵션이 상장되어 있다. 처음 상장되었던 1999년에는 선물회사들의 거래량 경쟁 때문에 프리미엄이 싼 외가격거래가 활발히 이뤄지기도 했지만, 곧 거래가 줄어들며 비활성화되어 거래가 전무하다시피 했다.

2013년 9월 30일, 한국거래소는 거래활성화를 위해 최종결제방식을 실물인수도 방식에서 현금 차액결제방식으로 바꾸고, 기본예탁금을 1,500만 원에서 50만 원으로 인하하는 제도 개선을 하였다. 아울러 복수의 은행을 시장조성자 market maker로 지정하여 시장 참여를 적극 유도하였으나 여전히 거래는 제대로 이루어지고 있지 않다.

한국거래소에 상장된 미국달러옵션의 상품명세는 다음과 같다.

〈표 Ⅵ-7〉 한국거래소 미국달러옵션 상품명세

구분	명 세
거래대상	미국 달러
거래단위	USD10,000.00
결제월	근월물 2개월 및 2개 분기월 등 총 4개 결제월
행사가격의 수	등가격 및 등가격 기준 10원 간격 상하 3개씩
호가가격단위	0.1원
호가단위당 금액	1,000원(10,000 × 0.1)
거래시간	09:00~15:45, 최종거래일 09:00~15:30
최종거래일	결제월 3번째 월요일
결제일	최종거래일 다음 거래일
결제방법	현금결제
기준가격	권리행사 시 매매기준율MAR을 기준가격으로 함

4. 저렴한 환변동보험

1992년 수출을 지원하기 위해 한국수출보험공사가 설립되어 수출보험 업무를 전담하고 있다. 여러 수출입 관련 보험 중 환위험 관리를 위한 환변동보험은 2000년부터 비영리 정책보험으로 도입되었고, 2010년 7월에는 한국수출보험공사의 이름이 한국무역보험공사K-sure로 변경되었다.

환변동보험이란 환위험 관리 여건이 취약하거나 관리가 익숙하지 않은 중소기업들이 수출이나 수입 과정에서 발생하는 환위험을 쉽게 헤지할 수 있도록 도입된 환위험 헤지 상품이다. 기존에 선물환방식의 환변동보험만 있다가 옵션형과 범위선물환이 추가되었다. 다만, 선물환방식은 수출입 모두 이용할 수 있는 구조를 가지고 있지만 옵션형과 범위선물환은 수출기업의 달러를 매도하는 용도로만 이용할 수 있다.

선물환방식이란 수출기업이 은행과 선물환거래를 체결한 것과 같은 결과의 거래방식을 말한다. 즉, 수출환변동보험에 가입한 수출기업은 계약환율인 보장환율보다 환율이 하락했을 경우 한국무역보험공사K-sure로부터 손실을 보험금으로 보상받는다. 반대의 경우, 즉 환율이 상승할 경우는 K-sure가 수출기업으로부터 이익금을 환수한다. 이와 같은 정산방식은 기업이 은행과의 선물환거래를 통해 만기 시 선물환율로 인수할 원화 금액을 확정하는 것과 같은 결과의 제도이기에 선물환방식의 환변동보험이라고 한다.

〈그림 Ⅵ-20〉 수출환변동보험의 거래 구조

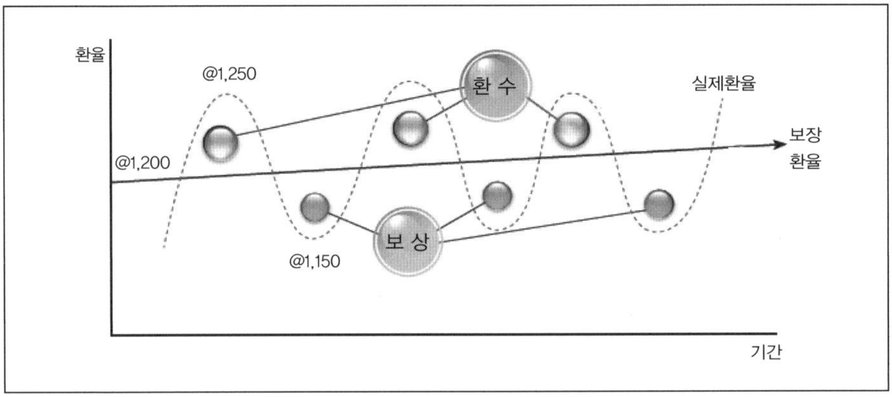

자료: K-sure

수출기업은 환율이 하락하면, 수입기업은 환율이 상승하면 보험금을 받게 된다. 즉 수출기업이 가입하는 것은 수출환변동보험이고 수입기업은 수입환변동보험에 가입한다. K-sure는 기업으로부터 환변동보험을 인수함으로써 발생하는 포지션은 오픈하지 않고 국내은행을 통해 전액 헤지하므로 환변동보험 거래를 통해 별도의 수익을 확보하지는 않는다. K-sure는 각 기업의 실수요 한도 내에서만 환변동보험을 지원한다.

환변동보험의 용어 및 이용방법

환변동보험은 보험 형태의 외환거래이므로 사용하는 용어가 여타 외환거래와 다르다.

선물환의 계약환율을 환변동보험에서는 보장환율이라고 한다. K-sure가 보험계약자인 기업에게 결제일에 고정시켜 보장해주는 환율이다. 청약일의 달러/원 시장평균환율(청약 익일 아침 고시되는 환율, Market Average Rate)에 헤지기간별 스왑포인트를 더하여 결제월별로 고시된다. 보장환율은 K-sure가 은행으로부터 제공받은 스왑포인트를 고시환율에 더해서 산출한다. K-sure 홈페이지에 접속하면 보장환율 및 조기결제 환율을 조회할 수 있다(https://www.ksure.or.kr 참조).

환변동보험을 이용할 수 있는 최대한도를 인수한도credit limit라고 한다. 환변동보험을 이용하고자 하는 기업이 인수한도 책정을 신청하면 K-sure는 ① 최근 1년간(또는 전년도) 수출입실적 또는 최근 3년간 평균 수출입실적, ② 신용장 등 수출입계약서상의 수출입계약금액, ③ 최근 1년간 외국항행용역[48] 제공금액을 감안하여 60% 범위 내에서 한도를 책정하여 인수한도를 부여한다. 인수한도 책정 수수료는 없으며 부여받은 한도는 1년간 유효하다.

기업이 환변동보험에 가입한 외화금액을 청약금액이라고 하는데 결제일의 손익정산 시 기준이 된다. 청약가능 금액은 해당 기업에 부여된 인수한도에서 청약누계액 또는 유효계약액(만기가 아직 안 된 계약)을 차감한 금액 중에서 적은 금액으로 한다.

환변동보험에 가입할 때 내는 돈을 보험료라고 하는데 보험료는 청약금액의 일정 비율(보험료율)을 계산하여 납부한다. 기업의 수출입등급에 따라 차등 부여되는 보험료율은 일반형(선물환방식)의 경우 '기본요율 × (1 − 중소중견기업

48) 선박이나 항공기로 여객이나 화물을 국내외 간에 또는 국외에서 국외로 수송하는 서비스

할인율)'로 정해진다. 중소기업은 15%, 중견기업은 10%의 할인을 받을 수 있다. 옵션형의 보험료율은 기본요율(0.005%)에 옵션의 프리미엄인 추가보험료율을 더해서 산출한다. 옵션형에서는 중소중견기업의 할인율은 적용되지 않는다. 기업이 부담해야 하는 보험료는 농수산식품유통공사, 무역협회, 수산무역협회 및 전기산업진흥회 등 기관에서 업체별로 일정 한도의 지원을 받을 수 있다.

보장환율과 결제환율의 차액(보험금 또는 이익금)을 산정하는 기준일자를 결제일이라고 하고 기업이 손익을 정산하기 위해 결제의사를 통지한 날을 결제신청일이라고 한다. 손익을 산출하는 손익산정일은 결제신청일의 다음 영업일이다. 만기결제의 경우 결제신청은 별도로 하지 않고 자동으로 신청되어 결제일이 곧 손익산정일이 된다.

결제일에 보장환율과 비교하여 손익을 정산하는 기준환율을 결제환율이라고 하며 결제일 당일 오전 고시되는 매매기준율을 말한다. 보장환율이 결제월 마지막 영업일 기준으로 정해지므로 결제일이 월말일 경우 당일 최초 고시 매매기준율이 결제환율이 된다. 그리고 조기결제에 의한 월중 결제일일 경우 결제일 아침 고시된 시장평균환율에 결제월 최종영업일까지의 스왑포인트를 더하여 결제환율을 구한다.

결제일에 보장환율과 결제환율을 비교하여 정산했을 때 환차손이 발생하면 K-sure는 기업에게 환차손에 대한 보상으로 보험금을 지급하고, 환차익이 발생했을 경우엔 그 이익금을 기업으로부터 환수한다. 예를 들어 수출기업의 경우 보장환율보다 결제환율이 더 낮으면 두 환율의 차이를 외환 청약금액에 곱해서 보험금을 수령할 수 있다. 반대로 결제환율이 더 높으면 두 환율의 차이를 외환 청약금액에 곱해 산정된 이익금을 K-sure에 납부해야 한다.

환변동보험의 특징

환변동보험은 일반 선물환처럼 계약금액 원금을 결제하지 않고 차액결제선물환NDF처럼 차액만을 결제한다. 보험가입자인 기업은 결제일에 보장환율과 결제환율의 차이를 외환 청약금액으로 곱해 차액을 산출한다. 차액이 환차익일 경우 결제신청일로부터 3영업일 이내에 보험금을 지급받고, 환차손일 경우 이익금을 K-sure에 납부한다.

환변동보험 가입자인 기업이 수출입계약 내용이 변경되거나 현금흐름이 바뀌어서 보험계약 체결 시 지정했던 결제(예정)일자 이전에 조기결제를 원할 경우, 결제(예정)일 2영업일 전 오전 중으로 조기결제신청을 완료하면 조기결제가 가능하다. 이때 조기결제환율은 결제신청일 다음 날 고시된다.

선물환거래가 보통 신용으로 이루어지는 반면 환변동보험은 보험료를 지급함으로써 보장을 받게 된다. 중소기업들이 거래 이행을 위한 담보를 요구받는 대신 기업의 신용도와 기간에 따라 차등된 보험료를 납부하여야 한다. 예를 들어 3개월 만기의 헤지거래 시 기업 신용에 따라 계약금액의 0.016~0.028%를, 6개월 만기의 경우 0.02~0.035%를 보험료로 납부한다. 앞서 설명한 것처럼 중소중견기업은 보험료를 할인받을 수 있고 관련 기관에서 보험료를 지원받을 수도 있어 환위험 헤지를 위한 비용은 저렴한 편이다. 보통 선물환은 가격에 수수료가 포함되고 통화선물은 계약당 수수료를 징구함으로써 취급기관의 수익을 확보하지만, 환변동보험은 비영리 정책보험이므로 보험료 외에 수수료 등 추가 비용이 발생하지 않는다.

청약시점으로부터 일반수출기업은 1년 6개월까지, 플랜트나 선박 등 중장기 수출계약의 경우에는 최장 3년 6개월까지 보장환율이 제공된다. 단, 옵션형의 경우에는 6개월, 수입거래와 범위선물환의 경우에는 12개월로 제한된다. 수출기업의 경우에는 별도의 품목 제한이 없으나 수입환변동보험의 경우에는 대상거래 품목에 제한이 있다.

환변동보험의 이용요건 및 절차

환변동보험을 통해서 보장받을 수 있는 환율은 일반형은 USD/KRW, JPY/KRW, EUR/KRW 및 CNY/KRW 등 4개 통화쌍이고 옵션형과 범위선물환은 USD/KRW, JPY/KRW 및 EUR/KRW 등 3개 통화쌍이다.

환변동보험은 신용상 문제가 없는 국내 기업이면 누구든 이용할 수 있다. 신용상 '문제가 있는' 기업이란 ① 신용불량기업, ② 보험료를 납부하지 않아 보험계약이 해제된 경험이 있거나 이익금 환수를 연체 중인 기업, ③ 국민연금보험료나 국세 등을 연체 중인 기업 등이다. 보다 자세한 사항은 K-sure 홈페이지에서 안내받을 수 있다.

〈그림 Ⅵ-21〉 수출환변동보험의 거래구조

인수한도 책정	인수한도 책정 및 약정 체결
청약 및 보험료 납부	– 오전 중 청약입력(결제일자 지정) – 청약 당일 보험료 납부
보험증권 발급	– 청약 다음 영업일 보험증권 발급 – 결제월별 보장환율 등 보험계약내용 기재
결제일 통지	– 만기결제 시 자동으로 정산처리 – 조기결제 시 오전 중 결제신청 입력
손익정산	– 결제신청일로부터 3영업일 내 보험금 지급 – 통지일로부터 15영업일 이내 환수금(이익금) 납부

자료: K-sure

사례

자동설비 수출업체인 ㈜알찬테크는 2021년 4월 5일 중국에 20만 달러 상당의 설비를 수출하기로 계약하였다. 수출대금은 1차 10만 달러를 2021년 4월 30일에, 2차 10만 달러를 약 2개월 후인 5월 27일에 받기로 하여 이에 따른 환위험 헤지를 위해 계약 당일 환변동보험을 청약하기로 하였다. ㈜알찬테크의 신용등급은 C등급이고 중소기업으로 분류되어 있다. 청약일인 4월 5일 최초 고시 매매기준율은 1,127.50원이었고 다음 날 4월 6일 최초 매매기준율은 1,127.80원이었다.

■ 환변동보험 청약(2021.04.05)

- 청약금액: USD200,000.00
- 결제(예정)일자: 2021.04.30 USD100,000.00/2021.05.27 USD100,000.00
- 보험료 납입: 23,950원(10원 이하 절사)

  1차 보험료: USD100,000 × 0.01% × (1 − 15%) × 1,127.50 = 9,580(원)

  2차 보험료: USD100,000 × 0.015% × (1 − 15%) × 1,127.50 = 14,370(원)

  중소기업 할인율: 15%

기본요율표

수출자 등급 / 기간(월)	A, B(0.8)	C, D(1.0)	E, F(1.2)	G(1.4)
1	0.008	0.010	0.012	0.014
2	0.012	0.015	0.018	0.021
3	0.016	0.020	0.024	0.028
4	0.020	0.025	0.030	0.035
5	0.020	0.025	0.030	0.035

자료: K-sure

■ 보장환율 결정 및 보험증권 발급(2021.04.06)

- 4월 6일 고시환율: 1,127.80원
- 1차 보장환율(2021.04.30): 1,127.70원 (고시환율 + 스왑포인트 -0.1원 적용)
- 2차 보장환율(2021.05.27): 1,127.60원 (고시환율 + 스왑포인트 -0.2원 적용)

※ 평균스왑포인트는 4개 이상의 은행으로부터 받은 스왑포인트의 평균

※ <u>보장환율은 결제(예정)월의 마지막 영업일을 기준으로 가격이 결정됨</u>

산정일자 : 2021.04.06 통화 : USD 회차 : 001 수출입구분 : 수출

결제종류 : 보장환율 검색

- 월말 최종영업일 만기결제 시 적용되는 결제환율은 해당월 최종영업일의 최초고시매매기준율을 적용받습니다.
- 월중 만기결제의 경우 적용되는 결제환율은 조기결제 시 적용되는 결제환율과 같습니다.
- 보장환율 또는 조기결제환율 조회 시 산정일자는 보험청약일 또는 조기결제신청일의 다음 영업일이 됩니다.

2021.04 ~ 2022.12

결제 연월일	평균스왑 포인트	보장환율
2021.04	-0.06	1127.7
2021.05	-0.16	1127.6
2021.06	-0.35	1127.4

2023.01 ~ 2024.09

결제 연월일	평균스왑 포인트	보장환율
2023.01	-3.51	1124.2
2023.02	-3.57	1124.2
2023.03	-3.63	1124.1

2024.10 ~ 2026.04

결제 연월일	평균스왑 포인트	보장환율
2024.10	-10.71	1117
2024.11	-11.34	1116.4
2024.12	-11.97	1115.8

자료 : K-sure

■ 1차 결제일(만기결제, 2021.04.30)

- 4월 30일 최초 고시환율(결제환율): 1,107.40원
- 차액 정산: 보험금 2,030,000원

  [USD100,000 × (보장환율 1,127.70 − 결제환율 1,107.40) = 2,030,000(원)]
- 보험금 지급: K-sure는 결제신청일인 4월 30일로부터 3영업일 후인 2021년 5월 6일까지 보험계약자인 ㈜알찬테크에 보험금 2,030,000원을 지급

■ 2차 결제일(조기결제, 2021.05.20)

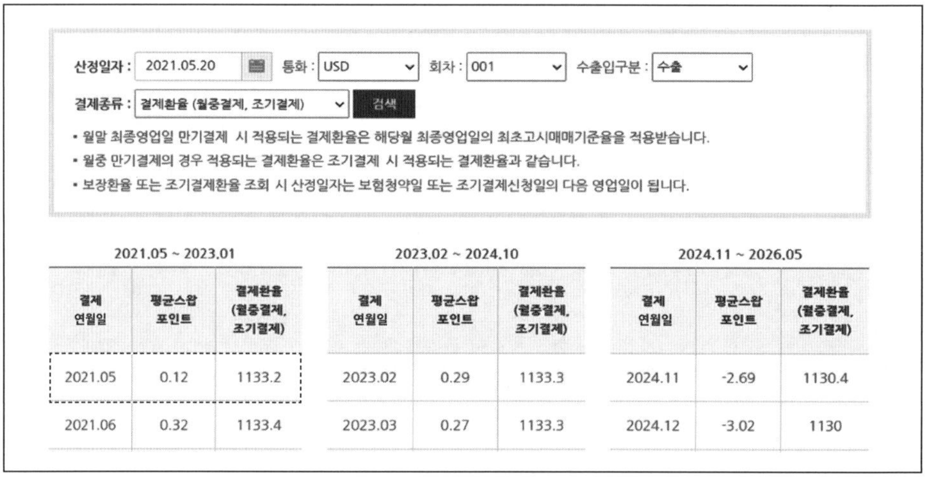

산정일자 : 2021.05.20 통화 : USD 회차 : 001 수출입구분 : 수출

결제종류 : 결제환율 (월중결제, 조기결제) 검색

- 월말 최종영업일 만기결제 시 적용되는 결제환율은 해당월 최종영업일의 최초고시매매기준율을 적용받습니다.
- 월중 만기결제의 경우 적용되는 결제환율은 조기결제 시 적용되는 결제환율과 같습니다.
- 보장환율 또는 조기결제환율 조회 시 산정일자는 보험청약일 또는 조기결제신청일의 다음 영업일이 됩니다.

2021.05 ~ 2023.01

결제 연월일	평균스왑 포인트	결제환율 (월중결제, 조기결제)
2021.05	0.12	1133.2
2021.06	0.32	1133.4

2023.02 ~ 2024.10

결제 연월일	평균스왑 포인트	결제환율 (월중결제, 조기결제)
2023.02	0.29	1133.3
2023.03	0.27	1133.3

2024.11 ~ 2026.05

결제 연월일	평균스왑 포인트	결제환율 (월중결제, 조기결제)
2024.11	-2.69	1130.4
2024.12	-3.02	1130

자료: K-sure

- 5월 18일에 2차 결제분(결제예정일 5월 27일)을 5월 20일로 조기결제 신청

- 5월 20일 결제환율: 1,133.20원(고시환율 1,133.10 + 스왑포인트 0.1원)
- 차액 정산: 이익환수금 560,000원
  [USD100,000 × (보장환율 1,127.60 - 결제환율 1,133.20) = −560,000(원)]
- 이익금 환수: ㈜알찬테크는 환변동보험으로 발생한 이익금 560,000원을 이익금 납부통지일로부터 15일 이내에 K-sure에 납입해야 함.

환변동보험과 선물환 비교

일반형 환변동보험은 선물환방식이긴 하지만 은행과 거래하는 일반선물환과는 약간의 차이가 있다. 선물환은 계약환율이 현물환율에 만기일까지의 스왑포인트를 더해서 정해지는 데 반해, 환변동보험의 계약환율(보장환율)은 고시환율에 결제(예정)일이 있는 결제월 말일까지의 스왑포인트를 더한 가격으로 결정된다. 따라서 월중결제나 조기결제를 할 때 해당 월의 말일까지 스왑포인트를 감안하여 결제환율이 정해지는 구조로 되어 있다. 단, 보험가입자들이 일일이 알아보고 계산할 필요 없이 사례처럼 K-sure 홈페이지에서 항상 확인이 가능하므로 거래절차가 복잡하지는 않다.

환변동보험이 공익성 보험으로 시행되기에 비용이 비교적 저렴하고 그나마 여러 기관을 통해 보험료가 지원되어 낮은 비용으로 환위험을 헤지할 수 있으나, 차액결제방식이어서 직접 인수도를 할 수 없다는 점은 불편하다. 그렇지만 무엇보다 담보를 요구하지 않고, 거래 금액이 자유롭다는 점이 장점이다.

〈표 Ⅵ-8〉 환변동보험과 선물환 비교

구분	환변동보험	선물환
거래기관	한국무역보험공사	외국환은행
계약환율	고시환율 + 결제월말 스왑포인트	현물환율 + 스왑포인트
비용	보험료	선물환율에 마진 포함
담보	없음	필요시 담보요구
거래한도	수출실적 기준 실수요 한도	신용도에 따라 설정
손익정산	차액정산	실물인수도

주요 내용

- 기본적으로 신용을 근거로 거래하는 선도거래(선물환)를 할 수 없는 영세 중소기업과 개인들을 위한 통화선물은 신용 대신 증거금제도와 일일정산 제도를 활용하여 누구든 외환시장에 참여할 수 있다. 한국거래소에는 USD, JPY, EUR 등 3개 통화가 상장되어 있고 미국 CME에는 약 60개 통화가 상장되어 환위험 헤지거래, 투기적 거래 및 차익거래 목적으로 거래되고 있다.

- 환위험과 이자율위험을 동시에 관리할 수 있는 통화스왑은 우리나라에서는 2000년이 되어서 비로소 거래가 확대되었다. 통화스왑의 초기 원금교환은 선택사항이며 일정 기간마다 두 통화의 이자를 서로 교환하고 만기에는 계약 당시의 현물환율로 원금을 교환한다. 은행간 통화스왑에는 변동금리와 변동금리를 교환하는 베이시스스왑이 주로 거래되며 대고객 통화스왑은 변동금리와 고정금리를 교환하는 통화스왑이 주로 거래된다.

- 통화옵션은 통화를 사거나 파는 권리를 거래하는 상품이다. 옵션매수자는 권리를 가지는 대신 프리미엄을 지급하고, 옵션 매도자는 프리미엄을 받는 대신 권리 행사의 의무를 이행해야 한다. 옵션의 가격인 프리미엄은 내재가치와 시간가치의 합으로 구하고 환율, 행사가격, 잔존만기, 두 통화의 이자율 및 환율변동성 등이 가격 결정 구성요소이다. 환위험 헤지거래에는 옵션 매도보다는 매수가 적합하다.

- 환변동보험은 한국무역보험공사가 수출입지원을 위해 제공하는 공익성 환위험 헤지 상품이다. 선물환방식의 일반형과 옵션형이 있으며 별도의 담보 없이 보험료 납입으로만 거래가 가능하다. USD/KRW, JPY/KRW, EUR/KRW 및 CNY/KRW의 4개 통화에 대해 헤지거래가 가능하며 차액 결제방식으로 결제된다.

연 / 습 / 문 / 제

1. 다음 중 한국거래소에 상장되어 있는 통화선물의 제도가 아닌 것은?

① 증거금제도
② 표준화된 상품
③ 차액결제 청산제도
④ 일일정산제도

2. 다음 중 통화스왑 거래구조에 관한 설명으로 맞지 않는 것은?

① 초기 원금교환은 선택사항이므로 원금교환을 하지 않을 수도 있다.
② 정기적으로 두 통화의 이자를 교환한다.
③ 만기에는 반드시 원금교환을 해야 한다.
④ 만기환율은 초기 계약 시 현물환율에 스왑포인트를 더하여 구한다.

3. 다음 중 통화옵션의 가격 결정 요소들과 프리미엄의 상관관계에 대해 설명한 것으로 올바른 것은?

① 달러/원 옵션에서 시장환율이 상승하면 풋옵션의 가격은 하락한다.
② 1개월 옵션의 프리미엄이 50만 원이라면, 다른 조건이 동일한 잔존기간 3개월 옵션의 프리미엄은 150만 원이다.
③ 변동성이 커지면 콜옵션의 가격은 상승하고 풋옵션의 가격은 하락한다.
④ 행사가격이 낮을수록 콜옵션의 가격은 하락한다.

4. 다음 중 통화옵션에 관한 설명으로 맞는 것만 모아놓은 것은?

가) 옵션에서 두 통화의 인수도가 이행되는 날을 만기일이라고 한다.
나) 미국에서는 American옵션이, 유럽에서는 European옵션이 주로 거래된다.
다) 외가격옵션의 내재가치는 음수(−)이다.
라) 옵션 프리미엄은 내재가치에서 시간가치를 차감한 값이다.
마) 한국거래소에는 미국달러옵션, 엔옵션, 유로옵션이 상장되어 있다.
바) 시간가치가 가장 큰 옵션은 내가격옵션이다.
사) straddle 매수는 행사가격이 같은 콜옵션과 풋옵션을 동시에 매수하는 것으로 환율변동이 크지 않으리라 예상할 때 활용하는 전략이다.

① 가), 마), 바)
② 나), 다), 라)
③ 사)
④ 답 없음

5. 다음 중 환변동보험에서 사용하는 용어에 대한 설명으로 잘못된 것은?

① 수출기업이 가입한 환변동보험에서 환율이 하락하여 K-sure로부터 보상받는 돈을 보험료라고 한다.
② 보험계약자인 기업에게 결제일에 고정시켜 보장해주는 환율을 보장환율이라고 한다.
③ 환변동보험을 이용할 수 있는 최대한도를 인수한도라고 한다.
④ 보장환율과 결제환율의 차액을 산정하는 기준일자를 결제일이라고 한다.

정 / 답 / 및 / 해 / 설

1. 정답 ③

통화선물의 결제방식은 차액결제방식이 아닌 실물인수도방식이다.

2. 정답 ④

통화스왑에서 만기환율은 초기 계약환율과 같다.

3. 정답 ①

② 옵션의 가격은 잔존만기 기간에 비례하지 않으므로 1개월 가격이 50만 원이라고 해서 3개월의 가격이 150만 원이 되지는 않는다.
③ 변동성이 커지면 콜옵션과 풋옵션 모두 가격이 상승한다.
④ 행사가격이 낮아질수록 콜옵션의 내재가치가 커지므로 가격은 상승한다.

4. 정답 ④

가) 옵션의 만기일은 옵션 행사 여부를 결정짓는 날이고, 결제일은 만기일의 2영업일 후다.
나) 유럽뿐만 아니라 미국에서도 대부분 European옵션이 거래된다.
다) 내재가치는 음수(-)의 값을 가지지 않는다. 외가격옵션의 내재가치는 zero이다.
라) 옵션 프리미엄은 내재가치와 시간가치를 더한 값이다.
마) 한국거래소에는 미국달러옵션만 상장되어 있다.
바) 시간가치가 가장 큰 옵션은 등가격옵션이다.
사) straddle 매수는 환율변동이 클 것으로 예상할 때 활용하는 전략이다.

5. 정답 ①

K-sure로부터 보상받는 돈은 보험료가 아닌 보험금이다. 보험료는 환변동보험에 가입할 때 납입하는 돈이다.

제 7 편
환위험과 헤지

외환시장, 아는 만큼 보인다

제7편

학습개요

환위험을 분명히 인식함으로써 헤지에 대한 개념도 확실히 정립하도록 한다. 환위험 관리란 기업이 불확실성으로 발생할 수 있는 손실을 회피하도록 하는 것이며 환투기가 기업의 목표가 아님을 분명히 한다. 유형별 환위험의 개념과 특징을 이해하고 별도의 비용 없이 기업 내부에서 행할 수 있는 기법들을 사례를 통해 익히고 외환거래의 위험에 대해서도 알아본다.

학습목표

- 환위험과 환노출의 개념을 구분하고 헤지의 필요성을 숙지하며, 기업이 관리해야 할 불확실성의 위험에 대해 알아보고 이를 설명할 수 있다.
- 환위험의 3가지 유형인 거래 환위험, 환산 환위험 및 경제적 환위험에 대해 알아보고 각 위험을 어떻게 관리할지 살펴보고 이를 설명할 수 있다.
- 기업 내부에서 환위험을 관리할 수 있는 기법들을 알아보고 실제 상황에서 활용할 수 있는 능력을 갖추어 이를 설명할 수 있다.

1. 아무것도 하지 않으면 환투기다

환위험과 환노출

환위험foreign exchange risk이란 환율이 변동함으로써 기업의 가치가 감소할 수 있는 위험을 말한다. 좀 더 자세히 설명하면 환율이 변동함으로써 기업이 보유하고 있는 외화표시 자산이나 부채, 현금의 흐름에 환손실이 발생할 수 있는 위험이다. 과거에는 환위험관리를 무조건 환위험을 회피하거나 감소시키는 것으로만 인식했다. 하지만 요즘에는 환위험이라는 용어보다는 환노출foreign exchange exposure이라는 중립적 개념의 단어를 사용한다. 환노출관리란 불확실한 환율의 움직임에 보다 적극적으로 대처하여, 환손실을 회피하는 것에 그치지 않고 노출되어 있는 외환 포지션을 활용하여 환차익까지도 추구하는 개념이다.

일부 기업에서는 포지션이 오픈되어 있는 환노출을 위험의 하나로 인식하기보다는 기업이 보유한 수익자산으로까지 생각하기도 한다. 이러한 발상이 KIKO와 같은 투기적 거래를 헤지거래인 양 생각하게 만들고 운이 없어서 손실이 발생한 것처럼 생각하는 단계에 이르게 한다. 이러한 기업의 사고방식은 필자가 그동안 상담했던 많은 기업의 외환관리를 담당하는 실무 책임자와 담당자들의 고민이기도 하다.

헤지hedge와 헤지거래

다루는 품목과 시장 상황에 따라 다르겠지만, 수출입기업들의 마진율이 과거보다 낮아졌다는 기사를 심심치 않게 볼 수 있다. 그런데 수출입기업의 경영자들을 힘들게 하는 것은 마진뿐만이 아니다. 외환위기 이후 환율의 변동성은 기업의 경영진과 담당자들을 일희일비하게 만들고 있다. 지금은 기업이 상품을 잘 만들어 해외 판매를 많이 하는 것만으로 이윤이 보장되는 상황이 아니다.

예를 들어 수출 마진율이 5%인 대박상사가 1개월 후 수출대금을 받기로 하는 수출계약을 맺었다고 가정해보자. 계약 당시 환율이 1,400원이었는데 1개월 후 수출대금을 받은 날, 환율이 하락하여 1,350원에 달러를 매각할 수밖에 없었다면 환손실이 달러당 50원이 발생한다. 손실률로 계산하면 3.6%로 수출 마진율을 감안할 때 대박상사는 수출을 통해 겨우 1.4%의 수익만 거두게 되었다. 대박상사는 5%의 마진으로 직원 급여도 주어야 하고 사무실 임대료도 지급해야 하는 형편이다. 그러니 환손실을 감안하면 실제 대박상사는 이번 수출로 손실을 본 것이다. 이는 관리 가능한 환위험을 고려하지 않음으로써 발생한 손실로 경영자와 관리자의 근무태만으로 볼 수 있다.

또 다른 예를 들어보자. 국내 주식시장이 침체되어 해외로 눈을 돌린 김족박 씨는 미국 달러 표시 고수익채권에 투자하기로 하였다. 수익률이 6%대여서 만족스러운 마음으로 1년 만기 해외채권에 투자하였다. 1년 후 만기가 되어 채권매매를 중개했던 증권사 창구를 찾은 김족박 씨는 처음 투자원금보다 적은 만기상환금액을 받고 아연실색하였다. 자초지종을 물어보니 김족박 씨의 해외채권 투자 수익률은 처음 기대했던 것처럼 6%의 수익을 거두었으나 환율에서 약 7%

의 손실이 발생하여 실제 수익률이 '−1%'가 되었던 것이다. 이 역시 관리 가능한 환위험을 무시함으로써 발생한 손실이므로 누구를 탓할 수도 없다.

그럼 대박상사나 김족박 씨는 환위험에 어떻게 대처했어야 할까? 먼저 환율변동에 따라 어떤 손실이나 이익이 발생하는지 파악해야 한다. 보유하고 있거나 보유하게 될 외화표시 자산이나 부채는 환율이 변동할 때마다 손익이 발생한다. 대박상사의 경우 받을 미국 달러가 있었고, 김족박 씨 역시 투자 후 1년 뒤에 팔아야 할 미국 달러를 가지고 있었다. 따라서 양측 모두 환위험이 인지되는 시점에 미국 달러를 파는 매도헤지거래를 했어야 한다. 그러면 환율변동에 상관없이 대박상사는 안전하게 최소한 5%의 수출 마진을 확보할 수 있었을 것이고, 김족박 씨도 최소한 기대수익률 이상의 수익을 확실하게 챙길 수 있었을 것이다. '최소한'이란 표현을 쓴 이유는 선물환에서 설명한 것처럼 원화보다 이자가 낮은 달러를 선물환이나 통화선물로 매도할 때는 헤지 비용이 아닌 헤지수익이 생긴다는 설명을 기억한다면 이해할 수 있을 것이다.

대박상사나 김족박 씨는 매도헤지거래로 환위험에서 벗어날 수 있다고 설명하였다. 그럼 헤지거래는 무엇인가? 헤지hedge거래란 '가격변동으로 발생할 수 있는 위험을 줄이거나 회피하기 위해 행해지는, 기존 환노출과 반대되는 방향의 거래'를 말한다. 대박상사나 김족박 씨는 팔아야 할 미국 달러를 가지고 있었다. 환위험으로부터 벗어나기 위해서 보유 외화자산의 반대방향으로 매도거래를 함으로써 헤지거래를 할 수 있다. 이런 경우를 '매도헤지거래'라고 한다. 반대로 수입기업의 경우처럼 지급해야 할 외화를 가지고 있다면 '매수헤지거래'로 환위험에서 벗어날 수 있다.

헤지거래는 외환거래에서만 사용하는 용어는 아니다. 채권이나 주식거래에서도 헤지거래가 있다. 아니, 위험이 수반되는 모든 거래에는 그 위험을 줄이거나 없애기 위해서 헤지거래가 존재한다. 가격이 변동해도 손익이 전혀 발생하지 않도록 하는 헤지를 완전헤지perfect hedge라고 한다. 전체 금액을 모두 헤지하는 전액헤지full hedge가 있고 가격 예측을 통해 부분적으로 헤지하는 부분헤지partial hedge가 있다.

전문적인 환위험관리조직을 두고 있는 기업에서는 환율 예측에 따라 환위험에 노출되어 있는 전체 금액에서 일정 부분만 헤지거래를 하기도 한다. 이때 헤지거래 비율을 hedge ratio라고 한다. 즉 대박상사의 경우 시장에서 환율이 상승하리라는 예상이 강하다면 굳이 전액 매도헤지거래를 할 필요가 없다는 경영적 판단에 따라 전체 금액 중 일부만 매도헤지할 수도 있다. 이는 적극적인 헤지전략의 한 형태라고 볼 수 있다.

헤지hedge란 단어가 들어간 말 중 헤지펀드hedge fund가 있다. 저마다 조금씩 다르게 표현하기는 하지만 대체로 헤지펀드란 '100인 미만(한국형은 49인 이하)의 개인 투자자들을 모아 국제금융시장에서 파생금융상품 등에 투자함으로써 높은 단기 이익을 추구하는 사모투자신탁'을 말한다. 여기서 굳이 100인 미만이라는 제한을 한 것은 미국 증권관리위원회의 공시규제를 피하기 위함이다. 그러므로 미국과 관련없는 자금이라면 그 숫자 역시 큰 의미는 없을 것이다. 헤지펀드는 그 정의에서 보듯이 위험회피보다는 고수익을 노리는 투기거래를 일삼는다. 그럼에도 반대의 의미를 가지고 있는 '헤지'란 단어를 사용하는 것은 왜일까?

헤지펀드라는 말은 1949년 A.W. Jones & Co.라는 최초의 헤지펀드를 만든 알프레드 존스란 사람이 처음 'Risk Hedged Fund'란 말을 사용하면서 시작되었다. 알프레드 존스는 투자금액의 일부를 상승이 예상되는 주식에 투자하고 일부는 가격이 하락할 것으로 예상되는 주식을 공매도하는 데 투자함으로써 성공적인 투자를 이끌어냈다. 이때 공매도가 위험을 헤지하는 거래수법과 같아 '위험이 헤지된 펀드'란 의미로 사용하기 시작하였고 훗날 헤지펀드로 이름이 자리 잡게 된 계기가 되었다. 즉, 헤지펀드는 헤지거래 기법을 투기적 거래에 사용함으로써 얻게 된 이름이므로 우리가 말하는 헤지거래와는 거리가 멀다.

대박상사처럼 수출기업의 경우 수출대금이 입금되어 매각하는 시점에 환율이 상승하면, 〈그림 VII-1〉의 (A)부분처럼 이익이 발생한다. 수출 마진에 추가로 생기는 이익이기에 기분 좋은 이익이다. 하지만 이미 수출 마진으로 수익을 확보하였기 때문에 이 환차익은 없어도 회사를 운영함에 전혀 문제가 없다. 반대로 만기에 환율이 하락하였다면 (B)부분처럼 환손실이 발생한다. 이 손실이 생기면 수출 마진이 줄어들고 심한 경우 추가 손실로 이어질 수도 있다. (B)의 손실이

〈그림 VII-1〉 수출기업의 헤지거래와 효과

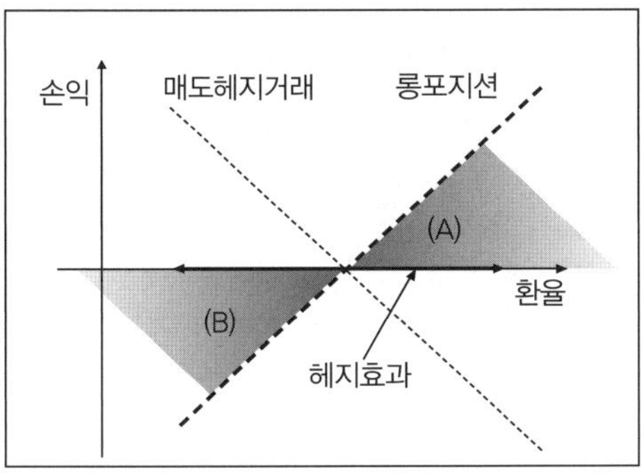

〈그림 VII-2〉 수입기업의 헤지거래와 효과

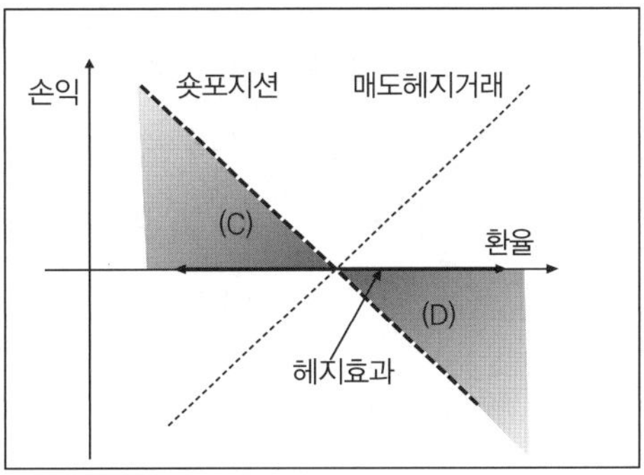

발생할 경우 종업원에게 임금도 줄 수 없고 임대료도 지불할 수 없게 되어 회사 경영에 막대한 지장을 주게 된다. 헤지거래를 하지 않은 상태에서 볼 때 (A)이익은 없어도 되는 이익이지만 (B)손실은 절대로 발생해서는 안 되는 손실이다.

수출기업이 가지고 있는 롱포지션을 헤지하기 위해서는 선물환이나 통화선물로 매도헤지거래를 하게 된다. 헤지거래를 한 결과는 〈그림 VII-1〉에서 보듯이 만기에 환율이 상승하면 기존 매수포지션에서는 이익이 발생하지만 헤지거래에서는 손실이 발생하여 환손익이 발생하지 않는다. 반대로 환율이 하락한다면 매수포지션에서는 손실이, 헤지거래에서는 이익이 발생하여 역시 환손익이 발생하지 않는다. 즉, 환율 축을 따라 표시된 헤지효과처럼 환율이 오르거나 내리더라도 외환손익은 zero를 유지하게 됨으로써 완전 헤지가 된다. 그러면 기업은 환율의 움직임에 신경 쓰지 않고 좋은 제품을 만들어 수출만 하면 된다.

〈그림 VII-2〉는 수입기업의 헤지거래 효과를 보여준다. 헤지거래를 함으로써 발생 가능한 이익 (C)를 포기하는 대신 발생하면 안 되는 손실 (D)가 생기지 않게 되었다. 수출기업과 마찬가지로 헤지거래를 통해 환율이 어떤 방향으로 움직이든지 환손실은 발생하지 않게 되었다.

예전에 중소기업 임원과 사장님들을 대상으로 환위험관리에 관한 강의를 하던 중 어떤 사장님에게 환위험관리를 위한 헤지거래를 하는지 물어보았다. 그 사장님은 헤지거래를 하지 않고 있다는 대답이었고 심지어 "그런 거래 하지 않고도 잘 살아왔습니다"라고 말했다. 환위험관리의 필요성을 목청 돋우어 강조하고 있던 필자는 몹시 실망스러운 대답에 "아주 환투기를 잘 하셨군요"라며 다소 언짢은 대꾸를 하고 말았다. 그랬더니 다시 그 사장님은 "아니 여보시오, 선물환이나 통화선물 같은 거래를 하는 것이 환투기지, 난 아무것도 안 했다니까!" 라고 역정을 내었다. 누구 말이 옳을까? 물론 당연히 필자의 말이 옳다.

다시 기분을 좀 가라앉히고 물어보니 그 사장님은 수출기업을 경영하고 있었다. 즉, 나중에 팔아야 할 달러를 가지고 있는 기업이었다. 그래서 만약 앞으로 환율이 확실히 하락한다면 어떻게 하겠느냐고 다시 질문했다. 그랬더니 그 사장님은 어떤 방법을 동원해서라도 달러를 팔아야 하지 않겠느냐고 답을 했다. 그렇다면 지금까지 '아무것도 안 하고 잘 살았다'는 이야기는 환율이 오를 거라고 기대하고 아무것도 하지 않은 것이 아니냐며 다시 물었더니 선뜻 대답을 못 하였다. 물론 과거에는 환율이 그다지 큰 폭으로 변동하지 않아서 때론 이익을 보고 때론 손해를 보며 그런대로 기업을 꾸려왔던 중소기업이었기에 그리 말했을 것이다. 사실 환율의 움직임은 예측을 할 뿐이지 누구도 확실한 방향을 알 수는 없다. 따라서 팔아야 할 달러를 보유하고 있는 기업이 아무 것도 하지 않는다는 것은 환율이 오르리라는 기대감으로 베팅betting을 하는 것이다.

팔거나 사야 할 외화가 있어서 가격변동으로부터 발생하는 위험을 회피하고자 헤지거래를 했다면 그 헤지거래가 투기적 거래일까? 가끔 중소기업의 오너들은 헤지거래에서 손실이 발생하면 큰일이 났다고 생각한다. 담당자를 불러서 야단도 치고 회사에 큰 손실이 발생한 것처럼 호들갑을 떨기도 한다. 하지만 경영자의 그런 처사는 옳지 않다. 만약 수출기업이 통화선물을 활용한 헤지거래에서 환율이 상승하였을 경우, 미리 매도한 통화선물에서는 손실이 발생하지만 수출대금으로 받을 달러를 현물시장에서 그만큼 더 비싸게 팔 수 있게 되었으니 실제 회사의 손실이 발생하는 것은 아니다. 반대로 환율이 많이 하락했다면 경영자는 기분 좋아할지 모르지만 실제 입금될 달러를 현물시장에서 계약시점보다 훨씬 낮은 가격에 팔아야 한다는 사실은 망각하고 있는 것이다. 즉, 헤지거래는 환율을 고정시키는 역할을 할 뿐 어떤 투기적 거래도 아님을 분명히 알아야 한다. 물론 헤지거래를 하지 않아서 기업에 이익이 더 생길 수도 있지만 그건 투기적 결과일 뿐 위험관리라는 측면에서 결코 권할 만한 사항이 아니다. 기업의 목표는 생산력 향상과 영업력 제고로 기업 가치를 극대화하는 것이지 환투기로 돈을 버는 것이 아니기 때문이다.

헤지거래를 담당하는 실무자에게 헤지거래는 '잘해봐야 본전'인 귀찮은 업무일 뿐이다. 회사를 자신의 회사처럼 사랑하는 마음이 아니고서는 소신 있게 헤지거래를 하기는 쉽지 않다. 헤지거래를 잘했을 경우 경영자는 그저 할 일을 했을 뿐이라고 생각하는 경향이 있고, 헤지거래에서 손실이 발생하면 실제 회사의 손실이 아님에도 불구하고 실무자에게 더 벌지 못한 탓을 하곤 한다. 그러니 잘해봐야 본전인 업무에 실무자가 열의를 가지기는 어렵다. 그러므로 기업의 경영자가 먼저 헤지거래에 대한 확고한 신념을 가지고 환위험 관리에 나서야 한다. 헤지거래는 위험관리를 위한 거래일 뿐이므로 기업이 수립한 전략과 원칙에 따라 헤지거래를 했다면 그 결과에 대해서 실무자에게 책임을 묻지 않아야 함을 경영자는 명심해야 한다. 환위험이 있어 기업의 가치가 훼손당할 수도 있는데도 아무런 조치를 취하지 않는 것이 환투기이지, 적극적으로 헤지거래를 함으로써 환위험을 줄인 행동은 칭찬받아 마땅한 일이다.

지금은 전 세계 사람 누구나 다 아는 우리의 자랑스런 기업들도 과거에는 환투기와 같은 시행착오를 다 경험했다. 과거에 그런 기업들과 직접 외환거래를 했던 필자의 경험에서 말하는 사실이다. 그 기업들이 아직 환위험관리에 익숙하지 않았던 시절, 환노출을 활용하여 수익을 올려보겠다는 생각으로 엄청난 투기

거래들을 했었다. 하지만 거의 모든 기업이 환손실을 보았고 수차례에 걸친 시행착오 끝에 거대기업을 경영하기 위해서는 환노출을 이용하여 돈을 벌기보다는 보다 세밀하게 환위험을 관리함으로써 기업이 한 단계 더 성장할 수 있음을 깨닫게 되었다. 만약 기업의 오너라고 해서 환율에 대해 일일이 간섭하면서 담당자의 영역까지 침범하고 있다면 지금 즉시 그만두라고 조언하고 싶다. 대신 담당자에게 회사의 위험관리에 대한 원칙 수립을 지시하고 그 원칙대로 관리하고 있는지 감시하는 것이 현명한 오너의 처사다.

물론 환율에 대한 예측과 경영적 의사결정으로 회사의 전략을 가져가는 것은 환투기가 아닌 고유한 경영행위로 볼 수 있다. 시장 참여자 모두가 환율의 하락을 말하고 있는데 1개월 뒤에 필요한 달러를 사야 하는 기업의 담당자가 고지식하게 꼬박꼬박 비싼 환율로 달러를 사놓는다면 그 또한 답답한 일이다. 그러므로 기업은 기계적으로 이행해야 하는 환위험관리에 대해 전략과 원칙을 수립해야 한다. 필요하면 경영진을 포함하는 환위험관리위원회 등을 만들어 의견을 모아 최선의 관리 방법을 선택해야 할 것이다.

아까 그 사장님에게 강의가 끝날 때쯤 질문을 하나 더 했다. 사장님이 운영하는 공장에 최근 불이 난 적이 있느냐고 물었더니 무슨 그런 큰일 날 소리를 하느냐며 그런 적이 없다고 했다. 그러면 공장에 화재보험은 들어놓았는지 물었더니 당연히 화재보험은 가입하고 있다고 하였다. 그럼 몇 년 동안 불도 나지 않았는데 몇 천만 원씩이나 하는 화재보험을 왜 들고 있느냐고 당장 해지하는 것은 어떠냐고 물었다. 그 사장님은 당연히 무슨 말도 안 되는 소리를 하느냐는 표정이었다. 이에 환위험을 방치함으로써 보게 될 손실금액이나 손실을 볼 확률을 감안해볼 때 환위험관리를 위한 아무런 조치를 취하지 않는다면 공장에 화재가 발생할 가능성보다 훨씬 더 높은 위험을 가지고 있는 것이라는 점을 다시 한 번 강조하였다. 그랬더니 그제야 그 사장님은 다소 수긍하는 모습이었다.

사실 그 사장님이 그렇게 생각하고 살아온 것을 아주 이해하지 못할 것은 아니었다. 왜냐하면 그 사장님이 창업하고 기업을 키워왔던 시기는 우리나라의 외환시장이 자유변동환율제도가 아니어서 몇 달 내의 환위험은 거의 무시하고 기업을 경영할 때였다. 그러나 자유변동환율제도가 된 후 급변하는 환율에 고민이 생겨서 한 수 배우러 오셨을 터이다. 그런 분에게 필자가 좀 모질게 했다 싶어서 미안한 마음도 들었다.

〈그림 VII-3〉은 1989년 말 이후 2021년 중반까지의 달러/원 환율 월간 차트이다. 자유변동환율제가 실시된 1997년 12월 이전에는 환율변동이 미미하였지만 그 이후 환율변동폭이 많이 확대되었기 때문에 환위험관리는 필수가 되었음을 알 수 있다.

〈그림 VII-3〉 달러/원 월간 변동 추이

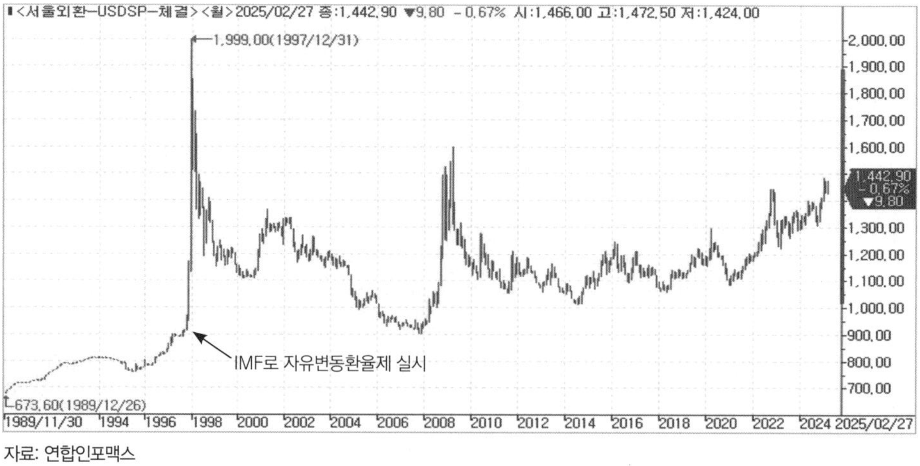

자료: 연합인포맥스

2. 환위험의 유형

지금까지 헤지거래 사례를 통해 언급한 환위험은 정확히 말하면 거래 환위험이라고 한다. 하지만 환위험에는 거래 환위험만 있는 것이 아니고 환산 환위험과 경제적 환위험도 있다. 3가지 환위험을 살펴보고 어떻게 관리할 수 있을지 알아보자.

먼저, 지금까지 계속 이야기한 거래 환위험이다. 무역 등 상거래의 경우 수출입 계약을 하고 자금 결제가 일어나는 시점까지의 환위험이 대표적인 거래 환위험이다. 외화를 차입하거나 투자를 할 때에도 자금이 집행되는 시점부터 상환 또는 회수 시점까지의 기간에 발생하는 것이 거래 환위험이다. 상거래의 경우 계약을 하는 순간 외화자산 또는 부채가 발생하여 오픈 포지션 상태가 되므로 환위험에 노출된다. 그리고 자금거래의 경우에도 자금이 집행되면 상환받거나 회수할 때까지 오픈 포지션인 외화자산 또는 부채가 존재하여 환위험에 노출된다.

대부분의 거래 환위험은 기간과 금액이 명확하게 정해지므로 환위험을 회피하기 위한 헤지거래도 분명하고 쉽다. 3개월 후 받을 수출대금이 1백만 달러이면 3개월 만기 선물환이나 통화선물 등으로 매도하면 거래 환위험은 사라진다. 물론 환위험이 발생한 시점의 환율이 환손익의 기준이 되므로 환위험 발생 즉시 헤지거래를 해야 목적에 맞는 헤지거래가 된다는 점은 명심해야 한다. 환위험이 인식되었을 때(수출계약을 했을 때) 헤지거래를 하지 않고 환율이 변동한 후 헤지거래를 한다면 이미 환손실이나 환이익이 발생한 후이기 때문에 헤지거래로서의 의미가 사라지기 때문이다.

다음은 환산 환위험이다. 기업들은 회계연도 말에 재무제표를 작성할 때 외화표시 부채나 자산을 자국통화로 환산하여 기입하는데, 이때 기준이 되는 환율의 변동에 따라 환산손실이 발생할 수 있는 환위험을 말한다. 우리나라의 회계기준은 상장사나 비상장사를 막론하고 모든 기업이 연결재무제표를 사용하도록 되어 있다. 그래서 환노출이 있는 어떤 기업에나 생길 수 있는 환위험이기도 하다. 어떤 환율을 기준으로 환산하느냐에 따라 환산손익이 달라질 수 있는데, 국내에서는 기업회계원칙에 의거하여 원칙적으로 화폐성-비화폐성법을 채택하고 있다. 화폐성-비화폐성법이란 화폐성 자산과 부채는 결산일의 환율로 평가하고, 유형자산 등 비화폐성 자산이나 부채는 발생 날짜의 역사적 환율historical rate로 환산 평가를 하는 방법을 말한다.

사례

샛별중공업은 2022년 4월, 새 공장 건설을 위해 해외에서 2년 만기 달러 표시 채권을 1억 달러 발행하였다. 채권 발행 시점과 결산일, 채권 상환일의 달러/원 환율은 다음과 같았다.

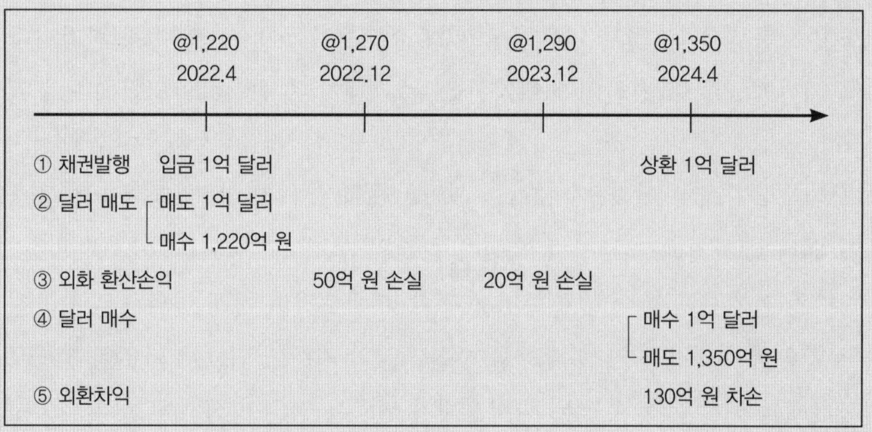

① 샛별중공업은 채권발행으로 생긴 달러를

② 매도하여 생긴 1,220억 원을 공장 건설에 사용하였다.

③ 2022년 말, 1억 달러의 외화부채가 환율 1,270원으로 환산 후 1,270억 원이 되어 최초 부채인 1,220억 원보다 50억 원이 많아져 환산 손실이 발생하고, 2023년에는 결산환율인 1,290원으로 환산하니 외화부채가 1,270억 원에서 1,290억 원으로 늘어 환산 손실 20억 원이 발생하였다.

외화 환산 손실(2022년 12월 31일): 1억 달러 x (1,220 – 1,270) = –50억(원)

외화 환산 손실(2023년 12월 31일): 1억 달러 x (1,270 – 1,290) = –20억(원)

④ 2023년 4월, 환율 1,350원에 1억 달러를 매수하여 상환함으로써 외환차손 130억 원이 발생하였다. 확정 손실인 외환차손은 최초 달러를 매도했던 환율인 1,220원과 만기에 달러 매수 환율인 1,350원의 차손으로 확정된다.

외환차손: 1억 달러 x (1,220 – 1,350) = –130억(원)

2022년과 2023년 말의 외화 환산 손실은 실제로 발생한 손실이 아닌 결산일 환율로 환산한 평가 손실이다. 하지만 재무제표에 포함이 되므로 실제 손실이 발생한 것이 아니더라도 기업의 당기 손실로 반영되어 기업 평가시 부정적 평가를 받게 되므로 대외 거래에서 불이익을 받을 수 있다.

환산 환위험은 환노출이 인식되는 순간 헤지거래를 통해서 원천적인 위험헤지가 가능하다. 단, 기업의 경영적 의사결정에 의해 환노출을 유지할 경우 회계연도 말에는 환산 환위험이 존재하게 된다. 환산 환위험은 회계적 관점에서 환위험을 평가하는 것이므로 회계적 환위험이라 부르기도 한다.

마지막으로 경제적 환위험이 있다. 환율의 변동으로 기업의 영업, 판매 등 전반적 활동에 영향을 줌으로써 손실이 발생하거나 기업가치가 훼손될 수 있는 환위험을 말한다. 기업의 영업활동에 가장 많은 영향을 주기 때문에 영업 환위험으로 부르기도 한다. 거래 환위험이나 환산 환위험처럼 환노출이 됨과 동시에 금액과 기간이 인식되는 환위험이 아니라서 사전에 인지하기 어려우며 헤지를 위한 적절한 의사결정 역시 쉽지 않아 제일 어렵고 까다로운 환위험이다.

외환위기에 이러한 경제적 환위험에 노출된 사례가 많았다. 당시 갑자기 환율이 폭등하여 수출기업들은 웃음을 감추기 쉽지 않았고 수입기업은 문을 닫아야만 하는 경우가 많았다. 같은 수출기업 간에 희비가 갈린 사례도 있다. 당시 의류를 수출하던 환상무역은 환율이 거의 2배나 올라서 수출대금으로 받은 달러 매도로 예상보다 훨씬 더 많은 수익을 올릴 수 있었다. 그런데 환율의 대폭 상승을 눈여겨본 미국의 바이어가 환상무역에게 수출단가를 20% 낮추라고 요구했다. 환상무역은 환율이 언제 다시 내려갈 지 모른다며 요구를 완곡하게 거절했다. 그러자 미국의 바이어는 국내의 다른 수출기업인 여우실업에게 20% 인하된 수출가격으로 수출할 수 있는지 문의했고, 요청을 받은 여우실업은 기꺼이 응했다. 결국 수출가격 인하 요구를 거절했던 환상무역은 졸지에 거래선을 잃었고, 여우실업은 수출을 하게 되는 횡재를 하게 되었다. 환율변동으로 인해 기업의 영업환경이 변하였고, 이에 따라 어떤 기업은 흥하고 어떤 기업은 어려움을 겪는 이런 환위험을 경제적 환위험이라고 한다.

우리나라처럼 대외의존도가 높은 산업구조를 가지고 있는 나라의 기업들은 매년 기업활동의 기준으로 삼는 연 평균환율을 얼마로 정하고 계획을 세울지 고민스럽다. 수출을 많이 하는 기업들은 환율이 몇십 원만 하락해도 몇백억 원의 환손실이 발생하기에 한 해 기업의 영업 계획을 세울 때 기준환율을 얼마로 하느냐는 것은 너무도 중요한 일이다. 매년 다음 해 연간계획을 수립하는 가을이 되면 각종 연구소에서 봇물처럼 환율전망을 쏟아내는 것도 기업들의 계획수립에 도움을 주기 위해서다. 그만큼 경제적 환위험이 기업의 영업활동에 영향이 크다는 방증일 것이다.

환위험 결정 요인

환위험은 환노출 금액, 기간 및 변동성에 따라 그 크기가 달라진다. 환노출 금액과 환위험은 비례한다. 100만 달러의 환노출보다 1억 달러의 환노출은 100배의 환위험을 가지게 되는 것은 당연하다. 반면, 환위험은 기간에 비례하지는 않는다. 기업이 1개월 동안 환위험에 노출되어 있는 경우와 6개월 동안 노출되어 있는 경우 6배의 환위험이 있다고 보지 않는다. 6개월 환율변동폭이 1개월 변동폭보다 6배 크지 않다는 뜻이다. 상황에 따라 어떤 때는 1개월 변동폭이 6개월 변동폭보다 클 수도 있다. 그렇지만 기간이 길다는 것은 환율이 움직일 수 있는 시간의 가능성이 많은 것이므로 기간이 길면 대체로 환위험도 커진다. 무엇보다 중요한 것은 변동성volatility이다. 앞서 옵션의 가격 결정에서도 변동성이 가장 중요한 가격결정 요소임을 설명한 것처럼 환위험을 결정짓는 가장 중요한 요인 역시 환율의 변동성이다.

3. 내부적 환위험관리기법

기업이 환위험을 줄이거나 없애는 방법에는 외부기관과의 거래를 통해서 관리하는 외부적 관리기법과 그 이전에 회사 내부에서 관리하는 내부적 관리기법이 있다. 외부적 관리기법은 앞서 외환파생상품에서 설명한 선물환, 통화선물, 통화스왑, 통화옵션 및 환변동보험 등이 있다. 외부적 관리기법은 내부적 관리 이후 해결되지 못한 환위험을 그 관리대상으로 한다.

매칭matching

외화표시 자산과 부채가 공존하는 기업에서 활용할 수 있는 기법으로 수입만 있거나 수출만 있는 기업은 활용할 수 없다. 외화자금의 현금흐름을 통화별, 만기별로 일치(매칭)시킴으로써 현금흐름의 불일치로 생길 수 있는 환위험을 줄일 수 있다.

대박상사 각 영업부서의 환노출이 다음과 같을 때 매칭기법을 활용하고 나면 기존 환위험이 줄어드는 것을 알 수 있다.

〈표 VII-1〉 매칭기법 활용 사례

(단위: 만 달러, 만 엔)

부 서	6월		7월		8월		합계	
	USD	JPY	USD	JPY	USD	JPY	USD	JPY
원자재수입부	−15	−1,400	−13	−1,200	−20	−1,700	−48	−4,300
중간재수입부	−12	−1,800	−10	−1,400	−16	−2,200	−38	−5,400
미주수출부	20	−	17	−	27	−	64	−
아시아수출부	16	2,000	13	2,600	22	3,000	51	7,600
순 포지션	9	−1,200	7	0	13	−900	29	−2,100

만약 부서별로 환위험을 관리한다면 6월에만 63만 달러와 5,200만 엔을 사거나 팔아야 한다. 그런데 매칭을 하고나면 9만 달러 매도와 1,200만 엔을 매수만 하면 된다. 6월의 경우 달러/원, 엔/원으로 거래를 할 수도 있지만, 달러/엔으로 '달러 매도/엔 매수' 거래를 하고 나머지 필요한 엔만 추가로 매수할 수도 있다. 마찬가지로 7월에는 7만 달러만 팔면 된다.

매칭기법은 전체 환위험을 기업 내부에서 줄일 수는 있지만, 완전히 제거할 수는 없다. 결국 매칭 후 남는 포지션은 외부기관과의 거래를 통해 마저 헤지해야 한다. 아울러 기간별로 현금흐름이 들어오거나 나가는 시기가 맞지 않아도 적용하기가 어렵다.

네팅netting

다국적기업이나 해외 본지사를 두고 있는 기업이 활용하는 기법이다. 본지사 간에 서로 주고받을 외화가 있을 경우 사안별로 주고받지 않고, 일정 기간 단위로 상계 처리하여 차액만을 정산하는 기법이다. 매칭과 유사하지만 적용하는 경우가 다르다. 물론 대기업에 한해 가능한 기법이다.

리딩leading과 래깅lagging

결제기간을 조정하여 환위험을 줄이는 방법이다. 수출기업의 경우 향후 환율이 상승할 것으로 보이면 수출네고를 늦추고, 수입기업일 경우 결제를 빨리 하는 것이 기업에 도움이 되므로 결제를 당겨서 할 것이다. 이렇듯 결제기간을 당겨서 조기결제하는 것을 리딩이라고 하고, 수출기업처럼 수출네고를 늦추는 것을 래깅이라고 한다. 실제 우리나라 기업들이 자주 활용하는 기법이다. 물론 환율이 예상과 다르게 움직이면 환위험을 줄이기보다는 오히려 환손실이 발생할 가능성이 있다. 또한 늦추거나 당기는 기간 역시 그리 길지 않은 기간으로 제한될 수 있는 단점이 있다.

이와 유사한 외부적 거래가 있는데 외화예금과 외화단기차입이다. 수출네고로 외화를 받은 기업이 원화로 환전하지 않고 외화계좌에 보유하고 있다가 원하는 환율수준이 되면 계좌의 외화를 매도함으로써 환위험을 줄일 수 있다. 반대로 수입결제를 해야 하는 기업은 외화를 단기차입하여 먼저 결제하고 추후 원하는 환율이 도래했을 때 외화를 매입하여 단기차입금을 상환하는 방식이다. 리딩이나 래깅의 기간을 늘린 기법으로 이해할 수 있는데, 역시 정해진 기간 내에 원하는 환율이 되지 않을 경우 환위험이 더 늘어날 수도 있다.

가격정책pricing policy

받거나 주어야 할 외화를 환율변동 예측으로 선택하고, 지급과 수취 방법도 그에 따라 조정하는 기법을 말한다. 예를 들어 유럽에 상품을 수출하고 받게 될 수출대금을 달러로 받을 것인지 아니면 유로로 받을 것인지 결정해야 한다. 만약 유로가 강세가 될 것으로 예상된다면 당연히 강세 통화가 될 유로로 받는 것이고 만약 유럽의 경제동향이 어두워 보이면 달러로 받는 것이 좋을 것이다. 하지만 이 역시 환율예측이 수반되어야 하므로 환위험이 적절하게 관리되었는지는 결과로써 알 수 있다. 또한 수출 상품의 경우 환율변동의 완충 기능을 위해 수출단가를 인상하거나, 수입 시 여유가격을 두는 가격정책도 활용할 수 있으나 상품의 경쟁력을 고려한다면 쉬운 결정은 아니다.

4. 외환거래의 한도관리

은행이 기업에게 대출을 할 경우 수반되는 거래위험은 이자와 회수비용을 감안할 때 실제 대출금액보다 더 크다. 예를 들어 13억 원 대출거래에는 원금과 기회비용을 감안한 13억 원 이상의 거래위험이 있다. 그러므로 은행이 신용대출을 하기 위해서는 13억 원 이상의 거래한도를 필요로 하게 된다. 제공된 담보를 바탕으로 하는 담보대출의 경우에도 금융기관이 근저당을 설정할 경우 원래 대출금액의 1.2배 정도 금액을 설정하는 것도 같은 이유이다.

그럼 기업과 13억 원의 선물환거래를 한다면 어느 정도의 거래위험이 있을까?

사례

대한은행은 종로통상과 3개월 만기의 선물환 1백만 달러를 거래하려고 한다. 대한은행의 담당자는 종로통상과의 선물환거래를 위해서 어느 정도의 거래한도가 필요한지 궁금하다. 종로통상과 맺은 선물환 계약환율은 1,300원이다.

종로통상과의 선물환거래가 얼마나 위험한 지를 알아보기 위하여 종로통상을 부도내기로 한다. 종로통상과 3개월 만기의 선물환계약을 체결했으나 3개월 만기가 도래하기 전에 아쉽게도 종로통상은 재정문제로 도산하고 말았다. 결국 종로통상과 체결했던 선물환 거래는 이행되지 못하게 되었으므로 대한은행이 종로통상과의 선물환거래에 대응하기 위해 시장에서 체결하였던 선물환포지션은 환위험에 노출되었다.

T_{spot} — $T_{3개월\ 후}$

종로통상 선물환계약 +USD1,000,000.00 / −KRW1,300,000,000

대한은행 대응포지션 −USD1,000,000.00 / +KRW1,300,000,000

환율이 상승했을 때 (1,300.00 → 1,350.00)

① 반대거래 +USD1,000,000 / −KRW1,350,000,000

대한은행의 예상손실 (손실) KRW50,000,000

환율이 하락했을 때 (1,300.00 → 1,250.00)

② 반대거래 +USD1,000,000 / −KRW1,250,000,000

종로통상 청산이익 (이익) KRW50,000,000

① 대한은행은 오픈된 '달러 매도/원화 매수'포지션을 시장에서 반대거래로 청산하기로 했다. 먼저 환율이 50원 상승했을 경우 결과를 보자. 달러 매도 포지션을 없애기 위해 시장에서 달러를 매수한 대한은행은 그동안 환율이 상승함으로써 5,000만 원의 손실을 보게 되었다. 손실을 청구할 종로통상이 망하였으므로 발생 손실은 그대로 대한은행의 손실이 되었고 선물환계약의 거래위험이 현실화되었다.

② 반대로 환율이 50원 하락했을 경우 대한은행은 5,000만 원의 거래 이익을 얻을 수 있으나 이 이익은 종로통상과의 선물환계약 청산 과정에서 발생한 이익이므로 청산절차 중인 종로통상에 돌려주어야 한다. 청산거래 중에 이익이 얼마 발생하든 대한은행이 확보할 수 있는 이익은 없다.

결국 선물환거래는 환율이 불리한 방향으로 움직였을 때, 환율변동폭만큼 거래위험이 발생한다. 은행들은 보통 1년 이내의 달러/원 선물환 거래위험을 10% 정도로 설정하고 있다. 그러므로 상기 종로통상과의 선물환거래에서 소진되는 거래한도는 최초 거래원금 KRW1,300,000,000의 10%인 KRW130,000,000이다. 외환거래는 대출거래에 비해 10분의 1도 안 되는 작은 거래위험을 가지고 있음을 알 수 있다. 이틀 뒤에 결제가 되는 현물환거래의 경우는 2~3%의 거래위험으로 인식되고 있어 아주 작은 거래한도만 있어도 현물환거래는 가능하다.

은행은 외환거래 체결 후 대부분 만기결제를 한다. 그렇다고 만기까지 환율이 가만히 있는 게 아니므로 은행이 기업과 체결한 선물환거래의 시장위험은 환율변동에 따라 시시각각 변한다. 은행이 매 순간 고객에게 '현재 귀사가 가지고 있는 선물환계약의 가치가 얼마입니다'라고 알려주지는 않지만 은행은 위험관리 차원에서 모든 거래에 대해 시가평가時價評價/mark to market를 실시한다. 시가평가를 한 후, 거래가 심각한 손실에 이르게 되면 은행은 한도조정을 하거나 고객에게 담보를 요구하기도 한다.

주요 내용

- 환위험이란 환율이 변동함으로써 기업이 보유하고 있는 외화표시 자산이나 부채, 현금의 흐름에 환손실이 발생할 수 있는 위험이다. 과거에는 무조건 환위험을 없애거나 줄이는 것을 환위험관리라고 했다면, 최근에는 환노출을 관리하여 환차익까지 고려하는 환노출관리의 개념으로 바뀌었다.

- 헤지거래란 가격변동으로 발생할 수 있는 위험을 줄이거나 회피하기 위해 행해지는, 기존 환노출과 반대되는 방향의 거래이다. 환위험이 있는 기업이 헤지거래를 하지 않음으로써 발생하는 이익은 없어도 되는 이익이지만, 만약 손실이 발생한다면 그 손실은 결코 생겨서는 안 되는 손실이다. 따라서 발생 가능한 이익을 포기하는 대신 절대 생겨서는 안 되는 손실을 피할 수 있는 거래가 헤지거래이다.

- 환위험에는 거래 환위험, 환산 환위험 및 경제적 환위험이 있다. 거래 환위험과 환산 환위험은 헤지거래를 통하여 환위험을 차단할 수 있지만 경제적 환위험은 사전에 예측하기도 힘들고 적절히 대응하기도 어려우므로 기업의 전략적 고민이 필요하다. 환위험의 크기를 결정 짓는 요인은 환노출 금액, 노출 기간 및 환율변동성이 있다.

- 환위험을 관리하기 위한 내부적 관리기법에는 매칭, 네팅, 리딩과 래깅 및 가격정책 등이 있다. 하지만 내부적 관리기법은 기업에 따라 적용이 어려운 부분도 있고 환율변동 예측이 수반되므로 불완전한 환위험관리기법이라 할 수 있다. 외환거래는 대출 등에 비하여 현저히 낮은 거래위험만 수반하므로 작은 거래한도만 있어도 거래가 가능하다. 아울러 은행은 고객과의 거래를 시가평가를 통해서 관리한다.

연 / 습 / 문 / 제

1. 다음 중 헤지거래에 대한 설명으로 틀린 것은?

① 수출기업이 환위험으로부터 벗어나기 위해서는 매도헤지거래를 한다.
② 환위험에 노출된 전체 금액을 모두 헤지하는 것을 full hedge라고 한다.
③ 환율 예측에 따라 환위험에 노출되어 있는 금액 중 일부만 헤지하는 비율이 hedge ratio다.
④ 헤지펀드란 헤지기법을 사용하여 투자 안전성을 높인 펀드로 투기적 거래와는 거리가 멀다.

2. 환위험에 노출되어 있는 기업이 취할 행동 중 가장 적절치 않은 것은 무엇인가?

① 환위험이 발생하는 사안별로 대응하여 헤지거래를 한다.
② 기계적인 환위험관리를 위한 전략과 원칙을 수립한다.
③ 선물환이나 통화선물 등 외환파생상품은 가능한 한 활용하지 않는다.
④ 경영자는 헤지거래에서 손실이 발행하였어도 원칙대로 환위험관리를 하였다면 담당자에게 책임을 묻지 않는 것이 옳다.

3. 환위험의 유형과 그 설명이 올바른 것은?

① 외화를 차입할 때부터 상환할 때까지 환율의 변동으로부터 발생하는 환위험을 경제적 환위험이라고 한다.
② 환산 환위험은 실제로 손실이나 이익이 발생하는 것은 아니다.
③ 국내에서는 환산방법으로 유동성-비유동성법을 적용하고 있다.
④ 거래 환위험은 사전에 측정하기도 어렵고 적절한 조치를 취하기도 쉽지 않다.

4. 환위험의 크기를 결정짓는 요인이 아닌 것은?
   ① 환노출 금액
   ② 기업의 신용도
   ③ 환노출의 기간
   ④ 환율변동성

5. 외화자금의 현금흐름을 통화별, 만기별로 일치시킴으로써 현금흐름의 불일치로 생길 수 있는 환위험관리 기법은?
   ① matching
   ② netting
   ③ leading
   ④ lagging

정 / 답 / 및 / 해 / 설

1. 정답 ④

헤지펀드란 헤지거래 기법을 투기적 거래에 사용해 붙여진 이름으로 단기성 투기거래를 행하는 펀드이다.

2. 정답 ③

환위험관리를 위해서 필요하다면 선물환이나 통화선물 등 외환파생상품을 적극적으로 활용하는 것이 좋다.

3. 정답 ②

① 외화차입 후 상환할 때까지 노출되는 환위험은 거래 환위험이다.

③ 국내에선 환산방법으로 화폐성-비화폐성법을 채택하고 있다.

④ 경제적 환위험은 사전에 측정하기도 어렵고 적절한 조치를 취하기도 어려운 환위험이다.

4. 정답 ②

기업의 신용도는 환위험의 크기를 측정하는 것과는 상관이 없다.

5. 정답 ①

외화자금의 흐름을 통화별, 만기별로 일치(매칭)시킴으로써 환위험을 줄이는 기법을 매칭이라고 한다.

제8편 환투자

외환시장, 아는 만큼 보인다

제8편

학습개요

지금까지 환위험관리 중심의 외환시장 이야기를 하였다면 이제 외환을 투자대상으로서 말하려고 한다. 통화 역시 주식처럼 경제뉴스에 따라 그 가치가 바뀐다는 것을 감안하면 충분히 투자대상이 될 수 있음을 잘 알지만, 어떤 방법으로 어떻게 투자할지는 잘 알지 못한다. 따라서 환투자의 개요, 투자 경로 및 투자 방법에 대해서 살펴보고 합리적인 환투자에 대해 알아본다.

학습목표

- 투자수단으로서 환투자의 특징을 살펴보고 외화예금을 활용한 환투자와 통화선물을 활용한 환투자를 비교 분석할 수 있다.
- 환투자자가 가져야 할 거래자세와 원칙들을 알아보고 성공에 이르는 환투자 기법을 숙지하고 이를 설명할 수 있다.
- 해외 현물환에 투자하는 FX마진의 특성을 이해하고 장단점을 알아볼 수 있다. 아울러 통화선물과 어떻게 다른지도 비교할 수 있다.
- 다른 상품과 결합된 외환의 간접투자 상품들을 알아보고 직접투자와 비교할 수 있다.

1. 원화가 돈이 아니라 투자대상이라고?

사람들과 경제에 관해 이야기를 하다 보면 우리나라 사람들이 가지고 있는 경제 개념 중에 약한 부분이 외환부분이라는 걸 느끼게 된다. 사람들은 우리 통화인 원화를 단순히 화폐가치를 가진 돈으로만 인식하는 경우가 많다. 만 원권 지폐를 보면 만 원으로 살 수 있는 물건들을 떠올린다. 눈앞에 보이는 그 돈의 구매력만 보는 것이다. 하지만 물가가 변동하면 만 원으로 살 수 있는 물건들이 달라지기도 하고 다른 나라 돈과 바꾸면 그때그때 받는 외화의 양量이 달라진다. 사실 만 원이 그대로 있고 다른 것들이 바뀌는 것 같지만 그 반대일 수도 있다. 즉, 돈의 가치란 상대적이란 뜻이다. 생활 중에는 잘 느끼지 못할 터이지만 독자들이 이 글을 읽고 있는 순간에도 원화의 가치는 바뀌고 있다.

한 국가의 통화는 그 국가 경제를 표현하는 수단의 하나이다. 통화가치가 상승한다는 것은 그 나라의 경제가 좋아지고 있다는 뜻이고 통화가치가 하락하면 나라 살림이 어려워진다는 의미이다. 그 통화를 국내에서만 사용해서 그런 사실을 잘 느끼지 못할 수도 있다. 그런데 같은 나라를 몇 년 간격을 두고 방문했던 사람들은 우리가 환전해서 가지고 나간 만 원의 쓰임이 달라졌다는 것을 느끼곤 한다. 그 나라에서 우리 원화의 상대적 가치가 바뀌었기 때문에 느낄 수 있는 사실이다. 좀 과장되게 말하면 우리 경제에서 발생하는 모든 뉴스가 원화의 가치를 변하게 하는 요인이다. 좀 더 쉽게 이해하려면 원화를 대한민국이라는 회사의 주식이라고 생각해도 좋다. 대한민국이 좋아지면 그 주가가 올라가고 경제가 어려워지면 주가가 내려가는 것이다.

주식에 누구나 투자할 수 있는 것처럼 외환에 대한 투자도 누구나 할 수 있다. 외화가 귀하던 시절에는 달러를 사려면 증빙이 필요했고 매수할 수 있는 금액한도가 있었다. 하지만 지금은 현물이든 선물이든 외화를 팔거나 사는 데 자격이나 금액에 전혀 제한이 없다. 단지 외화를 사서 해외로 보낼 때는 규정에 따라 제한이 있다. 그러므로 국내 기업이나 개인이 국내가 아닌 해외에 있는 중개회사와 직접 외환거래를 하는 것은 금지되어 있다. 외환에 투자하려면 국내 중개회사를 통해서만 할 수 있는 것이다.

뭐니뭐니해도 개인의 환투자를 이야기할 때는 반드시 와타나베부인이 등장한다. 와타나베부인이 등장한 배경에는 '저금리의 약세 통화 엔Yen'이 있었다. 월급쟁이들이 열심히 일해서 돈을 벌어 예금을 하여도 예금금리가 거의 zero금리이니 저축할 마음이 생기지 않았고, 결국 수익률 높은 해외채권으로 눈을 돌리게 되었다. 더구나 엔이 경제침체로 약세를 유지하고 있어 투자수익률과 함께 환차익도 노릴 수 있어 시작된 것이 '엔 캐리트레이드'이다(이에 대한 설명은 제1편에서 이미 했으니 여기선 생략하기로 한다). 최근 우리나라의 급여생활자 역시 낮은 금리로 저축을 하기가 망설여진다. 저금리시대에 보다 나은 수익률을 원한다면 환투자가 그 대안이 될 수 있다.

2007년과 2008년 우리나라에 해외펀드 투자 광풍이 불었다. 개인이 잘 알지 못하는 거래대상에 직접 투자하는 것보다는 전문가가 대신 투자해주는 펀드에 가입함으로써 보다 나은 투자수익률을 기대하였다. 그랬기에 은행에 잘 있던 예금을 털어 해외펀드에 투자한 것이다. 은행들이 펀드판매 수수료 수익을 챙기기 위해 고객을 부추긴 것도 분명히 펀드 광풍에 한몫을 했다. 하지만 결과는 어땠는가? 당시 해외펀드 투자의 거의 대부분은 수십 퍼센트의 손실을 보았다. 펀드매니저라는 전문가에게 믿고 맡겼던 돈이 많은 손실을 보자 투자자들은 몹시 허탈한 심정이었을 것이다. 결국 전문가라 해도 나보다 그다지 낫다고 할 수 없다는 인식이 생겼고, 상당수의 투자자가 펀드 등 간접투자보다 자신이 직접 결정하는 직접투자에 참여하게 된 계기가 되었다. 이럴 때 투명하고 단순한 환투자가 새로운 직접투자상품이 될 수 있다.

무엇보다도 인터넷이 발달한 우리나라에서 환율 정보를 얻기는 매우 쉽다. 각 은행이나 증권사, 선물회사 등에서도 정보를 얻을 수 있고 외환만 다루는 사이트, 카페나 블로그 등 수많은 정보사이트가 있어서 본인이 보고자 한다면 얼마든지 볼 수 있다. 투자 정보는 우리 주변에 널려 있다. 더구나 주식처럼 여러 종목을 봐야 하는 것도 아니어서 간단하다.

한국거래소에 상장되어 있는 통화선물을 거래하기 위해서는 최소 1,500만 원 이상의 증거금이 필요하다. 하지만 일정 기간 거래 후에는 중개회사에 따라서는 최소증거금을 낮춰주기도 한다. 상장된 주식이나 국채 등을 보유한 투자자는 보유 주식이나 채권을 대용증권으로 등록하여 활용할 수 있는데 50%까지 대용증권으로 납입할 수 있어 현금은 전체 증거금의 50%만 있어도 달러, 엔, 유로와 위안을 거래할 수 있다. 소액으로 투자할 수 있고 충분히 수익을 거둘 수 있는 투자가 환투자인 것이다.

이제는 한 나라의 경제가 그 나라 안에 머물지 않고 지속적으로 세계화되면서 모든 경제활동이 해외와 관계를 넓혀가고 있다. 이런 상황에서 외환에 대한 관심은 날로 늘어나고 외환 거래량도 계속 증가추세에 있다. 그만큼 유동성이 풍부해지고 환투자에 관한 관심도 증대하고 있다.

2. 현물 환투자 vs. 선물 환투자

외환위기 직전인 1997년 여름, 남대문과 명동에는 암暗달러상이 있었다. 당시는 공식 환전상이 허용되기 이전이어서 길거리나 작은 사무실에서 불법으로 외화를 사거나 팔던 상인들이 있었는데 이들을 암달러상이라고 불렀다. 출처를 밝히기 어려운 외화를 팔려는 사람이나 증빙이 없어 소소하게 필요한 외화를 은행에서 공식적으로 구입할 수 없는 사람들이 찾아 외화거래를 하였다. 무덥던 여름 날, 외환시장에 떠도는 소문이 있었는데 명동과 남대문의 암달러상들이 무척 분주하다는 것이었다. 돈 많은 아저씨, 아주머니들이 암달러상을 찾아 달러 사재기를 하고 있다는 소문이었는데, 그래서인지 8월 초부터 외환시장에서 환율도 조금씩 지속해서 올라가고 있었다. 아마도 IMF외환위기가 올 것이라고 생각해서였을까? 많은 사람이 암달러상을 찾아 달러를 구입했다고 한다. 필자가 그 소문을 듣고 머릿속에 떠올린 것은 천재지변을 앞두고 무리 지어 이동하는 두꺼비나 메뚜기들이었다. 아마도 외환위기의 암운을 미리 느끼기라도 한 듯하다.

우려했던 것처럼 외환위기는 왔고, 달러/원 환율은 〈그림 VIII-1〉처럼 급등하였다. IMF의 요구사항 중 하나였던 자유변동환율제가 12월 16일부터 시행되었고, 10%의 변동제한폭이 사라진 시장은 순식간에 100원, 200원씩 널뛰듯이 움직였다. 환율은 역사상 최고인 1,999원까지 상승하였다. 그러던 어느 날 신문 한 모서리에 눈길을 끄는 기사가 실렸다. 어느 은행 지점에 어떤 개인이 달러 현금을 서류가방에 가득 넣어와서 환전을 했다는 기사였다. 자세히 읽어보니 그 사람이 가져와 매도한 달러는 모두 100달러 지폐로 100만 달러를 조금 넘었다고 한다. 환율이 치솟자 개인들이 보유하고 있던 달러 현금(일명 '장롱 속 달러'라고 한다)들을 내다 팔기 시작했고, 하루에만 수백만 달러씩 개인의 달러가 은행 창구에서 거래되었다. 그렇게 달러를 내다 판 사람들이 바로 그해 여름 명동과 남대문을 훑고 지나간 김여사였고 박씨 아저씨였던 것이다. 환율이 900원일 때 달러를 매수했는데 2배인 1,800원이 넘어섰고, 정부에서 자금의 출처조사를 하지 않겠다고 하자 달러는 장롱에서 봇물처럼 쏟아져 나와 은행 창구로 흘러왔다. 그들은 6개월도 안 되는 시간 동안 수익률 100%의 투자를 해냈다. 〈그림 VIII-2〉는 자유변동

〈그림 Ⅷ -1〉 외환위기 당시 달러 변동폭

자료: 연합인포맥스

환율제가 처음 실시되었던 날의 모습을 비교적 자세하게 보도한 신문기사이다.

100만 달러를 내다 판 박씨 아저씨(이름을 모르니 그냥 이렇게 부르자)는 비

〈그림 Ⅷ -2〉 자유변동환율제 실시 첫날

매일경제 1997년 12월 17일 수요일 경제/해설

환율변동폭 제한 철폐 — 첫날 표정

장롱속 숨겨둔 달러 '봇물'

홍기영 기자

환율 변동폭이 완전히 자유화된 첫 날인 16일 장롱 속에 들어 있던 달러화가 시장에 쏟아져 나왔다.

지난주 한때 1,891원40전까지 급등(오버슈팅)한 환율은 변동폭 폐지로 거침없이 떨어졌다.

하루 종일 균형 환율을 찾기 위한 탐색전이 벌어졌다.

16일 외환시장에서 원·달러 환율은 한때 매매기준율 1,643원70전보다 무려 300원 가량 떨어진 1,350원을 기록하는 커다란 진폭을 보여 시장 참여자들은 충격과 긴장 속에서 하루를 보냈다.

이날 환율은 개장 직후인 오전 9시31분 기준환율 대비 단숨에 243원70전(14.8%) 떨어진 1,400원에서 첫 거래를 시작했다.

외환시장이 심하게 요동하는 것은 이 때부터 예고됐다.

바로 100원 오른 1,500원에 두번째 거래가 이루어진 뒤 5분여 동안 치열한 탐색전을 벌이다가 1,350원에 세번째 거래가 성사됐다.

이후 원·달러 환율은 1,390원, 1,400원을 거쳐 오전 10시께 1,450원까지 올랐다가 다시 1,430원으로 떨어지는 등 오전 마감 때까지 1,400~1,470원에서 등락을 보였다.

오후 들어서도 매물 공세가 이어지며 환율은 1,385~1,395원에 거래가 이루어졌다.

이날 달러화 폭락 사태는 11월에 경상수지가 4년 만에 흑자로 돌아선 데다 개인들과 중소기업들이 보유하고 있는 달러화를 서둘러 내다 팔면서 일시적인 공급 초과 현상이 벌어졌기 때문으로 해석된다.

기업체들은 전날 마감 시간 이후에도 은행을 통해 달러화를 팔았고 은행들은 이를 이날 대거 시장에 내놓았다.

특히 지난주 말 국세청이 2만달러 이상 달러화를 매매할 때 자금출처 조사를 면제하겠다고 발표한 뒤 달러화가 떨어지기 전에 이익을 챙기고 팔려는 개인들이 늘어난 것으로 분석된다.

강남 큰손 일시에 200만弗 팔기도
차입금 상환위해 매수땐 반등 우려

외환시장 관계자는 "개인들이 달러화를 사재기해 장롱에 넣어 두었다가 은행에 팔고 있다."면서 "강남의 은행 점포에서 일부 큰손들은 10만달러 이상 200만달러까지 팔기도 해 일부 기업이 빼돌린 비자금도 개인 명의로 팔고 있는 것으로 추정된다."고 말했다.

그러나 개미군단의 달러화 팔자가 한풀 꺾이면 다음주부터 기업체의 연말 결제 수요와 금융기관의 해외 차입 상환용 매수세가 고개를 들면서 다시 폭등세로 돌변할 수 있다는 우려도 적지 않다.

16일 외환은행 본점 외환부는 영업점에서 환전한 외화가 속속 들어와 하루 종일 분주했다. <김성중 기자>

한 외환 딜러는 "외환 보유고가 넉넉하다면 중앙은행의 시장 개입을 통해 달러화의 급등락을 충분히 저지할 수 있지만 이 문제가 해결되지 않은 상황이기 때문에 외환시장 참여자들에게 환율 변동폭 폐지는 상당한 충격"이라고 말했다.

그는 "환율 변동폭이 완전히 폐지됨에 따라 국제 금융시장에서 형성되는 원·엔 환율이 원·달러 환율에 미치는 영향력이 더욱 커질 수도 있다."고 전망했다.

한편 이날 싱가포르의 역외선물환(NDF) 시장은 방향을 잡지 못한 채 급등락을 거듭하며 갈팡질팡했다.

NDF 시장은 국내 외환시장에서 달러화가 폭락하자 투매 현상이 일면서 1년짜리 원·달러 선물환율이 전날보다 250원이나 가파르게 떨어진 1,630~1,700원을 기록하기도 했다.

자료: 매일경제(1997.12.17)

록 국가는 큰 위기에 빠졌지만 자신은 짧은 시간에 100%의 투자수익을 올리는 쾌거를 이루었다. 그런데 만약 당시 통화선물이 있었다면(달러선물은 1999년 4월 23일부터 거래되었다) 투자에 어떤 차이가 있었을까?

박씨가 100만 달러를 매입하기 위해 투자한 원금은 환율이 900원이었으므로

9억 원이다. 하지만 달러선물의 증거금을 3.15%라고 가정하면, 9억 원으로 살 수 있었던 통화선물은 약 3,170계약, 즉 3,170만 달러를 살 수 있었다. 3,170만 달러를 매수하고 달러당 900원의 수익이 발생했으니 총 투자수익은 무려 285억 3천만 원(31,700,000 × 900)에 달했을 것이다. 외환위기 당시로선 285억 원이면 큰 건물도 살 수 있는 엄청난 돈이었으니 한 번의 환투자로 인생이 바뀔 수 있었다. 물론 아쉽게도 당시로선 통화선물이 없었으니 그저 상상만 해볼 뿐이다.

달러/원에 투자한다면 어떤 상품으로 투자해야 할까? 실제 달러를 사서 투자하는 방법과 선물로 투자하는 방법이 있다. 달러 현물로 투자하는 것은 과다한 환전수수료와 보관의 문제가 있어 전혀 실용성이 없으므로 생략하고, 대신 외화예금을 활용한 환투자와 통화선물을 활용한 환투자를 예로 든다. 환율 상황은 다음과 같다고 가정한다.

〈그림 Ⅷ -3〉 환투자 비교 사례

외화예금 환투자

	최초 투자	투자 회수
매매기준율	1,200	1,250
① 거래환율(전신환율)	1,205	1,245
거래내용	+USD1,000,000 −KRW1,205,000,000	−USD1,000,000 +KRW1,245,000,000
매매이익		**(이익) KRW40,000,000**
② 수익률		**3.3%**

통화선물 환투자

매매기준율	1,200	1,250
③ 거래환율(선물가격)	1,195	1,250
④ 거래증거금(5.1%)	KRW60,945,000	
거래내용	+USD1,000,000 −KRW1,195,000,000	−USD1,000,000 +KRW1,050,000,000
매매이익		**(이익) KRW55,000,000**
⑤ 수익률		**90.2%**

① 달러를 매수하여 외화예금으로 보관할 때 적용되는 환율은 전신환매도율이고 외화예금의 달러를 매도할 때는 전신환매입률을 적용한다. 은행이 적용하는 전신환율은 매매기준율의 ±0.95~1%를 적용한다. 그러므로 외화예금으로 환투자를 할 때에는 매수매도 왕복 약 20원의 환전수수료가 발생한다. 하지만 이번 경우 거래당 5원의 우대환율을 적용받았다고 가정한다.

② 투자수익 KRW40,000,000을 투자원금 KRW1,205,000,000으로 나눈 것이다.

③ 통화선물로 달러를 매수할 때는 선물환율을 적용하는데 우리가 알다시피 선물환율은 현물환율에 스왑포인트를 더한 가격이다. 본 사례에서는 투자 회수 기간을 약 2개월로 하여 −5원의 스왑포인트로 산정하였다. 만기에는 선물환율과 현물환율이 동일하므로 매매기준율을 달러 매도 환율로 적용했다.

④ 거래증거금률은 5.1%로 가정하면 USD1,000,000을 매수하는 데 필요한 증거금은 KRW60,945,000만 있으면 된다.

USD1,000,000 × 1,195 × 5.1% = 60,945,000(원)

⑤ 통화선물을 이용한 환투자의 수익률은 투자수익 KRW55,000,000을 거래증거금 KRW60,945,000원으로 나누어 구했다.

상기 비교에서 눈에 뜨이는 숫자는 단연 수익률이다. 선물은 현물과 달리 레버리지를 사용하기 때문에 수익률이 현물보다 월등하게 좋을 수밖에 없다. 하지만 만약 환율이 불리하게 움직였다면 손실도 현물거래보다 커질 수 있음을 명심해야 한다.

외화예금을 통한 환투자에서는 적용 환율 때문에 왕복 약 20원의 환전수수료가 발생한다. 반면에 통화선물로 거래할 경우 달러를 매수할 때 스왑포인트가 비용으로 발생하지만, 매도 후 매수하는 투자거래 시에는 스왑포인트가 비용이 아닌 수익으로 추가되므로 더 유리하다. 통화선물거래의 수수료는 거래당 약 0.1원이므로 본 사례에서는 무시했다.

외화예금을 통한 환투자의 결정적 문제점은 매수밖에 안 된다는 것이다. 현물거래이기 때문에 환율이 하락하는 장에서 매도를 먼저 할 수 없다. 즉, 주식처럼 매수 후 가격(환율)이 상승해야만 이익이 발생하므로 환율이 하락하는 추세에서는 외화예금을 통한 환투자거래가 불가능하다.

이와 같은 내용을 표로 정리하면 다음과 같다.

〈표 Ⅷ-1〉 외화예금 환투자와 통화선물 환투자 비교

구분	외화예금 환투자	통화선물 환투자
필요 투자 금액	거래 원금 100%	거래 원금의 일부(5.1%, 2023. 4 현재)
환전비용	거래 원금의 약 2%	스왑포인트 (외화매수 시 비용이지만, 외화매도 시에는 수익 발생)
양방향 거래	일방향 거래 (외화 강세장에서만 투자 가능)	양방향 거래 가능
거래기관	은행	증권사 / 선물회사

따라서 현금뿐만 아니라 외화예금으로 환투자를 한다는 것은 의미가 없다. 외환위기 때의 예는 극히 예외적인 경우이며 그런 국가 비상상황이 아니라면 다시는 하기 어려운 사례일 뿐이다. 더구나 위기상황이 아니면 환율이 하락하는 시장을 가진 우리로서는 매수방향의 환투자만 가능한 현물거래는 적합한 투자방법이 아니므로 환투자는 통화선물로 해야 한다.

3. 1원만 벌자

"요즘 버스를 타려 해도 요금이 1,500원이 넘는데 난데없이 1원만 벌자니, 1원으로 도대체 무엇을 할 수 있다고?" 하지만 환투자로 달러당 1원을 번다면 이야기는 달라진다.

달러/원 환율은 2010년부터 2024년까지 1일 평균 변동폭이 6.5원이다.(〈그림 VIII-4〉 참조) 또 하루 중 환율의 움직임도 어느 한 방향으로만 움직이지 않고 오르내리면서 거래가 된다. 〈그림 VIII-5〉는 지극히 평범한 날의 일중 달러/원 환율변동추이를 보여준다. 일중 변동폭을 보면 매수 또는 매도 어느 방향으로 거래를 해도 1원의 매매차익을 올리기에 그다지 어려워 보이지 않는다.

〈그림 Ⅷ -4〉 달러/원 1일 변동폭

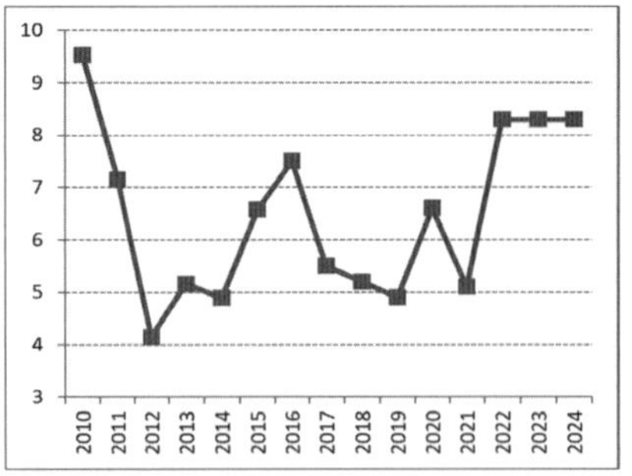

자료: 연합인포맥스

〈그림 Ⅷ -5〉 달러/원 일중 변동추이

자료: 연합인포맥스(2025.03.04)

처음 외환거래를 하기 위해서는 외환시장과 환율에 대한 기본적인 공부는 필요하다. 일단 개념을 알고 나면 시황을 읽어야 한다. 대부분의 은행, 증권사 및 선물회사 홈페이지에 접속하면 그날의 시황을 볼 수 있다. 그 시황에는 그날 예상되는 거래범위도 볼 수 있는데, 각 은행이나 회사가 내놓은 거래범위를 평균해보면 대략 그날의 달러/원 환율의 움직임을 예측해볼 수 있다(물론 예측은 예측일 뿐 실제와 같을 수도 있고 다를 수도 있음은 기억하자).

시황을 통해 그날 눈여겨봐야 할 지표나 이슈가 있는지도 살펴보기로 한다. 사실 여러 기관의 시황을 읽다 보면 딜러들이나 애널리스트들이 시장을 보는 눈이 크게 다르지 않음을 느끼게 될 것이다. 일일 시황이기에 예상치 못한 큰 변수가 생기는 경우가 자주 있지 않기 때문이다(어떤 요인들이 환율을 움직이게 하는지는 제3편 환율변동 요인을 다시 참고하기 바란다). 이제 거래를 위해 컴퓨터를 켜고 HTS Home Trading System를 열어 외환시장을 본다. 물론 거래를 위해서는 미리 증권사나 선물회사에 계좌를 개설하고 지정된 계좌로 증거금을 입금해야만 한다. 우리나라는 사전증거금제도를 채택하고 있기 때문에 거래 전에 필요한 증거금을 미리 입금해야만 거래할 수 있다.

〈그림 VIII-5〉가 보여주는 2025년 3월 4일 아침, 홍길동씨는 달러/원 거래를 위해 각 은행과 증권사가 예상한 거래범위를 평균해보았더니 1,455~1,463원이었다. 아침 바쁜 일을 대충 마무리하고 휴대폰의 MTS를 열어 시장을 보니 환율이 당일 예상범위의 하단인 1,455원 가까이 내려온 1,456.50원이었다. 예상범위의 하단 부근이므로 달러선물 10계약을 1,456.50원에 매수하였고 책에서 배운 대로 1원 아래인 1,455.50원에 손실정리stop-loss 매도 주문과 1원 위인 1,457.50원에 이익실현profit-taking 주문을 OCO 주문으로 냈다. 다시 업무를 하다 잠시 MTS를 열어보니 불과 한 시간도 안 되어 1,457.50원에 이익실현 주문이 체결되고 손절주문은 자동적으로 취소되어 있었다. 점심을 먹고 들어오니 환율이 예상범위의 상단 쪽인 1,461.00원이어서 이번에는 달러선물 10계약을 매도했고, 마찬가지로 OCO주문으로 아래위에 매수 주문을 냈다. 역시 잠시 후에 1,460.00원에 이익실현 매수 주문이 체결되었다는 문자가 왔다. 오늘은 기분 좋게 두 번의 거래에서 모두 수익을 낼 수 있었다. 거래 수수료로 계약당 0.1원을 제하고 나니 거래수익이 16만 원이다. 주말에 가족들에게 맛있는 외식을 사 줄 수 있는 돈을 벌었다. 행복한 날이다.

가상으로 홍길동 씨의 거래를 정리해보았다. 실제 얼마든지 있는 일이고 가능한 일이다. 필자는 환투자자들이 처음부터 실제 증거금을 입금하고 거래하길 권하지 않는다. 몇몇 중개회사 홈페이지 회원으로 가입하면(무료 회원이다) 실시간 환율에 따라 거래를 해볼 수 있는 모의거래시스템을 다운받아 거래해볼 수 있다. 실제 환율에 따라 주문이 체결되고 정산되므로 실거래와 다르지 않다. 다만 실제 돈이 아닌 사이버머니라는 점만 다르다.

충분히 연습이 되었다고 생각되면 비로소 증거금을 넣고 실거래에 나서길 권하고 실거래 시 증거금은 전액이 아닌 증거금의 1/3~1/4 정도 이하만 사용해서 거래하길 권한다. 예를 들어 1,500만 원의 증거금을 입금하였다면 10~20계약(10~20만 달러)정도만 거래한다. 그럴 경우 1,200만 원 이하의 증거금만 사용하게 된다. 레버리지가 크기 때문에 증거금을 여유 있게 운영하더라도 충분히 원하는 수익을 얻을 수 있으니 무리한 투자는 하지 말자. 초기에는 하루에 한 번 정도만 '1원 벌기' 거래를 하고 이 경우 수익만 1원을 벌 것이 아니라 손절매를 하더라도 1원의 한도 내에서 하길 권한다. 뛰어난 거래자는 돈을 많이 버는 거래자가 아니라 손실을 보지 않는 거래자이다. 원칙을 잘 지키면 환투자로 큰 손실을 볼 일은 없을 것이다.

만약 1,500만 원을 입금하고 10만 달러(10계약)를 거래해서 하루 1원의 수익을 챙겼다면 수수료를 제외하고 8만 원을 벌게 된다. 원금 1,500만 원을 기준으로 하루 0.53%, 한 달에 20일을 매일 똑같이 1원씩 수익을 냈다면 월 10.6%, 1년이면 127.2%의 수익률을 올릴 수 있다.

1일 수익률: 80,000/15,000,000 = 0.53%
1개월 수익률: 0.53% x 20 = 10.6%
1년 수익률: 10.6% x 12 = 127.2%

물론 매일 1회이긴 하지만 다른 일을 하다 보면 거래하기가 어려울 수도 있고, 매번 1원을 벌 수도 있지만 1원 손해볼 수도 있다. 그래서 1개월에 20일이 아닌 5일만 1원씩 벌었다고 가정해도 연 수익률은 16%가 된다. 또 10계약이 아닌 20계약 단위로 거래한다면 수익률은 2배가 될 것이다. '1원 벌기' 거래 연습을 충분히 하고 나면 시장 상황에 따라 자신의 스타일에 맞는 거래패턴을 찾아보는 것도 방법일 수 있다. 하지만 어떤 경우에도 손절매 원칙은 반드시 지켜야 한다.

거래할 때에는 거래일지 작성을 권유한다. 그날의 예상 거래범위와 이슈 등을 정리하고 어떻게 거래하겠다는 시나리오를 적고, 실제 체결시킨 거래들을 기록하여 하루 거래가 끝나면 스스로 거래 분석을 하는 것이 좋다. 실제 환투자를 해보면 처음 자신의 생각대로 거래를 하지 않는 경우가 자주 생긴다. 물론 시장상황에 따라 바뀔 수는 있지만 원칙을 무너뜨리며 거래하는 것은 금해야 한다. 손실을 보는 거래들은 대부분 스스로 정해놓은 원칙을 무시하고, 무절제한 욕심으로 잘못된 습관을 반복해서 생긴다.

뭐니뭐니해도 환투자의 좋은 점은 양방향 투자가 가능하다는 것이다. 주식투자는 매수한 자기 주식이 올라가지 않으면 하루 종일 지켜만 봐야 하지만, 환투자는 매일 순간순간 환율의 움직임에 따라 매수도 할 수 있고 매도도 할 수 있다. 그래서 상승 시든 하락 시든 아무 때나 거래할 수 있다. 또 레버리지가 커서 소액으로 충분한 투자수익을 거둘 수 있다. 환투자를 위한 정보는 너무도 많고 어디서든 볼 수 있다. 주식처럼 많은 종목을 볼 필요도 없다. 결코 어렵지 않은 환투자를 경험해보면 필자의 설명이 사실이라는 것을 깨닫게 되리라 믿는다.

주요 내용

- 한 나라의 통화는 그 나라의 경제 정보를 담은 움직이는 가치이므로 투자의 대상이 될 수 있다. 저금리 시대에 직접투자 수단으로서 환투자는 충분한 투자대상이 될 수 있다. 환율 정보접근이 용이하고, 거래가 투명하여 거래하기에 좋다. 경제가 세계화되며 외환거래가 많아지는 상황에서 환투자는 소액으로 투자할 수 있다는 장점이 있다.

- 환투자는 현물 또는 선물로 거래할 수 있다. 외화예금을 통한 환투자에는 거래 원금 100%가 필요하고, 환전수수료가 약 2% 정도 발생하며 외화 강세시장에서만 투자할 수 있는 한 방향 거래만 가능하므로 환투자 수단으로 적합하지 않다. 반면에 통화선물을 통한 환투자는 거래 원금의 일부만 증거금으로 납입하면 되고, 거래수수료가 매우 저렴하며 양 방향 거래가 가능하므로 환율 하락 시에도 투자할 수 있다.

- 환투자는 레버리지효과가 있어 투자 원금의 일부만 사용하더라도 수익률을 충분히 확보할 수 있으므로 원금 일부만 운용하고 거래에 익숙해질 때까지 작은 거래수익 위주의 단타매매를 권장한다. 단, 손절매 원칙은 반드시 준수하여야 한다. 사전에 모의거래를 통해 충분히 연습한 후 실제 거래에 임하도록 한다.

연 / 습 / 문 / 제

외환시장,
아는 만큼 보인다

1. 다음 중 환투자에 대한 설명으로 틀린 것은?

① 저금리시대에 직접투자하기에 적합한 투자수단 중 하나이다.
② HTS를 통해 거래하기는 용이하나 환율 정보를 보기가 쉽지 않다.
③ 주가지수선물 등과 비교할 때 소액으로도 투자할 수 있다.
④ 환율이 상승할 때나 하락할 때 모두 거래가 가능하다.

2. 다음 중 외화예금을 통한 환투자와 통화선물을 통한 환투자를 비교한 내용으로 틀린 것은?

① 통화선물을 활용한 환투자에선 거래 원금의 일부만 있으면 투자를 할 수 있다.
② 두 거래 모두 환전비용은 거의 발생하지 않는다.
③ 외화예금을 통한 환투자거래는 외화 강세장에서만 투자가 가능하다.
④ 외화예금 환투자는 은행을 통해서, 통화선물 환투자는 증권사나 선물회사를 통해서 거래가 가능하다.

3. 환투자자가 취해야 할 거래 자세가 아닌 것은?

① 여러 기관에서 발표한 시황과 정보 사이트를 통해 획득한 정보를 읽고 시장 분석을 충분히 한 후에 거래에 임한다.
② 매일 거래일지를 작성하여 거래의 성공과 실패에 대해 기록하고 자신의 거래 기법을 꾸준히 개선하도록 한다.
③ 뛰어난 거래자는 손실이 발생할 가능성에도 불구하고 큰 이익을 추구하는 사람이다.
④ 투자 원금을 모두 사용해서 투자에 임하기보다는 일부만 사용하여 투자에 여유를 가지고 거래한다.

4. 다음 중 달러선물로 하는 환투자에 관한 설명으로 틀린 것은?

① 달러선물 거래는 레버리지효과가 있어 적은 투자금액에 비해 상대적으로 수익과 손실이 크다.
② 별도의 환전을 하지 않으므로 거래 수수료가 매우 저렴하다.
③ 환율이 상승하는 장에서만 수익을 낼 수가 있다.
④ 환투자를 위한 정보를 일반 경제 뉴스에서 쉽게 취득할 수 있고 달러/원 한 종목만 보면 되므로 집중할 수 있다.

5. 환투자를 하는 거래 중 하지 말아야 할 거래 원칙은 어느 것인가?

① 환율은 내릴 때가 있으면 오를 때도 있으므로 손실이 났을 경우 버티면 손실 없이 포지션을 정리할 수 있다.
② 달러선물을 거래할 때 증거금의 일부 금액만 사용하여 레버리지를 낮추어 거래하는 것이 리스크 관리에 도움이 된다.
③ 시장상황에 익숙하지 않을 때는 단기매매 거래 패턴을 활용하는 것이 좋다.
④ 매번 거래할 때마다 거래에 대한 의견이나 반성을 적는 거래일지를 만들어 두면 경험을 축적할 수 있어 좋다.

정 / 답 / 및 / 해 / 설

1. 정답 ②

각 은행, 증권사, 선물회사의 홈페이지를 통해 시황을 볼 수 있고 외환전문 사이트, 카페, 블로그 등도 많아서 환율 정보를 쉽게 접할 수 있다.

2. 정답 ②

외화예금을 활용한 환투자 시에 약 2%의 환전비용이 발생하므로 약 20원 이상 움직여야 손익분기점에 근접하게 된다. 통화선물의 경우 스왑포인트가 비용 또는 수익으로 발생한다.

3. 정답 ③

뛰어난 투자자는 많이 벌기보다는 손실을 보지 않는 거래자이다. 따라서 손실을 최소화하는 거래를 해야 한다.

4. 정답 ③

달러선물로 환투자를 할 경우 양방향 거래가 가능하므로 환율이 상승할 때나, 하락할 때 모두 거래 수익을 낼 수 있다.

5. 정답 ①

거래를 시작할 때 미리 발생 가능한 손실 규모를 정하고, 손실이 그 수준에 도달하게 되면 미련 없이 포지션을 정리하는 것이 리스크관리에 도움이 된다.

나오는 글

미운 오리 새끼

덴마크의 동화작가 안데르센의 동화 중에 미운 오리 새끼는 어릴 적 누구나 읽어보았을 것이다. 다른 오리 새끼들과는 다른 모습으로 태어난 미운 오리 새끼는 어미와 형제들에게 외모 때문에 따돌림을 당하지만 겨울이 지나 봄이 되었을 때 물 위에 비친 자신의 모습에 깜짝 놀란다. 미운 오리 새끼는 오리가 아닌 고고한 아름다움을 지닌 백조였기 때문이다. 필자는 동화적 교훈을 말하려는 게 아니고 미운 오리 새끼가 백조가 아닌 오리를 엄마로 각인imprinting하였던 장면을 말하려고 한다. 오리나 기러기 등은 처음 태어나 눈앞에 움직이는 것을 따라다닌다고 한다. 이런 행동양식을 각인이라고 하고 이런 현상을 '인상붙이기'라고도 한다. 실제로 인공 부화한 오리들이 주인이 움직이면 어미 뒤를 따르듯이 졸졸 따라다닌다고 하니 참 재미있는 현상이다.

외환딜러나 외환시장의 다른 참여자들에게도 이러한 인상붙이기 현상이 있다. 필자가 외환딜러가 되어 처음 외환시장을 보기 시작했을 때는 1985년 9월 플라자합의 이후 달러가치가 2년에 걸쳐 30% 이상 하락하던 중이었다. 그저 큰 이견

없이 달러 매도가 이어지던 시기였으므로 처음 외환시장을 접한 필자에게는 '달러 하락'이 각인되는 인상붙이기 현상이 있었다. 그 이후 특별한 뉴스나 이슈가 없어 환율이 크게 움직이지 않고 있을 때, 다음 환율 움직임에 대한 예상을 질문받으면 필자는 왠지 달러가 하락할 것 같은 전망을 내놓곤 했던 걸로 기억된다. 가끔 필자와 다른 전망을 가진 거래자들이 있어 언제부터 외환을 보기 시작했는지 물어보면 신기하게도 그 거래자가 처음 외환시장을 접했던 시기는 달러가 강세였던 경우가 많았다.

주식이나 환율의 강세와 약세를 표현하는 단어 중에 bullish와 bearish가 있다. 황소bull와 같이 강하고 낙관적인 분위기를 보여줌으로 해서 bullish market은 강세장을 의미하고, 곰bear같이 둔하고 비관적인 느낌을 주어서 약세장을 bearish market이라고 표현한다. 실제 소는 공격적인 성격을 가지고 있고 곰이 소극적이고 약한 느낌을 주는지는 모르겠지만, 외환이나 주식시장에서는 그렇게 표현한다. 일설에 의하면 소는 공격할 때 뿔을 아래서 위로 올려 공격을 하고, 곰은 앞발을 위에서 아래로 내려치기 때문에 그렇게 표현한다고 하지만 사실인지는 확인하기 어렵다. 이러한 이유로 증권거래소에는 흔히 황소동상이 있고, 양방향 거래가 가능한 선물거래소 앞에는 황소와 곰의 동상이 있다. 여의도의 한국거래소 서울사무소 로비에는 넘어진 곰을 황소가 공격하는 조형물이 있는데 다 bullish와 bearish의 의미에서 나온 것들이다.

어쨌거나 결국 필자는 곰을 엄마로 생각하는 인상붙이기를 한 곰 새끼인 셈이고 또 다른 거래자는 황소가 엄마로 각인된 송아지인 셈이다. 물론 필자나 다른 거래자는 시장의 지표나 흐름을 보고 시장을 분석하고 다음 움직임을 예측하기 때문에 시장을 항상 bearish하게 보거나 bullish하게 보지는 않는다. 단지 시장이 어디로 갈지 몰라서 오락가락할 때 필자의 경우 아래로 가지 않을까라는 마

뉴욕 Wall street 남쪽 국립아메리칸인디언박물관 앞
볼링 그린(Bowling Green)에 있는 황소상(Charging Bull)

음이 살짝 든다는 것뿐이다. 시장을 보는 사람들에게는 강세와 약세가 아니더라도 처음 시장을 보기 시작했을 때의 상황이 알게 모르게 기억 속에 남아 있는 경우가 종종 있다.

하지만, 본 책의 처음과 끝에 썼듯이 외환시장은 처음 그대로의 모습으로 남아 있지 않고 생명을 가진 유기체처럼 진화해간다. 사람은 태어났을 때와 마찬가지로 자라면서도 손과 발은 각각 2개이고 눈도 2개이지만 키와 몸무게는 커지고 늘어난다. 마찬가지로 외환시장도 시간이 흐르며 바뀌어간다. 그래서 외환시장이 이렇다 또는 저렇다라고 딱 잘라서 정의하기는 어렵다. 필자가 본 책을 통해서 전달한 것은 예전부터 외환시장에 달려 있던 눈과 코, 팔다리에 관한 내용들뿐이다. 외환시장을 느끼고 진정 알고 싶다면 직접 부딪쳐보길 권한다. 외환시장과 잘 지내면서 그의 성격도 알아내고, 행동양식도 살펴서 그가 어떻게 성장해가는지도 지켜보며 자신이 아는 외환시장으로 다듬어가야 한다. 외환시장을 보다 잘 알게 되면 다른 금융시장들도 훨씬 쉽게 이해할 수 있게 될 것이고 세상을 보는 눈도 달라질 것이다. 그래서 자신이 미운 오리 새끼가 아닌 아름다운 백조임을 확인하길 바란다. 세상을 크게 보려 하면 크게 보일 것이고, 작게 보려 하면 작게 보일 것이다. 외환시장은, 아니 세상은 아는 만큼 보이기 때문이다.

참고문헌 및 사이트

참고 문헌

- 김운섭(2005), 환리스크관리, 서울: 한국금융연수원
- 김윤환(2013), 금융위기 본질과 대책, 서울: 한국금융연수원
- 민경섭 · 조태영(2013), 재무관리사, 서울: ㈜영화조세통람
- 박유연(2010), 환율지식 7일 만에 끝내기, 서울: ㈜살림출판사
- 버나드 보몰(2010), 세계 경제지표의 비밀, 서울: 럭스미디어
- 변재영(2010), 외환관리, 서울: 경문사
- 왕양(2011), 환율전쟁, 서울: 평단문화사
- 최영한(2004), 스왑, 서울: 한국금융연수원
- 최해범(2010), 새외환론, 서울: 두남

- 국민은행 파생상품영업부(2012), 환위험 알면 알수록 작아진다, 서울: 한나래플러스
- 한국은행(2010), 우리나라의 외환제도와 외환시장, 서울: 한국은행

참고 사이트(홈페이지)

- 국제표준기구 www.iso.org
- 국제통화기금 www.imf.org
- 네이버 백과사전 www.naver.com
- 비트코인차트 bitcoincharts.com
- 삼성선물주식회사 www.ssfutures.com
- 서울외국환중개주식회사 www.smbs.biz
- 세계결제은행 www.bis.org
- 한국거래소 www.krx.co.kr
- 한국무역보험공사 www.ksure.or.kr
- 한국은행 www.bok.or.kr

- CME그룹 www.cmegroup.com

저.자.소.개

민경섭

- 서강대학교 영어영문학과 졸업
- 서강대학교 경영대학원 이수
- BOA/Banque Paribas/Chase Manhattan Bank/Credit Agricole Indosuez 은행; 외환 및 파생상품 딜러
- 삼성선물 법인영업/해외상품 부장
- 아이엠투자증권 파생상품영업담당 상무
- KB증권 외환컨설팅부 상무
- (現) 넥스트증권 환관리센터장
- (現) Switchwon 고문

- 재무관리사(2013)/기업자금관리실무(2015) 공저

외환시장, **아는 만큼 보인다**

초판 1쇄	2014년 4월 30일
제6판1쇄	2025년 5월 9일
저자	민경섭
발행인	이준수
발행처	한국금융연수원 출판미디어사업부
주소	(03053) 서울시 종로구 삼청로 118
전화	(02)3700-1500
홈페이지	www.kbi.or.kr
ISBN	978-89-287-8258-1 13320
등록	1990년 4월 20일(제1-1040호)
정가	20,000원